本著作系中国政法大学青年拔尖人才培养支持计划研究成果

本著作得到"中央高校基本科研业务费专项资金"资助

（Supported by "The Fundamental Research Funds for the Central Universities"）

清代科举制度史论稿

HISTORICAL ESSAYS ON THE IMPERIAL EXAMINATION OF THE QING DYNASTY

王学深◎著

中国政法大学出版社

2024·北京

图书在版编目（CIP）数据

清代科举制度史论稿 / 王学深著. -- 北京 : 中国
政法大学出版社，2024. 6. -- ISBN 978-7-5764-1533-9

Ⅰ. D691.3

中国国家版本馆 CIP 数据核字第 20245ZE907 号

出 版 者　　中国政法大学出版社

地　　址　　北京市海淀区西土城路 25 号

邮寄地址　　北京 100088 信箱 8034 分箱　邮编 100088

网　　址　　http://www.cuplpress.com（网络实名：中国政法大学出版社）

电　　话　　010-58908441（编辑室）58908334（邮购部）

承　　印　　保定市中画美凯印刷有限公司

开　　本　　720mm×960mm　1/16

印　　张　　21.25

字　　数　　340 千字

版　　次　　2024 年 6 月第 1 版

印　　次　　2024 年 6 月第 1 次印刷

定　　价　　90.00 元

前　言

中国古代教育有着悠久的历史，逐渐发展形成了士人教育和官员选拔为一体的制度模式。自两汉察举制开始，古代官员选拔体系引入考试机制，促进了社会的流动性，打破了先秦时期世卿世禄的状态。降至隋唐时期，伴随着科举制度的创设与发展，"教育—考试—选拔"三位一体的观念更加深入人心，开启了科举制度长达 1300 年的历史。清代科举体系主体承继明代，又具有自己的特色内容。可以说，清代科举制度是中国古代教育考试制度的完善和集大成时期，甚至部分合理的机制与政策对今日的考试运行、规章制定、考场防弊以及保持地域公平等方面都有着重要的借鉴意义。所以，研究清代科举制度是解锁中国古代教育史的一把重要的钥匙。

自 20 世纪 30 年代起，海内外学人就已经开始对清代科举制度进行系统的研究工作，并大致可分为三个阶段。第一阶段（1990 年代以前），海内外学人对于清代科举史的研究以制度梳理为主，力图将童生试、乡试、会试、殿试制度运行和考选内容研究清楚，并引入社会流动性的讨论。例如，商衍鎏所著《清代科举考试述录》一书是迄今最重要的清代科举制度史专著之一。作者侧重于清代科举各级考试制度的论述，从童生试到朝考均作了详细阐释，也分别对八股文、武试和翻译科进行了研究并对清代科场案有所述及。商衍鎏是中国科举体制下的末科探花，亲身经历了清代科举体系内的各层级考试，因此该书在单纯叙述之外，融合了作者个人经历与感受，也是其被奉为清代科举史研究圭臬的原因之一。西方学界以柯睿格在 20 世纪 40、50 年代所著的两篇论文为标志，开启了对于科举流动性的讨论。潘光旦和费孝通同年就发表了《科举与社会流动》一文以为呼应，何炳棣所著的《明清社会史论》（*The Ladder of Success in Imperial China：Aspects of Social Mobility，1368—1911*）一书的出版更是推动了东西方学界对于科举流动性问题的讨论，并延续至今。

第二阶段（1990—2015年），海内外学人细化科举史研究，既有分朝代的详细探索，又有对清代科举家族、举人落第政策等热点问题的考察。自1992年以来，以刘海峰为代表的学人将科举研究上升至"科举学"的高度，"将科举研究纳入一个新的学科体系，使科举研究走向理论化和系统化"。[1]自此以后，科举研究逐渐发展成为囊括政治、社会、经济、教育、历史、文化的广博学科。在这一背景下，清代科举研究一方面集中于深化各专项制度讨论，另一方面则开始重视对科举群体的探析。李世愉所著《清代科举制度考辩》一书以专题形式进行讨论，比如审音制度的发展、宗室科目与覆试制度的设立等，对于深化清代科举研究具有推动作用。与之同时，李世愉和胡平在已有研究基础上一同撰写了《中国科举制度通史·清代卷》，成为第一部中国科举制度研究通史中详细述及清代科举制度发展的专著。又如，张杰所著《清代科举家族》强调了科举史与地方史双重概念，突出了科举是维系家族兴盛的重要手段。至此以后，"科举家族研究已经成为科举学的一个增长点。"[2]海外学人著作以艾尔曼的 *A Cultural History of Civil Examinations in Late Imperial China* 为代表，讨论了明清两代科举制度的运行模式，强调了科举政治、社会和文化再生产的过程，其两本中译本著作《晚期中华帝国的科举与选士》和《晚期帝制中国的科举文化史》已于近期出版。

第三阶段（2015年以后），学界进一步深化科举史专业性选题，一部分研究延续了第二阶段的热点议题，如2020年出版了由刘海峰主编，王日根等人所著的《中国科举通史·清代卷》，进一步深耕清代科举制度的研究，着眼于《钦定学政全书》《钦定科场条例》等政书对科举考试的建设与规范作用；另一部分则推动了视角与内容的创新。与此同时，这一时期很多清代科举档案史料相继出版，为学人深入研究清代科举史奠定了坚实的基础。值得注意的是，与第二、三阶段研究时限重叠的是伴随着"科举学"兴起的跨学科研究尝试，即将清代科举制度史与文学、社会学、法律史等结合考察，成为清代科举史研究的一大趋势。[3]

本书名为《清代科举制度史论稿》，将研究嵌入当下清代科举史研究的大

---

〔1〕 刘海峰：《"科举学"刍议》，载《厦门大学学报（哲学社会科学版）》1992年第4期。

〔2〕 刘海峰、韦骅峰：《科举家族研究：科举学的一个增长点》，载《河北师范大学学报（教育科学版）》2019年第3期。

〔3〕 王学深：《2020年以前清代科举史研究趋势与述评》，载《教育与考试》2022年第2期。

趋势下，围绕清代科举制度中具有特色的内容进行专题讨论，主要侧重三个维度：

第一，清代殿试阶段"前"与"后"的探析。本部分首先以清代科举落第政策为切入点，讨论乾隆朝"中正榜"科目。清朝统治者本着扩大统治基础、防止人才遗漏的原则，设立"中正榜""明通榜""举人大挑""挑誊录"等名目，保证落第举人的出仕通道。第一章集中于乾隆二十六年（1761年）至乾隆五十五年（1790年）设置的"中正榜"展开论述。"中正榜"指的是在每科会试落第举人中挑取60人选授内阁中书和国子监学正、学录等职，三者选录合一。由于这一榜目仅施行29年，不仅在清代的文献中多有记载谬误之处，而且多被当今学界忽略，所以这一问题值得深入探究。第二章详细论述清代贡士"未殿试"的原因。在清代，参加殿试和金榜题名是所有士人的梦想，但有一部分士人在会试中式后未能参加殿试，造成"未殿试"现象。本章对清代"未殿试"作归因分析，详细讨论因"丁忧""患病""罚科"和"无意仕宦"等诸多复杂因素导致的中式举人"未殿试"问题。第三章在论述了清代"未殿试"问题过后，着重探析"钦赐殿试"现象，展现清代士子悲与喜的反差。部分会试落第举人由于机缘际会，受到皇帝的恩赐，恩准他们参加本科或下一科殿试，是为"钦赐殿试"。由于清代的殿试属于排位考试，少有黜落发生，所以"钦赐殿试"形同于赐给士人进士功名。特别是清代"钦赐殿试"与康熙帝南巡、乾隆帝编修《四库全书》等重大事件有着紧密的联系，所以对于这一内容的研究有助于我们深入地了解清代帝王出于平衡政治资源和防止"遗珠之憾"所做的努力。第四章探析清代殿试结束后，读卷大臣在评阅殿试卷的过程中给出的批阅标识，分析"〇""△""、""｜""×"的具体意涵，并考察阅卷评语的重要性。

第二，清代科举群体与科举家族探析。本部分主要以进士群体为关注对象，既包括宗室进士群体，又囊括孔氏进士群体，既涵盖具有代表性的福州府曾氏进士群体，又包含了琼州府科举进士群体。以宗室进士为例，随着嘉庆四年（1799年）的规定，清朝最终允准宗室常规化地参加科举考试，这为那些远支、闲散的天潢贵胄开启了一条仕进之路，让他们有机会通过科举考试改变境遇，逐渐完成了从18世纪"满洲化"向19世纪"社会化"的转变。

然而，无论社会身份有何差异，这些进士群体又大多依托于科举家族而存在。科举家族一词最早源自张杰2003年出版的《清代科举家族》一书。作者提出了科举家族的构成三要素，即"世代聚族而居""世代应举""连续取得五贡或举人以上科举功名"。目前，学界对于科举家族的研究蓬勃开展，诚如刘海峰教授所言，"科举家族研究已经成为科举学的一个增长点。"清代孔氏科举家族和福建福州府曾氏科举家族体现了清代汉人科举家族在科甲功名、婚姻策略、家族宦绩以及地方事功等方面的成功与再塑过程，并提出大型科举家族、中型科举家族和小型科举家族的划分标准。此外，清代海南进士群体具有明显的家族特性，故归入科举家族内进行研究。清代海南称为琼州府，隶属广东省，由于清代对"地处极边"的海南士子多有政策扶持，琼州府士子数量在广东省内维持着中上游的水平。清代琼州府进士源自数个大家族，具有鲜明的家族特性。同时，琼州府内进士和士人群体更多利用书院空间进行文化的代际传播，展示出清代科举考试、家族与文风三者间的互动关系，体现了科举成功再复制的内循环。

第三，清代科场案探析。本部分集中讨论三大问题，一是清代科举冒籍问题，主要集中在乾隆朝展开研究。冒籍也称为冒贯、寄应或附贯，即士子假冒籍贯或伪造身份参加科举考试的作弊手段之一。由于冒籍现象的广泛出现极大地干扰了流入地区教育的发展和科举考试制度的公平性，历朝历代都对科举冒籍问题给予了关注并采取相应预防和惩治措施。清代冒籍主要分为地域冒籍和身份冒籍两大类别，前者主要是士子从科考竞争激烈的地方冒籍到竞争性小的地方参加考试，后者主要是改换身份属性参加考试，如"贱民"冒籍良民身份考试、民籍冒充商籍考试等。乾隆帝对于冒籍问题非常重视，整顿力度很大，施行了一系列的防弊措施，如顺天审音御史的设置、廪生保结制度的深化、严厉的惩罚措施等。所以研究乾隆朝冒籍问题有助于我们全面了解清代冒籍问题。本部分内容主要论述冒籍溯源、探研清代冒籍原因、乾隆朝冒籍具体形式、应对与整治措施等。二是清代科场罢考问题。科场罢考是清代科举考试体制下特殊的抗议方式，参加科举考试的士子群体往往利用科场作为平台进行权力博弈，从而达成满足群体利益的目的。本部分内容主要通过清政府在对这一问题管控与治理上的"严宽之变"，体现双方围绕士子罢考问题的互动，从而实现朝廷触手回缩，释放出更多地方力量，以保持地方有效统治。三是科场罢考案的信息传播模式。科场事件的传播媒介从清前期官方口径下的邸抄逐渐转向由清后期士人主笔的新型近代报刊，态度也从官方口吻转换成士人的"舆论空间"，又以《申报》最具有代表性。因此，对清代科场案传播媒介转变的探析，有助于我们深入了解近代传播媒介的及时性、真实性和广泛性的特点，从而感知科场案信息传播的近代化转型。

综上所述，本书意图将清代科举史研究引入多元化的视角和理论，各篇章对于清代科举制度的探研包含政治、事件、人物、弊案、群体、家族和信息媒介等元素，从实践的层面推进"科举学"理论，进一步深化清代科举史研究。

目　录

第一篇

清代殿试"前"与"后"

第一章

清代乾隆朝会试举人落第政策探析

——以"中正榜"为中心

清代科举考试体系包括童生试、乡试、会试和殿试四个层级，以分别对应生员、举人、贡士和进士四级功名，而参加殿试最终"金榜题名"则是天下读书人的愿望。按清制，殿试定于会试后的四月二十一日举行，原殿试地点在太和殿，后来在乾隆五十四年（1789 年）改于保和殿进行。但是，在天下贡士参加殿试之前，举人们要先从各自省份云集京师，参加会试考试。因为清代继承自北宋以来的传统，殿试仅是排位考试，少有黜落之事发生，所以会试成功与否，实际上成为士子能否成功进入殿试阶段荣登进士的关键。

随着清代人口和参加科举考试人数的不断增加，以及科举分省定额制度的施行，能够成功进士登科者实属少数，特别是乡试中举也成为士子难以逾越的龙门。以乾隆朝会试为例，共开科 27 次，录取进士 5385 人，[1]平均每科录取人数为 199 人，而乾隆时期全国平均每次乡试举人中额约为 1110 人，[2]加之历科未中式举人的继续参考，故而每科会试录取额占参考举人总数的比例不足一成。在竞争如此激烈的背景下，每科将有一千七八百名举人满怀希望公车赴京，大多数却又铩羽而归，甚至许多颇具才学之士因临场发挥不佳而名落孙山。

在清代科场之中失意者远多于成功者，但是在清代有一些"落第举人"，

---

〔1〕 江庆柏编著的《清代进士题名录》对清代各朝进士人数有所考证，因"未殿试"等现象存在，《文献通考》《明清进士录》《清实录》《东华录》四种史料数据有一定差异，如乾隆时期这四种史料记录的数字依次为 5389 人、5385 人、5384 人和 5393 人。本书在此数字引用以《明清进士录》为依据。

〔2〕 （清）赵尔巽等撰：《清史稿》卷 108，中华书局 1977 年版，第 3157—3158 页。

虽然在会试考试中未能跃过龙门，却又异常幸运地以新榜目或新政策被授予官职。实际上，清朝统治者本着扩大统治基础的原则，陆续制定出安抚落第士子的一系列优待政策。特别是在雍正朝和乾隆朝，朝廷对赶赴京师参加会试而落第的举人，给予正榜之外的入仕机会，设立有"明通榜""中正榜""挑眷录""考取教习""举人大挑"[1]等名目。朝廷希望在会试落第的士子中挑选一定数量文采较优的举人，出任京内外低级别官职。这一政策无疑为落第举人开辟了一条新的仕进之路。"中正榜"就是这样具有特色的一个类别，故而在一些"中正榜"举人的诗中有"隍中蕉覆元非幻（诗下注：时封遗卷，备选中书、学正、学录），浦里珠遗诇久沈"之句，[2]表达了因"中正榜"而免于遗珠之憾的欣喜之情。

一、清代"中正榜"制度概述

乾隆二十六年（1761 年），乾隆帝经过询问礼部后，决定在会试落第试卷中再挑取 40 名正选举人，以及 20 名备选举人，合计 60 人，由主考官将试卷进呈，并让选中的举人随同新科进士一并引见，交由吏部选用。[3]史载"（授）予内阁中书一例，所谓'中正榜'始此"。[4]从规定也可看出，"中正榜举人"在授官形式上，与新科进士同等对待。这一政策与雍正朝已开始施行的"明通榜进士"并行，都体现了朝廷爱惜人才之意，进而防止遗珠之憾，这无疑为落第士子打开了另一道入仕之门。所以，晚清曾任学部主事的高凌雯评价"中正榜"时曾言："中正榜之制，而出自特恩。圣朝汲汲求才，无微不至如此。"[5]

按照规定，会试之年如果内阁需要人手，例由内阁向礼部咨明，由九卿保荐以内阁中书职衔选用。但自上文所述乾隆帝选取 60 名落第士子的政策出台，由荐举改为选取落第举人，将内阁中书和国子监学正、学录的选录合而为一，故被称为"中正榜"，取中书学正之意。[6]乾隆二十六年（1761 年）

---

[1]《清会典事例》卷 353，中华书局 1991 年版，第 1171 页。
[2]（清）戴璐：《藤阴杂记》卷 4，嘉庆五年（1800 年）石鼓斋刻本，第 2 页。
[3]《清会典事例》卷 353，中华书局 1991 年版，第 1172 页。
[4]（清）赵慎畛撰：《榆巢杂识》卷上，中华书局 2001 年版，第 32 页。
[5]（清）高凌雯：《志余随笔》卷 6，民国二十五年（1936 年）屏庐续刻本，第 6 页。
[6]（清）梁章钜撰：《称谓录》卷 24，岳麓书社 1991 年版，第 298 页。

"中正榜"录取了第一批举人，共选取汤上选、李调元等 43 人。具体如下：

汤上选、姚士烺、章棠、陈彬、戴观、余瑚、吴襄、王宸、李调元、王文涌、凌家梧、胡予襄、徐天骥、刘凤翔、孙麟征、沈世焘、董潮、阮葵生、张梅、朱芜星、李廷钦、徐延第、苏去疾、金以埻、韩朝衡、汪大荣、梁景阳、陈观光、叶文馥、丁履仁、沈杰、王嵩柱、倪昭、麦佑、蒋国萃、甘澍、王仲芬、周延秤、刘光第、王家宾、张廷元、高焂、张秉谦。[1]

随着"中正榜"的设立，相应的制度也逐步完善，保证录取公平成为最重要的考量因素。乾隆三十四年（1769 年），礼部颁布规定，在会试发榜日，由主考、房官在荐卷内挑录候选"中正榜"举人，其后即行出场，另由知贡举、内帘监视官与弥缝官一同将所选之人试卷查对、弥缝、用印固封，并于当天奏请钦定"中正榜"人选。乾隆三十六年（1771 年），清廷为了进一步扩大取才范围，又议定不论试卷是否曾被纳入荐卷，所有落第举人试卷一并由知贡举弥封，交正、副考官随同各房同考官在闱即行选取，以示郑重。乾隆三十七年（1772 年），清廷又谕令在会试揭晓录取中书、学正、学录时，将现任及候补、候选的小京官扣除在外，将人才选取的利益最大化，而那些经过主考及房官推荐、御史及内外帘官稽查合格的"中正榜"举人，在朝考后随同新进士一并引见，并交吏部分遣。以上步骤一方面保证了选取"中正榜"举人在制度上的严谨与公平，另一方面也给予了"中正榜"举人与新科进士同样的对待与重视，体现了清廷的求才之意。

针对"中正榜"举人选取的场务工作，清廷也制定了详细条例。按规定，要求留在阅卷场内的监视官员与内帘官会同军机大臣在"至公堂"开展选用事宜，并特派内帘与外帘监视御史各两名，以为监察之意。此外，尚需内帘收掌官一名、外帘提调官一名、弥缝官两名办理"中正榜"录取事宜，而其余官员俱令出场，并由顺天府尹管理锁院事宜，以示公正。针对具体操办弥缝、书写工作的吏员，清廷有着明确的要求，只允许内帘留供事四人，"至公堂"留书吏六人，以及弥缝书手由知贡举酌情留用十数名，以协助办理录取相关事项。而遇到乾隆帝南巡时，"中正榜"举人的试卷则可以免于进呈。这

---

[1]《清会典事例》卷 353，中华书局 1991 年版，第 1173 页。

些略显琐碎的规定,不仅体现出清廷对于选取"中正榜"举人的重视,更展现了科举制度逐步完善的过程。

　　但"中正榜"选取的标准也存有一定弊端。除了文理通顺,书法字体成了选拔的重要因素。乾隆帝认为在原本的荐卷内"字画之工拙,本不能知,多有落卷内字画堪以录取,因一二文艺小疵,未经呈荐者",[1]由此可知在乾隆帝心中字体好坏的重要程度,而文理上的不通顺反而成了小瑕疵,这与乾隆年间殿试重字轻文的特点一脉相承,[2]也最终导致了"中正榜"录取标准的日益僵化。甚至乾隆帝晚年也承认了"中正榜"录取存在弊端。因此,在乾隆五十五年(1790年),当吏部向乾隆帝上奏希望本科继续选用30名"中正榜"举人以为内阁中书时,却遭到乾隆帝的反对,其言:

　　"朕思移送落卷时,折阅弥封、查对红号,恐有漏泄情弊,而考官阅看墨卷,笔迹亦易于认识。其时会闱已经撤棘,复行甄录中书,尤非慎重关防之道。向来定例本未周密,况中式进士引见归班者,十年方能铨选知县,而落第者录取中书转可即日得官,补缺后六年俸满,又可内用主事,外用同知,比县令阶级转大,实未平允。着将落卷内录取中书及学正、学录之例即行停止。"[3]

　　自乾隆二十六年(1761年)创设至乾隆五十五年(1790年)停止,"中正榜"前后共推行29年,历经14科会试。虽然"中正榜"存在时间较短,但这并不意味着"中正榜"不重要。在"中正榜"施行期间,获选举人最重要的贡献是为《四库全书》的修纂提供了人才保证,大量"中正榜"举人成为《四库全书》编纂和审校的具体责任人。如李荃以乾隆三十七年(1772年)"中正榜"授内阁中书,分校《四库全书》;[4]甄松年为乾隆三十四年(1769年)"中正榜"举人,以内阁中书补官充四库纂修缮书处分校官;[5]宋荃于乾隆三十七年(1772年)会试登"中正榜",授内阁中书分校《四库全书》。[6]

────────────

〔1〕《清会典事例》卷353,中华书局1991年版,第1174页。
〔2〕李国荣:《清代殿试抑文重字之弊》,载《历史档案》1998年第2期。
〔3〕《清会典事例》卷353,中华书局1991年版,第1175页。
〔4〕张宏生主编:《全清词·雍乾卷》第十一册,南京大学出版社2012年版,第6028页。
〔5〕(清)戴肇辰:《广州府志》卷136,光绪五年(1879年)刻本,第12页。
〔6〕(清)李兆洛:《养一斋文集》卷16,《续修四库全书》1495册,上海古籍出版社2002年版,第284页。

除此之外，根据《办理四库全书处奏遵旨酌议排纂四库全书应行事宜折》的记载，以"中正榜"分司《四库全书》修撰和校对者尚有孙希旦、胡予襄、金光悌、王钟泰、龚褆身、王庆长等人。[1]这些"中正榜"举人无疑对《四库全书》的修纂与校对工作作出了巨大贡献。

二、清代"中正榜"举人的仕进情况

在"中正榜"施行的 29 年中，没有档案明确记载具体选用"中正榜"的总人数，但若以每科选用 40 人为标准估计，14 科录取总人数应在 560 人上下。按规定，这些"中正榜"举人如果愿意留京师候补，则在缺出之时"俱着以中书、学正、学录遇缺补用"，官阶分别为从七品和正八品。而愿意回籍候补之人，则"缺出时，如应补之人已经回籍，即以其次挨补"。这些"中正榜"举人可以参加候补期间或补缺后的任何考试，继续追求进士功名。所以，在他们俸满后基本存在两类情况：经由吏部选任继续升转，或再次参加会试以求进士及第。

第一类由吏部选任升转，留任京师者多以六部主事分派，而出任地方者以府同知选用，符合"内用主事，外任同知"的原则。按照这一办法迁转的举人有很多，下文试举数例：内迁者如苏州府昭文县举人吴熊光，他于乾隆三十四年（1769 年）和乾隆三十七年（1772 年）两次被录取进"中正榜"，以内阁中书俸满后挑取为兵部武选司主事；[2]安徽省安庆府桐城县举人张曾效在乾隆三十七年（1772 年）被录取进"中正榜"，乾隆四十二年（1777年）补缺内阁中书，乾隆四十八年（1783 年）俸满升任起居注主事，又调为户部陕西司主事兼浙江司事；[3]乾隆三十四年（1769 年），浙江省杭州府仁和县举人张时风，以"中正榜"授官内阁中书，后升为刑部主事。[4]外放者如王钟泰，乾隆三十四年（1769 年）以"中正榜"授内阁中书，后被选为山西省蒲州府永乐镇同知；[5]安徽省徽州府祁门县谢登隽考取乾隆三十七年

---

〔1〕　中国第一历史档案馆编：《纂修四库全书档案》，上海古籍出版社 1997 年版，第 75 页。
〔2〕　顾廷龙主编：《清代朱卷集成》第 127 册，成文出版社 1992 年版，第 176 页。
〔3〕　江小角、吴晓芬编著：《桐城明清名宦》，安徽美术出版社 2011 年版，第 139 页。
〔4〕　（清）阮元、杨秉初：《两浙輶轩录》卷 31，清嘉庆刻本，第 39 页。
〔5〕　王陵基、于宗潼：《福山县志稿》卷七之二·宦绩，福裕东书局 1931 年版，第 17 页。

（1772 年）"中正榜"，先授学正之职，后出为宜昌府同知。[1]当然，也有少数"中正榜"举人俸满升转不遵循"内用主事，外任同知"的原则。例如，吴襄于乾隆三十七年（1772 年）会试落第后被挑取进"中正榜"，授内阁中书，后迁兴平仓监督，升任内阁典籍，[2]其官阶为正七品，相较于主事官阶为低。

笔者根据现存地方志及档案文献等史料，除了上文所述的数位"中正榜"举人官职情况，另列举了七位有史料可考且记录准确的"中正榜"举人仕途情况。表 1-1 显示，这些举人的仕途宦绩绝大多数符合乾隆二十六年（1761年）设立"中正榜"时"遇缺即补"和"内用主事，外任同知"的原则。

表 1-1　清代文献所载"中正榜"举人的仕宦情况

年份	姓名	官职
乾隆二十六年	张廷元	以内阁中书迁广东省潮州府同知
	胡予襄	以内阁中书改国子监学正，升刑部主事
乾隆三十四年	冯世纶	授内阁中书，官广东省廉州府知府
	卜维吉	授国子监学正，升湖北省施南府通判
乾隆三十七年	罗万选	国子监学录升正义堂助教，掌韶阳、梅城书院
乾隆四十七年	黄大鹏	内阁中书
乾隆四十九年	李绾	国子监学正，转大理寺司务，选安徽省安庆府同知

第二类是经过"中正榜"补缺的暂时周转后，留在京城继续参加会试，并希望会试、殿试中式后以进士身份再次被吏部铨选录用。例如，严福是乾隆二十七年（1762 年）顺天乡试举人，乾隆三十四年（1769 年）以"中正榜"授内阁中书，进而继续参加科举，中式乾隆四十年（1775 年）会元，殿试入荐卷，中式二甲第五名，挑选为庶吉士。[3]巧合的是，严福同乡范来宗，同样先中式乾隆三十七年（1772 年）"中正榜"，选授内阁中书，后考中乾隆

---

〔1〕（清）吴坤修、何绍基、杨沂孙：光绪《重修安徽通志》卷 187，光绪四年（1878 年）刻本，第 4043 页。

〔2〕秦国经主编：《清代官员履历档案全编》第 22 册，华东师范大学出版社 1997 年版，第 706 页。

〔3〕同治朝《苏州府志》卷 83，人物十，江苏古籍出版社 1991 年版，第 203 页。

四十年（1775 年）乙未科二甲第四十七名进士，两人既有同乡、同榜之情，又有同年之谊，成为佳话。[1]伊秉绶为乾隆四十九年（1784 年）"中正榜"举人，但五年后他就中式乾隆五十四年（1789 年）己酉科二甲第十四名进士，改为刑部主事，擢升为员外郎。张皋文于乾隆五十二年（1787 年）会试落第后先登"中正榜"，后于嘉庆四年（1799 年）中式二甲第十三名进士，改庶吉士，俸满任翰林院编修。范叔度于乾隆三十四年（1769 年）挑取为"中正榜"举人，先授内阁中书，后在乾隆四十五年（1780 年）庚子科中二甲第十一名进士，改庶吉士，在三年翰林院俸满后改主事，升刑部陕西司郎中。除了以上幸运者，也有以"中正榜"继续多次会试不中式的事例。在潘德舆所著《养一斋集》中，记载了一位高先生于乾隆五十五年（1790 年）庚戌科登"中正榜"，是科旋命停止，后其"七应礼部不遇，以大挑二等嘉庆七年选授含山县学训导"。[2]

当然，并非所有"中正榜"举人继续追求进士功名都是主动的选择。例如，唐琦是乾隆二十五年（1760 年）举人，次年中式首科"中正榜"。但是，由于他在引见时失仪，没有被授以官职。在此情况下，唐琦不得不继续奋战会试，终在乾隆三十六年（1771 年）中进士，归部铨选。[3]又如卞谟正年二十五中式举人，后"登中正榜，取内阁中书，未用"。[4]卞谟正既未留京继续参加会试，又没有接受大学士于敏中延请为家塾之师，而是回乡研究天文勾股之学。

除去以上这些"中正榜"举人，还有些士人将此科目视为将来科举鼎甲及第的跳板。如李调元凭借"中正榜"被选为内阁中书后，其父李化楠在家信中写道："紫微舍人与国子先生最极清贵，将来鼎甲之基也，勉之"。[5]从这封家书中不难看出，虽然李化楠对于李调元选授为内阁中书的任职很看重，但也只是希望他继续努力，将其视为未来一甲进士及第的基石。正是在这种以内阁中书为清贵"跳板"的原则下，吴锡龄和汪镛在乾隆三十七年（1772 年）挑取"中正榜"授以内阁中书后，均继续参加乾隆四十年（1775 年）乙

〔1〕 同治朝《苏州府志》卷 83，人物十，江苏古籍出版社 1991 年版，第 204 页。
〔2〕 （清）潘德舆：《养一斋集》卷 12，道光二十九年（1849 年）刻本，第 6 页。
〔3〕 卢学溥修纂：《乌青镇志》卷 29，人物，民国二十五年（1936 年）刊本，第 6 页。
〔4〕 （清）赵怀玉撰：《亦有生斋集·文》卷 14，道光元年（1821 年）刻本，第 11 页。
〔5〕 詹杭伦：《李调元学谱》，天地出版社 1997 年版，第 28 页。

未科会试，并分别中式一甲第一名进士（状元）和第二名进士（榜眼），授翰林院编修，实现了凭清贵之基到鼎甲的转变，也成为"中正榜"的一段科甲佳话。

那么，在科举功名上略逊一筹的"中正榜"举人是否在宦绩方面必然比甲榜进士逊色呢？答案是否定的。虽然因目前史料所限，笔者无法对14科500余名"中正榜"举人宦绩情况作出全面的统计，但根据现有史料比较发现，一部分以"中正榜"升转的举人和以进士身份授吏部铨选者相比，在仕宦轨迹上似乎并没有太大差别，甚至部分"中正榜"举人的宦绩"有过之而无不及"。例如，阮葵生与其弟阮芝生号称"淮南二阮"，前者在乾隆二十六年（1761年）辛巳科会试后，以"中正榜"选授为内阁中书，其后仕途顺遂，官至刑部侍郎，而其弟阮芝生乾隆二十二年（1757年）进士及第，同样初授为内阁中书，起点与阮葵生一致，但最终官职仅为永定河同知。[1]

类似的反差事例还有很多，不再一一列举，而导致这种状况的原因笔者认为有两点：第一，在一定程度上，举人和进士任职的高低并非取决于功名的高下，而是在于"中正榜"举人是否被选用为军机章京等要职，这决定着这些举人最终的仕途走向。实际上，一些凭借"中正榜"被选用为内阁中书等京官的举人，比外放进士多了被选用为军机章京的机会。其中典型者如吴熊光，他于乾隆三十四年（1769年）、乾隆三十七年（1772年）两举"中正榜"，按例被授以内阁中书之职，其后在乾隆四十年（1775年）被挑选进入军机处行走。虽然吴熊光此后并没有进一步考取进士功名，但仕途异常顺遂。他先于乾隆四十四年（1779年）被擢为侍读，乾隆四十五年（1780年）被记名御史，乾隆四十六年（1781年）又被擢升为刑部郎中，乾隆四十九年（1784年）授御史，乾隆五十四年（1789年）擢给事中，乾隆五十七年（1792年）服阕补原阶，至嘉庆元年（1796年）迁鸿胪寺少卿，嘉庆二年（1797年）迁通政司参议，最后官至两广总督。正如上文阮葵生和吴熊光案例所呈现的，一旦"中正榜"举人被选为军机章京，内掌机要、外任封疆的机会就大为提高。

下文表1-2，笔者以梁章钜所著《枢垣记略》中记载的23名"中正榜"汉军机章京为例，对他们的仕途轨迹进行研究。其中，凭借"中正榜"入仕

---

〔1〕（清）阮元：《研经室集》上，中华书局1993年版，第429页。

且不再考进士的举人共 16 人，续考进士者 7 人。其中不续考进士者，官职一品 1 人，二品 3 人，三品 2 人，四品 6 人，五品 3 人，六品 1 人；续考进士的，一品 1 人，三品 1 人，四品 1 人，五品 3 人，六品 1 人。不续考的举人和续考的进士两者宦绩相比，不续考者人数更多，官职普遍在四品以上，五、六品人数一样，较之续考进士者为优，且三品以上高级官位人数优势明显。由此可见，功名的高低并非决定"中正榜"举人仕途顺遂与否的必要条件，而选补军机章京与否才是区分仕途的重要因素。通过以上"中正榜"举人选用为军机章京的诸多事例来看，"中正榜"举人与进士相比并没有因功名的高低而受到"差别对待"，升转的大门同样向他们敞开。

表 1-2 　《枢垣记略》中出任汉军机章京的"中正榜"举人仕途情况

姓名	籍贯	年份	进士	职官
阮葵生	江苏山阳	乾隆辛巳中正榜	否	官至刑部侍郎
章棠	江苏上海	乾隆辛巳中正榜	否	官至山东盐运使
王嵩柱	顺天宝坻	乾隆辛巳中正榜	否	官至怀庆府知府
洪朴	安徽歙县	乾隆辛巳中正榜	是	官至广平府知府
金光悌	湖北英山	乾隆己丑中正榜	是	官至刑部尚书
潘庭筠	浙江钱塘	乾隆己丑中正榜	是	官至陕西道御史
孙永清	江苏无锡	乾隆己丑中正榜	否	官至广西巡抚
陆瑗	江苏阳湖	乾隆己丑中正榜	否	官至浙江温处道
王彝宪	江苏上元	乾隆己丑中正榜	否	官至庆阳府知府
吴熊光	江苏昭文	乾隆己丑中正榜	否	官至两广总督
沈启震	浙江桐乡	乾隆己丑中正榜	否	官至运河兵备道
王庆长	山东福山	乾隆壬辰中正榜	否	官至福建按察使
汪日章	浙江钱塘	乾隆壬辰中正榜	否	官至江苏巡抚
龚禔身	浙江仁和	乾隆己丑中正榜	否	军机章京
吴锡龄	安徽休宁	乾隆壬辰中正榜	是	官至翰林院修撰
程维岳	浙江嘉善	乾隆壬辰中正榜	是	官至山东道御史
冯培	江苏元和	乾隆壬辰中正榜	是	官至吏科给事中

续表

姓名	籍贯	年份	进士	职官
范鏊	顺天大兴	乾隆己丑中正榜	是	官至光禄寺卿
施光铬	浙江钱塘	乾隆己丑中正榜	否	官至叙州府知府
蒋谢庭	江苏长洲	乾隆己丑中正榜	否	官至山东道御史
王学海	直隶天津	乾隆己丑中正榜	否	官至陕西道御史
张曾效	安徽桐城	乾隆己丑中正榜	否	官至户部员外郎
杨世纶	江苏如皋	乾隆己丑中正榜	否	官至廉州府知府

资料来源：（清）梁章钜：《枢垣记略》卷18·题名四，中华书局1984年版，第196—219页

　　第二，凭借"中正榜"入仕的举人在入职资历等方面具有一定优势。除了那些被选用为军机章京的"中正榜"举人，其他"中正榜"举人相比一些进士而言，同样有着晋升的优势，因为相较同科外放进士、翰林进士而言，"中正榜"举人更早地步入官僚系统，在军机章京选用、升转资历和建立人际网络方面占得先机。例如，龚禔身于乾隆三十四年（1769年）取为"中正榜"后便被授予内阁中书之职，很快进入内廷任军机章京，当时刘统勋、于敏中主军机，"咸以为能甚，器重之"。[1]类似地，吴璥在乾隆二十六年（1761年）登"中正榜"后，有载"大学士刘文正公统勋极器重之"。[2]此外，"中正榜"举人俸满后升转空间大，时间更短，甚至乾隆时期的"中正榜"成为某些举人仕进的捷径。乾隆帝自己也承认这一点，曾言及"中式进士引见归班者，十年方能铨选知县，而落第者录取中书，转可即日得官，补缺后六年俸满，又可内用主事，外用同知，比县令阶级转大，实未平允。"[3]这一点实际上也成为乾隆末年终止施行"中正榜"的直接原因。一些甲榜进士一生只能铨选为州县官，而经由"中正榜"举人入仕者反倒较快得以升转，若被选为军机章京，更有机会官至封疆。虽然这些仕途上较为顺遂的"中正榜"举人不能代表这一群体的全部情况，但至少对于部分人而言，"中正榜"

---

〔1〕（清）余集撰：《秋室学古录》卷4，道光刻本，第22页。
〔2〕（清）潘衍桐编纂，夏勇、熊湘整理：《两浙輶轩续录》第二册，浙江古籍出版社2014年版，第476页。
〔3〕《清会典事例》卷353，中华书局1991年版，第1175页。

科目反而成为他们步入仕途更加实用的起点。

综上所述，"中正榜"举人在仕进方面与正榜及第的进士相比，并没有成为限制他们晋升的因素，反而一些"中正榜"举人仕宦更为优异。"中正榜"举人较之甲榜进士、翰林可能更早地步入官僚系统，或选用为军机章京，较早地升转，在资历和人际网络方面占得先机。例如，乾隆辛巳（1761 年）会试刘秉恬以"中正榜"入仕，不数年官至四川总督，而同榜进士以知县终身者大有人在。恰巧与刘秉恬同榜会试的，还有日后官至大学士的孙补山、鸿胪寺卿冯应榴、左副都御史陆锡熊、侍读郭元泷等人。他们均未馆选翰林，后却以召试授职。因此，"中正榜"举人刘秉恬和其他一些非翰林进士的快速升转招致了当时进士与翰林们对于"中正榜"的怨言，甚至流传有"中者不如不中，用者不如不用"[1]之谣。

三、现存地方志与文献内关于"中正榜"记载勘误

乾隆朝"中正榜"仅行 29 年，官方档案中仅存有少量记载，更多地对于"中正榜"士人的记述见于各版本方志之中。例如，乾隆朝《杭州府志》中就记有"中正榜"科目，辑录 16 人，包括：潘庭筠、张时风、龚禔身、施光辂、邱永、翟均廉、汪日章、沈恩湛、李照、陈木、叶葵、吴垣、周鋐、沈清藻、许基、罗锦森。[2]这些文献对于丰富和全面掌握清代"中正榜"举人的身份信息、科目名次、宦绩情况等有着重要意义。但是，也正是因为"中正榜"施行时间较短，中式总人数较少，故而随着时间流逝，这些文献的记载容易出现偏差，在一些现存的档案文献中存在着不少对于"中正榜"的错误记述和理解，尤其是在地方志中。

第一，一些史料对"明通榜"和"中正榜"的记载混淆不清。按照记载，雍正五年（1727 年），雍正帝谕令在下第举人的落卷中挑选文理通顺者，交由吏部引见、选用，是为"明通榜"。至乾隆五十五年（1790 年），"明通榜"与"中正榜"一并废止。[3]"明通榜"和"中正榜"是两个独立的选拔榜次，前者还有赐匾"明通进士"的制度，所以在乾隆二十六年（1761 年）

---

〔1〕（清）戴璐：《藤阴杂记》，北京古籍出版社 1982 年版，第 18 页。

〔2〕（清）郑沄修、邵晋涵撰：《杭州府志》卷 71，选举，乾隆四十九年（1784 年）刻本，第 22 页。

〔3〕李世愉：《清代科举制度考辩（续）》，万卷出版公司 2012 年版，第 31 页。

至乾隆五十五年（1790 年）间，"明通榜"和"中正榜"是并行录取落第举人的两个类别，并非前后设立的承继关系。因为二者有时间的重合性，选拔性质类似，所以在一些记述中有概念上的混淆尚属情理之中。例如，光绪朝《海阳县志》载："雍正乾隆间改设明通榜，取落卷之文理通顺者以教官用。后经停止，又另设'中正榜'，取书法端楷者以中书学正用，旋亦停止。"〔1〕这里显然记述错误。又如同治朝《泸西县志》更是将"明通榜"和"中正榜"混同为一榜，是为"明通中正榜"，文载"周立爱，字惠民，又字东邨。……壬戌会试中明通中正榜第十三名，特拣进贤县教谕，请休未赴任"。〔2〕更有甚者，直接用"明通榜"替代"中正榜"，如光绪朝《天津府志》中记载"中正榜县志误作明通榜"。〔3〕

　　不仅地方志如此，在清人自己的著作中，同样存在着对"明通榜"和"中正榜"混淆、认知不清的状况。例如，在徐士銮所著的《敬乡笔述》中，就存在着前后两则记载不一致的矛盾。该书卷 1 中记载"王学海，号问渠，字观涛。乾隆壬午举人，己丑中正榜。由中书历官军机章京、御史"。〔4〕然而在同书的卷 8 内，作者又将王学海与萧湘、毕怀图、朱基三人一道列入了"明通榜"内，〔5〕而之所以有这样的矛盾记述出现，在于作者认为自乾隆三十四年（1769 年）以后，"明通榜"已然被"中正榜"替代，故而有"明通榜标目可改中正榜"〔6〕的记述。

　　以上地方志和个人著述均将"明通榜"与"中正榜"混为一谈，而这种错误的认知也延续到了民国时期。在民国时期修纂的《重修浙江通志稿》中，虽然将"明通榜"与"中正榜"分列两科，却将第一位"中正榜"书写为顺治十二年（1655 年）乙未科官至山西道监察御史的冯劝，又将顺治十六年（1659 年）己亥科张华和顺治十八年（1661 年）辛丑科查煊均列于中正榜科

〔1〕（清）王敬勋修，（清）李尔梅、王兆腾纂：《海阳县续志》卷 4，科贡，光绪六年（1880年）刻本，第 11 页。

〔2〕（清）杨松兆等纂修：《泸西县志》卷 8，选举，同治九年（1870 年）刻本，第 5 页。

〔3〕（清）沈家本、荣铨等纂修：《重修天津府志》卷 17，光绪二十五年（1899 年）刻本，第43 页。

〔4〕（清）徐士銮：《敬乡笔述》卷 1，天津徐氏濠园 1932 年刊本，第 4 页。

〔5〕（清）徐士銮：《敬乡笔述》卷 8，天津徐氏濠园 1932 年刊本，第 10 页。

〔6〕（清）徐士銮：《敬乡笔述》卷 8，天津徐氏濠园 1932 年刊本，第 7 页。

目下。[1]显然这部地方志将"中正榜"与顺治年间所行的副榜制度相混淆。由此可见,本书通过研究明晰"中正榜"定义,对解决以上讹误有所裨益。

第二,地方志和其他史料中存在对"中正榜"施行时间认定不清或时间记述错误的情况。根据上文可知,"中正榜"起始于乾隆二十六年（1761年）,而在乾隆四十九年（1784年）刊刻的《杭州府志》卷71中载有"乾隆三十四年又选用中书学正之谕,膺是选者时谓中正榜"。[2]显然作者误将礼部上奏乾隆帝为该科选取中书学正的时间,视为"中正榜"的起始时间,故而在记述杭州府"中正榜"科目时,只辑录了乾隆三十四年（1769年）己丑科和乾隆三十七年（1772年）壬辰科中正榜举人16人,包括:潘庭筠、张时风、龚褆身、施光辂、邱永、翟均廉、汪日章、沈恩湛、李照、陈木、叶葰、吴垣、周鈜、沈清藻、许基、罗锦森。这一错误也被同治朝编修的《重修两浙盐法志》采信,且只辑录了龚褆身、汪日章、吴熊光、沈恩湛、吴垣、叶葰6人。[3]在一些县志中,类似的时间记录不确之处,比比皆是。

如光绪朝《茂名县志》中记载了"黄大鹏于（康熙）四十七年戊子由中正榜考授内阁中书"。[4]很明显这部县志《选举表》的修撰者将黄大鹏中式"中正榜"时间弄错,考其正确时间应为乾隆四十七年（1782年）。又如,民国时期《福山县志稿》载:"王钟泰……乙丑会试,中正榜授内阁中书",[5]文中的乙丑年为乾隆十年（1745年）。实际上,王钟泰确实为中正榜举人,时间是"己丑年",即乾隆三十四年（1769年）,可见县志误记了年份。类似地,在同一地方志中,又有记载:"王燕绪,检子,丁卯举人,甲戌登中正榜,以内阁中书用军机处章京"。[6]通过上述可知,文中甲戌年为乾隆十九年（1754年）,尚未设立"中正榜",而下一次甲戌年则已进入嘉庆朝,所以县志中记载有误。

这种时间错误的现象不仅出现于民国版本的方志中,在清末同光时期的县志中同样存在。例如光绪时期的《靖江县志·选举》载"刘枝梅,戊辰科

---

〔1〕 浙江省地方志编纂委员会整理:《重修浙江通志稿》第13册,方志出版社2010年版,第8761页。

〔2〕 （清）郑沄修、邵晋涵撰:《杭州府志》卷71,乾隆四十九年（1784年）刻本,第21页。

〔3〕 （清）延丰:《重修两浙盐法志》卷24,同治刻本,第18页。

〔4〕 （清）郑业崇撰:《茂名县志》卷5·人物上,光绪十四年（1888年）刻本,第22页。

〔5〕 王陵基、于宗潼:《福山县志稿》卷二之三·选举,福裕东书局1931年版,第17页。

〔6〕 （清）方汝翼、贾瑚修:《增修登州府志》卷39,光绪七年（1881年）刻本,第19页。

中正榜授内阁中书，擢湖北荆州府同知"。〔1〕方志中所载的戊辰年指乾隆十三年（1748年），很显然犯了与上文中其他县志一样的错误。因此，在这些方志中所记载的"中正榜"举人的功名与宦绩都应详加甄别与考证。

除了方志类文献，某些文集也记载有误。比如孙希旦在乾隆丁丑会试后取为"中正榜"，但在记录他的《行状》中却将"中正榜"解释为"乾隆以前旧制也"。〔2〕而在中式时间上，《行状》中载其以乾隆丁丑"中正榜"授为四库全书馆分校官。〔3〕文中丁丑年为乾隆二十二年（1757年），与"中正榜"设立时间不符，与其他史料相印证，则可知孙希旦实际于乾隆三十六年（1771年）辛卯科会试选为"中正榜"。〔4〕

第三，在某些县志中对于"中正榜"录取人数与称谓记载有误。如上文所述，每科会试后选取40名落第举人为内阁中书，20名备选，及少许学正、学录，以成"中正榜"。正额每科应在40余名，即使加上备选也应在60余名。但在很多方志中对于"中正榜"举人数字记录有误。如常熟的地方志记载，"至己丑于会试荐卷内取为中正榜，其数以百人为率"。〔5〕在这则地方志的记录中不仅将"中正榜"开科误记为"己丑"年即乾隆三十四年（1769年），还将录取人数错记为百人。又如，在《支溪小志》中也记载有"会试荐卷内取为中正榜，其数以百人为率"，〔6〕同样将数字扩大化了。此外，按定制，"中正榜"是在下第举人试卷中选取，故其功名依然为举人身份，而非进士。某些史料文献却误将"中正榜"以进士相称。如潘毅堂在乾隆三十七年（1772年）会试落榜后挑取为"中正榜"，但是在他的外甥陈昙所写《潘氏诗略》的跋中有载"舅自乾隆戊子以优行贡国子监，庚寅举顺天乡试，壬辰'中正榜'进士，官内阁中书，奉命总校《四库全书》"。〔7〕显然这是对"中正榜"进士这一称谓既存在概念上的错误认定，又与同时期的"明通进士"进行了错误的比拟。

〔1〕（清）叶滋森：《靖江县志》卷11·选举，光绪五年（1879年）刻本，第11页。
〔2〕（清）孙希旦：《礼记集解》，王云五主编：《万有文库》，商务印书馆1939年版，第71页。
〔3〕（清）孙希旦：《礼记集解》，王云五主编：《万有文库》，商务印书馆1939年版，第71页。
〔4〕（清）孙依言：《学斋诗钞》，《续修四库全书》第154册，上海古籍出版社2013年版，第355页。
〔5〕沈秋农、曹培根主编：《常熟乡镇旧志集成》，广陵书社2007年版，第209页。
〔6〕（清）顾镇纂，（清）周昂增订：《支溪小志》卷3，人物志·科第，清刻本，第14页。
〔7〕黄任恒编纂：《番禺河南小志》，广东人民出版社2012年版，第256页。

四、结语

清代"中正榜"科目的设立是清廷随着应试人数激增而作出的选择，其为乾隆朝落第举人增开了一条新的希望之路，有效地避免了部分有能力士子的遗珠之憾，也成为清代统治者利用科举制度扩大统治基础的典型代表。然而，因为"中正榜"存在时间较短，仅施行 29 年，且挑取人数与正榜进士相比差距较大，所以在诸多地方志和档案文献中对于"中正榜"的记载存在谬误。即使在清代本朝人的著作和方志中，也存在对这一制度认知模糊不清的情况，这更凸显了本章对于"中正榜"研究的意义所在。

本章对于清代"中正榜"科目的论述只在制度层面进行了初步阐释，以及对"中正榜"举人仕宦情况作出考证，尚有进一步延展的空间。随着学界对于清代"中正榜"研究的深入和新史料的发现，对于以上诸多问题的厘清只是时间问题。

在这些幸免于遗珠之憾的落第举人之外，每科会有 200—300 名正科贡士成功地闯过科举的独木桥，经过会试考试入围到殿试阶段。但是，"人生不如意之事十有八九"，作为科场佼佼者的新晋贡士们并非可以全部参加一个月以后的殿试。实际上，总是有一小部分不幸的士子因各种各样的原因不能顺利地参加最后的殿试，造成了清代科举史上的"未殿试"现象，其中就包括如王士禛、纳兰性德等名士在内。到底是哪些原因导致他们不能坚持到殿试呢？下一章节我们一同来探寻清代"未殿试"现象的各种成因。

第二章
清代科举"未殿试"成因探析

本章所要讨论的"未殿试"现象在清代比较常见，在诸多清代存世文献中均有对"未殿试"的记载。例如，阮葵生在《茶余客话》卷 2 中就记述了雍正元年（1723 年）恩科"未殿试"者达 30 人一事。[1]笔者根据江庆柏《清朝进士题名录》所辑史料统计，清朝共 32 科录有"未殿试"情况，"未殿试"人数达 320 人。其中，又以乾隆朝 19 科 178 人"未殿试"为最多。[2]

不过笔者认为，以上数字绝非清代发生"未殿试"现象的全部科次和人数，实际情况应该远大于以上统计。仅以道光朝《济南府志》为例，据笔者统计就有清初至乾隆朝 23 名"未殿试"的文武举人，包括：李宪、朱长泰、焦毓瑞、李缙明、鲁期昌、韩理、王士禄、于觉世、王士禛、王我庸、王钟玫、李生之、石誉生、李征泰、孙若群、王大年、高运、李鸿霍、曾尚增、李德容、杨克济、徐文骧、韩宁远。[3]

实际上，清代很多士人都曾有"未殿试"的经历，如王士禛、纳兰性德、方苞、魏源、蔡元培等。虽然清代"未殿试"事例可谓不绝于书，但很多文献记述中只是简单辑录"某某未殿试"，而不详载原因。本章目的在于对清代科举"未殿试"现象作归因分析，以进一步厘清清代"未殿试"问题。

那么，什么是"未殿试"？"未殿试"者又获何种功名？按清制规定，乡试中举后，各省举人应"公车赴京师"参加礼部会试，成功中式者需要在京等待月余继续参加殿试和朝考。因此，会试中式而没有参加最终的殿试是为"未殿试"，而"未殿试"者正式的功名称谓应该是"贡士"或"中式举人"。

---

〔1〕（清）阮葵生：《茶余客话》卷 2，中华书局 1959 年版，第 62 页。

〔2〕 江庆柏编著：《清朝进士题名录》，中华书局 2007 年版。

〔3〕（清）王赠芳等修纂：《济南府志》卷 42，道光二十年（1840 年）刻本，第 5—44 页。

"贡士"这一称谓在清代官、私诸多著作中均有记载。例如，在《清史稿·选举志三》中就有"试举人于京师，曰会试，中式者为贡士"的记载。[1]《道光铜梁县志》则直白地记述到"国朝进士未殿试之时称贡士"。[2]正因如此，翁同龢在日记中就将其门人直接称为"李楠臣贡士"，并在附注中记有"庚辰门人，云南永昌人，未殿试"等字样。[3]又如，民国时期《德县志》在描述该县"士人田毓珩，少有高才"，"尚气节，能文章"时明确提及了他于光绪壬辰年（1892年）会试中式，却"未殿试"之事，故"以未殿试例称贡士"。[4]除了"贡士"，"中式举人"这一称谓也多可见于史料之中，以指称"未殿试"之人。在乾隆二十五年（1760年）关于会试磨勘的谕令中，官方就将会试中式者称为"中式举人"。[5]又如，吴翌凤在《灯窗丛录》中更明确地指出，"殿试后谓之进士，其中会试而未殿试者谓之中式举人"。[6]

综上所述，虽然清代殿试只是排位考试而少有黜革事例，且在士人眼中"未殿试"者也大多以"进士"看待，但是考究会试中式者的正式称谓，应是"贡士"或"中式举人"，这与殿试中式者"进士"是有所不同的，而且二者在相应配置的衣冠服饰方面也有差异。特别是会试中式而"未殿试"之人，按例不能刻碑记名。如康熙五十一年（1712年）壬辰科会试中式的绍向荣"未殿试"，故"会试中式不称进士固不误也"且进士碑中无其名。[7]这一论证也见于江藩的《汉学师承记笺释》之中。[8]又如，梁容章于嘉庆元年（1796年）丙辰科中式，但根据《广东通志》所载，其"未殿试"，故而题名碑不录其名。[9]所以，在一些清朝士人编纂的地方志和进士录中，将"未殿试"的贡士收入"进士"栏内显然存在着"名实不符"的谬误。

〔1〕（清）赵尔巽等撰：《清史稿》卷108，中华书局1977年版，第3147页。

〔2〕（清）徐瀛等纂修：《道光朝铜梁县志》卷4，试院，道光十二年（1832年）刻本，第40页。

〔3〕（清）翁同龢：《翁同龢日记》第五卷，中西书局2012年版，第2002页。

〔4〕（清）李树德修，（清）董瑶琳纂：《德县志》卷10，人物志，1935年铅印本，第70页。

〔5〕《清会典事例》卷358，中华书局1991年版，第1235页。

〔6〕（清）吴翌凤：《灯窗丛录》卷1，1926年铅印涵芬楼秘笈本，第5页。

〔7〕（清）李慈铭：《乾隆绍兴府志校记》不分卷，1929年铅印本，第7页。

〔8〕（清）江藩纂：《汉学师承记笺释》下，上海古籍出版社2006年版，第602页。

〔9〕梅州市政协文化和文史资料委员会编：《梅州进士录》，第51页。

目前，学界对于清代科举"未殿试"现象的最早关注源自江庆柏所辑录的《清朝进士题名录》中《"补殿试"与"未殿试"问题》一文。该文首开论述清代"未殿试"问题先河，对清代"未殿试"与"补殿试"问题作了探讨分析，以史料罗列的方式体现出"未殿试"原因的多样性，并对"补殿试"和现存文献著录中的谬误进行了勘定。[1]毛晓阳所著《清代江西进士丛考》一书也对江西贡士"未殿试"与"补殿试"情况有所关注，并指出江西建昌府新城县士人鲁缤中会试后"未殿试"，应按例称"贡士"而非"进士"的事实。[2]最近，杨胜祥在《清史研究》发文对清代"补殿试"问题再次进行了深入讨论，并提出了"补殿试"不入荐卷的观点。作者考实了清代自康熙三十九年（1700年）至光绪三十一年（1905年）废除科举止，仅5人凭"补殿试"入围前十名荐卷，而绝大多数时间内"补殿试"的贡士则无缘荐卷的事实，这既是对江庆柏原有观点的一次修正，[3]又是对清代"未殿试"问题的延伸研究。

然而，就整体研究现状而言，学界对于清代"未殿试"问题的关注度不够，而本章则希望在前人研究的基础之上，辑合清代所存档案文献，对清代"未殿试"进行归因分析，进而让读者更加深入地了解清代科举殿试前所发生的这种"遗憾"。根据笔者对史料的梳理与研究，清代"未殿试"成因大致可分为因丁忧而"未殿试"、因无意仕宦而"未殿试"、因病或病卒而"未殿试"、因磨勘有误而罚停殿试等诸大端。此外，还有因资费、籍贯、政治选择等因素导致士人"未殿试"的情况发生。

一、因丁忧而"未殿试"

清代"以孝治天下"，孝尊养亲是清代的国策，更为统治者和士人所践行。乾隆帝诸次南巡也大多打着奉养太后，行孝道的名义进行，而士人、官员也同样如此。当遇到父母新丧时，官员与士人均要回乡丁忧守孝以尽孝道。虽然学者柯启玄（Norman Kutcher）在《中华帝国晚期的服丧：孝道与国家之间》（*Mourning in Late Imperial China：Filial Piety and the State*）一书中以"社

---

〔1〕　江庆柏编著：《清朝进士题名录》上册，中华书局2007年版，第85—86页。

〔2〕　毛晓阳：《清代江西进士丛考》，江西高校出版社2014年版，第339页。

〔3〕　杨胜祥：《清代科举"补殿试"对进士名次的影响》，载《清史研究》2020年第2期。

会平行"（parallel society）概念强调了康熙、雍正朝以来"夺情"之举渐增，"公"先于"私"，君主专制加强的特点与趋势，[1]但就清朝整体而言，士人、官员丁忧服丧还是较为普遍的行为。其中尤以康熙年间方苞闻母病"未殿试"而归里的事迹为著名。

方苞，字灵皋，"博究经史百家"，弱冠游太学时为李光地所赏识，被奉为韩愈、欧阳修复出，一时"公卿争相汲"。康熙三十八年（1699年），方苞乡试中举解元，康熙四十五年（1706年）会试中式，但没有参加月余后的殿试，而是"闻母疾，遽归"，后他又"丁父忧，三年不入寝室"。[2]这不仅展现出方苞恪守孝道的做法，更凸显了士人在殿试与孝道之间的取舍。其后，方苞以文名被康熙帝召入南书房，成为天下名士。雍正继位后，方苞以母卒未葬，乞假归，再次展现出他恪尽孝道的思想与做法。

康熙三十九年（1700年）的状元汪绎也是这一时期因丁忧"未殿试"的代表。在康熙三十六年（1697年）会试中式后，汪绎因丁忧而"未殿试"回籍守制。待三年后"补殿试"时，有同邑士人邵陵还赠其诗云："已看文采振鵷鸾，重向青霄刷羽翰。往哲绪言吾解说，状元原是旧吴宽。"[3]前两句说明了好友曾经"未殿试"和"补殿试"的经历，后两句以状元期许。榜发后，汪绎果然状元及第，成为一时佳话。

乾隆大力提倡孝道与躬亲奉养皇太后的做法强化了明清以来"家国天下"的概念，即奉行孝道养亲与忠君有着同样重要的社会功用。所以，乾隆朝以后记述有很多因丁忧所导致的贡士"未殿试"事例。例如，在同治《六安州志》中记载了雍乾时人杨逢元的事迹。杨逢元，字伸吉，号浣初，弱冠食饩。乾隆六年（1741年）辛酉拔贡，其后潜心典籍，专著时文，乾隆十七年（1752年）中乡试，乾隆十九年（1754年）甲戌科会试中式，但他与方苞境遇类似，"未殿试，丁母忧，归里"，[4]后又继丁父忧，其间作了大量诗文以"痛养亲之不逮也"。乾隆二十二年（1757年），杨逢元补殿试，授职广西武

---

[1]　Norman Kutcher, *Mourning in Late Imperial China: Filial Piety and the State*, Cambridge University Press, 1999.

[2]　（清）陈作霖纂：《金陵通传》卷25，光绪三十年（1904年）刊本，第10页。

[3]　（清）王应奎撰：《柳南随笔》卷2，中华书局1983年版，第22页。

[4]　（清）李蔚修，（清）吴康霖纂：《六安州志》卷27，光绪三十年（1904年）重印本，第14页。

缘县知县。

又如，在《鲁宾之墓志铭》中记述了鲁宾之于乾隆五十七年（1792年）乡试中举后屡次会试不获的经历，受到打击的鲁宾之"遂绝意进取养亲课子而志以文"。[1]但鲁宾之的母亲邓氏却屡次鼓励他并"促之就试"，让他继续赴京参加礼部会试。在母亲的鼓励与敦促下，鲁宾之北上京师参加会试而中式。虽然进士功名近在咫尺，但是"子欲养而亲不待"，鲁宾之"未殿试闻邓宜人讣，奔丧归"。[2]这一事例再次体现了士人在尽孝与功名间的取舍。

嘉庆年间的贵阳士人刘炜同样有着丁忧养亲而"未殿试"的经历。刘炜，字心农，先祖为武陵人，自高祖刘世荣辈才徙居贵阳。刘炜幼而"静默好学"，嘉庆六年（1801年）乡试中举，嘉庆十二年（1807年）与其弟同会试中式。但是榜发后恰逢父丧，刘炜因"外艰未殿试"。[3]丁父忧后，刘炜"补殿试"中式辛未科二甲第四十二名进士，朝考选庶吉士，改兵部主事。后因母病，乞假回乡奉养母亲，"事母于氏以孝闻"。后吏部改授其为石楼知县，但刘炜一心侍奉其母，"侍汤药衣不解带"，待母亲去世后，不复仕宦，甚至教导其子曰："官可以不做，身不可以不修"。[4]这一席话除了父对子的谆谆教导，也包含着他对父母尽孝的心态。

二、因无意仕宦而"未殿试"

在清代科场诸多"未殿试"的文献记载中，还有很多因无意仕宦而选择"未殿试"的事例。究其原因，可能部分士人会试中式后认为已证明自身举业水准并获得了声望，却不想被仕宦羁绊，因此选择不应殿试，或回乡以教书为生，或著书立说洒脱度日。雍正元年（1723年），朝廷开设恩科，江南常熟士人陈祖范是科会试中式贡士，史载其"见复捷春官，未殿试归，著书友教，垂三十年"。[5]后来陈祖范在乾隆壬申年（1752年）经朝中大臣荐举授官，官至国子监司业。虽然《清史稿》中有载陈祖范"未殿试"是因病所

---

〔1〕（清）陈用光撰：《太乙舟文集》卷8，道光二十三年（1843年）孝友堂刻本，第88页。
〔2〕（清）陈用光撰：《太乙舟文集》卷8，道光二十三年（1843年）孝友堂刻本，第89页。
〔3〕（清）萧管纂：《道光贵阳府志》卷81，传9，清咸丰刻本，第2—3页。
〔4〕（清）萧管纂：《道光贵阳府志》卷81，传9，清咸丰刻本，第2—3页。
〔5〕（清）沈德潜编：《清诗别裁集》卷27，乾隆二十五年（1760年）刻本。

致，即所谓"其秋礼部中式，以病不与殿试"，[1]但考其情事，可能患病并非真因。在"未殿试"后29年间，陈祖范并没有选择"补殿试"出仕，而是"傃廗华汇之滨，楗户读书"，[2]在乡里教书著说近30年之久。由此可见，会试中式后的陈祖范对"补殿试"和铨选任职的意愿并不强烈，也可能托病以避祸，从而可将他归为无意仕宦类别之内。

乾隆年间，苏州彭氏家族人才辈出，仕宦鼎盛，然而家族内的彭绍升却与家人形成反差，是无意仕宦而"未殿试"的典型。彭启丰作为雍正五年（1727年）的状元官运顺遂，为官40余年，官至兵部尚书，开启了苏州彭氏的兴盛时代，而其子孙亦多为清朝名臣，如彭希濂中乾隆四十九年（1784年）进士，官至刑部侍郎，彭蕴章官至兵部尚书等。乾隆二十二年（1757年）是科为乾隆丁丑科，彭启丰的第四子彭绍升与其兄长彭绍观会试同榜高中，但是前者"未殿试"而归，而彭绍观则高中进士，馆选翰林步入仕途。探析彭绍升"未殿试"的原因可知，他本无意仕宦，回到苏州后著述立说建设乡梓，等到彭启丰病逝后，彭绍升更是闭门不出，"两耳不闻窗外事"，史载："迨尚书公（彭启丰）殁后，遂闭关城东文星阁"。[3]此后，彭绍升倾心禅理，在苏州城东的文星阁"阐扬净业，不复与人闲事"，自号"二林居士"，专心著述，至嘉庆元年（1796年）而卒。由此例可见，彭绍升是较为典型的因无意仕宦，在会试中式后"未殿试"的例子。当然，作为官宦家族的彭氏也为彭绍升的不仕提供了政治庇护与经济保障，而这可能正是彭绍升选择会试中式后"未殿试"的底气与原因所在。

与彭绍升例相似，光绪朝《德平县志》中记载了另一则因无意仕宦而选择请假归里，"未殿试"的事例。在德州士人吴华年所写的《文林郎孔公墓志铭》中，记载了主人公孔昭珩的生平。作为孔氏圣裔的孔昭珩，少而聪颖，16岁就通过了童生试，获得生员功名。道光二十三年（1843年）乡试中举，次年赴京参加礼部会试，连捷中式。但是，孔昭珩"未殿试"，而选择"请假旋里"，这一做法在吴华年看来是他"盖不欲久旷晨昏"所致。[4]其后，其

---

〔1〕（清）赵尔巽等撰：《清史稿》卷480，中华书局1977年版，第13150页。
〔2〕（清）赵尔巽等撰：《清史稿》卷480，中华书局1977年版，第13150页。
〔3〕（清）钱泳撰：《履园丛话》卷6，中华书局1979年版，第149页。
〔4〕（清）凌锡祺修，（清）李敬熙纂：《德平县志》卷12，光绪十九年（1893年）刊本，第17页。

在乡期间又逢丁忧，"哀毁几至灭性，自是遂无意科名矣"。[1]孔昭珩在家收徒教书，虽然他自己不应殿试，也没有出仕为官，但他的弟子们中式科举者颇多。由以上数例可见，期待殿试金榜题名与出仕并非所有士人的必然选择。

三、因病或病卒而"未殿试"

除了以上两种原因，清代贡士患病或突然病卒也是"未殿试"的主要因素之一。清代科举考试竞争激烈，犹如千军万马过独木桥，中式比例更是随着人口的急剧膨胀而快速下降，许多士人终其一生无法中举。这种情况也就导致了士人长期以来巨大的精神和身体压力，而对于乡试、会试中式者而言同样如此，而且他们还要经受从焦虑到狂喜的有如"范进中举"式的精神反差。

此外，天气寒冷也可能是士人患病而"未殿试"之因。按清制规定，清初会试定于二月，三月发榜，四月初殿试。雍正、乾隆朝本着体恤士人的原则，先后对乡会试日期有所调整。先是雍正四年（1726 年），雍正帝降谕旨言及"明年乃会试之期，春季适有闰月，二月节候天气尚寒。凡应试举子，途次远来，及闱中考试，诚恐寒苦，着将明年二月入场之期改至三月"。[2]此后，清代会试多于三月在京师举行，而殿试于次月进行。但是，即使将殿试日期推后，京师三、四月天气依旧寒冷。莫友芝在他的笺注中记载了咸丰十年（1860 年）"（三月）初十日，北风凝寒，呵笔录真，三四字辄结冻珠，杂沙而黄"[3]的寒冷天气和伴随扬沙的恶劣考场环境。在《翁曾翰日记》中，作者也记录到他参加会试入号当晚（三月初八日）即碰到了"夜卧极寒，重裘犹股栗也"[4]的低温天气。因此，虽然会试与殿试相隔仅一月余，但就是在这一个月左右时间内，清代典籍文献中记载了许多会试中式贡士或"因病"未殿试，或未及殿试而卒的事例，这可能既有上文所言及的身体与精神压力因素，也同北方气候等因素有所关联。一些士子在坚持完 9 天的会试后，便患上风寒等症一病不起，最终导致无法应殿试。

---

〔1〕（清）凌锡祺修，（清）李敬熙纂：《德平县志》卷12，光绪十九年（1893 年）刊本，第 17 页。

〔2〕《清会典事例》卷330，乡会试期，中华书局 1991 年版，第 905 页。

〔3〕黄万机：《莫友芝评传》，贵州人民出版社 1992 年版，第 201 页。

〔4〕（清）翁曾翰：《翁曾翰日记》，凤凰出版社 2014 年版，第 81 页。

康熙十二年（1673 年），著名的满洲词人纳兰性德就因会试后生病而"未殿试"。据徐乾学在《皇清通议大夫一等侍卫佐领纳兰君墓志铭》中的记载，纳兰性德是因"会试中式，将廷对，患寒疾"之故错过了殿试。纳兰性德为此憾事专门写了一首题为《幸举礼闱以病未与廷试》的诗。诗中有"晓榻茶烟揽鬓丝，万春园里误春期。谁知江上题名日，虚拟兰成射策时"〔1〕等句，不仅描述了他在卧榻上的病容，而且对于贻误殿试流露出惋惜之情。不过，在三年后康熙丙辰科（1676 年），纳兰性德（成德）得以"补殿试"，并入荐卷，以二甲第七名高中进士。

乾嘉时期后官至刑部尚书的戴敦元也曾因会试中式后生病而未参加本科殿试，也是后来通过"补殿试"进入翰林院开启仕宦生涯的。在《北东园笔录续编》中记载了戴敦元幼而聪慧的故事，史载其"书籍甫过目即成诵，时号为神童"，甚至"博雅耆宿，与之谈艺，不能相难"。然而，本是一帆风顺且已会试中式的戴敦元，却"值出痘，未殿试，次科乃补试。入翰林，改刑部"。〔2〕这次因会试后出痘的情况可能与南方人不适应北方气候有关系，以致不能坚持完试。

咸同年间，在俞樾所著的《春在堂杂文》中同样记载了一位名为赵林的士人，他继承先父遗志，刻苦研读举业于咸丰八年（1858 年）中举，后又于同治七年（1868 年）会试中式贡士，但面对咫尺之遥的进士功名，赵林却因病"未殿试"而归。归里后，赵林以候补官员的身份主讲于当地书院，直到同治十年（1871 年）才"补殿试"，中式二甲第二十三名进士，后以主事分吏部用。〔3〕又如，李寅于同治庚午年（1870 年）中乡试，辛未中式而以病"未殿试"，后"补殿试"选庶吉士。〔4〕清朝末年，在张元济《题张豫泉同年六十年前乡榜题名录》一文中也记载了同乡张豫泉类似因病"未殿试"的经历。好在其后有"补殿试"之机，改官外省。〔5〕

以上数个因病"未殿试"而后"补殿试"步入仕途的事例只能视为个人科举道路上的小插曲，并没有影响他们以后的功名和仕进，更没有改变他们

---

〔1〕　（清）纳兰性德著，闵泽平译：《纳兰性德全集》第 3 册，新世界出版社 2014 年版，第 144 页。

〔2〕　（清）梁恭辰撰：《北东园笔录续编》卷 1，同治五年（1866 年）刻本，第 2 页。

〔3〕　（清）俞樾：《春在堂杂文》六编四，光绪二十五年（1899 年）刻春在堂全书本，第 21 页。

〔4〕　（清）刘安国修，（清）吴廷锡纂：《重修咸阳县志》卷 7，1932 年铅印本，第 14 页。

〔5〕　张元济：《张元济全集》第 10 卷，商务印书馆 2010 年版，第 118 页。

的生命轨迹。但是，在清代文献中还记载了大量"未殿试而卒"的事例，在他们科举和人生道路上画上了终止符。例如，在康熙《姚州府志》中记载了"天性孝友""好义乐施"的杨道东在甲子中式乡试后，乙丑年连捷中式会试，但是"未殿试卒于京邸"。[1]姚元之撰写的《竹叶亭杂记》中记载了安徽六安陈鳌嘉庆丙辰科覆试第一，当时人人以状元期之，但无人料想榜发不数日而卒，"竟未与殿试"。[2]《南昌县志》中所记载的周昌祺在癸酉中乡试后，同样连捷甲戌会试中式，当时"诸名公金以高第期之"，但如同杨道东一样"以病不获与廷试，卒"。[3]又如，乾隆四十六年（1781 年）会试中式的管济泰未殿试而归里，后卒于家。[4]可以想见，管济泰与杨道东、周昌祺等人一样，在京会试后可能突患重病，或原本已有的病情随着会试时京师的气候变化和心情等因素而加重，否则面对士人梦寐以求且"唾手可得"的金榜题名，若非身体无法坚持，是无论如何不会放弃仅一个月后的殿试而选择归里的。此外，清朝也本着鼓励士人应试的原则，对于年老士子多有照顾，时常有古稀之年以后中式者。在《啸亭杂录》中就记载了嘉庆元年（1796 年）元和人王严年 86 岁中式，但是"未及殿试卒"[5]之事。正是因年老士子岁数较大，加之天气等原因导致身体不适，最终导致了未及殿试而卒的结果。

类似的会试中式后"未殿试"而卒的事例还有很多，暂罗列数例如下以窥大概：康熙十八年（1679 年）己未榜，谢衷寅由广东未殿试卒；[6]康熙三十六年（1697 年）丁丑会试中式贡士周景岷未殿试卒；[7]雍正元年（1723 年）癸卯恩科，邱振鹭未殿试卒；[8]艾晋，乾隆丁巳会试中式，未殿试卒；[9]李

---

〔1〕（清）管楷纂修：《姚州志》卷 4，康熙五十二年（1713 年）刻本，第 12 页。

〔2〕（清）姚元之撰：《竹叶亭杂记》卷 4，中华书局 1982 年版，第 101 页。

〔3〕（清）彭良裔等纂：《南昌县志》卷 22，人物·文苑，道光六年（1826 年）刻本，第 65 页。

〔4〕（清）杨殿梓修，（清）钱时雍纂：《光山县志》卷 28，人物志·文学，乾隆五十一年（1786 年）刻本，第 10 页。

〔5〕（清）昭梿撰：《啸亭杂录》卷 9，中华书局 1980 年版，第 288 页。

〔6〕（清）陈汝咸修：《漳浦县志》卷 12，康熙三十九年（1700 年）刻本，第 15 页。

〔7〕盛泽镇人民政府、吴江市档案局编：《盛湖志（四种）》上，广陵书社 2011 年版，第 118 页。

〔8〕（清）王祖肃修，（清）虞鸣球纂：《武进县志》卷 7，甲榜，乾隆刻本，第 46 页。

〔9〕（清）方鼎等修，（清）朱升元等纂：《晋江县志》卷 8，乾隆三十年（1765 年）刊本，第 101 页。

呈禧中式会试房魁，未殿试而卒。[1]以上事例虽然仅寥寥数语，没有说明"未殿试而卒"的具体病因，但想必与上文所分析的身体与精神压力、气候与水土不服，以及舟车劳顿等因素有所关联，并最终导致了这些士人无法坚持应试而亡的结果。

四、因磨勘有误而罚停殿试

在以上几类贡士"未殿试"原因外，清代因磨勘覆试有误而罚停殿试进而导致"未殿试"的事例很多，尤以清中叶以后更甚。但需要注意与区分的是，因罚停殿试而"未殿试"是士人被动接受的惩罚，与上文所述其他因客观条件限制所导致的"未殿试"应有所区别。

清初所行科举并没有设置覆试这一环节，但随着科场舞弊案频发，朝廷为了保证取得学有真才者，遂决定采用磨勘与覆试制度。顺治十四年（1657年），顺天乡试发榜后"物议沸腾"，顺治帝遂下令"顺天乡试中式举人，速传来京，候朕亲行覆试"。[2]此后康熙三十八年（1699年）、康熙三十九年（1700年）连续覆试顺天乡试举人，遂逐渐定为一项制度。康熙五十一年（1712年）壬辰科会试后，康熙帝为了保证取士公平，亲自在畅春园覆试新进贡士，结果黜革五人，[3]可视为清代会试覆试之始。至乾隆二十五年（1760年）庚辰科会试发榜后，乾隆帝为了防止科场弊案发生，认为应将所有贡士进行磨勘。然而，虽有康熙五十一年（1712年）黜革之例，但从前未定有条例。因此，乾隆帝以是科为始将磨勘有问题的"中式举人及主考、同考、外帝官应行议处者，均照乡试磨勘条例办理。其有应行停科者，改为罚停殿试，永远遵行"。[4]

以乾隆二十五年（1760年）作为时间节点，清代开始在会试后对贡士进行严格磨勘与覆试，并以罚停殿试作为处罚。按规定，"试卷题字错落，真草不全，越幅、曳白、涂抹、污染太甚……行文不避庙讳、御名、至圣讳，以违式论"[5]均需要受到罚停殿试的处罚。乾隆三十四年（1769年），会试中

---

〔1〕（清）张聪等纂修：《东平州志》卷3，康熙十九年（1680年）刻本，第55页。

〔2〕《清会典事例》卷351，中华书局1991年版，第1145页。

〔3〕《清圣祖实录》卷249，康熙五十一年（1712年）三月戊戌。

〔4〕《清会典事例》卷358，中华书局1991年版，第1235页。

〔5〕（清）赵尔巽等撰：《清史稿》卷108，中华书局1977年版，第3148页。

式第二十名梁泉卷内，经过磨勘官甄别"疵谬多至四十余处"，因此礼部请旨罚停殿试二科。[1]乾隆五十五年（1790年）凌次仲中式万寿恩科会试，位列第四，但因磨勘覆试有误而停殿试，竟自水路回乡，三年后才补殿试入仕。[2]又如，根据英和所著《恩福堂笔记》的记载，乾隆五十八年（1793年）癸丑会试后对中式的102名贡士覆试，结果覆试磨勘罚停殿试者达29人之多，史载"自曹德华至王东林适二十九人，殆即因覆试磨勘罚科者"，[3]而罚停殿试29人中的韩文绮在乙卯"补殿试"中名列二甲第六名，位列荐卷之内，是罚科后"补殿试"仍入前十名为数不多的例证。同科被罚停殿试者还有张腾蛟，他是汀州宁化人，少有词名，被赞誉为"三千闽士校雄雌，第一应推张孟词"。张腾蛟乾隆癸丑会试中式，却"磨勘停科（殿试），乙卯未及补殿试，卒于京中，年仅三十有八"。[4]在一些文献档案中也记载了张腾蛟"未殿试"的原因是他不依附和珅。[5]

乾隆六十年（1795年）还发生了一起因磨勘覆试罚停殿试且极具巧合性的事件。是科会试发榜后，中式贡士第一名和第二名竟然是来自浙江归安县的亲兄弟王以衔和王以铻二人。这种巧合之事令乾隆帝心中大生疑窦，认为此中必有弊端，便命阅卷大臣严格覆试。结果王以铻因为覆试卷内"肤泛失当，疵累甚多"被罚停殿试，而其兄长却入荐卷终获状元。王以铻这一罚停殿试而"未殿试"的结果显然是因当权者干预所致，以致他被"特别照顾"，从而罚停殿试。此外，也有一种说法是王以铻因不附权贵而被黜落，[6]但好在他于嘉庆六年（1801年）"补殿试"馆选庶吉士步入仕途。由以上数例可见，磨勘对贡士"未殿试"的影响很大，以致自乾隆朝以后覆试罚停殿试严格的印象一直延续到清末民初时期。在徐珂编撰的《清稗类钞》中就有记载：

> 磨勘之例，乾隆己卯始严。时磨勘官宫太仆焕文、阎侍御循琦、朱侍御

---

〔1〕《清会典事例》卷358，中华书局1991年版，第1239页。

〔2〕杨峰、张伟：《清代经学学术编年》下，凤凰出版社2015年版，第523页。

〔3〕（清）文廷式撰：《纯常子枝语》卷9，1943年刻本，第6页。

〔4〕（清）梁章钜撰：《归田琐记》卷4，中华书局1981年版，第71页。

〔5〕（清）黎彩彰修，（清）黄宗宪纂：《宁化县志》卷14，1926年铅印本，第42页。

〔6〕（清）李昱修，（清）陆心源纂：《（光绪）归安县志》卷37，光绪八年（1882年）刊本，第17页。

丕烈、朱侍御缃，尽心细核，指摘较多，世以为"魔王"，盖借魔作磨也。[1]

嘉庆朝后，对于会试中式的贡士磨勘更加严格，遇有违式者罚停殿试成为惯例。嘉庆十年（1805 年），贡士王欣就因"文理平常""字多错误"被礼部奏报着罚停殿试一科。[2]嘉庆二十五年（1820 年），贡士邹鸣鹤覆试时误将书信旧纸界画墨格夹入卷内，被列为三等之末，并罚停殿试一科。[3]道光三年（1823 年）癸未科会试中式第二十八名陈大忠因为在第三场墨卷策内将杜子春的"春"字误写为"眷"字，被按照字句疵谬例，罚停殿试一科。类似的还有道光十六年（1836 年）会试中式第十二名江西贡士汤云林，他在第一场因"草稿不全"被罚停殿试一科。[4]道光二十四年（1844 年），江苏知州魏源以候补内阁中书的身份参加当年会试并中式贡士，但同样因磨勘卷中发现问题，被罚停殿试一科。[5]又如杨仲愈在咸丰辛亥年（1851 年）乡试中举后，同治壬戌年（1862 年）会试中式贡士，文名大盛，以致殿试前，京内相传本科状元非属杨仲愈莫属。一时春风得意又"方年少豪"的杨仲愈"纵狎某名伶"，结果为人所妒，于覆试吹求卷内查检出错谬造成"未殿试"，后不得不"补殿试"并以癸亥朝考一等第一名（朝元）选翰林院庶吉士。[6]

在道光年间会试中式贡士因误写皇帝御名、庙讳而罚停殿试的案例也层出不穷。如道光六年（1826 年），本科中式贡士罗元衡因他的覆试卷内误写道光帝旻宁的御名，属于违式，礼部按照乡会试之例，罚停殿试三科。这一处罚符合清朝遇避讳而直书本字，举人罚停会试三科，进士（贡士）罚停殿试三科的规定。[7]道光十三年（1833 年），又有会试中式贡士萧腾汉在覆试卷内，于庙讳未敬谨缺笔，同样属于违式，被罚停殿试三科。[8]

以上诸多事例都显示出，自清中叶以后，朝廷对于贡士磨勘覆试的严格，以及对于罚停殿试的坚决。当然，在这些被罚停殿试的士人中也不乏幸运儿，

————————

〔1〕（清）徐珂编撰：《清稗类钞》第四册，中华书局 1984 年版，第 1608—1609 页。

〔2〕《清会典事例》卷 351，中华书局 1991 年版，第 1153 页。

〔3〕《清会典事例》卷 351，中华书局 1991 年版，第 1153 页。

〔4〕（清）英汇等纂：《钦定科场条例》卷 51，咸丰二年（1852 年）刻本，第 38 页。

〔5〕《清会典事例》卷 361，中华书局 1991 年版，第 1270 页。

〔6〕（清）欧阳英修，（清）陈衍纂：《民国闽侯县志》卷 72，1933 年刊本，第 16 页。

〔7〕（清）黄本骥撰：《黄本骥集·本朝敬避讳字样》，岳麓书社 2009 年版，第 320 页。

〔8〕《清会典事例》卷 351，中华书局 1991 年版，第 1154 页。

其凭借自身关系将罚停殿试的惩罚撤销，将"未殿试"变为"应殿试"，从而高中进士。同治二年（1863年），中式贡士朱熙宇因磨勘有误而被罚停殿试，但他相较以上罚停殿试者为幸运。他经由户部代为奏请，以捐赎的形式免除罚停殿试的惩处。不过虽然朝廷捐免了对他的罚科，但是礼部必须"仍照不行殿试之例办理"，[1]即无法选入荐卷之内。究其原因在于，咸丰兵兴以来，朝廷用度大增，入不敷出，因此广开捐纳以补充所需。在这一时期，一些因会试磨勘有误而被罚停殿试的贡士就以捐免的形式逃脱处罚，准许随本科贡士"一体殿试"。但同治五年（1866年）后，天下形势逐渐回归安定，朝廷再次申严禁令"乡会试覆试罚令停科停殿试者，概不准援案捐免"，[2]合上了贡士通过捐免其误而"一体殿试"的口子。所以，朱熙宇的情况也可以算特定时期的"大幸"了。

需要引起我们注意的是，在文试增强会试覆试且施行罚停殿试后，清代自乾隆朝中期以后也相应加强了对于武科罚停殿试的处罚力度。这一点与当时武备日渐松懈，朝廷意图以此警示众人，强化武备的思想有直接联系。乾隆四十年（1775年），乾隆帝要求集中式武举人，按照会试的定例将弓、刀、石等技艺按照原册所载逐一演试。如果发现有前后差异较大之人，将武举照文会试磨勘之例罚停殿试一科，这可以视为清代武举磨勘罚停殿试的肇始。随着清朝国势与军力的日益衰败，朝廷对于武举考试的重视程度与日俱增，嘉庆十六年（1811年），嘉庆帝就发布谕旨要求"辛未科覆试中式武举弓力不符，罚停殿试。由于原监射王大臣等校阅草率，不能认真拔取，所议罚俸之处均着实罚，不准抵销，此后着为令"。[3]以该年作为分界点，武科罚停殿试成为定例，也正因如此，在嘉庆朝以后出现了大量武举覆试因弓力不行而被罚停殿试的事例。例如，辛未科覆试中式武举姚三元、杨定泰、萧焕新、刘庆长等人就因为"弓力不符，罚停殿试"。[4]道光十八年（1838年），已然因覆试罚停殿试的武举镶白旗汉军旗人项得荣在补行殿试时依然无法达标，因"弓刀俱不符"再被罚停殿试一科。[5]道光二十七年（1847年），湖南武

---

〔1〕《清会典事例》卷361，中华书局1991年版，第1271页。
〔2〕《清会典事例》卷351，中华书局1991年版，第1159页。
〔3〕《清会典事例》卷86，中华书局1991年版，第116页。
〔4〕《清会典事例》卷608，中华书局1991年版，第860页。
〔5〕《清会典事例》卷719，中华书局1991年版，第929页。

科彭三元会试中式后，却因"不中格"被罚停殿试。[1]同科又有镶白旗汉军中式武举云麟、山东中式武举曹天桂、湖南中式武举谌琼林等人，俱石力不符，被罚停殿试一科，而补殿试的镶黄旗汉军中式武举海龄也同样因弓力不符，被再次罚停殿试一科。[2]清代武举因覆试被罚停殿试的事例举不胜举，在《申报》和《京报》上对此多有著录，由此也可见罚停殿试在晚清的普遍性。

五、因其他原因而"未殿试"

除了以上几类清代较为常见的贡士"未殿试"的原因，还有其他一些因素导致士人"未殿试"的发生。比如，士人或因自己的政治选择暂时"未殿试"，或因资费问题"未殿试"，又如因籍贯问题或受案件牵连而"未殿试"等。总之，诸多因素都可能导致贡士"未殿试"的发生，也由此可见从会试到殿试的这短短一个月，实际上远非贡士们"春风得意"之时，而是需要谨慎思考与应对各种问题以迎接稍后的殿试与朝考。

在明清易代之际，许多士人对于新朝与旧朝有着复杂的情怀与态度，这也成为士人"未殿试"的原因之一。按照常理，会试中式后，获取进士功名并出仕为官只是时间问题，特别是在清初授官相对较易的时期，但随之而来的是对于个人今后宦绩与人生轨迹的规划与思考。因此，在明末清初风雨飘摇的社会大背景下，会试中式而"未殿试"可被视为士人的一种政治策略与选择，其系以不仕的态度静观天下之变。例如，明末崇祯朝海澄士人陈国瑛在会试中式后，并没有选择殿试继续出仕为官，而是采取"未殿试，归隐漳上苍园，足迹不践城围"[3]的方式表达了对现状失望的态度，也有着同诸多明清易代士人一样"不入城"的消极与悔罪心态，[4]而入清后陈国瑛面对地方荐举"屡疾辞，励气节自持"。[5]

与之类似，清初大诗人王士祯于顺治十二年（1655 年）会试中式第五十

---

〔1〕（清）周寿昌撰：《思益堂集》古文卷 1，光绪十四年（1888 年）王先谦刻本，第 11 页。

〔2〕《清会典事例》卷 719，中华书局 1991 年版，第 929 页。

〔3〕（清）魏荔彤修，陈元麟纂：《漳州府志》卷 23，康熙五十四年（1715 年）刻本，第 45 页。

〔4〕王汎森：《晚明清初思想十论》（增订版），北京师范大学出版社 2020 年版，第 177—233 页。

〔5〕（清）魏荔彤修，陈元麟纂：《漳州府志》卷 23，康熙五十四年（1715 年）刻本，第 45 页。

六名，但是他"未殿试"而归，五月即已返回故里。[1]在诸多记载王士禛"未殿试"的文献中都没有阐明原因，但考其家族于甲申易代前后的表现，关于他"未殿试"的原因大略可想见一二。在甲申易代之际，山东新城王氏家族内为明朝殉节者颇多，史载为国尽忠的"王氏一门死者十余人"。王士禛的伯父王与胤的事迹就被收入《前明忠义列传》中，可谓一家尽殉国难。王与胤之子，也就是王士禛的堂兄王士和，还曾作绝命诗"痛余生之不辰兮，天灭我之立王。吾亲闻之兮，涕泗彷徨。以身殉国兮，维千古之臣纲"，[2]表达了殉父、殉社稷的忠义之情与决心。王士禛的祖父王象晋与父亲王与敕同样均不仕清朝。在这一明清易代大背景与家族满门忠义的小环境下，王士禛的"未殿试"很有可能是在出仕与不仕间有着一番艰难的选择，同时也是静观刚刚定鼎燕京的清朝政权稳定与否的一种策略。待到顺治十五年（1658年），天下大势已定时，王士禛"补殿试"位于二甲前列，补授部主事入仕清朝。

除了以上贡士的策略性选择，其他一些偶发原因也会导致士人"未殿试"的情况发生。例如，在乾隆《青浦县志》中记载了清初青浦士人诸嗣郢因会试中式后"江南奏销案"起而"未殿试"之事。主人公诸嗣郢字乾乙，号勿庵，自号九峰主人，跟从徐方广研读，史载陈继儒、董其昌"见之执手摩顶，目为神驹"。诸嗣郢中顺治十七年（1660年）乡试，次年赴京会试中式，未殿试，遭粮案起被斥。[3]考求史实，顺治十八年（1661年）清廷在江南掀起的奏销案牵连甚广。据叶梦珠《阅世编》所载，江南苏州府、松江府、常州府、镇江府受处罚与牵连者达一万三千余人。[4]通过诸嗣郢"未殿试"一事也可见"江南奏销案"对于普通士人的影响。

夏荃在《退庵笔记》中还记载了康熙年间士人宫梦仁因籍贯事被人告发而"未殿试"，不得不在三年后于康熙癸丑科"补殿试"一事。[5]实际上，在清代，冒籍问题已经成为士人相互攻讦，引发土客之争的主要诱因之一。嘉庆十三年（1808年），朝廷还就此问题出台规定，冒籍应试贡士"如逾一

---

〔1〕（清）惠栋撰：《渔洋山人自撰年谱注补》卷上，清惠氏红豆斋刻本，第22页。

〔2〕《四库全书存目丛书·集部》第193册，齐鲁书社1997年版，第163页。

〔3〕（清）孙凤鸣修，（清）王昶纂：《青浦县志》卷29·人物，乾隆五十三年（1788年）刻本，第8页。

〔4〕（清）叶梦珠撰：《阅世编》卷六，中华书局2007年版，第156页。

〔5〕（清）夏荃：《退庵笔记》，《近代中国史料丛刊》第965册，文海出版社1973年版，第58页。

年之限始行呈明者，贡士罚停殿试一科"。[1] 所以，宫梦仁因籍贯事被人揪出而"未殿试"，应属籍贯问题而"未殿试"的典型代表。

除去以上原因导致的士人"未殿试"，笔者还辑录了两起或因盘资不济，或因书法字体不好而导致"未殿试"的事例。先是冯溥会试中式后，"时以乏资费，未放榜即归"。这种因囊中羞涩而未及殿试的情况在清朝也具有一定代表性。虽然各省中式举人会得到省布政使司的资助，而落第举人也享有朝廷的赏赐，但对于家道并非富裕，且尚未领取俸银的中式贡士而言，要在京师多住一至两个月，高物价无疑成为每一个与试者必须应对与承担的一部分。又如，在陈泗东所著的《幸园笔耕录》中记述晚清光绪年间泉州府士人林骚与其兄长林翀鹤同榜会试中式，其家甚至挂有"同怀同榜登第"的匾额。但是，林骚却以"书法差"作为借口，准备回乡练字三年再补行殿试，从而有"未殿试"[2]一事。不过这一决定却让他终身丧失了中进士的机会。由于科举制度被废除，此后林骚无从应试，"专以卖文为生，不问外事"，也展现出科举制度废除后士人的出仕困境与生存选择。

六、结语

清朝贡士"未殿试"现象是一个既多发又值得深入探讨的议题。本章在前人研究的基础上，深入分析了引发士人"未殿试"的诸多因素。"未殿试"既可能是奉行孝道，丁忧养亲的孝行表现，也可能是无意仕宦羁绊，洒脱生活的选择；既可能有赶上患病的无奈，也可能是磨勘罚科的无助；既有可能因囊中羞涩怅然而归，也有可能是静观时变的政治选择。总之，清代士人"未殿试"的原因不一而足，需要针对不同个例具体分析。

对于士人梦寐以求的殿试登科，"未殿试"的贡士们兼有触手可得和咫尺天涯的悲喜交加之感。可是，有人欢喜有人愁，对于"未殿试"的士子而言，他们是不幸的，然而又有一些士子在偶然的机缘下受到清代帝王的恩赐，被"钦赐殿试"或钦赐"一体殿试"，从而一飞冲天，"从鱼化龙"成为新科进士。到底是哪些因素让他们成为"幸运儿"呢？下一章，我们一起来探析下清代的"钦赐殿试"现象。

〔1〕《清会典事例》卷340，中华书局1991年版，第1017页。
〔2〕陈泗东：《幸园笔耕录》下，鹭江出版社2003年版，第471页。

第三章

清代"钦赐殿试"考论

正如前面章节已经叙述的,殿试是清代科举体系内的最高级别考试,在通常状况下,参加殿试者由会试中式并经过磨勘和覆试无误的贡士们组成。清代的殿试承继宋明时期的科举考试规则,其仅为排位考试,远非乡试、会试如同"千军万马过独木桥"那般竞争激烈的选拔考试。所以,能够参加殿试者,如果不出意外,均可被视为新科进士。待殿试后,由皇帝和阅卷大臣们共同拟定顺序,传胪唱名,最终钦赐进士功名,达成天下读书人"金榜题名"的夙愿。

虽然绝大部分参加殿试的贡士都是经过考试千挑万选之人,但并不是所有人都经过了艰辛的会试。实际上,清代存在"钦赐殿试"现象,意指未经会试考试或会试落第者,获得皇帝的特殊恩赐,以非贡士身份直接参加殿试,进而获得进士功名。换言之,这一完全出自皇恩的"钦赐殿试"行为,形同直接赐给这些举贡士人进士功名,甚至更有得以"钦赐翰林"者。例如,康熙四十二年(1703年),康熙帝钦赐内廷修书举人何焯、汪灏和蒋廷锡三人殿试,而在《清史稿》中则直接记载为钦赐三人进士。[1]同一事件在现存的其他史料中也有按原称谓记述为"钦赐殿试"者。例如,在同治《苏州府志》和《乾隆长洲县志》中都记录道"康熙四十二年癸未王式丹榜,是科何焯、常熟蒋廷锡钦赐殿试"。[2]由此可见,在清人观念中"钦赐殿试等同于钦赐进士"的内在逻辑和二者词意的互通性。但是,"钦赐殿试"、钦赐"一体殿试",或者文献中记载的恩赐"进士"等,并非直接获得进士功名,获赐

---

〔1〕(清)赵尔巽等撰:《清史稿》卷108,中华书局1977年版,第3167页。

〔2〕(清)冯桂芬等纂:《苏州府志》卷63,选举5,光绪九年(1883年)刻本,第12页;(清)李光祚修,(清)顾诒禄等纂:《乾隆长洲县志》卷20,江苏古籍出版社1991年版,第225页。

者仍然需要参加殿试考试,完成科举形式与流程,所以用"钦赐殿试"或"钦赐贡士"表述较为准确。[1]翁曾源曾先后蒙恩"钦赐举人"参加会试,又被"钦赐殿试"。现存同治二年(1863年)翁曾源的殿试策就是他凭借钦赐"一体殿试"大魁天下的例证。[2]

此外,需要注意的是,不仅文科举内存在"钦赐殿试"现象,在武科举中同样有"钦赐殿试"的情况存在。例如,乾隆三十七年(1772年),甘肃西宁镇总兵高天喜次子武举人高人杰,会试未经中式,乾隆帝感念其父功绩,"着加恩(高人杰)准与新科中式武举一体殿试"。[3]又如嘉庆年间的武举张家驹是漳州府龙溪县人,他在嘉庆十年(1805年)乙丑科的武试中便被"钦赐殿试"以卫守备任用。[4]类似地,嘉庆十八年(1813年),武举海腾因杀贼有功,被加恩赏给武进士,准其"一体殿试"。[5]这些得以"钦赐殿试"的士人较之上一章论述的"未殿试"士子要幸运得多。本章就在笔者所收集的清代史料文献基础上,详细考述清代"钦赐殿试"问题,并意图论述不同时期"钦赐殿试"与各朝政治运行的对应关系,从而将这一问题纳入皇权与科举互动的框架之中。

一、清代"钦赐殿试"现象概述

清代"钦赐殿试"现象自顺治朝恢复科举之初即已出现。在清代史料文献中,"钦赐殿试"一般有两种记述形式,即"钦赐殿试"和钦赐"一体殿试"。本章主要论述的对象是出于皇帝恩赐,会试落第举人或有识之士直接被恩准参加殿试者,以及老臣、功臣之后被赏赐"一体殿试"的情况,而不包括那些前科会试中式者因为覆试、磨勘或丁忧等因素罚停殿试或补殿试的

---

〔1〕 雍正朝王叶滋是个例外,其直接获赐进士功名。王叶滋是上海县人,他受浙江巡抚朱轼赏识和推荐,于雍正元年(1723年)入馆纂修明史,顺天乡试中举。福敏出任湖广总督时,雍正帝命王叶滋随同"往赞其幕"。王叶滋于雍正五年(1727年)回京应会试,考试后蒙雍正帝召见,询问湖广民生吏治情况,"奏对甚悉",却"趣驰传还湖广"。结果王叶滋榜发中式,未与殿试,雍正帝直接赐给二甲进士,中式二甲第十名,即授常德府知府。参见(清)赵尔巽等撰:《清史稿》卷300,中华书局1977年版,第10438页。

〔2〕 邓洪波、龚抗云编著:《中国状元殿试卷大全》,上海教育出版社2006年版,第1940—1943页。

〔3〕《清实录》第20册,中华书局1986年版,第303页。

〔4〕(清)吴联薰续纂:《新增补龙溪县志·选举》,光绪五年(1879年)刻本,第39页。

〔5〕(清)那彦成著,宋挺生校注:《那彦成青海奏议》,青海人民出版社1997年版,第108页。

"一体殿试"举人。

根据法式善所著《槐厅载笔》、咸丰朝《钦定科场条例》和光绪朝《钦定大清会典事例》等文献所载，清代"钦赐殿试"以顺治十五年（1658年）为始，同治二年（1863年）为终，共有"钦赐殿试"55人。[1]具体而言，顺治十五年（1658年）1名，康熙四十二年（1703年）3名，康熙五十一年（1712年）15名，康熙六十年（1721年）2名，雍正二年（1724年）1名，雍正五年（1727年）1名，雍正八年（1730年）1名，雍正十一年（1733年）17名，乾隆四十年（1775年）2名，乾隆四十三年（1778年）2名，乾隆五十四年（1789年）1名，嘉庆四年（1799年）1名，嘉庆六年（1801年）1名，嘉庆二十二年（1817年）1名，嘉庆二十四年（1819年）1名，道光六年（1826年）1名，道光二十四年（1844年）1名，咸丰六年（1856年）1名，咸丰十年（1860年）1名，同治二年（1863年）1名。

当然，以上这55位被"钦赐殿试"的"幸运儿"全部为文科士人，并非这一现象的全部人数，至少还应包含"钦赐殿试"中的武科举人。除此之外，现存档案文献中人数记录的互歧和信息缺失也导致了如光绪朝《钦定大清会典事例》等官方史料所记人数可能存在不准确的情况。例如，康熙五十一年（1712年）"钦赐殿试"人数在光绪朝《钦定大清会典事例》中记为15人，[2]而在《清圣祖实录》中却记载为17人。[3]又如，雍正八年（1730年）"钦赐殿试"者有光绪朝《钦定大清会典事例》中所记的1人[4]和《清史稿》中所述的顾天成和卢伯藩2人这两种记载。[5]甚至，已故江苏巡抚徐士林之弟徐士楹于乾隆七年（1742年）被钦赐"一体殿试"后出任电白县知县的事例在官方文献中消失得"无影无踪"，仅见《光绪朝文登县志》卷9人物志中所录。[6]所以，虽然笔者目前尚无法掌握有清一代"钦赐殿试"者的准确数字，但被"钦赐殿试"的人数应该远在55人之上。换言之，55人应该视为"钦赐殿试"这一现象的最少人数。

---

[1] 《清会典事例》卷350，中华书局1991年版，第1137—1143页。

[2] 《清会典事例》卷350，中华书局1991年版，第1137页。

[3] 《清实录》第6册，中华书局1986年版，第472页。

[4] 《清会典事例》卷350，中华书局1991年版，第1138页。

[5] （清）赵尔巽等撰：《清史稿》卷108，中华书局1977年版，第3168页。

[6] （清）李祖年修，（清）于霖逢纂：《光绪文登县志》卷9，《中国地方志集成·山东府县志辑》第54册，凤凰出版社2008年版，第215页。

那么，清代为何会存在"钦赐殿试"现象呢？实际上，这一举措的施行是多种复合因素所导致的。"钦赐殿试"现象背后既有清代帝王网罗人才的考量，也有因时而变的政治因素，夹杂着平衡朝臣的心理，而其最终目的是希望达到皇恩远披、巩固统治的效果。所以，清代"钦赐殿试"或钦赐"一体殿试"的发生与各朝的政治时代背景息息相关。康熙朝后期、雍正朝后期和乾隆朝后期是发生"钦赐殿试"事例较多的时期，依次对应着康熙南巡、雍正平衡区域资源与地方改革和乾隆开设四库馆修书等重大事件。可以说，"钦赐殿试"在清前期的集中出现不仅有着各自的时代用意，而且成为清代"康乾盛世"时期的一种锦上添花式的点缀。

步入乾隆朝以后，各朝"钦赐殿试"的记载相对零散，数量下降，更多是以钦赐"一体殿试"的形式出现在史料之中，其目的多是眷顾当朝和前朝老臣、功臣，钦赐他们的子孙"一体殿试"。这一时期获受恩典者皆为历官数十年的著名大臣，如李世杰、蔡新、潘世恩和翁心存等人。这一意涵虽与清前期"钦赐殿试"的考量因素有所区别，但也通过这种方式在某种意义上延续和再塑着"盛世余晖"。

二、"钦赐殿试"与网罗人才

顺治初年，清朝刚刚定鼎燕京，急于网罗士人为新朝效力。因此，在顺治朝的科考历史中，不仅开科频繁，而且录取人数较多。不过，在广为开科的背景下，科场弊案与之相伴而生，发生在顺治年间的顺天、江南乡试案就酿成了天下共知的科场舞弊事件。在这种大背景下，为了求取真才，顺治朝开始施行覆试制度，也以此为源头发生过一次"钦赐殿试"事件。

在王士禛所著的《池北偶谈》和李调元《制义科琐记》中都记录了顺治朝吴珂鸣被"钦赐殿试"一事。顺治十五年（1658 年），顺天和江南乡试因为考官"俱以贿败"闹出重大科场弊案，结果顺治帝亲自覆试南北两闱士子，希望求得真才为朝廷服务，这成为清代乡试覆试制度的源起。当顺治帝以古文和诗赋覆试江南中式贡士时，取中江南乡试中式举人汪溥勋等 98 人，因为试卷存在谬误而罚停会试者多达 22 人。在参加覆试者中，有江苏武进士人吴珂鸣以"三次试卷，文理独优"为突出，却因覆试耽误所致，错过了该年礼部举办的会试。顺治帝本着爱惜人才的原则，为吴珂鸣颁发上谕"特许一体殿试",〔1〕吴珂鸣因此成为清代有史可查的最早"钦赐殿试"者。最后,吴珂鸣凭借"钦赐殿试"资格,中式顺治十五年(1658年)戊戌科二甲第八名进士。不久后,吴珂鸣因文才改庶吉士,《清史稿》也称其所获恩典为"异数也"。通过此事例,我们不仅可洞悉清代"钦赐殿试"的源起和求取真才的时代背景,也可从中获知"钦赐殿试"是清朝初年并不常见的"恩典"。

康熙年间除传统儒学士人有被"钦赐殿试"的事例外,一些通晓天文、数学的"畴人"也常得到"钦赐殿试"的恩典,这种"不拘一格降人才"的局面与康熙帝个人对天文历算等自然科学技术的兴趣是分不开的。其中,梅毂成和王兰生就是"畴人"中在康熙朝"钦赐殿试"入仕的典型代表。

梅毂成,字玉汝,号循斋,安徽宣城人,自幼跟随祖父梅文鼎学习天文、算法,受到康熙帝赏识。康熙五十一年(1712年),梅毂成被召入内廷供奉,钦赐举人,后又于康熙五十四年(1715年)"钦赐殿试",史载"赐内廷行走举人梅毂成一体殿试"。〔2〕梅毂成中式康熙五十四年(1715年)乙未科二甲第十名进士,不久后即馆选翰林院,官至鸿胪寺卿。康熙帝赐梅毂成殿试这一契机源自领侍卫内大臣等人的进言。他们奉承康熙帝的天文、地理和算学、声律等知识乃"天授,非人力可及如此"。康熙为此特颁布谕旨言及自己所知乃虚心、勤奋学习所致,并叙述道:"虽古圣人,岂有生来即无所不能者?凡事俱由学习而成,务学必以敬慎为本。朕之学业,皆从敬慎中得来,何得谓天授非人力也"。〔3〕正是在这一背景下,康熙帝感念对其天文算学有所助益的梅文鼎、梅毂成祖孙,故而"钦赐殿试"。

与梅毂成经历类似的是王兰生。王兰生,字振声,别字坦斋,直隶交河人。康熙初年,出任学政的李光地十分赏识王兰生,"拔冠其曹",补县学生。其后王兰生刻苦攻读,史载其"乐律音韵旁及中西象数莫不深造"。〔4〕其后,王兰生又被李光地举荐进入内廷作为康熙的顾问。康熙五十二年(1713年),受到康熙帝眷顾的王兰生被钦命与举人一体会试,使得这位仅有生员功名的

〔1〕(清)赵尔巽等撰:《清史稿》卷108,中华书局1977年版,第3161页;(清)李调元辑:《制义科琐记》卷4,清乾隆李氏万卷楼刻函海本,第5页。
〔2〕《清实录》第6册,中华书局1986年版,第585页。
〔3〕《清实录》第6册,中华书局1986年版,第585页。
〔4〕(清)诸可宝撰:《畴人传三编》卷1,光绪十四年(1888年)江阴南菁书院刻南菁书院丛书本,第4页。

士人获得了举人功名。同年九月，蒙养斋算学馆开设，王兰生参与编修事宜，后又到修书局以备顾问。康熙六十年（1721 年），王兰生第四次以举人身份参加礼闱会试，却再次不幸落第，以致康熙帝本人都产生了疑问，其言：

> "此番应试之人有学问优长，不得中式以致抱屈者，朕亦无从而知。即有人奏闻，亦难深信。如举人王兰生学问，南人中或有胜彼者，若直隶人则未能及之……读书人少全读性理者，王兰生甚为精熟，学问亦优，屡试未中，或文章不佳，抑别有故耶？"〔1〕

正是在康熙帝的亲自过问下，受到眷顾的王兰生被钦赐"一体殿试"，并最终以二甲第一名"传胪"的身份进士登科，改翰林院庶吉士，散馆授编修并累官至刑部右侍郎，管礼部侍郎事。这一事例在《清史稿》中也被直接记以"礼闱不第，俱赐进士"。〔2〕

以上梅毂成和王兰生被"钦赐殿试"的事例一方面可视为康熙帝倾心天文算法，展现出他勤奋好学、探求新知的态度和勇气，另一方面也包含着在康熙朝发布禁教令后，意图培养本土人才，发展天文算法等科学技术的努力与尝试，并且有意将这些"非儒学新知"作为君主炫耀的资本与工具，传递着君主对于各种知识的全面掌握与操控的政治信号。正是在这一大背景下，李光地将梅文鼎、王兰生等人向康熙帝"投其所好"式的推荐，以及梅毂成和王兰生被"钦赐殿试"，均可视为君臣间意有所指的互动，以达成培养本土人才和树立康熙帝"知识权威"和"圣王"形象的目的。〔3〕

雍正、乾隆两朝施行的"明通榜""中正榜""举人大挑"等政策本着防止人才遗漏的原则而创设，以期网罗更多人才为朝廷所用，并兼顾地域平衡的原则，而"钦赐殿试"也可以视为这一原则的补充，有扩大与稳固统治基础的意涵。例如，黄天瑞于雍正十一年（1733 年）癸丑科参加礼部会试下第，雍正帝特旨"搜罗荐卷并验人材，准与会试举人一体殿试"。〔4〕最终黄天瑞中式三甲第四名进士，选授刑部主事，被《龙溪县志》称为"异数也"。

---

〔1〕《清实录》第 6 册，中华书局 1986 年版，第 833 页。
〔2〕（清）赵尔巽等撰：《清史稿》卷 108，中华书局 1977 年版，第 3167 页。
〔3〕刘溪：《道统、治统与科技——康熙皇帝与西方科学》，人民出版社 2021 年版，第 81 页。
〔4〕（清）吴宜燮修：《龙溪县志》卷 17，光绪五年（1879 年）刻本，第 6 页。

又如黄文则同样是因在落卷中拣选人才，进而被"钦赐殿试"，得以高中进士的代表。黄文则，字周炳，号朴园，博闻强识，雍正年间乡试中举，但在乾隆元年（1736年）的丙辰科会试中落第。当科乾隆帝下诏要求在落第试卷中"搜遗"，时任礼部侍郎的方苞十分欣赏黄文则的文章，遂为之奏闻乾隆帝，得旨奏准"一体殿试"中式丙辰科三甲第一百四十二名进士，拣选为咸安宫教习。[1]

陈人龙被"钦赐殿试"的事例则在选拔人才的用意之外，更多地表达了清朝统治者为天下读书人树立起效仿的榜样，从而尽将天下士人"网罗人彀中"的用意。陈人龙年幼丧父，母亲一手将他抚养成人，后仅获生员功名，教书乡里五十余年，史载"（陈人龙）事母以孝闻，长为名诸生。方正谨恪，师表乡闾者五十年"。[2]63岁时，陈人龙"始充贡入京"，虽中举顺天乡试，但连续五次会试落第。雍正五年（1727年），朝廷为了树立读书人的榜样，当有阅卷大臣言及"陈人龙未中式"之时，雍正帝当即特旨谕令他"一体殿试"。陈人龙中式雍正五年（1727年）丁未科三甲第一百零七名，赐同进士出身。可惜的是，在传胪后不久，陈人龙就于当月二十七日卒于京邸，年74岁。[3]可以说，陈人龙一生困于科场，最后凭借皇恩"钦赐殿试"获得了梦寐以求的进士功名，但生命也随之终止，展现出古代读书人之"幸"与"不幸"。

雍乾时期，在防止人才遗落的原则之外，平衡地域间政治资源也是朝廷"钦赐殿试"所考量的因素。雍正十一年（1733年），雍正帝一次性"钦赐殿试"达17人，而考求原因在于雍正帝在同年下诏，意图在云南、贵州、广东、广西、四川和福建等省份的会试落卷内"择文理可观、人材可用者，拔取时余等十人一体殿试"。[4]朝廷通过"钦赐殿试"的方式可以将西南边疆的士人更为有效、直接地纳入官僚体系内。考虑到这一时期雍正帝在西南"改土归流"的大背景，此举也是奖掖西南士人，让京师与西南联系更加紧密

〔1〕（清）孟炤修，（清）黄祐等纂：《建昌府志》卷47，人物传十一，乾隆二十四年（1759年）刻本，第34页。

〔2〕（清）华希闵撰：《延绿阁集》卷10，收录于《清代诗文集汇编》编纂委员会编：《清代诗文集汇编》第230册，上海古籍出版社2010年版，第145页。

〔3〕（清）华希闵撰：《延绿阁集》卷10，收录于《清代诗文集汇编》编纂委员会编：《清代诗文集汇编》第230册，上海古籍出版社2010年版，第145页。

〔4〕（清）赵尔巽等撰：《清史稿》卷108，中华书局1977年版，第3168页。

的有效举措之一。

当然,除了汉人的地域均衡原则,为提升旗人文化地位,也有以"钦赐殿试"而行的事例。康熙六十年(1721年),康熙帝就曾在谕旨中言及"满洲举人留保,学问好,满洲、蒙古、汉军中罕有及者,即翰林中谅如彼者亦少……此在朕前行走之人,朕深知其学问,非属偏向也"。[1]同时,康熙帝认为在满洲应试者中,巡抚苏克济的两位亲属都中式而留保却未中,对这一结果表示不可理解,暗含着对于潜藏着舞弊可能的担忧。最终,康熙帝钦赐满洲举人留保"一体殿试",留保最终中式康熙六十年(1721年)辛丑科二甲第十九名进士。又如,乾隆八年(1743年),宗人府考试宗学,其中以玉鼎柱为优秀,故而在奖掖宗室和旗人的原则下"拔其尤者玉鼎柱等为进士,一体殿试,是为宗室会试之始"。[2]同被钦赐"一体殿试"的宗室还有达麟图和福喜。不过需要留意,这三位宗室被赏赐"一体殿试"的情况并未被《钦定大清会典事例》记述。以上康熙帝和乾隆帝对于满洲旗人和宗室的提拔具有提升旗人文化地位的象征意义,从而达到逐渐在文化上平衡满汉的目的。

三、康熙帝南巡与"钦赐殿试"

康熙帝曾六次行南巡之举,并在巡幸途中于常科之外屡开召试,将众多江南士人带入京师内廷任职,为江南士人构建起在常科之外的另一种入仕途径。一方面,江南士人通过进献诗文的方式希图获得成功,另一方面,康熙帝也希望以召试的形式考选人才,形成双方的互动。康熙朝尤以康熙四十二年(1703年)和四十四年(1705年)两次南巡为著,召试士子多被召录入京供职。史载"至属车临幸,宏奖士林,康熙四十二年、四十四年,圣祖巡幸江、浙,召试士子,中选者赐白金,赴京录用有差"。[3]根据宋元强的考证,康熙帝在四十二年(1703年)和四十四年(1705年)两次南巡召试共录取了73位江南士人。[4]这些士人获得康熙帝的眷顾和认可后被赐予各种官职,服务于京师之内,而其中多人后因为康熙帝所识而获得恩赏,得以"钦赐殿试"。这也是康熙四十二年(1703年)、康熙五十一年(1712年)有诸多

〔1〕《清实录》第6册,中华书局1986年版,第834页。

〔2〕(清)赵尔巽等撰:《清史稿》卷108,中华书局1977年版,第3161页。

〔3〕(清)赵尔巽等撰:《清史稿》卷109,中华书局1977年版,第3178页。

〔4〕宋元强:《清代科举制度论集》,中国社会科学出版社2015年版,第122页。

"钦赐殿试"事例的原因。从这一举措中，我们可以看到康熙帝有意地利用南巡之机吸收江南士人入朝，进而形成京师与江南之间的直接互动，暗含"官方"话语下江南士人"尽为我朝所用"的政治寓意。无论是将供职南书房的何焯、汪灏和蒋廷锡等人"钦赐殿试"，还是后来顾嗣立和徐葆光等人凭"钦赐殿试"进入朝廷，都客观上把京师和江南勾连起来，将内廷直接向江南士人开放。

康熙四十三年（1704年），时任江苏巡抚的宋荦在江南逐渐构建起自己的"交友网络"，兼有为朝廷网罗人才的用意。吴士玉、顾嗣立、张大受、李必恒、缪沅、郭元釪等人均曾受到宋荦的知遇之恩。这些士人中很多人本身颇有诗才，如张大受、吴士玉等人还曾结为诗社，号为"间丘八子"。为了表达对于这些士人的认可和提升他们的名望，宋荦将王式丹、吴廷桢、宫鸿历、徐昂发、钱名世、张大受、管棆（杨棆）、吴士玉、顾嗣立、李必恒、蒋廷锡、缪沅、王图炳、徐永宣、郭元釪合称为"江左十五子"，并择其诗文编著《江左十五子诗选》，其中就包括已经在前一年被"钦赐殿试"的蒋廷锡。

康熙四十四年（1705年）四月十二日，宋荦进一步利用康熙南巡之机向康熙帝上《荐士折》一道，力荐自己"朋友圈"中的诸江南士人参加召试，为他们打开一道仕进之门。在奏折中，宋荦开篇言及编《江左十五子诗选》之事，并将这十五人视为他为朝廷选拔的有识之士。因为这十五人中的王式丹、吴廷桢、钱名世等人已经馆选翰林，徐永宣已中进士，杨棆选授知县，无需进一步推荐和参加召试，宋荦对于其余尚未入仕者再次向康熙帝作力荐，奏折言：

> "窃臣奉命抚吴，所部文士扬挖风雅，后先识拔共得十有五人。臣将其平日所著诗篇汇为一集，名曰《江左十五子诗》。此十五人内，王式丹、吴廷桢、徐昂发、钱名世、蒋廷锡业蒙皇上擢，居翰林。徐永宣已中进士，今在籍候补，杨棆已经除授知县。李必恒久患耳聋，臣不敢轻荐外，所有吴士玉、顾嗣立、宫鸿历、郭元釪、张大受、王图炳、缪沅七人，久业铅椠，才学素优，惟缪沅远馆京师，王图炳偶尔患病，其吴士玉等见俱进有册页，奉旨考试，诚千载一时之嘉会。"[1]

---

[1]（清）宋荦：《荐士折》，《文渊阁四库全书·集部·西陂类稿》卷37，康熙四十四年（1705年）四月十二日。

通过这份奏疏，我们可以非常清晰地看到，"江左十五子"中七人已经推荐进入内廷供奉或担任官职。进而，除去身患有疾的李必恒外，宋荦大力推荐吴士玉、顾嗣立、宫鸿历、郭元釪、张大受、王炳图、缪沅七位尚未入仕者。最终，除了馆课京师的缪沅和王图炳，其余五人成功得到康熙帝接见并参加召试。在康熙五十一年（1712 年）壬辰科被"钦赐殿试"者中就包含着被宋荦举荐的顾嗣立，[1]后者中式壬辰科二甲第二十八名进士。

宋荦在江南形成的文化网络不仅反映出他自己的"朋友圈"和江南地方士人在康熙朝的交际状况，构成地方的"文化权力网络"，而且在康熙朝起着"黏合剂"的作用，即通过如宋荦、曹寅、李煦等具有名望的朝廷重臣黏附、网罗江南地方名士，从而稀释和减少江南士人在明清易代后产生的"创伤后应激反应"，进而再通过这一文化网络安定地方，达到在江南"正统化"满洲政权的目的。"钦赐殿试"这一科举政策，就是继这一"文化权力网络"形成后，直接将江南和京师勾连起来的有效途径，反映出皇权与科举、政治与文化、中央与地方之间的互动关系。

除了以上经宋荦推荐参加南巡召试而被赏识的士人，康熙五十一年（1712 年）壬辰科被"钦赐殿试"可考者至少还有四人，分别是徐葆光、陈王谟、杜诏和杨祖楫，他们也都借助了康熙帝南巡之机成功获得赏识，并最终得以凭"钦赐殿试"科甲及第。

第一位是徐葆光，他与顾嗣立同科被"钦赐殿试"。徐葆光获得生员功名后，已久在地方享有盛名。利用康熙帝南巡之机，徐葆光向康熙帝"伏谒献诗"，为康熙帝所认知，后不久顺天乡试中举。但是，在随后的礼部会试中，徐葆光落第，恰在此时他特蒙皇恩，被"钦赐殿试"并探花及第，史载"荐试礼部不第，天子知公，特赐一体殿试，遂以康熙壬辰进士第三人及第"。[2]受到康熙帝眷顾的徐葆光很快被选为翰林院编修，才品被称为"馆阁之冠"。康熙五十七年（1718 年），徐葆光还曾充任琉球副使，赐一品麟蟒服，赴琉球册封中山国王尚敬。

第二位是陈王谟。陈王谟，字虞佐，号东溪。康熙四十四年（1705 年），

---

〔1〕（清）李光祚修，（清）顾诒禄等纂：《乾隆长洲县志》卷 20，江苏古籍出版社 1991 年版，第 225 页。

〔2〕（清）王鸣盛撰：《西庄始存稿》卷 38，乾隆三十年（1765 年）刻本，第 10 页。

在康熙帝南巡之时，陈王谟进献诗赋，召试列为一等，不久中式顺天乡试。康熙五十一年（1712 年）会试落第，康熙帝钦命"取卷进呈，赐一体殿试"，[1] 中式壬辰科三甲第十四名进士，后授翰林院庶吉士，授刑部广东司主事。

第三位是杜诏，字紫纶，号云川，江苏无锡人，同样以诗赋闻名。他在康熙帝南巡之时，以生员身份献诗于"行在"，受到康熙帝赏识后供职于内廷。康熙五十一年（1712 年）壬辰榜，杜诏被钦赐"一体殿试"，中式二甲第十九名进士，后入翰林院。[2]

最后一位是杨祖楫，他和康熙帝建立起直接联系后，如同以上数例一样被"钦赐殿试"。杨祖楫，字乘万，少时聪颖，年 17 岁跟随父亲杨大鹤赴京师宦游，其诗赋有如"城南秋深众芳歇，铁色古潭龙出没"之句，被时人誉为"似韩昌黎"。康熙南巡时，杨祖楫被赐召试，以国子监生身份充任武英殿修纂，不久即中式顺天乡试。康熙五十一年（1712 年），杨祖楫参加礼部会试落第，康熙帝特旨钦赐"一体殿试"，中式二甲第二十三名进士，不久即授翰林院编修。[3]

此外，俞长策同样有着类似的人生轨迹，而康熙帝的南巡成为他的人生转折点。在《光绪桐乡县志》中记载了受到康熙知遇之恩的俞长策被"钦赐殿试"一事。俞长策，字御世，号檀溪，于书无所不读，学识广博。康熙壬午年（1702 年）参加顺天乡试曾作经文 23 篇，却以违例不得眷录。当场监试御史"奇其才"，为俞长策奏闻上奏。康熙帝听闻后，"诏赏举人一体会试"。但可惜俞长策会试落第，无奈返乡。康熙四十二年（1703 年），俞长策利用康熙帝南巡之机进献《天纵多能颂》被召入京供奉，并赐帑金五百两，这成为他人生的转折点，也使得康熙帝对他学识的了解进一步加深。康熙四十五年（1706 年），俞长策参加丙戌科会试，却再次名落孙山。听闻此事后的康熙帝特意召见大学士李光地并说"举人俞长策会榜无名，主司之不明也"，[4] 亲自为俞长策抱不平。次日，康熙帝将总裁官李禄予、胡会淇二人削

---

〔1〕（清）仲廷机纂修，（清）仲虎腾续纂修：《盛湖志》卷 9，1925 年刻本，第 36 页。

〔2〕（清）钱林辑、王藻编：《文献征存录》卷 10，明文书局 1985 年版，第 809 页。

〔3〕（清）王其淦、吴康寿修，（清）汤成烈等纂：《光绪武进阳湖县志》卷 23，江苏古籍出版社 1991 年版，第 584 页。

〔4〕（清）严辰纂修：《光绪桐乡县志》卷 25，人物下·经学，光绪十三年（1887 年）刊本，第 3 页。

职，而俞长策获赐"一体殿试"。在读卷之日，当拆第一卷时，康熙帝还曾特意询问第一卷是否为俞长策卷。由此例可见，俞长策受到康熙帝的"特达之知"，以致方志中也称其为"异数也"。最后俞长策凭借"钦赐殿试"名列二甲第十一名，授翰林院编修，充讲官。

在以上利用康熙帝南巡之机幸运地获得召试，进而被"钦赐殿试"的江南士人之外，在陈康祺的《郎潜纪闻》中也记载了康熙年间的一则被"钦赐殿试"并一甲进士及第的事例。康熙年间，有高邮士人贾国维考中乡试，因为籍贯问题被人弹劾，险些失掉功名，后奉特旨"赐复举人"。康熙四十五年（1706年）丙戌科，贾国维会试落第，又蒙康熙帝恩典"钦赐殿试"，并终以一甲第三名进士及第，成为是科探花郎。这一路有皇权保驾的贾国维可谓幸运至极，被赐给探花后，他作了一首纪恩诗，有"忽闻御宴探花客，即是孙山下第人"之句，明白表达了他奉特旨赐殿试，并朱笔圈选为探花的经历。[1]

以上贾国维和俞长策二人同榜均因"钦赐殿试"而登科，一人一甲进士及第，另一人二甲登科，可谓一时佳话。不过贾国维和俞长策被"钦赐殿试"的康熙四十五年（1706年）丙戌科，并没有在光绪朝《钦定大清会典事例》中有所记载，这也再次提醒我们，《钦定大清会典事例》中的记载存在不准确的可能性，而其所载的"钦赐殿试"55人仅为最低值。

以上康熙朝诸多"钦赐殿试"的事例均与康熙帝南巡有关，除了这些受到特知之恩被"钦赐殿试"从而能进士及第者，也有很多利用康熙帝南巡之机进献诗文的生员受到赏识。进而，他们参加召试，得以进京供职。诚如宋元强对康熙朝巡幸召试问题进行研究时所言，"康熙年间的南巡召试，应试者皆为举、贡、生、监，没有进献诗册、学政考试等程序，考试重诗赋及书法，不分等次，取中后多令赴京，供职于内廷抄写"。[2]虽然可能一时间尚未受以要职，但是这些入京供奉者与康熙帝有更多机会接触，让后者了解他们的学识、人品，从而获得授官的机会。

这些获得"钦赐殿试"恩典者多是先被康熙帝带入内廷供奉，后又馆选翰林，继续留在宫廷效力。对于康熙帝而言，他利用南巡之机，有意识地接

〔1〕（清）陈康祺：《郎潜纪闻初笔二笔三笔》卷12，中华书局1984年版，第268页。
〔2〕宋元强：《清代科举制度论集》，中国社会科学出版社2015年版，第122页。

受宋荦等亲信大员的举荐，以召试方式网罗大量江南人才入京，既为自己所用，扩充南书房等内廷机构，又达到为朝廷储才的目的。康熙帝南巡和"钦赐殿试"之举，可以令人更加具象且直观地感受到"南—北"间网络的构建，这位满洲君王通过科举制度将江南和内廷直接联系起来，凸显了皇权与科举制度的紧密关系。

四、乾隆朝四库馆修书与"钦赐殿试"

乾隆朝"钦赐殿试"事例多发生于中后期，这与《四库全书》修纂的开展密切相关。许多士人为编纂《四库全书》出力颇多，故而受到乾隆帝的赏识与恩典，被"钦赐殿试"，获得进士功名。早在乾隆三十八年（1773年）四库馆刚刚正式建立后不久，乾隆帝就谕令"以四库全书校勘之进士邵晋涵、周永年、余集，举人戴震、杨昌霖尚无职任。令总裁察看，如果勤勉，进士准与壬辰科庶吉士一体散馆，举人一体殿试。"[1] 这一"钦赐殿试""钦赐翰林"的谕旨既可以看作乾隆帝对于参与修书士人的恩典，更体现出乾隆帝对于作为盛世"文治标杆"的《四库全书》修纂工作的高度重视。在乾隆帝执政的前四十年间，据《钦定大清会典事例》所载，几乎没有"钦赐殿试"的事例发生，却因《四库全书》修纂而屡有"钦赐殿试"之举，重要性不言而喻，其中以戴震被"钦赐殿试"最为著名。

戴震，字东原，安徽休宁人，少有文名。戴震于乾隆二十七年（1762年）乡试中举，但此后会试并不顺遂，屡试不中。待乾隆三十八年（1773年）二月四库馆开设后，在纪昀和裘日修等大臣的举荐下，戴震入京奉命出任四库馆纂修官。戴震对于《四库全书》的修纂出力颇多，不仅在士林中享有声望，也令乾隆帝印象深刻。因此，当戴震在乾隆四十年（1775年）乙未科再次会试落第后，按照乾隆三十八年（1773年）谕旨的原则，时年53岁的戴震"奉命与乙未贡士一体殿试，"[2] 中式三甲第四十三名，赐同进士出身，后授翰林院庶吉士。戴震也正因《四库全书》的修纂而令"汉学"考据之法蔚然成风。

同样，因修纂《四库全书》之功而被"钦赐殿试"者还有吴省兰、张羲

---

〔1〕（清）王庆云：《石渠余纪》卷1，北京古籍出版社1985年版，第33页。
〔2〕（清）段玉裁编：《戴东原先生年谱》不分卷，乾隆五十七年（1792年）重刻本，第27页。

年和杨昌霖等人。吴省兰，字泉之，江苏南汇人，乾隆年间乡试中举，后入京参与修纂《四库全书》受到乾隆帝赏识。乾隆四十三年（1778年）四月初十日，内阁奉乾隆帝上谕："国子监助教吴省兰、助教衔张羲年，学问尚优，且在四库馆校刊群书，颇为得力，俱着加恩准其与本科中式举人一体殿试，钦此。"[1] 吴省兰凭"钦赐殿试"获入荐卷，中式乾隆四十三年（1778年）戊戌科二甲第三名进士步入仕途。乾隆末年，吴省兰又因曾担任过和珅的老师，官运顺遂。乾隆五十六年（1791年）任詹事府詹事，后官至工部左侍郎。

在乾隆四十三年（1778年）谕旨中所提及的另一人是张羲年。张羲年，字淳初，号潜亭，浙江余姚人。他以拔贡生身份充任地方教谕职位，后因卓异以知县用。四库馆开设后，张羲年被赏给国子监教衔充当四库馆分校官。在京修书期间，张羲年得以参加顺天乡试，并于乾隆丁酉科中举。在次年的会试中，张羲年礼闱落第，史载"戊戌会试报罢"。但是乾隆帝感念其修书功劳，以"馆阁修书积有成劳，馆臣特奏君名"赐进士，戊戌科"一体殿试"。可惜的是，张羲年却没有等到殿试的那一天，未及殿试而在试期先一日病卒。[2] 而即使在病重中，张羲年依然心心念念殿试，因不得而痛苦至极。根据《光绪余姚县志》所载，张羲年"未与试，疾作。沉困中，犹询制策所问何等及一甲何人。喟然曰：'半生奢志，徒成虚愿，因大哭。'翌日，胪传，羲年已卒"。[3] 与张羲年同为乡里，"自少即以学相淬厉"的邵晋涵也因修纂《四库全书》有功而被钦赐翰林"一体散馆"。

除以上二人外，同样因修纂《四库全书》有功而被"钦赐殿试"者还有杨昌霖。[4] 早在乾隆三十八年（1773年）的谕旨中就已经提及举人杨昌霖因修书之功获赐"一体殿试"，并在乾隆四十年（1775年）乙未科参加殿试中式三甲第十六名进士。当五月二十四日新科进士被带领引见时，杨昌霖再次因为在四库全书馆编书实心出力，被授予翰林院庶吉士。[5]

乾隆朝因开设四库馆而急需网罗大量士人入京以襄助这一文化工程，从

〔1〕 中国第一历史档案馆编：《纂修四库全书档案》上，上海古籍出版社1997年版，第812页。

〔2〕 （清）阮元辑：《两浙輏轩录》卷32，稿本（存册三十四至三十七），第20页。

〔3〕 （清）邵友濂、孙德祖纂：《光绪余姚县志》卷23，列传十六，光绪二十五年（1899年）刊本，第9页。

〔4〕 （清）钱思元：《吴门补乘续编》卷10，上海古籍出版社2015年版，第419页。

〔5〕 中国第一历史档案馆编：《纂修四库全书档案》上，上海古籍出版社1997年版，第404页。

而屡有因修书出力颇多而被"钦赐殿试"的记录。正因如此，这一时期乾隆帝所开设的"中正榜"陆续选取了大量落第举人以承担分校《四库全书》工作，[1]从而保证修书的进度和准确性。乾隆帝通过"钦赐殿试"和选取落第举人以参与修纂《四库全书》的举措，不仅为朝廷选拔了人才，扩大了统治基础，而且强化了君臣联系，将大量在野士人网罗入朝廷支持的大型"文化工程"内，达到了将两者间隐性张力消解，使士人文化纂修工作纳入官方视野与监督，由"私"转"公"的目的。

五、眷顾朝臣与"钦赐殿试"

清代对于在朝老臣子孙的功名赏赐从雍正朝开始逐渐增多，这一时期多以赏赐举人或会试为主。雍正七年（1729年），雍正帝一口气钦赐大学士蒋廷锡之子蒋溥、吏部尚书嵇曾筠之子嵇璜、左都御史唐执玉之子唐少游、吏部左侍郎史贻直之子史奕簪、户部右侍郎王廷锡之子王缪、礼部左侍郎钱以垲之子钱鋆、左侍郎鄂尔奇之子鄂伦、兵部左侍郎杨汝毅之子杨绥、刑部左侍郎缪沅之子缪坛、工部右侍郎张大有之子张鸿运、侍郎署理仓场事务涂天相之子涂士炳、副都御史王宠之子王谢升 12 个举人。[2]步入乾隆朝后，朝廷坚持对于在世有功之臣或已故老臣子孙的照顾与赏赐，一方面多有赏赐举人的做法，如吏部尚书王安国之子王念孙、礼部侍郎蔡世远之子蔡长诉、大学士刘统勋之孙刘镮之等均获赐举人。另一方面，钦赐在朝功臣子孙"一体殿试"也在乾隆朝后日渐增多，既表达对老臣、功臣的认可，延续其家族在朝为官的态势，又为其他在朝臣工树立起榜样，从而达到拉近君臣关系、赢取大臣衷心、稳固统治根基的目的。

乾隆朝钦赐功臣、老臣子孙"一体殿试"者如李世杰之孙李再瀛、方观承之孙方传穆、梁诗正之子梁同书、徐士林之弟徐士楹、蔡新之子蔡本俊等。这些获得恩赏之人无一不是乾隆朝历事数十年，位极人臣的一时之选。例如，李世杰，字汉三，贵州黔西县人，在乾隆朝为官数十载，沉静老练，清洁自律，遇事敢为，后官至兵部尚书。乾隆五十四年（1789年）四月，李世杰之孙李再瀛参加是科礼闱会试，不幸落第，乾隆帝当即降旨加恩其孙，言及

---

〔1〕 王学深：《乾隆朝"中正榜"探研》，载《历史档案》2019 年第 4 期。

〔2〕 （清）奎润等纂修：《钦定科场条例》卷 53，岳麓书社 2020 年版，第 1015—1016 页。

"李世杰系总督中得力之人,李再瀍着加恩准其一体殿试"。[1]为此,李世杰特地给乾隆帝上《奏谢臣孙再瀍现蒙恩准令一体殿试谨此叩谢天恩事》折,其中有"臣得信之下惊疑交集,随恭设香案,望阙叩头谢恩"之语,表达了对乾隆帝眷顾之意的由衷感谢。在奏折中李世杰还写道:"准令一体殿试实为内外臣工子弟所未有之光荣。尤为臣梦寐中所不敢希冀之恩遇",[2]表达了祖孙二人受此知遇之恩,定当竭诚以报的衷心。最后,李再瀍殿试名列三甲第二十名进士,官授礼部主事。

又如,安徽桐城方维甸是方观承之子,乾隆四十六年(1781年)中进士后官至闽浙总督,嘉庆二十年(1815年)卒。嘉庆帝感念其功绩,特赐其子举人候补中书方传穆"许一体殿试"。[3]在丁忧后,方传穆于嘉庆二十四年(1819年)己卯恩科殿试,名列二甲第七十一名,选庶吉士,官至兵备道。

蔡新作为乾隆朝名臣,与乾隆帝可谓相伴始终,官至大学士。嘉庆四年(1799年),太上皇乾隆帝去世,蔡新听闻"高宗纯皇帝遗诏即由漳浦北上至省城",意欲北上京师瞻仰大行皇帝梓宫。但是刚到省城,巡抚汪志伊见已经年逾九旬的蔡新精神"颇委顿",便奏请秋后再护送其进京。嘉庆帝感念蔡新在乾隆朝的功绩,特意向他的老师朱珪询问蔡新之子参加科举的情况,并特颁谕旨恩赐殿试,史载:

> 本日召见朱珪,询问蔡新之子曾否在京会试。据奏,蔡新有子蔡本俊,系内阁中书,现在入场未经中式等语。蔡新在上书房行走有年,老成谨慎,以大学士予告在籍,年已九十有三。伊子蔡本俊着加恩一体殿试。[4]

蔡本俊凭借父亲的荫庇和嘉庆帝恩典,中式己未科三甲第七名进士。嘉庆帝此举明显是慰劳有功大臣之意,也为百官树立起表率。获得恩典不久的蔡新于同年十二月卒于家中。"钦赐殿试"不仅保证了蔡新其子享有进士功名,也确保了其家族得以继续在朝为官,延续其所享有的精英地位。嘉庆六

---

〔1〕《清实录》第25册,中华书局1986年版,第950页。
〔2〕《宫中档乾隆朝奏折》,《李世杰奏谢臣孙再瀍现蒙恩准令一体殿试谨此叩谢天恩事》,乾隆五十四年(1789年)五月初九日,档案号:083021。
〔3〕(清)李元度:《国朝先正事略:清代1108人传记》上册,岳麓书社1991年版,第538页。
〔4〕《清实录》第28册,中华书局1986年版,第511页。

年（1801 年），嘉庆帝以同样钦赐的方式令蔡新次子、会试落第的蔡行达"一体殿试"，后者中式辛酉恩科三甲第四十四名。

在嘉庆朝大臣中因忠烈而被"钦赐殿试"者以强克捷的后人为代表。强克捷，字月三，号朴斋，陕西韩城县人。据称其少时读书看到忠孝事迹，必然具衣冠肃拜。乾隆六十年（1795 年）乡试中举，嘉庆十三年（1808 年）中式三甲第四十一名进士。在嘉庆十八年（1813 年）天理教起义时，时为滑县知县的强克捷闻知有变"悉捕文成、亮臣及诸为首者下狱"。[1]九月初六日夜，有冯克善等策划劫狱事，强克捷升堂"谕以大义"，后率家丁力战，全家35 人皆殉难，只有强逢泰和强望泰兄弟二人因先期归里而幸免于难。

强克捷的事迹被《清实录》、《续修陕西通志稿》（卷79）、《同州府续志》（卷12）、《韩城县续志》（卷3）等多种清代官方文献记述。得知此事的嘉庆帝感念强克捷功绩，不仅加恩其长子强逢泰为主事，次子强望泰赏给举人，而且当强望泰会试落第后，又再次加恩赏给进士，准其一体殿试，以保全为朝廷尽忠之臣的后代依旧能够在朝堂为官。显然这种褒奖忠义的行为是为其他大小臣工树立起尽忠的榜样。在谕旨中，嘉庆帝言及：

> "强克捷之功甚巨，其全家被害，尤为可悯。前叠经降旨褒恤忠荩，强克捷长子强逢泰以骑都尉世职改授主事；其次子强望泰赏给举人，本科会试未经中式，强望泰着再加恩赏给进士，准其一体殿试"。[2]

作为哥哥的强逢泰在获旨后以工部主事的身份立即给嘉庆帝上《奏谢恩准弟强望泰进士准一体殿试》折谢恩，并以"惟有夙夜奋勉学习、当差以冀稍酬高厚鸿慈于万一"[3]表达兄弟二人的感激之情和对朝廷的忠心。最后，强望泰在皇权的庇护下，中式嘉庆二十二年（1817 年）丁丑科三甲第一百二十九名进士，入翰林院，散馆出为都江堰水利同知，管堰十余年，所辖灌区十四州县无水涝之患。

道光和咸丰两朝赏赐老臣后代"一体殿试"的事例较多，如温承悌、栗

---

〔1〕（清）饶应祺修，（清）马先登纂：《同州府续志》卷 12，光绪七年（1881 年）刻本，第16 页。

〔2〕《清实录》第 32 册，中华书局 1986 年版，第 332 页。

〔3〕《军机处档折件》，《强逢泰奏谢恩准弟强望泰进士准一体殿试》，嘉庆二十二年（1817 年）四月初九日，档案号：051548。

毓美、孙尔准、潘祖同、杜受田等，这一手段既体现出朝廷眷顾老臣、感谢师恩之意，又在一定程度上隐喻着朝政平稳，以赏赐老臣之后的方式延续"盛世余晖"。温承悌，号秋瀛，龙山人，是兵部右侍郎温汝适之子，嘉庆丙子科乡试中举。道光元年（1821年）温汝适病卒，道光帝钦赐温承悌"一体殿试"，[1]体现了继位不久的道光帝眷顾老臣之意。在丁完父忧后，温承悌参加殿试并入荐卷，中式道光六年（1826年）丙戌科二甲第七名进士。

栗毓美，字朴园，山西浑源县人，以拔贡选任知县，官至河东河道总督。栗毓美在任上治河有方，被道光帝屡次嘉奖，并谕以"毓美治河得手，遇事毋掣其肘"之言，体现了朝廷对他任上工作的肯定和信任。道光二十年（1840年），栗毓美病故，道光帝赏其次子栗耀进士，"服阕后一体殿试"，[2]后中式道光二十四年（1844年）甲辰科二甲第一百零五名进士，官至湖北按察使。类似地，当道光十二年（1832年）闽浙总督孙尔准病逝后，道光帝也恩赏其子孙慧惇进士，[3]一体殿试，中式道光十五年（1835年）乙未科二甲第八十二名进士。

较温承悌等人家世更为显赫的潘世恩是乾隆、嘉庆、道光三朝名臣，官至大学士、军机大臣，年86岁去世。咸丰帝为了表达对潘氏功绩的肯定，谕令其孙"国子监学录潘祖同着赏给进士，准其一体殿试。翰林院编修潘祖荫着以翰林院侍读候补。监生潘祖保赏给举人，准其一体会试以示朕轸念耆臣之至意"。[4]在皇权的眷顾下，潘氏子孙延续着家族在朝为官的传统，维系了家族的声望，也复制着科甲的成功。潘祖同中式咸丰六年（1856年）丙辰科二甲第四十名进士，选庶吉士，踏上了自己的仕宦之途。

杜受田作为咸丰帝的老师，对其不仅有教育之恩，而且在道光末年帝位的争夺谋划上也为咸丰帝出力颇多，故而继位之初的咸丰帝对其仰仗、信赖有加。杜受田于咸丰二年（1852年）病逝，不仅获谥"文正"，赠太师，而且咸丰帝一再加恩其后人。咸丰六年（1856年）十一月《宣宗成皇帝实录》

---

〔1〕　周之贞等修，周朝槐等纂：《顺德县志》卷17，1929年刻本，第5页。

〔2〕　（清）贺澍恩修，（清）程绩纂：《浑源州续志》卷6，人物政事，光绪七年（1881年）刻本，第12页。

〔3〕　《清实录》第36册，中华书局1986年版，第34页。

〔4〕　北京图书馆编：《北京图书馆藏珍本年谱丛刊》第171册，北京图书馆出版社1999年版，第23页。

告成，咸丰帝对参与修纂的朝中旧臣多有赏赐，而对于杜受田用了"殊深追念"四字，表达了对老师的怀念之情，并加恩其孙举人杜庭琛，"着赏给贡士，一体殿试"。[1]后杜庭琛中式咸丰十年（1860年）庚申恩科二甲第四十名进士，馆选庶吉士，散馆任翰林院编修。

同治朝钦赐"一体殿试"的事例以翁曾源最为典型。江苏常熟翁氏家族自翁心存辈已经成为地方显族。翁心存自道光二年（1822年）中进士后宦绩顺遂，官至体仁阁大学士，不仅位极人臣，而且奠定了晚清近百年翁氏家族的显族地位。其子翁同书于道光庚子科中进士，官至安徽巡抚，次子翁同爵官至湖北巡抚，三子翁同龢咸丰丙辰科状元，先后任同治、光绪两代帝师，历任尚书、协办大学士、军机大臣等显职。值得一提的是，翁同书次子翁曾源也在同治二年（1863年）高中状元，与翁同龢并称"叔侄状元"，成为佳话。尤为令人称奇的是，翁曾源的状元功名就是因"钦赐殿试"所得。翁曾源未曾像其他士人一样常规化地参加科举考试，他先以监生、"钦赐举人"的身份参加会试，后又蒙恩钦赐进士"一体殿试，竟魁天下"，所以当时坊间流传有"无座师，无房师，天子为师之谣"。[2]

当然在这份"钦赐殿试"得以大魁的幸运背后，也隐藏着更多政治因素考量。在翁曾源参加会试之时，其祖父翁心存刚领弘德殿事，和祁寯藻一同出任同治帝老师，而其父翁同书"以败军下狱拟辟"。因此，在这一背景下，两宫太后"欲安文端之心，故擢其孙曾源为状元以安慰之也"，[3]而荐卷中初拟一甲第一名的张之洞则被置换为一甲第三名。翁曾源"钦赐殿试"而状元及第的事例，让我们再次感受到皇权与科举的紧密联系。

嘉庆、道光、咸丰三帝通过钦赐"一体殿试"的方式对强克捷、温承悌、潘世恩、杜受田等人后代或予以表彰，或予以赏赐，既告慰了逝者，也保证了其子孙能够顺利入仕，继续享有官宦之家的地位，更为在朝臣工继续为朝廷尽忠起到示范和表率作用。而同治朝翁曾源被钦赐"一体殿试"事例，则更为明显地展现出恩赏背后的政治权衡意图。但无论是嘉道时期的眷顾老臣，还是同治朝的政治平衡，钦赐"一体殿试"的做法对于已处于"盛世之后"

---

〔1〕《清实录》第43册，中华书局1986年版，第330页。

〔2〕（清）张培仁撰：《静娱亭笔记》卷6，清刻本，第8页。

〔3〕柴小梵：《梵天庐丛录》，收录于《民国笔记小说大观》第4辑，山西古籍出版社、山西教育出版社1999年版，第259页。

且危机重重的清王朝而言，在一定程度上起到了凝聚臣心的效果，从而使得皇恩远披，君臣一体，稳固了统治基础。

值得思考的是，清后期获"钦赐殿试"或钦赐"一体殿试"恩荣者绝大部分是在朝名臣之后，与康熙朝借南巡和乾隆朝借《四库全书》修纂之机大量吸纳江南普通士人入朝供奉不同。康乾时期展现出更强的社会流动性，普通士人有机会通过"钦赐殿试"而一鸣惊人，这与统治者选拔人才以服务于当朝政治需要的执政策略，和消弭朝廷与江南士人间张力的考量息息相关。至嘉道以后，朝廷更强调对老臣的眷顾，社会流动性差，呈现出固守、因循之势。这种在"钦赐殿试"方面呈现出的前后差异，在一定程度上展现出前后两个时期清廷统治思路的不同，从中可以感知嘉庆、道光、咸丰诸帝希望以钦赐老臣、功臣塑造"皇朝盛世余晖"的潜在用意。

笔者以《清实录》为依据，共收集了乾隆朝以后清廷钦赐大臣子孙"一体殿试"事例十四则。具体如下：

表 3-1 《清实录》载朝臣后代获赐"一体殿试"事例

时间	老臣、功臣或已故大臣	钦赐"一体殿试"的受赏人	人物关系
乾隆十七年	梁诗正	梁同书	父子
乾隆三十七年	高天喜	高人杰	父子
乾隆四十六年	李全	李成勇	父子
乾隆五十四年	李世杰	李再瀛	祖孙
嘉庆四年	蔡新	蔡本俊	父子
嘉庆六年	蔡新	蔡行达	父子
嘉庆二十年	方维甸	方传穆	父子
嘉庆二十二年	强克捷	强望泰	父子
道光元年	温汝适	温承悌	父子
道光十二年	孙尔准	孙慧惇	父子
道光二十年	栗毓美	栗耀	父子
咸丰四年	潘世恩	潘祖同	祖孙
咸丰六年	杜受田	杜庭琛	祖孙
同治元年	翁心存	翁曾源	祖孙

六、结语

清代"钦赐殿试"现象既是朝廷为了奖掖人才、眷顾老臣以扩大和巩固统治基础的有效举措，又是康熙帝借南巡之机和乾隆帝开四库馆修书之时的策略选择。故而，在诸多文献中"钦赐殿试"被称为少见的异数恩典。凭借这一举措，在野士人有机会得以"一步登天"获取进士功名，开启自己的宦绩生涯，而康熙、雍正和乾隆诸位帝王也以此措施达到了笼络人心的目的，加强了京师和江南、西南士人间的联系，引其服务于宫廷之内。可以说，清代"钦赐殿试"策略的施行，不仅强化了士人与帝王间的私属关系，一定程度上消弭了宫廷与在野士人间的潜在张力，而且为天下读书人树立起典范，更是清代皇权嵌于科举制度的典型代表。

这些"钦赐殿试"的幸运儿得以和新科贡士一同殿试，并最终唱名排定科名，晋身成为新科进士。在这一场属于排位赛的殿试过后，士子们没有黜落之虑。他们所写的经世文章（每篇必千言以上），仅用于排定最终的科甲名次。殿试后，读卷官们会快速对殿试卷进行评阅，用标记"○""△""、""｜"加以批注，并附上批语，形成对一份试卷的最终意见和初步排名意见。进而，由读卷大臣们推荐排名前十的殿试卷呈请皇帝阅览，并由朱笔钦定名次。

那么，读卷大臣在殿试卷上的标记有何种意涵，殿试评语又在何种程度上左右着名次的排定呢？在结束了清代殿试之前的诸多制度探析之后，下一章我们一同来对清代殿试之后的阅卷标记意涵进行破解。

第四章
清代殿试阅卷标记释义

一、清代殿试阅卷标记研究的背景

如前文所述，清代殿试是由新近通过会试的中式举人和"钦赐殿试者"一同参加的最高级别科举考试，仅作策论一道，"以日入为度"，一日即毕，不用继烛。在考试结束后，皇帝钦派读卷官进行阅卷并拟定名次。按照规定，读卷大臣所阅试卷"粘贴浮签，只书次第，不必书各官姓名，以除师生陋习"。[1]据陈康祺所载，清初殿试规格与乾隆朝以后不同，读卷大臣多至十余人，且诸人名下不加标识，"而卷中断句多用朱围印其佳处，亦与近今异"。[2]乾隆二十五年（1760 年），朝廷定制将原有的 14 名读卷官减为 8 名。例如，乾隆三十六年（1771 年）范衷殿试卷后从右至左依次注明读卷大臣"刘统勋、刘纶、程景伊、观保、张若渟、曹秀先、奉宽、全魁"。[3]又如，乾隆三十七年（1772 年）俞大猷殿试卷后从右至左依次注明读卷大臣"刘统勋、刘纶、程景伊、蔡新、观保、周煌、德风、谢墉"。[4]这一时期殿试卷后的读卷官的确多为 8 人组成，且书写全名。

至乾隆五十二年（1787 年），朝廷新定"嗣后殿试于卷后弥封之外，列读卷八人之姓，就卷标识，不用浮签，庶免移换之弊"，[5]即卷后批注只书读

---

〔1〕《清世祖实录》卷 90，顺治十二年（1655 年）三月庚子。

〔2〕（清）陈康祺：《郎潜纪闻四笔》卷 11，中华书局 1990 年版，第 174 页。

〔3〕法兰西学院汉学研究所编：《法兰西学院汉学研究所藏清代殿试卷》，中华书局 2015 年版，第 147 页。

〔4〕法兰西学院汉学研究所编：《法兰西学院汉学研究所藏清代殿试卷》，中华书局 2015 年版，第 167 页。

〔5〕《清会典事例》卷 361，中华书局 1991 年版，第 1268 页。

卷大臣姓氏以示公平之意，而这一规定沿用至科举制废除。例如，道光二十五年（1845年）乙巳恩科二甲第五十四名姚宝铭殿试卷后，8位读卷官只写明姓氏"穆、特、侯、冯、朱、福、周、罗"，以分别代表大学士穆彰阿，礼部尚书特登额，吏部右侍郎侯桐，礼部左侍郎冯芝，兵部左侍郎朱嶟，工部右侍郎福济、周祖培，内阁学士罗文俊。[1]又如光绪十八年（1892年）壬辰科二甲第七名宗室宝熙殿试卷后，8位读卷官依次注明"额、思、翁、李、启、薛、汪、陈"。不过，笔者发现在乾隆四十六年（1781年）辛丑科二甲第四十五名曹之升和三甲第一百零一名魏傚祖的殿试卷后，均已只书写7位读卷大臣姓氏，依次为"三、梁、罗、谢、沈、杜、钱"，因此，乾隆五十二年（1787年）读卷大臣只书姓氏的规定可能在较早时期已经开始施行。

在所有参加殿试的试卷上，读卷官员们要将拟定的名次标识于卷头，待读卷官确定好前十名荐卷后，由读卷大臣会同监试官拆去弥封，不得复行更调名次。然后，前十名试卷进呈皇帝，以供钦定科甲名次。至乾隆二十八年（1763年）后，为了科场防弊，以示公正，又更定确定好的荐卷不必事前开启，直接交由乾隆帝钦定名次，而荐卷之后的二、三甲进士排名则基本上按照读卷官拟定进呈位次排序。

虽然新科贡士所作的殿试策论文章并不左右他们能否成为进士，但其对答优劣、书法字迹优劣，依然会在很大程度上决定新科进士在一、二、三甲中的位次。例如，乾隆四十六年（1781年）辛丑科的探花汪学金会试中式第四十五名；再如，嘉庆六年（1801年）中式探花的邹家燮在会试时排名仅第一百一十五名。由此可见，二人是凭借着殿试的优秀发挥赢得了皇帝和读卷大臣的青睐。反之，若殿试临场发挥不理想，可能本处于会试高位之人也会跌入三甲之内。例如，乾隆四十六年（1781年）参加殿试，曾名列乡试之首，会试卷中式第四十四名的魏傚祖，却在殿试中仅列三甲之末，排在三甲第一百零一名。

从现存实物档案来看，贡士们的最终排名情况取决于读卷官（阅卷大臣）在殿试卷策尾空幅背面批注标记，并以此为依据向皇帝推荐的10份荐卷。如在邹家燮殿试卷后，8位读卷官标记从右至左依次为"○○○△△○○○△"，[2]而

〔1〕《清宣宗实录》卷416，道光二十五年（1845年）四月庚戌。
〔2〕法兰西学院汉学研究所编：《法兰西学院汉学研究所藏清代殿试卷》，中华书局2015年版，第327页。

在魏傪祖殿试卷后 7 位读卷官标记则为"丶丶丶丶丶｜丶"。[1]实际上，在殿试后，8 位（或多或少）读卷官会以"〇""△""丶""｜""×"，即圈、尖、点、直、叉五种标记作为评判符号，并以"圈不见点，尖不见直"为评判原则。换句话说，8 位读卷官的殿试批点不会出现跨符号的现象，如不会出现"〇丶"连用或"△｜"连用。究其原因就在于读卷大臣要对一份试卷取得大致相同的看法，给出相近的成绩，否则"此〇彼丶、此△彼｜，此、彼×者，则高下间相去过远，意见太觉纷歧，即属不合格，阅卷官应受处分"，[2]这就是在《光绪大清会典事例》中所言的"标识悬绝"，以防止"高下其手"之弊。对于殿试阅卷标识的使用原则，朱彭寿在《安乐康平室随笔》中给出了较为详细的记述，其文载：

> 惟殿试读卷，则须轮流遍阅，俗称转桌。盖每卷背后第一页，印有读卷官八人之姓，凡阅过者，各于姓下以墨笔分志〇△丶｜四项，以为标识。胪传后，尚特派察看标识之大臣复核一过，其标识有全〇全△全丶全｜者，有或〇或△者，有或△或丶者，有或丶或｜者，惟〇不见丶，△不见｜，以高下间相去过远，似意见太觉纷歧，故同一卷而此〇彼丶，此△彼｜者，即属不合，阅者须受处分耳。[3]

正是这种原则和大臣们趋利避害的心理，导致了读卷官往往从众效仿，给出相近的评判符号。不过，笔者发现，也并不必然"凡进呈皇帝的前十本卷，必须有八个'〇'，否则不能入选"。[4]例如，乾隆三十六年（1771 年）殿试中式一甲第三名的探花范衷试卷背后，8 位读卷官的标记依次为"〇〇〇△△〇〇△"。[5]又如乾隆五十四年（1789 年）位列榜眼的汪廷珍殿试卷背后，读卷官的标记依次为"〇△△〇〇〇〇△"。[6]再如嘉庆四年（1799

---

　〔1〕 法兰西学院汉学研究所编：《法兰西学院汉学研究所藏清代殿试卷》，中华书局 2015 年版，第 251 页。

　〔2〕 李利亚：《关于清代殿试试卷的批阅》，载《史学月刊》1997 年第 1 期，第 107—108 页。

　〔3〕 （清）朱彭寿撰：《安乐康平室随笔》卷 3，中华书局 1982 年版，第 197 页。

　〔4〕 胡平：《清代科举考试的考务管理制度研究》，中国社会科学出版社 2012 年版，第 152 页。

　〔5〕 法兰西学院汉学研究所编：《法兰西学院汉学研究所藏清代殿试卷》，中华书局 2015 年版，第 147 页。

　〔6〕 法兰西学院汉学研究所编：《法兰西学院汉学研究所藏清代殿试卷》，中华书局 2015 年版，第 271 页。

年）己未科二甲第三名吴赓枚的殿试卷背后标记为"○○△△○○○△"。[1]
显然这些殿试卷资料修正了前辈学者对于前十卷本必须有八个"○"的
论断。

由于清代殿试试卷相对难以保存，存留档案文献较为稀少，但是 2015 年
中华书局与法兰西学院汉学研究所合作编辑出版的《法兰西学院汉学研究所
藏清代殿试卷》一书，为填补和深化我国清代殿试研究，特别是殿试阅卷研
究，提供了直观、可信的史料支持。该书收录了清科举自顺治九年（1652
年）至光绪三十年（1904 年）间的 33 份原内阁大库保存的殿试试卷，其中
保存较为完整、拥有读卷官阅卷标记者为 27 份，这对于我们进一步了解和分
析殿试阅卷环节和标识意涵大有益处。

二、清代殿试阅卷符号分析

在《法兰西学院汉学研究所藏清代殿试卷》所收录的 27 份带有读卷官批
阅标记的试卷中，最早一份试卷为乾隆二十六年（1761 年）辛巳科二甲第一
名蒋雍植的殿试卷，最后一份为光绪三十年（1904 年）甲辰科三甲第四十八
名杨光瓒的殿试卷。在这 27 份试卷中，只见四类标记，即"○""△""、"
"丨"，而不见"×"，也再次说明了本章开篇所言殿试实际上排位的性质。按
定制，读卷大臣在评阅完一份殿试卷后，"圈点均于策尾空幅背面记认"。[2]
不过在档案文献中，未见明文记载圈、尖、点、直、叉的功用，但就殿试卷
士子的排名状况可以确定以上五类符号的具体含义，即今日评定等级中的优、
良、中、及格、不及格五等。

"○"，或圈，见于一甲和二甲试卷中，而不见于三甲试卷，即"圈不
见点"的例证，表示读卷官对这份试卷的赞赏。如乾隆三十七年（1772
年）壬辰科探花俞大猷的殿试卷，8 位读卷官均给出"○"的批注。[3]此

---

　〔1〕　法兰西学院汉学研究所编：《法兰西学院汉学研究所藏清代殿试卷》，中华书局 2015 年版，
第 309 页。

　〔2〕　《清会典事例》卷 361，中华书局 1991 年版，第 1269 页。

　〔3〕　法兰西学院汉学研究所编：《法兰西学院汉学研究所藏清代殿试卷》，中华书局 2015 年版，
第 167 页。

种 8 圈的情况也见于乾隆四十年（1775 年）乙未科探花沈清藻[1]和传胪王春煦，[2]乾隆五十八年（1793 年）癸丑科探花陈希曾，[3]和光绪十八年（1892 年）壬辰科二甲第七名宗室宝熙等人的殿试卷中。但是，也并非没有例外。在光绪二十一年（1895 年）乙未科二甲第三十五名秦望澜的殿试卷后，8 名读卷官同样一致给出了 8 个"○"的评注，但其并未被列入前十卷之内。因此，可以说"○"代表了最高级别的评点，以 8 圈为最优，在大多情况下会被列入荐卷之内。

"△"，或尖，可以视为仅次于圈的第二等试卷标识，见于一甲、二甲和三甲排名较前的试卷之中，表示读卷官认为此卷尚属较优者。"△"既可以和"○"配合出现，也可以和"、"配合出现，而"○"越多则排名越靠前，反之，"、"越多则排名越靠后。例如，光绪二十年（1894 年）甲午恩科二甲第一百二十三名谢世珍的殿试卷后，8 名读卷官标记均为"△"，[4]属于二甲末流。光绪二十一年（1895 年）乙未科三甲第八名进士范国良殿试卷批注同为 8 个"△"。[5]排名近似的情况亦如光绪三十年（1904 年）癸卯科三甲第九名姚华，标记同为 8 个"△"。[6]但如果在"△"之外，尚有"○"的标点，且后者占据多数，那么排名将会大幅度提升，位列二甲中上游，甚至一甲之内。如乾隆三十六年（1771 年）探花范衷殿试卷有 5 个"○"，3 个"△"。嘉庆四年（1799 年）位列己未科二甲第三名的吴赓枚也是 5 个"○"，3 个"△"，而这一比例也是笔者目前所见保殿试卷进入前十的最低标准。而光绪二十一年（1895 年）乙未科汪世杰殿试卷后，8 位读卷大臣同样给出了 5 个"○"，3 个"△"，仅列二甲第六十五名。

---

〔1〕 法兰西学院汉学研究所编：《法兰西学院汉学研究所藏清代殿试卷》，中华书局 2015 年版，第 187 页。

〔2〕 法兰西学院汉学研究所编：《法兰西学院汉学研究所藏清代殿试卷》，中华书局 2015 年版，第 203 页。

〔3〕 法兰西学院汉学研究所编：《法兰西学院汉学研究所藏清代殿试卷》，中华书局 2015 年版，第 289 页。

〔4〕 法兰西学院汉学研究所编：《法兰西学院汉学研究所藏清代殿试卷》，中华书局 2015 年版，第 427 页。

〔5〕 法兰西学院汉学研究所编：《法兰西学院汉学研究所藏清代殿试卷》，中华书局 2015 年版，第 479 页。

〔6〕 法兰西学院汉学研究所编：《法兰西学院汉学研究所藏清代殿试卷》，中华书局 2015 年版，第 581 页。

若读卷官给出的"△"多于"○",则最终排名可能位列二甲中下游。如乾隆四十六年(1781年)排名二甲第四十五名的曹之升,在6个"△"外,有1个"○",使其免于落入三甲之列。道光十五年(1835年)名列二甲第八十名的张敬修的殿试卷后,7位读卷官给出了6个"△",1个"○"。道光二十四年(1844年)郑奇峰殿试卷后8位读卷官7人给出了"△",1人给出了"○",位列二甲第五十名。道光二十五年(1845年)乙巳恩科二甲第五十四名姚宝铭殿试卷后8位读卷官对应给出的标识则为"○○△○△△△△"。以上殿试卷均为"△"多于"○"标识的代表,成绩较优,多可位列二甲中游。

然而,若殿试卷在"△"外是"、",那么大多则被列入三甲之内。例如,同治十三年(1874年)陆元鼎的殿试卷后8位读卷大臣"毛董桑贺黄徐龚童"依次给出了"△△△△△△、、",最后他只能位列三甲第二十名。[1]又如光绪三十年(1904年)甲辰恩科杨光瓒的殿试卷后8位读卷官给出的标记依次为"、△△、△△△△",最后仅名列三甲第四十八名。[2]

"、",或点,是五类符号中的第三种,意为平常,常见于三甲进士的殿试卷批注中,既可以和"△"配合使用,又可以和"|"相配合。若8位读卷官意见一致,给予"点"的结论,那么该士子只能列于三甲中后的位置。例如,光绪二十一年(1895年)的戴光和光绪二十九年(1903年)的范振绪同样是殿试卷后8个"、",分别位列三甲第一百一十三名和三甲第一百三十二名。与"△"使用同理,若在点之外,能有"△"的评注出现,同样可以提升士子在殿试后的排名。例如,在光绪三十年(1904年)三甲第四十八名进士杨光瓒的殿试卷后,在2个点之外,有6个尖,其排名位于三甲中游。[3]换句话说,他在6个"△"之外,因有两个"、"而未进入二甲和三甲前列。

"|",或直,是笔者所见殿试卷,8位读卷官使用的最后一种标识。其意不言自明,若有士子殿试卷中出现直的标记,那么必定为三甲垫底。例如

〔1〕 法兰西学院汉学研究所编:《法兰西学院汉学研究所藏清代殿试卷》,中华书局2015年版,第367页。

〔2〕 法兰西学院汉学研究所编:《法兰西学院汉学研究所藏清代殿试卷》,中华书局2015年版,第597页。

〔3〕 法兰西学院汉学研究所编:《法兰西学院汉学研究所藏清代殿试卷》,中华书局2015年版,第597页。

乾隆四十六年（1781 年）辛丑科位列三甲第一百零一名的魏徼祖殿试卷后，8 位读卷官给出的标识为"、、、、、｜、、"。[1]又如，同治十年（1871 年）辛未科位列三甲第一百七十名的范元音殿试卷后，8 位读卷官的标记为"｜、、、、、｜、"。[2]

　　通过对以上几种标记的释义，可以更加清晰地了解清代殿试卷的批阅符号的用法，在"○""△""、""｜"依次以为优劣排序，且不跨符号使用的原则下，8 位读卷官所给出的"○""△"越多排名越前，反之，"、""｜"越多排名越后。与此同时，第一位读卷大臣给出的标识至关重要，不仅在于初阅者职衔最高，具有权威，而且根据防止"标识悬绝"的原则，第一位读卷大臣若给出"○"，则基本可以确定此位贡士应有较好的科甲名次。若初阅者给出了"△"或"、"，排名则会大大降低，少有第二位及以后读卷大臣给出高于初阅者标识的情况。尚需注意的是，光绪时期比乾隆时期针对读卷官评阅标记所给出的排名似乎更加严格。例如，光绪二十一年（1895 年）被给予 8 个"○"的秦望澜仅位列二甲第三十五名。又如，殿试卷标识同为 5 个"○"和 3 个"△"的范衷、汪廷珍、邹家燮和吴赓枚均位列前茅，而光绪二十一年（1895 年）的汪世杰则仅排二甲第六十五名。再如光绪二十九年（1903 年）被给 3 个"○"5 个"△"的华宗智仅位列二甲之末的第一百二十九名，[3]与乾隆四十六年（1781 年）凭借 1 个"○"6 个"△"位列二甲第四十五名的曹之升相比有一定差距。但是以上对于圈、尖、点、直使用原则的判断大体是正确的，不过也有一些殿试卷按照以上标记评判本属二类卷，或者说至少不入前十名的试卷，却被列入荐卷之列。那么是什么原因导致了这种情况的出现呢？这需要在标记使用之外，进一步讨论阅卷标准及标记之下的评语。

三、清代殿试卷的评阅标准与评语

　　清代殿试关乎国家抡才大典，历来被视为有关巩固统治之本的头等大事。

---

　　〔1〕　法兰西学院汉学研究所编：《法兰西学院汉学研究所藏清代殿试卷》，中华书局 2015 年版，第 251 页。

　　〔2〕　法兰西学院汉学研究所编：《法兰西学院汉学研究所藏清代殿试卷》，中华书局 2015 年版，第 347 页。

　　〔3〕　法兰西学院汉学研究所编：《法兰西学院汉学研究所藏清代殿试卷》，中华书局 2015 年版，第 515 页。

待殿试完毕后，次日读卷官就开始批阅试卷。乾隆朝读卷官初定为 14 人，后人数多为 7 位至 9 位，他们按照皇帝设定的标准标记试卷，以为排名标准。按照顺治时期的规定，"御批一甲第一、二、三名，其余发内阁领收、放榜"。乾隆二十五年（1760 年）更定为由读卷官拟定十名后，"读卷官会同监试拆去弥封，不得复行更调"，[1] 荐卷进呈御览，钦定前十人名次。史载"殿试收掌官以卷送读卷官，分阅公定前列十卷，进呈御览。皇帝御便殿召读卷官入，记注官随入，侍班赐读卷官坐，各就位，一叩坐。皇帝钦定甲乙，命大学士一人秉笔书一甲三名至二甲七名于卷端。既毕，奉卷出，至内阁肩门，拆卷，书榜，以待传胪"。[2] 所以，即使读卷官事先拟定了前十名士子名次，也可能会被皇帝变更，以显示专断之权。例如，乾隆二十六年（1761 年）被拟定为第四名的孙士毅，被钦定为二甲第四名，即第七名。乾隆五十四年（1789 年）被拟定为第十名的汪廷珍，被钦定为一甲第二名，位列榜眼。与之类似，嘉庆六年（1801 年）的探花邹家燮原被拟定为第八名进呈御览。

那么阅卷的评判标准是什么？按照乾隆以后的原则来看，对于阅卷标准，乾隆帝曾特别发过上谕以强调参考文理与文字两项且首重文理的原则。早在乾隆四年（1739 年），乾隆帝就规定殿试"策内不许用四六颂联，但取文理明通、敷陈切当。不必泥于成格、限于字数"。[3] 谕旨中不用四六颂联是为了规避士子事前呈送颂联的陋习，以防止请托之风，而录取标准定在了"文理明通"四字之上，但并非不重视书法。[4] 乾隆帝承认书法对于录取的重要性，他认为如果字体端楷，自然是锦上添花，"属于及格之选"。不过，文理与文字两者兼有自然最好，若文优字劣，乾隆帝认为也应给予机会，让他们可以出人头地。其言：

廷试士子，为抡才大典。向来读卷诸臣，率多偏重书法，而于策文则惟取其中无疵颣，不碍充选而已。敷奏以言，特为拜献先资。而就文与字较，则对策自重于书法。如果文义醇茂，字画端楷，自属文字兼优，固为及格之选。若其人缮录不能甚工，字在丙而文在甲者，以视文字均属乙等可以调停

---

〔1〕《清会典事例》卷 361，中华书局 1991 年版，第 1266 页。

〔2〕 杨一凡、宋北平主编：《乾隆朝大清会典》卷 31，凤凰出版社 2018 年版，第 145 页。

〔3〕《清会典事例》卷 361，中华书局 1991 年版，第 1264 页。

〔4〕 李国荣：《清代殿试抑文重字之弊》，载《历史档案》1998 年第 2 期。

入彀之人，自当使之出一头地。况此日字学稍疏，将来如预馆选，何难临池学习？倘专以字进退，兼恐读卷官有素识贡士笔记者，转以借口滋弊，非射策决科本意也。[1]

通过以上谕旨可以看出，乾隆帝的本意是要以文理和对策的合理性作为选择人才的标准，不过清代后期读卷官越来越流于形式地将字体作为评判依据，如据陈康祺《郎潜纪闻二笔》所载，"近数十年，殿廷考试专尚楷法，不复问策论之优劣，以致空疏浅陋，竟列清班，甚至有抄袭前一科鼎甲策仍列鼎甲者"。[2]但是，侧重字体、楷法只能说是具体实施官员和判卷制度僵化后产生的流弊，而其最初设定的理念尚有可取之处。

至同治元年（1862年），朝廷又准备空白殿试卷10份，允准殿试作答时实系书写错误的士子提出更换一份空白试卷作答，以体现朝廷优待士子之意，但若已经书写过半则无权更换。据载：

所备空白试卷不得过十本。如实有损坏、墨污及行款错误、题字错落等项，由监试王大臣查明无关弊窦者，准其更换。其有笔误数字及书写已过半幅者，概不准更换，以示限制。[3]

再回到上文中提及的问题：一些读卷官给出的评定标识"△"多于"○"的殿试卷，为何依旧可以被选入鼎甲或前十名的荐卷之内呢？其答案就在读卷官圈点评分外，尚有批语，以提升对该试卷的推荐程度。例如，在乾隆二十六年（1761年）辛巳恩科传胪，即二甲第一名的蒋雍植殿试卷后，部分读卷官就著有批语。根据《清高宗实录》记载，该年殿试"以大学士来保，协办大学士鄂弥达、刘统勋，兵部尚书梁诗正，左侍郎观保，刑部尚书秦蕙田，左侍郎钱汝诚，都察院左都御史刘纶，入觐两江总督尹继善为殿试读卷官"。[4]在蒋雍植殿试卷背后，从右至左依次书写为"来鄂刘梁尹秦刘观钱"

---

〔1〕《清会典事例》卷361，中华书局1991年版，第1265页。
〔2〕（清）陈康祺：《郎潜纪闻二笔》卷11，中华书局1984年版，第522页。
〔3〕《清会典事例》卷361，中华书局1991年版，第1271页。
〔4〕《清高宗实录》卷635，乾隆二十六年（1761年）四月己丑。

九人，给出的评点等级为"△△△○△△△△○"。[1]若以常规判定，此卷似无法进入荐卷行列，但在秦蕙田标注下有"有作意"，刘纶标注下有"意见梳棉，不同泛泛"，钱汝诚标注下有"逐条俱略见疏义，文气亦融洽"。[2]这些评语基本上吻合了上文乾隆帝在这一时期提出的首重文理的原则，评语中都紧扣关于策略的内容，强调对策中的"文气"与"意见"突出之处。正是在三位读卷官的评点推荐下，蒋雍植的试卷被列入前十，并最终被钦定为二甲第一名，由此可见读卷官评语的作用。

同年，位列二甲第四名的孙士毅与蒋雍植情况类似。9位读卷官按照上面所提及的顺序为孙士毅殿试卷给出的标记为"△△△○△○○△○"。[3]其中有4位读卷官给出评语，在秦蕙田标注下有"气体谨严"，刘纶评语为"风格端凝"，观保评语为"对策整饬"，钱汝诚评语为"文笔雅驯，字亦圆整"。[4]从以上诸读卷官评语来看，同样强调的是殿试策论本身的文笔与思路。不同于蒋雍植的评价有两点：其一，对于孙士毅更强调了他文章的"老成持重"，即具备了为官所必需的沉稳风格；其二，虽然书法不是首要考量因素，但无疑从钱汝诚的评价中还是看出，孙士毅的书法为他赢得了高人一等的机会。通过以上蒋、孙两份殿试卷的评语，我们可以确知清代的殿试卷评阅标准参酌策文文理与字体两大因素，又首重前者的原则。一旦殿试卷后可以获得读卷大臣的积极评语，那么自然可视为在原有标识外的加分项。

四、31份殿试卷标记列表分析

最后，针对上文对于殿试卷后评阅标点的释义、评阅原则和评语情况介绍，笔者将所收集的31位进士殿试卷作列表，以更清晰、直观地反映殿试卷标记。"○""△"标识越多，往往位列二甲中上游，反之，"丶""｜"越多则往往处于三甲中下游。需要注意的是，时代越靠前，"○""△"标识对于

〔1〕 法兰西学院汉学研究所编：《法兰西学院汉学研究所藏清代殿试卷》，中华书局2015年版，第111页。
〔2〕 法兰西学院汉学研究所编：《法兰西学院汉学研究所藏清代殿试卷》，中华书局2015年版，第111页。
〔3〕 法兰西学院汉学研究所编：《法兰西学院汉学研究所藏清代殿试卷》，中华书局2015年版，第128页。
〔4〕 法兰西学院汉学研究所编：《法兰西学院汉学研究所藏清代殿试卷》，中华书局2015年版，第128页。

排名提升作用越明显，反之则减弱。与之同时，有无评语则更与荐卷内最终的位次紧密联系。

表 4-1　31 位士子殿试卷标记统计

年份	姓名	○	△	、			有无评语	位次
QL26	蒋雍植	2	7			有	2-1
QL26	孙士毅	4	5			有	2-4
QL36	范衷	5	3			无	1-3
QL37	俞大猷	8				无	1-3
QL40	沈清藻	8				无	1-3
QL40	王春煦	8				无	2-1
QL46	曹之升	1	6			无	2-45
QL46	魏傲祖			6	1	无	3-101
QL54	汪廷珍	5	3			无	1-2
QL58	陈希曾	8				无	1-3
JQ4	吴赓枚	5	3			无	2-3
JQ6	邹家燮	5	3			无	1-3
DG15	张敬修	1	6			无	2-80
DG24	郑奇峰	1	7			无	2-50
DG25	姚宝铭	3	5			无	2-54
TZ10	范元音			6	2	无	3-170
TZ13	陆元鼎		7	1		无	3-20
GX2	高庚恩	2	6			无	2-100
GX9	梁涛观	4	4			无	2-59
GX18	宝熙	8					2-7
GX20	谢世珍		8			无	2-123
GX21	秦望澜	8				无	2-35
GX21	汪世杰	5	3			无	2-65
GX21	范国良		8			无	3-8

续表

年份	姓名	○	△	、	|	有无评语	位次
GX21	戴光			8		无	3-113
GX29	华宗智	3	5			无	2-129
GX29	范振绪			8		无	3-132
GX30	张茂炯	8				无	2-6
GX30	麦鸿钧	8				无	2-7
GX30	姚华		8			无	3-9
GX30	杨光瓒		6	2		无	3-48

表中年代缩写意思依次如下：QL＝乾隆，JQ＝嘉庆，DG＝道光，TZ＝同治，GX＝光绪

近期，笔者通过搜检史料，发现了美国加利福尼亚大学所收藏的189份清代殿试卷，其中有167份试卷后有读卷官名姓与标识，部分试卷还有评语，对于更加深入地理解清代殿试读卷标识、评语与士子家世背景有重要帮助作用。然而，囿于本著作篇幅限制，笔者将另作文研究，以惠学林。

以上四章关于清代殿试"前"与"后"阶段的制度考察，让我们更加清晰和全面地认识了在获享进士功名道路上的多个面向，不仅展现出士人最终高中进士的艰辛，而且凸显了政治与科举的紧密关系。这些科场"幸运儿"在中进士后，不仅成为一个特殊群体——进士群体，他们的科举成功也为各自所在家族增添了荣耀，使其成为地方的翘楚。甚至有一些家族，凭借科举功名所带来的政治、经济和文化优势，持续不断地复制着科场的成功，形成了科举家族。在下一篇章中，笔者将详细探析清代进士群体和科举家族的不同形态。

第二篇

清代进士群体与科举家族研究

第五章

清代宗室科举

有清一代，准许宗室参加科举的谕令时行时止，有所反复。自康熙至乾隆年间，共允许宗室参加三科考试，时间很短，而开科的重要原因在于宗室人口日繁，无仕进之阶。但开科不久，康熙帝和乾隆帝相继发布上谕停止宗室科试，而停科的原因就在于天潢贵胄与庶民一同应试，有失身份与体统。至嘉庆四年（1799 年），亲政后的嘉庆帝下谕重新准许宗室参加科举考试，并将这一制度常规化，一直沿用至清末。

一、康、雍、乾三帝在宗室开试与停试间徘徊

康熙三十六年（1697 年），考虑到宗室人口繁衍日盛，除去通过袭封、恩封、功封等途径赐予爵位者，其他闲散宗室日渐增多，无考试晋升之途，康熙帝认为宗室内也有卓越之才，可以同满汉士人一体竞逐科场。这样，宗室内会人人效仿，不仅可以振兴文教，而且可以展现康熙帝敦睦宗族之意。在这一背景下，康熙帝谕宗人府和礼部，首次准许宗室参加科举。史载：

> 国家乐育人才，振兴文教，将使海内英隽之士靡不蒸蒸蔚起，矧宗室子弟，系托天潢，岂无卓越之姿，足称令器，尤宜甄陶奖掖，俾克有成。考诸前史，以公族应制举入仕者代不乏人。今属籍所载，日益繁衍，除已授爵秩人员外，闲散子姓，素无职业，诚恐进取之途未辟，致向学之意渐惰。嗣后八旗宗室子弟，有能力学属文，奋志科目，应令与满洲诸生一体应试，编号取中，如此则赋质英异者，咸服善于诗书，而学业成就者，不沮抑于仕进。凡属宗支，人人得以自效，而于朕兴贤睦族之至意，亦用是以惬焉，尔等衙

门即遵谕行。〔1〕

但是，仅三年后，康熙帝便停止了宗室应试科举的做法，而其说辞是宗室子弟不需要通过科举应试谋求生路，朝廷自会加恩宗室，即所谓"宗室朕数加恩，何患无官？"〔2〕通过此谕，我们可以感受到康熙帝认为宗室应科举有失皇室身份，因此还是希望通过恩封，以全宗室晋升之路。不过，通过考察康熙三十六年（1697年）至康熙三十九年（1700年）间的进士题名录和《光绪顺天府志》可以发现，这三年内不仅没有宗室子弟成功会试中式，就是顺天乡试也榜上无名，这可能展现出宗室子弟尚不足以在科场上与满汉士子一较高下，故而令康熙帝看清以科举广宗室仕进之路的想法行不通，所以很快便终止了宗室参加科举的政策，终康熙朝宗室再无应试的机会。

雍正二年（1724年），雍正帝再次提出宗室应试的问题，他认为宗室没有什么升迁的途径，除选为大臣侍卫外，并无他途可循。但他也考虑到宗室子弟若与民籍士子一体应试"亦非体统"，故而自己放弃了宗室参加科举考试的想法，转而以增加笔帖式额缺等方式令宗室子弟补缺，宗室再次被拒绝于科试的大门之外。

乾隆八年（1743年），礼部带领宗人府考试之宗室玉鼎柱觐见，乾隆帝非常欣慰，谕令准许其与乙丑贡士一体殿试，这使得宗室参加科举之事又出现了转机，也被视为"宗室会试之始"。〔3〕虽无明文谕旨，但实际上乾隆帝同意了宗室参加科举考试，在此背景下乾隆十年（1745年）中式乙丑科三甲第九十名的宗室达麟图成为首批宗室进士。乾隆九年（1744年），乾隆帝再发谕旨，要求考试左右翼宗学，凡属于一、二等之列，往年考取一等的宗室，及在家于宗学肄业的闲散宗室都可以参加考试，经由乾隆帝钦定名次，并由礼部带领引见。研习翻译科的宗室与八旗翻译贡士一起引见，而"习汉文者，与天下贡士同殿试"。〔4〕通过此谕，似乎宗室科举之路已经打通，且乾隆十年（1745年）、乾隆十三年（1748年）均有宗室考中进士。但是，乾隆帝一旨颠覆了宗室本已打开的科举之路。

〔1〕《清会典事例》卷329，中华书局1991年版，第896页。
〔2〕《清会典事例》卷329，中华书局1991年版，第896页。
〔3〕（清）赵尔巽等撰：《清史稿》卷108，中华书局1977年版，第3161页。
〔4〕《清会典事例》卷329，中华书局1991年版，第897页。

乾隆十七年（1752 年），乾隆帝再次下谕"宗室等不应乡会试"。其理由也很简单，就是效法皇祖康熙帝和皇考雍正帝的做法，不变更祖制。谕旨言及：

> 皇祖、皇考均有明旨，后因条奏，复令宗室等应乡会试。彼时宗人府总理事务王大臣，并未声明，草率照覆，实属错误。嗣后仍遵皇祖、皇考原降谕旨，将宗室等乡会试及选庶吉士之例，永行停止，再不可条陈考试。宗室内果有学问优长者，自施恩录用也。

乾隆帝的谕旨措辞强硬，如"永行停止""再不可条陈"等字眼让以后没有王公大臣胆敢上呈建议开宗室科举之禁。据《清稗类钞》所载，乾隆帝停宗室科举也可能是宗室进士达麟图的失仪行为所致，其文载"（达麟图）以侍班失仪罢，遂停文科目"。[1]但无论原因为何，乾隆朝宗室的出路问题又回到了康熙朝的老路之上，乾隆帝再次禁止本已松动的宗室科举政策。

二、宗室应试的定制与完善

自乾隆十七年（1752 年）停止宗室科试 46 年后，事情才迎来了转机。嘉庆四年（1799 年），刚刚亲政不久的嘉庆帝便明发谕旨，认为应该恢复宗室参加科举考试的权利，以广宗室仕进之路，并通过读书改变气质。因而，嘉庆帝规定自嘉庆六年（1801 年）辛酉恩科以后，在京宗室和盛京宗室均可参加科举考试，并将其定为一项常规化的政策。嘉庆四年（1799 年）的谕旨言及：

> 宗室向有会试之例，后经停止。敬惟皇考圣意，原因宗室当娴习骑射，以存满洲旧俗……天潢支派繁衍，自当仍准考试，广其登进之路，兼可使读书变化气质，不致无所执业，别生事端。且应试之前，例应阅射马、步箭，方准入场，于骑射原不致偏废。旧制，宗室均不由乡举径赴会试，未免过优。嗣后宗室应考者，辛酉科为始，与生监一体乡试，应定中额。着礼部核议奏闻，候朕酌定。[2]

---

〔1〕　（清）徐珂编撰：《清稗类钞》第 2 册，中华书局 1984 年版，第 630 页。
〔2〕　《清会典事例》卷 329，中华书局 1991 年版，第 898 页。

至此，清初执政者所犹豫、徘徊的宗室应试科举之事最终尘埃落定，并成为一项制度，而此时距清军入关已经155年了。从谕旨中我们可以得出几条有用的信息：第一，准许宗室参加会试，并且要从乡试考起；第二，应考乡会试，宗室也要考试骑射技术，以存旧俗；第三，准许宗室应试的原因是天潢贵胄人口日益繁衍，通过皇帝恩封、赏赐已经不能满足宗室需要；第四，准许宗室应试的目的是使宗室之人变化气质，提高文化水平，不致闲散无业、游手好闲、惹是生非。出于以上几点考虑，宗室科举之路最终开通，但是由于要从乡试考起，每科中进士之宗室人数不多。不过，宗室文科举在送试顺天府参加乡试之前，要率先考试宗室马箭和步箭。

按定制，宗室在官学读书及在家读书愿应乡试者，由宗人府考试马、步箭，合格者奏派王公大臣覆试，再由稽察宗学大臣汇考，文理通顺者录送宗人府，由宗人府造册送顺天乡试，若乡试中式，再造册送礼部。盛京宗室马、步箭由盛京将军覆试、录科，考取后由宗人府造册送顺天乡试，若中式，再造册送礼部。在完成以上步骤后，宗室才能参加顺天乡试。

嘉庆帝认为自谕旨下发至嘉庆六年（1801年）辛酉科考试有一年多的时间，即使宗室子弟于汉文经典不能熟练，有志者还是可以尽快补上，因此并没有放宽限制，还是以辛酉科正科乡试为始，而当年的恩科乡试则不用考试。因此，恢复宗室应试后，首科乡试为辛酉科。据汪承需等奏报称，该年乡试共63名宗室参加，中举7人，以1∶9为选取比例，远高于同科汉人士子录取比例8倍—10倍。自恢复宗室科举后，首科会试中进士的宗室为嘉庆七年（1802年）壬戌科的果齐斯欢、慧端和德朋阿三人。在昭梿撰写的《啸亭杂录》中，对嘉庆朝宗室开科后第一科所中三位宗室进士做了说明，其言"壬戌中果齐斯欢、慧端、德朋阿三人。果为郑恭王胞侄，慧为简良王曾孙，德即良祭酒子，皆入词林，一时称盛。其后累科皆中二三人"。[1]作为天潢贵胄，清代宗室进士在应试上的"特权"大致有以下三点：第一，考试时另编字号；第二，宗室进士朝考时站于汉人进士之前；第三，恩荣宴上，宗室进士座位离皇帝更近。此外，据笔者考察，宗室以及旗籍进士在馆选翰林的比例上要比汉人进士高。

除以上特权外，嘉庆帝对于考试的要求没有放宽，力求宗室与其他士子

---

〔1〕（清）昭梿撰：《啸亭杂录》卷2，中华书局1980年版，第33—34页。

统一体制。宗室乡试试卷交予顺天府，会试试卷交予礼部，一体评阅，对那些文章不通者给予处罚，保举者也要交部议处。在宗室考试入场时，也要由宗人府派笔帖士数名，核对宗室人员，以防止替考、蒙混等现象，在考试中亦对宗室巡查以防止夹带抄袭等作弊行为。对于命名试题、入场日期、贡院设置、试卷交接、发榜、规定中额等具体事宜，嘉庆帝都作了详细的规定，可以说宗室应试在各方面与普通士子并无太大差别，且同样遵循回避条例。此外，嘉庆十二年（1807 年）规定"嗣后宗室应试，所有切近姻亲一体回避"。[1]嘉庆十九年（1814 年），嘉庆帝还下谕从甲戌科始，对宗室进士进行覆试，延至道光二十九年（1849 年）宗室覆试核对试卷时，发现第二名载萼有草稿不全、字迹恶劣的情况，罚停会试一科，以示惩处，此后类似情况也参照办理。同年，镶蓝旗宗室载颐还因为覆试时文理不符，被特旨革去举人。

同治、光绪两朝也遵循嘉庆帝所定下的规矩，着重强调宗室应试的各种纪律，不对宗室应试稍有宽松。如宗室贡生昆冈，因撤卷未完，无凭与原中之卷核对，因此令与满汉贡士覆试时，随同补行覆试，以符合定制。除了以上宗室文进士，清朝还开翻译科，以选拔兼通满汉、蒙汉、满蒙文之人，钦赐进士，并授以官职。在所开翻译科中，亦有宗室中进士者，但是数量不多。

三、清代宗室文科进士辑考

若以乾隆十年（1745 年）起算，光绪三十一年（1905 年）科举废止为终点，有清一代宗室文进士共 123 人，其中正白旗进士 5 人，镶白旗进士 10 人，正红旗进士 5 人，镶红旗进士 14 人，正蓝旗进士 54 人，镶蓝旗进士 35 人。宗室进士呈现明显分布不均状况，两蓝旗共 89 位进士，约占宗室进士总数的72%。若加上翻译进士的旗籍统计，则镶蓝旗进士达到 38 人，镶红旗进士达到 15 人，两蓝旗比例达到 72.4%，下五旗进士则高达 96.1%。在宗室进士中，两黄旗无宗室中进士者，这也说明了与皇室嫡裔的亲疏关系。两黄旗属天子自将，多为近支宗室，得恩封、擢用机会较多，故参加科试者少，无中进士者。而两蓝旗多为疏属宗室，恩封机会少，且有爵位者亦得爵不高，降袭数次后亦成闲散宗室，于仕进无门，便应试科举，以求登进。而其他几旗

---

〔1〕《清会典事例》卷 329，中华书局 1991 年版，第 902 页。

亦按正白、正红、镶白顺序依次增多排列。

表 5-1　清代宗室文进士

姓名	旗籍	科份	甲次
达麟图	正蓝旗	乾隆十年乙丑科	3-90
平泰	正蓝旗	乾隆十三年戊辰科	2-57
良成	正蓝旗	乾隆十三年戊辰科	3-57
果齐斯欢	镶蓝旗	嘉庆七年壬戌科	3-52
德朋阿	正蓝旗	嘉庆七年壬戌科	3-112
慧端	镶蓝旗	嘉庆七年壬戌科	3-126
崇弼	镶蓝旗	嘉庆十年乙丑科	2-93
德退	镶白旗	嘉庆十年乙丑科	3-133
敏勤	正蓝旗	嘉庆十三年戊辰科	3-59
德刚阿	正蓝旗	嘉庆十三年戊辰科	3-87
功袭	正蓝旗	嘉庆十三年戊辰科	3-118
瑞林	正蓝旗	嘉庆十四年己巳科	2-69
崇硕	镶蓝旗	嘉庆十四年己巳科	3-36
惟勤	镶蓝旗	嘉庆十四年己巳科	3-84
景麟	镶红旗	嘉庆十四年己巳科	3-115
奕泽	正红旗	嘉庆十六年辛未科	2-45
达英	镶白旗	嘉庆十六年辛未科	3-120
海濂	镶红旗	嘉庆十六年辛未科	3-138
素博通额	镶蓝旗	嘉庆十九年甲戌科	2-18
德喜保	镶蓝旗	嘉庆十九年甲戌科	2-58
绩兰	正蓝旗	嘉庆十九年甲戌科	3-65
保瑞	正蓝旗	嘉庆二十二年丁丑科	2-95
功普	正蓝旗	嘉庆二十二年丁丑科	3-35
桂彬	镶蓝旗	嘉庆二十二年丁丑科	3-81
讷勒亨额	正蓝旗	嘉庆二十四年己卯科	3-31

姓名	旗籍	科份	甲次
铁麟	正蓝旗	嘉庆二十四年己卯科	3-43
希哲	镶蓝旗	嘉庆二十四年己卯科	3-64
鄂尔端	正蓝旗	嘉庆二十四年己卯科	3-69
瑞麟保	正蓝旗	嘉庆二十五年庚辰科	2-79
成朗	镶蓝旗	嘉庆二十五年庚辰科	2-81
桂森	镶蓝旗	嘉庆二十五年庚辰科	3-93
庆全	正蓝旗	嘉庆二十五年庚辰科	3-129
佛尔国保	正蓝旗	道光二年壬午科	2-42
恩桂	镶蓝旗	道光二年壬午科	2-66
保极	正蓝旗	道光二年壬午科	3-40
受庆	正蓝旗	道光二年壬午科	3-50
奕莆	镶蓝旗	道光三年癸未科	3-28
华德	镶红旗	道光三年癸未科	3-33
海朴	镶蓝旗	道光三年癸未科	3-53
文溥	镶白旗	道光三年癸未科	3-126
德诚	镶蓝旗	道光六年丙戌科	2-79
毓本	正蓝旗	道光六年丙戌科	2-110
奕书	镶蓝旗	道光六年丙戌科	3-114
伊克唐阿	正红旗	道光六年丙戌科	3-130
恩来	镶红旗	道光九年己丑科	2-88
奎光	镶红旗	道光九年己丑科	3-46
瑞兴	镶红旗	道光九年己丑科	3-102
庆安	正蓝旗	道光十二年壬辰科	2-21
善焘	镶白旗	道光十二年壬辰科	2-66
常禄	正蓝旗	道光十二年壬辰科	3-21
惠霖	正蓝旗	道光十二年壬辰科	3-29
崇文	镶蓝旗	道光十三年癸巳科	2-5

续表

姓名	旗籍	科份	甲次
保清	正蓝旗	道光十三年癸巳科	2-55
英瑞	正蓝旗	道光十三年癸巳科	3-54
英淳	镶蓝旗	道光十五年乙未科	2-45
英继	镶蓝旗	道光十五年乙未科	2-117
英绥	正蓝旗	道光十五年乙未科	3-43
和淳	镶蓝旗	道光十六年丙申科	2-52
荣菜	正蓝旗	道光十六年丙申科	3-47
灵桂	正蓝旗	道光十八年戊戌科	2-1
联英	正蓝旗	道光十八年戊戌科	3-64
和润	镶蓝旗	道光二十年庚子科	2-48
载龄	镶蓝旗	道光二十一年辛丑科	3-9
秀平	镶红旗	道光二十一年辛丑科	3-22
锡龄	镶蓝旗	道光二十一年辛丑科	3-44
煜纶	正红旗	道光二十四年甲辰科	3-26
英绩	正白旗	道光二十四年甲辰科	3-41
定纶	镶蓝旗	道光二十五年乙巳科	2-95
崇光	镶蓝旗	道光二十五年乙巳科	3-110
载铿	镶红旗	道光二十七年丁未科	2-91
兴苍	正蓝旗	道光二十七年丁未科	3-62
载肃	镶红旗	道光三十年庚戌科	3-18
谦惠	正红旗	道光三十年庚戌科	3-22
绵宜	镶白旗	咸丰二年壬子科	2-55
阿里汉	正蓝旗	咸丰二年壬子科	3-42
麟书	正蓝旗	咸丰三年癸丑科	2-69
瑞联	正蓝旗	咸丰三年癸丑科	3-26
延煦	正蓝旗	咸丰六年丙辰科	2-9
豁穆欢	正蓝旗	咸丰六年丙辰科	2-78

续表

姓名	旗籍	科份	甲次
常珩	镶白旗	咸丰九年己未科	2-51
福锟	镶蓝旗	咸丰九年己未科	2-73
阿克丹	正白旗	咸丰十年庚申科	2-13
宝森	镶蓝旗	咸丰十年庚申科	2-78
昆冈	正蓝旗	同治元年壬戌科	2-28
桂昂	正蓝旗	同治元年壬戌科	3-57
奎润	正蓝旗	同治二年癸亥科	2-39
承福	镶蓝旗	同治二年癸亥科	2-66
松森	正蓝旗	同治四年乙丑科	2-4
岳琪	镶蓝旗	同治四年乙丑科	3-152
宝廷	镶蓝旗	同治七年戊辰科	2-6
恩景	正白旗	同治七年戊辰科	3-67
硕济	正蓝旗	同治十年辛未科	3-2
多泰	镶白旗	同治十年辛未科	3-132
良贵	镶红旗	同治十三年甲戌科	2-80
奎郁	正蓝旗	同治十三年甲戌科	3-16
会章	正蓝旗	光绪二年丙子科	2-99
盛昱	镶白旗	光绪三年丁丑科	2-10
恩桂	盛京正白旗	光绪三年丁丑科	2-75
崇宽	镶蓝旗	光绪六年庚辰科	2-25
溥良	正蓝旗	光绪六年庚辰科	2-37
溥蜕	镶红旗	光绪六年庚辰科	2-79
寿耆	正蓝旗	光绪九年癸未科	1-2
绵文	镶白旗	光绪九年癸未科	2-60
吉绅	镶红旗	光绪十二年丙戌科	3-3
景厚	镶蓝旗	光绪十二年丙戌科	3-99
瑞贤	正白旗	光绪十五年己丑科	2-64

姓名	旗籍	科份	甲次
希廉	正红旗	光绪十五年己丑科	3-9
宝丰	正蓝旗	光绪十五年己丑科	3-67
载昌	镶蓝旗	光绪十六年庚寅科	2-26
文矩	镶蓝旗	光绪十六年庚寅科	2-97
荣光	正蓝旗	光绪十六年庚寅科	2-106
宝熙	正蓝旗	光绪十八年壬辰科	2-7
溥岳	镶红旗	光绪十八年壬辰科	3-55
长绍	正蓝旗	光绪十八年壬辰科	3-61
松铎	镶白旗	光绪二十年甲午科	2-108
毓隆	正蓝旗	光绪二十年甲午科	2-109
承霖	正蓝旗	光绪二十年甲午科	3-75
锡嘏	正蓝旗	光绪二十一年乙未科	2-71
宝铭	正蓝旗	光绪二十一年乙未科	3-45
海明	正蓝旗	光绪二十一年乙未科	3-190
文斌	正蓝旗	光绪二十四年戊戌科	2-84
寿富	镶蓝旗	光绪二十四年戊戌科	2-88
舒荣	镶红旗	光绪二十四年戊戌科	2-121

表 5-2　《清朝进士题名录》载翻译科宗室进士

姓名	旗籍	科份	甲次
玉鼎柱	镶蓝旗	乾隆十年翻译科	钦赐翻译进士
玉奇	镶红旗	乾隆十三年翻译科	钦赐翻译进士
奕毓	镶蓝旗	嘉庆十九年翻译科	
清安	镶蓝旗	道光三十年翻译科	

资料来源于江庆柏编著：《清朝进士题名录》，中华书局 2007 年版

四、《宗室贡举备考》与宗室科举

《宗室贡举备考》是清代宗室进士、隶属于满洲正蓝旗的瑞联编纂的一部记录乾隆十年（1745年）至光绪十二年（1886年）间清代宗室科举乡会试情况的著述。瑞联（1830—1892年），字睦庵，室名清荫堂，是清太祖努尔哈赤第七子饶余敏亲王阿巴泰的后裔。瑞联于咸丰三年（1853年）中式三甲第二十六名进士，先后任察哈尔都统、热河都统、绥远城将军、杭州将军、工部尚书、兵部尚书等职，并曾充任光绪癸未科会试总裁，咸丰庚申会试同考官，咸丰戊午、辛酉乡试同考官，同治乙丑浙江乡试主考官，光绪九年（1883年）因病去世。

自嘉庆四年（1799年）清廷恢复宗室科举，至瑞联修纂该书时的光绪十三年（1887年），已过去近90年。瑞联认为，由于各种"题名录"没有刻本刊行，随着时间的推移，宗室科举的成绩将淹没于历史之中，即"恐日久无可稽考，无以见宗室人才之盛，即无以见朝廷教育之隆"。[1]正因如此，为了铭记清代宗室科甲的历史，展现宗人的文化成就，瑞联在道光二十六年（1846年）萌生了编纂记述宗室科甲情况书籍的念头。光绪十三年（1887年）夏，在家养病的瑞联召集门人绵达斋、太史荣晴川和孝廉宝琛、宝丰两位侄辈分任编辑。瑞联在手抄伯父所录版本的基础上，"复详加厘定，正其讹误，补其缺略"。[2]经过4个月的编纂工作，书籍完成，取名《宗室贡举备考》。

《宗室贡举备考》以嘉庆四年（1799年）谕旨为始，以瑞联自叙跋文为终，可分为前言、正文和跋文三大部分。其中前言部分包括谕旨、宗室世系、宗室科甲优异者、宗室宦绩优异者、宗室乡会试考官等内容，每页纵八行，每行二十字，宋体大字，版式疏阔；正文部分每页分左右栏，白口，四周双边，单鱼尾，按科目和人名书写中式宗室的旗分、族分、支派、辈分、别号、宦绩等内容；跋文部分为瑞联自书，论述该书编纂动因、内容与意义，每页六行，每行十三字，楷体大字，尾书"光绪十三年岁次丁亥六月既望，睦庵瑞联跋于清荫堂"，[3]表明刻印的时间与地点。

---

[1] （清）瑞联编：《宗室贡举备考》，文海出版社1969年版，第305页。
[2] （清）瑞联编：《宗室贡举备考》，文海出版社1969年版，第306—307页。
[3] （清）瑞联编：《宗室贡举备考》，文海出版社1969年版，第310页。

在前言的宗室世系部分，瑞联给出《宗室贡举备考》所收录的宗室范围。他首列显祖宣皇帝塔克世及其第二子穆尔哈齐、第三子舒尔哈齐和其孙济尔哈朗三人。其次按照太祖努尔哈赤第一、二、三、六、七、九、十二、十三、十四、十五共十子，太宗皇太极第一、六共二子，世祖福临第二、五共二子，圣祖玄烨第一、二、三、五、七、九、十、十四、十五、二十三、二十四共十一子，世宗胤禛第五子，高宗弘历第三子的顺序依次罗列记述，包含爵位、谥号和名字等信息。如和硕饶余敏亲王讳阿巴泰、和硕豫亲王讳多铎、广略贝勒讳褚英、镇国勤敏公讳阿拜等。对于因事除爵者，瑞联在爵位前加"原"字以示区别，如原封和硕英亲王讳阿济格、原封多罗直郡王讳允禔、原封固山贝子讳允禑等，展现出作者严谨的一面，而其他宗室王公贝勒后裔中无科目者不载于书内。

《宗室贡举备考》的跋文部分，瑞联以四百余字篇幅详细记述了编纂的动因、目的。瑞联认为编纂该书有三层目的：第一，留存清代宗室科甲中式者信息，记录历史。正如上文所述，由于"题名录"向无刻本，"恐日久无可稽考，无以见宗室人才之盛"，故而《宗室贡举备考》发挥着记录历史的作用。第二，向后世之人展现宗室科甲荣光。在发挥历史功能之外，《宗室贡举备考》展现出清代宗室的科甲成就，反映出其所受的良好教育，即如学界评价所言，"透过该书，我们不难看出爱新觉罗家族善于学习、善于吸收先进文化来提高其成员素质的积极进取的精神风貌"。[1]对于这一点，瑞联在跋文中言及，"宗潢之贤才辈出，蒸蒸日上，所以沐雅化而被恩荣者，何其优且渥也！考核掌故者于此书见文治昌明，寓裁成于惇叙之中，湛恩汪濊超越古今"。[2]第三，为后世宗室树立读书榜样。瑞联认为，鉴于自嘉庆四年（1799年）以后每科都有数名宗室进士科甲中第的成绩，将这些历史辑而成册，可以发挥鞭策的作用，其言"宗室中后来俊彦于此书知科目之荣，励植品勉为有用之材，以文章报国"。[3]综合以上三点，瑞联认为《宗室贡举备考》一书"为必不可少之书矣"。[4]正如《爱新觉罗家族全书》在评论《宗室贡举备考》一书时所言，"（瑞联）熟悉宗室科举情况，又深感他个人的荣辱与宗室的兴

---

〔1〕　李治亭主编：《爱新觉罗家族全书》第7册，吉林人民出版社1997年版，第212页。
〔2〕　（清）瑞联编：《宗室贡举备考》，文海出版社1969年版，第308—309页。
〔3〕　（清）瑞联编：《宗室贡举备考》，文海出版社1969年版，第309页。
〔4〕　（清）瑞联编：《宗室贡举备考》，文海出版社1969年版，第309页。

衰休戚相关，责任感和使命感驱使他编撰此书"。[1]

据笔者统计，《宗室贡举备考》共辑录了自乾隆十年（1745年）至光绪十二年（1886年）82科乡会试的情况，其中会试42科，乡试40科，包括宗室进士105人，宗室举人144人。在中式的宗室进士中，馆选翰林者达52人，占进士总数的49.5%。这两个数字比同场竞技的汉人士子要高出不少，展现出宗室在科举中式上的优势，而这一特点在恢复宗室科举考试的首科辛酉乡试和壬戌会试中有所体现。《宗室贡举备考》所辑录的时间跨度为141年，涵盖爱新觉罗氏的弘、永、绵、奕、载、溥、毓、恒八代人。具体而言，弘字辈2人、永字辈15人、绵字辈39人、奕字辈74人、载字辈74人、溥字辈34人、毓字辈4人、恒字辈3人，辈分信息缺失4人。这249位宗室若按旗籍划分，镶蓝旗76人、正蓝旗74人、镶红旗36人、镶白旗27人、正红旗17人、正白旗10人、正黄旗7人、信息缺失者2人。这一旗籍人数由高到低的递减态势与八旗位次排序正好呈反相关，其中两蓝旗占整个宗室甲乙榜人数的60.2%，而整个下五旗宗室举人、进士数更占整个群体的92.4%。

笔者按照支派统计《宗室贡举备考》所述录的249位宗室进士、举人，涵盖宗室29个支派，均为远支宗室。诚如笔者在研究清代近支宗室赐名问题时所述，恢复宗室科举的嘉庆朝以乾隆帝十七房子嗣为近支宗室，而至道光朝以后则以嘉庆帝子嗣为近支宗室。[2]然而，以上249位宗室科举中式者均不符合近支的条件。由此可见，19世纪远支宗室参加科举考试并获取功名已成为一种常态化的选择，宗室向社会化转变。

笔者进而再对《宗室贡举备考》中宗室进士和举人的旗籍和房族进行统计，更加全面地展现宗室中式者的来源。这些宗室中式者以庄亲王硕塞后裔58人为最多，其后人较多者如礼烈亲王代善后裔28人、饶余敏亲王阿巴泰后裔20人、豫亲王多铎后裔18人等，支派信息缺失3人。具体如下：

（1）庄亲王硕塞后裔共58人，全部来自镶蓝旗，其中头族3人，第二族1人，第三族8人，第四族3人，第五族32人，第六族10人，第七族1人。

（2）礼烈亲王代善后裔共28人，全部来自两红旗，其中镶红旗14人、正红旗13人、旗籍缺失1人。在确知信息的27人中，镶红旗后裔均来自第五

---

〔1〕　李治亭主编：《爱新觉罗家族全书》第7册，吉林人民出版社1997年版，第212页。

〔2〕　王学深：《清代近支宗室赐名考论》，载《北京社会科学》2021年第6期。

族，正红旗后裔中，头族 4 人，第二族 3 人，第三族 5 人，第五族 1 人。

（3）饶余敏亲王阿巴泰后裔共 20 人，全部来自正蓝旗第八族。

（4）豫亲王多铎的后裔共 18 人，全部来自正蓝旗，其中第三族 5 人，第四族 13 人。

（5）肃亲王豪格的后裔共 14 人，全部来自镶白旗，其中头族 4 人，第三族 10 人。

（6）恭亲王常颖后裔共 12 人，全部来自正蓝旗第六族。

（7）广略贝勒褚英后裔共 11 人，全部来自镶红旗，其中头族 7 人，第二族 2 人，第四族 2 人。

（8）辅国悫厚公塔拜后裔共 10 人，全部来自正白旗，其中第二族 6 人，第三族 4 人。

（9）诚毅勇壮贝勒穆尔哈齐后裔共 9 人，全部来自正蓝旗，其中第二族 2 人，第九族 7 人。

（10）裕亲王福全后裔共 9 人，全部来自镶白旗第二族。

（11）镇国勤敏公阿拜后裔共 8 人，全部来自正蓝旗，其中头族 7 人，第十族 1 人。

（12）英亲王阿济格后裔共 7 人，全部来自镶红旗第六族。

（13）理密亲王允礽后裔共 7 人，全部来自镶蓝旗，其中头族 1 人，第二族 6 人。

（14）恂勤郡王允禵后裔共 5 人，全部来自镶蓝旗第四族。

（15）镇国恪僖公巴布泰后裔共 4 人，全部来自正黄旗头族。

（16）循郡王永璋后裔共 4 人，全部来自镶红旗头族。

（17）诚隐郡王允祉后裔共 4 人，全部来自镶蓝旗第三族。

（18）镇国悫厚公高塞后裔共 3 人，全部来自正黄旗第二族。

（19）睿忠亲王多尔衮后裔共 2 人，全部来自正蓝旗第三族。

（20）敦郡王允䄉后裔共 2 人，全部来自正红旗第三族。

（21）直郡王允禔后裔共 2 人，全部来自镶蓝旗头族。

（22）诚贝勒允祁后裔共 2 人，全部来自镶白旗头族。

（23）辅国介直公赖慕布后裔共 2 人，全部来自正蓝旗第八族。

（24）和恭亲王弘昼后裔 1 人，来自正蓝旗第二族。

（25）恒温亲王允祺后裔 1 人，来自镶白旗头族。

（26）诚恪亲王允祕后裔1人，房族信息缺失。

（27）淳度亲王允祐后裔1人，来自镶白旗第二族。

（28）愉恪郡王允禑后裔1人，来自正红旗第四族。

（29）固山贝子允祹后裔1人，来自正蓝旗第二族。

以上《宗室贡举备考》所涵盖的支派、房族和旗籍隶属状况与笔者分析清代宗室进士群体时给出的论断一致，说明了宗室科甲中式者与皇室嫡裔关系较为疏远。[1]换言之，近支宗室较多受到清朝帝王的照顾，因而在恩封、擢用、赏赐等方面更具有优势，生活压力相对较轻。远支宗室随着繁衍日众，不仅有着贫困化的倾向，而且大多数无缘承继爵位。在249位宗室进士、举人中，只有6人有爵位，其中4人为奉恩将军，2人为辅国公，占比仅2.4%，而绝大多数远支闲散宗室无法获得皇帝的主动恩擢。此外还需考量的是，部分宗室中式者为处于边缘地位的"罪臣之后"，如原封英亲王阿济格、直郡王允禔、固山贝子允祹、敦郡王允䄉等。由于他们在顺治朝和康熙朝卷入最高权力之争，均被削爵惩处且波及后裔。

以阿济格为例，他是清太祖努尔哈赤的第十二子，与多尔衮和多铎为一母同胞兄弟。当多尔衮暴毙于塞外喀喇河屯后，阿济格意图效仿多尔衮，争夺朝政的控制权，成为下一任摄政王。据《清皇室四谱》所载，"（阿济格在）多尔衮死时密谋作乱"。[2]阿济格先是在诸王吊唁多尔衮时不予出席，而是私自召唤他的第五子郡王劳亲密谈，后又发生顺治帝福临"迎丧，王又不去佩刀"等事，结果原摄政王多尔衮近侍额克亲、吴拜、苏拜等人将其效法多尔衮摄政的意图告发于郑亲王济尔哈朗。随着次年初多尔衮被清算，阿济格原被处以"削爵幽禁"的惩罚被认为"罪尚轻"，最终阿济格被赐自尽，籍其家，"诸子皆黜为庶人子孙"。与阿济格一同被赐死的还有其子郡王劳亲。阿济格被赐自尽后，他的子孙们原本天潢贵胄的地位急转直下，处于被黜革的庶人地位，生活无着。直到乾隆四十三年（1778年），在乾隆帝钦命清初六王世袭罔替，配享太庙的大背景下，正月十四日明发上谕曰：

今思傅乐赫一支既已作为宗室袭爵，其有后之伯尔逊等各支及无后之和

---

[1]　王学深：《清代宗室进士》，载《紫禁城》2011年第12期。

[2]　唐邦治辑：《清皇室四谱》卷3，文海出版社1966年版，第122页。

度等，同系英亲王之子孙，似毋庸复为区别。因推广皇祖恩意，着交宗人府一体查明，复还黄带子，列入宗谱，钦此！[1]

自道光二年（1822年）始，英亲王阿济格的后代中出现了数位科举及第者。最早中式者是道光二年（1822年）的重兴（绵字辈），他中式顺天乡试，由宗学总管官至理藩院郎中。其次是阿济格的六世孙华德，他在道光三年（1823年）中式三甲第三十三名进士，馆选翰林院，散馆后授宗人府主事。第三位是广振（载字辈），道光十五年（1835年）中式顺天乡试。第四位是奎福（奕字辈），道光二十年（1840年）中式顺天府乡试，官宗人府笔帖式。第五位是阿济格七世孙秀平，道光二十一年（1841年）中式三甲第二十二名进士，任工部候补主事，道光二十八年（1848年）七月承袭奉恩将军。第六位是良贵（载字辈），同治十三年（1874年）中式二甲第八十名进士，馆选翰林院庶吉士，散馆授编修，官翰林院侍读学士。最后是中式光绪十二年（1886年）三甲第三名的吉绅（溥字辈），官刑部主事。

英亲王阿济格的这七位后裔在家族恢复宗籍后，不仅有机会升补宗人府职官，而且可以通过科举应试维系本支的威望和生计，相较于乾隆四十三年（1778年）以前的境遇已大有改观，也同其他宗室通过科举制度维系自己的生活有着类似的情况，如庄亲王、礼亲王、恭亲王后裔多有凭借科举入仕的宗室进士。

所以，综合以上几方面因素，远支宗室更多地希望转向普通旗民得以成功的社会化途径，凭借科举打开个人的仕进之路，从而提升、维系个人和家族的境遇与声望。

五、清代宗室科举家族

在该书前言部分，瑞联首先记述了同一支派宗室同时中式的情况。在乡试兄弟同榜部分，嘉庆辛酉科有德朋阿和德刚阿兄弟同时中式；嘉庆甲子科有崇硕、崇弼兄弟二人同时中式；嘉庆丙子科有鄂尔端、讷勒亨额兄弟二人同时中式；嘉庆戊寅科有德隆布、德恒布兄弟二人同时中式。在会试兄弟同榜部分，嘉庆己卯科有铁麟、鄂尔端、讷勒亨额兄弟三人同时中式。在乡试

---

[1] 中国第一历史档案馆编：《乾隆朝上谕档》第8册，档案出版社1991年版，第883页。

叔侄同榜部分，有道光乙酉科的宽绵、贵诚二人同时中式；在会试叔侄同榜部分，有德刚阿、敏勤二人同时中式。此外，瑞联还记录有祖孙父子翰林的良诚、德朋阿、敏勤、庆祺、延煦、会章六人。[1]

　　笔者对《宗室贡举备考》进一步考释发现，除了同一时间段内的家族性特点之外，清代宗室中式者还存在代际上传承的家族特点，进而笔者辑录出至少13组具有代际传承关系的宗室进士、举人，包括：①果齐斯欢—素博通额—崇吉三代父子祖孙；②慧端与海枚、海朴父子兄弟；③希哲与英继、英善—寿格三代父子祖孙；④毓本与灵桂父子；⑤华德—秀平—良贵三代父子祖孙；⑥英宝与岳琪父子；⑦庆祺与延煦父子；⑧桂森与亨敦父子；⑨受庆与奎润父子；⑩惠霖与敷祉父子；⑪德诚与莱山父子；⑫松森与寿耆父子；⑬阿里汉与宝常父子。

　　进而，笔者将时间轴的横向与纵向联系起来，放置于各支派的大背景下，清代宗室科举家族的样貌则更加清晰地呈现出来。按照张杰的定义，科举家族应该满足三个条件："世代聚族而居""世代应举"和"连续取得五贡或举人以上功名"。在此有两点核心要素，即科举成功的连续性和较高的科举功名。换言之，科举成功的代际稳定非常重要。笔者将《宗室贡举备考》中所记录的宗室家族与同时期民人科举家族，如福州府曾氏和琼州府王氏等相比较（见本书第七、八章），一些支脉展现出更为强盛和稳定的特点。笔者据《宗室贡举备考》整理出六个科甲中式比较稳定且具有代表性的宗室科举家族，以支撑这一论点。

　　第一，以庄亲王硕塞隶属镶蓝旗第五族的后裔为例，包含永、绵、奕、载四代宗室成员，共有进士17人，举人15人。第二，饶余敏亲王阿巴泰正蓝旗第八族的后裔，包含弘、永、绵、奕、载五代宗室成员，共有进士14人，举人6人。第三，礼烈亲王代善镶红旗第五族后裔，包含载、溥、毓、恒四辈宗室成员，共有进士3人，举人11人。第四，豫亲王多铎正蓝旗第四族后裔，包含永、奕、载四代三辈宗室成员，共有进士8人，举人5人。豫亲王后裔稍显不足的是绵字辈出现了科甲方面的断档，没有涌现出科举中式者。第五，恭亲王常颖正蓝旗第六族后裔，包含奕、载、溥三代宗室成员，共有进士10人，举人2人。第六，裕亲王福全镶白旗第二族后裔，包含绵、

---

〔1〕（清）瑞联编：《宗室贡举备考》，文海出版社1969年版，第12—14页。

奕、载、溥四辈宗室成员,共有进士3人,举人6人。以上这六个宗室家族内进士、举人频出,科甲中式代际情况稳定,进士功名权重大。这六个家族总中式人数依次递减,反映出不同宗室家族规模和科甲成绩方面的差异,或可用大型科举家族、中型科举家族或小型科举家族以作归类,但均应被视为清代的宗室科举家族。

当然,除了以上六个具有代表性的家族之外,一些中式较少的支派在科举成功的代际方面缺乏稳定性,中式呈偶发特点,或者某支后裔进士、举人总量较多,但分散于不同房分之中。例如,广略贝勒褚英后裔科甲情况以头族为优,但第二族和第四族也具有相当的比例。又如诚隐郡王允祉后裔4位科甲中式者虽然均隶属镶蓝旗第三族,但载灵、载龄、载颐、载尊四人均为载字辈,前后无代际联系,具有偶发与集中性。因此,这些宗室科举中式者虽然具有较强的家族特性,但尚不能被视为科举家族。

六、清代宗室进士的宦绩

清代宗室进士、举人在科举成功后,相较于旗民中式者会受到更多的照顾,他们几乎无需候补,就可实职委任官缺,同时许多衙门成为宗室主要任职、升转的机构。大体而言,《宗室贡举备考》呈现出宗室中式者宦绩方面的以下两大特点:

第一,位居高位者较多。虽然《宗室贡举备考》辑录的清代249位宗室科举成功者均为远支宗室,但他们科甲及第后,作为天潢支脉还是会受到当朝皇帝的眷顾,相较于其他旗民进士、举人更会被信任,被委以重任,具有宦绩上的先天优势。若以一品至三品为上层官僚统计,《宗室贡举备考》辑录宗室科甲中式位至上层职官者达46人,占比18.5%,其中包括官至大学士5人,尚书9人,侍郎14人,驻防将军2人,都统1人,办事大臣3人,都察院左副都御史3人,总兵2人,副都统1人,驻藏大臣1人,内阁学士3人,总督1人,通政使1人。

其中宗室进士、举人中官至一品者达17人,占比6.8%,涵盖宗室九个支派,包括①庄亲王硕塞后裔:果齐斯欢,官至黑龙江将军;惟勤,官至热河都统;恩桂,官至吏部尚书。②饶余敏亲王阿巴泰后裔:铁麟,官至荆州将军;瑞联,官至兵部尚书、江宁将军。③恭亲王常颖后裔:庆安,官至直隶总督;灵桂,官至武英殿大学士;延煦,官至礼部尚书;松森,官至理藩院尚书；寿耆，官至理藩部尚书。④诚隐郡王允祉后裔：载龄，官至体仁阁大学士。⑤豫亲王多铎后裔：麟书，官至武英殿大学士；昆冈，官至文渊阁大学士；奎润，官至礼部尚书。⑥辅国悫厚公塔拜后裔：阿克丹，官至理藩院尚书。⑦理密亲王允礽后裔：福锟，官至体仁阁大学士。⑧和恭亲王弘昼后裔：溥良，官至礼部尚书。⑨循郡王永璋后裔：溥颋，官至农工商部尚书、热河都统。

与汉人进士、举人相比，地方驻防将军、都统、副都统、办事大臣、驻藏大臣等职缺为旗人禁脔，而宗室进士、举人又较易得到皇帝的信任与委派。

第二，宗室进士、举人以京内任职为主体，除驻防将军、都统、办事大臣等地方旗缺外，宗室几乎不任地方文官。在京内衙门中，由于他们具有天潢贵胄的身份，宗人府成为他们任官的主体机构，绝大部分担任宗人府主事和笔帖式等职官。在 42 位有明确宦绩记载的宗室信息中，担任宗人府笔帖式者 20 人，宗人府主事 13 人，宗人府理事官 3 人，宗人府副理事官 2 人，宗学副管 2 人，宗人府经历 2 人。京内其他衙门如理藩院、内阁、六部和都察院也都有宗室供职其间。值得注意的是在六部任职的宗室较多集中于工部和刑部，分任郎中和主事为多。除以上衙门外，宗室进士、举人任职翰林院者占据一定比例。在 11 位可稽考的任职翰林院的宗室中，有 63.6% 的比例曾馆选翰林，其中任翰林院侍读学士、侍讲学士者达 8 人，左春坊左庶子 2 人，翰林院编修 1 人。以上宗室进士、举人的宦绩体现了任职多样化的特点，但有两个核心要素：其一，以京城为任职核心地域；其二，以文官为主要原则。

七、余论

清代嘉庆四年（1799 年）明发上谕将宗室科举固定化，无疑给闲散宗室开辟了一条新的仕进之路，而瑞联编纂的《宗室贡举备考》辑录了自乾隆十年（1745 年）至光绪十二年（1886 年）间 249 位宗室进士、举人的信息，涵盖 42 科会试和 40 科乡试，时间跨度达 141 年，是记录和研究清代宗室科举制度的重要文献。若以嘉庆四年（1799 年）恢复宗室科举为节点计算，囊括了永、绵、奕、载、溥、毓、恒 7 代人，涵盖 29 支宗室，而又以庄亲王硕塞后裔 58 人为最多。《宗室贡举备考》辑录的 249 位宗室均属于远支宗室，他们为了增广自己的仕进之路，改变某些宗室后裔处于边缘化的地位，在恢复宗室科举后的 19 世纪常规化地参加考试，这一点展现出 19 世纪与 18 世纪的巨大差异，反映出天潢贵胄从"满洲性"向"社会性"的转变。

这些宗室中举者的支派背景，反映出宗室科举家族性的特点，形成了如庄亲王硕塞镶蓝旗第五族后裔、饶余敏亲王阿巴泰正蓝旗第八族后裔、豫亲王多铎正蓝旗第四族后裔等具有典型代表的宗室科举家族。这些家族科举成功的代际稳定性好，功名强盛，相较于一些汉人科举家族更为优异。这些远支宗室虽然在科考之前并未受到太多的关注，但是他们科举成功后更易受到清朝诸帝王的信任、照顾与擢升，故而他们在宦绩方面有着较为突出的表现，特别是位至上层官僚的比例较高，达46人，而官居一品者就有17人。那些无法升转至高位者的宗室进士、举人，大多数也都可以快速补上实缺，在宗人府、理藩院、六部改补职官，在宦绩上较普通旗民中式者为优，这都与他们的天潢身份密不可分。《宗室贡举备考》不仅达到了瑞联编纂该书时防止"恐日久无可稽考，无以见宗室人才之盛"的目的，而且书中所收录的清代宗室科举信息，对于今人了解清代宗室科举中式者的支派、族脉、辈分、科名、宦绩等内容具有重要帮助。

第六章

清代孔氏科举家族探研

——以进士功名为中心

　　诚如上一章所述，科举家族一词最早提出者是张杰。他在《清代科举家族》一书中提出了地方望族与科举连续成功的相关性，进而家族凭借科举"长期保持望族的家声"。[1]这一观点与本杰明·A.艾尔曼所提出的晚期帝制时期地方精英凭借科举进行"政治、社会与文化再生产"[2]的观点有着异曲同工之处。根据张杰《清代科举家族》一书的研究，科举家族应该满足三个条件："世代聚族而居""世代应举"和"连续取得五贡或举人以上功名"。笔者同意这种划分方法和研究切入视角。原因在于：一方面，科举家族归根结底是以家族为依托，自然"聚族而居"成为科举家族形成的基本条件。另一方面，应举是中国古代特别是本章论及的清代男子获得功名的主要方式。根据清制规定，五贡（恩、优、岁、副、拔）被视为正途出身，可铨选教职，这在一定程度上可被视为步入仕途的基本功名要求。正因如此，何炳棣将贡生视为决定社会地位的关键功名和与平民阶层的分界线，[3]而张仲礼则以贡生分隔上层绅士和下层绅士。[4]此外，以家族作为研究单位，特别是囊括三代以上族人功名情况和婚姻网络中的姻亲成员功名与仕宦信息，在讨论科举的流动性或举业上的成功时会更为全面，进而避免单纯强调科举在流动性方

---

　　〔1〕　张杰：《清代科举家族》，社会科学文献出版社2003年版，第19页。

　　〔2〕　Elman, Benjamin A., "Political, Social, and Cultural Reproduction Via Civil Service Examinations in Late Imperial China", *The Journal of Asian Studies*, 1991, 50 (1): 7-22.

　　〔3〕　何炳棣：《明清社会史论》，联经出版事业股份有限公司2013年版，第30页。

　　〔4〕　张仲礼：《中国绅士——关于其在19世纪中国社会中作用的研究》，李荣昌译，上海社会科学院出版社1991年版，第6页。

面的绝对性因素，而忽视大家庭的角色。[1]

众所周知，在地方社会中的家族有大家族和小家族之分，这与他们的人口规模、经济实力、科举成功与否息息相关。正因如此，以家族为基本条件而形成的科举家族同样应有大小之分。笔者通过对史料的爬梳和对科举家族的个人认知，认为科举家族可分为三类：大型科举家族、中型科举家族和小型科举家族。具体而言，大型科举家族不仅需要满足以上所列出的三个条件，而且在本省和全国范围内都应享有声望。家族人口众多且世代举业兴盛，具有延续多代中举的稳定性，中式者多举人、进士功名，这些是大型科举家族的特点。中型科举家族除同样应满足三个条件外，其家族的声望更多集中于地方，特别是本家族所属的府州县之内，举业功名较为兴盛，人口规模适中。相较于前两者，小型科举家族举业偏弱，勉强满足以上三个条件，其声望更多集中在家族所居州县之内，举业成功缺乏稳定性，虽然家族中不乏贡生、举人或进士功名，但连续性不强，人口规模也相对较小。在此之外，还有一些家族会长期从事举业，在某一代偶然考中举人或进士，但前后代际的功名稳定性差，笔者将其称为"业儒家族"，在本章一并考察。

通过对现存档案史料的研究，笔者发现科举家族的不同形态往往分属于不同家族与姓氏。那么，在清代是否存在同宗或同族之内拥有以上不同形态科举家族的事例？如果有，宗族内部不同科举家族的发展形态和差异又各自呈现什么特点？经过一段时间的梳理与分析，笔者将本章研究目光投向清代孔氏大宗族，并以进士群体作为研究对象，以探讨清代孔氏宗族内部不同规模的科举家族间发展形态的差异、功名与宦绩状况、婚姻网络与受业师群体的各自特点。

一、清代孔氏科举家族的三种形态

笔者通过《元明清三朝进士题名碑录》《清朝进士题名录》和《明清进士题名碑录》三种文献资料共辑录出 63 位清代孔氏进士，但是由于部分孔姓进士史料缺失，家族信息难以辑考，笔者为了统计与研究的准确性，将确知源自衍圣公裔的 31 名进士所属家族作为研究对象，包括山东曲阜孔氏 25 人，

---

[1] Hartwell, Robert M., "Demographic, Political, and Social Transformations of China, 750-1550", *Harvard Journal of Asiatic Studies*, 1982（42）：365-442.

江苏吴县孔氏 2 人，广东南海孔氏 2 人，直隶天津孔氏 1 人和湖南长沙孔氏 1 人。[1]这些确知信息的孔氏进士集中在孔裔第 64 世至 75 世之间，以尚、衍、兴、毓、传、继、广、昭、宪、庆、繁、祥为字辈排序。在这些进士的朱卷之上，不仅明确记载了孔氏家族世代传承脉络、迁出山东曲阜的时间和先祖信息，而且也会记载不同地域的孔氏家族间的互动联系。

　　基于以上限定，笔者在下文以科举家族的视角集中分析与对比这些进士所归属的家族发展模式。第一，以曲阜孔氏家族为例，展现出世代绵延的大型科举家族形态。在清代由于政治上的支持和孔氏累积的经济基础，曲阜孔氏在科举领域内不断复制着他们的成功。第二，以江苏吴县和广东南海孔氏家族为例，二者均是从山东曲阜迁出后独自发展的孔氏家族，但吴县孔氏迁出较晚，而南海孔氏迁出较早，二者人口规模适中，科举功名在地方较显，均发展成为清代中等规模的科举家族。第三，以直隶天津和湖南长沙的孔氏群体为例，二者在迁出祖籍地后都呈现形单影只的特点，不仅本支家族较小，而且直接反映在科举领域内，前者逐渐发展成为小型科举家族，而后者是业儒家族的代表，科举中式具有偶发特点，连续性较差，这展现出家族发展相对单薄和力量弱小的一面。

　　（一）山东曲阜孔氏家族

　　有清一代曲阜孔氏共产生 25 名进士，其中 9 人馆选进入翰林院，占整个孔氏进士群体翰林人数比为 56.3%。最早中进士者为康熙九年（1670 年）的孔兴釪，最后一位是光绪二十一年（1895 年）的孔庆墭（表 6-1）。时间分布为康熙朝 2 人，雍正朝 1 人，乾隆朝 3 人，嘉庆朝 7 人，道光朝 4 人，咸丰朝 2 人，同治朝 1 人，光绪朝 5 人（图 6-1）。在科甲名次方面，三甲进士 18 人，二甲进士 7 人。清代曲阜孔氏进士群体的 25 人排辈集中在孔裔第 64 代至第 75 代之间，且有进士本支先祖数代承袭衍圣公爵位。目前，在《清代朱卷集成》中，存留有孔宪曾、孔宪珏、孔庆墭、孔祥霖四人的进士朱卷，均将

[1]　清代众多孔氏分支中，山东曲阜孔氏占据着功名上的绝对优势，进士数量达 25 人。在山东曲阜之外其余 38 位进士中，有 7 个州县分布进士 2—3 人，依次为山东宁海州 3 人，河南汝阳 3 人，浙江萧山 3 人，江西新城 2 人，江苏吴县 2 人，广东南海 2 人，浙江桐乡 2 人。在以上 8 个地域之外，其余 21 个州县分布进士均为 1 人。若以省份为单位统计，63 位孔氏进士分布依次为山东省 28 人，占比 44.4%；江苏省 8 人，占比 12.7%；浙江省 7 人，占比 11.1%；河南省 5 人，占比 7.9%；广东省 3 人，占比 4.8%；直隶 3 人（含顺天府 2 人），占比 4.8%；山西省 2 人，江西省 2 人，分别占比 3.2%；安徽省 1 人，湖南省 1 人，贵州省 1 人，福建省 1 人，云南省 1 人，分别占比 1.6%。

家族始祖追溯至孔子。通过对以上家族信息的分析，可以较好地还原曲阜孔氏科举家族的样貌。

表 6-1　清代曲阜孔氏进士

朝代	年份	姓名	科名	籍贯	序号
康熙	九	孔兴釪	3-128	山东曲阜	1
	四十八	孔衍治	3-201	山东曲阜	2
雍正	二	孔传堂	3-184	山东曲阜	3
乾隆	四	孔传炘	3-51	山东曲阜	4
	三十六	孔继涵	2-40	山东曲阜	5
	三十六	孔广森	3-10	山东曲阜	6
嘉庆	六	孔昭虔	2-21	山东曲阜	7
	六	孔继鸿	3-130	山东曲阜	8
	七	孔继堃	3-146	山东曲阜	9
	十九	孔昭显	3-33	山东曲阜	10
	十九	孔传习	3-113	山东曲阜	11
	二十五	孔传钺	2-95	山东曲阜	12
	二十五	孔昭佶	3-9	山东曲阜	13
道光	十三	孔昭慈	3-77	山东曲阜	14
	十三	孔昭然	3-109	山东曲阜	15
	十六	孔庆镠	2-21	山东曲阜	16
	十八	孔庆鑅	3-86	山东曲阜	17
咸丰	六	孔宪珏	2-32	山东曲阜	18
	十	孔昭浃	3-60	山东曲阜	19
同治	十	孔继钰	3-86	山东曲阜	20
光绪	二	孔宪曾	2-87	山东曲阜	21
	三	孔祥霖	2-64	山东曲阜	22
	十六	孔繁朴	3-182	山东曲阜	23
	十八	孔昭倩	3-134	山东曲阜	24

续表

朝代	年份	姓名	科名	籍贯	序号
	二十一	孔庆塎	3-12	山东曲阜	25

资料来源于江庆柏编著：《清朝进士题名录》，中华书局 2007 年版；朱保炯、谢沛霖编：《明清进士题名碑录索引》（上下），上海古籍出版社 1979 年版；《元明清三朝进士题名碑录》民国拓本；（清）朱汝珍辑：《词林辑略》，明文书局 1985 年版

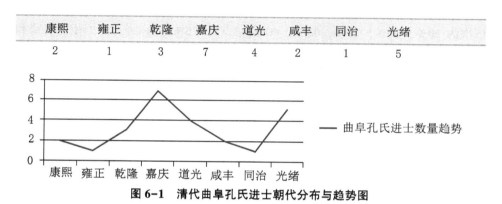

康熙	雍正	乾隆	嘉庆	道光	咸丰	同治	光绪
2	1	3	7	4	2	1	5

图 6-1　清代曲阜孔氏进士朝代分布与趋势图

以孔庆塎朱卷为例，[1]直系先祖溯源至第 67 代衍圣公孔毓圻，展现出正统衍圣公裔的身份。接下来，朱卷中的家族背景分别记述了第 68—75 代族众官职与功名情况。笔者以此为依据，并以生员、监生、贡生、举人、进士作为功名统计原则，总结如下：

第 68 代 "传" 字辈：总计 5 人，其中科举功名拥有者 1 人，无举人、进士。

第 69 代 "继" 字辈：总计 10 人，科举功名拥有者 3 人，其中举人 2 人，进士 1 人。

第 70 代 "广" 字辈：总计 31 人，科举功名拥有者 9 人，其中举人 3 人，进士 1 人。

第 71 代 "昭" 字辈：总计 58 人，科举功名拥有者 25 人，其中举人 10 人，进士 4 人。

第 72 代 "宪" 字辈：总计 88 人，科举功名拥有者 35 人，其中举人 8

---

〔1〕　顾廷龙主编：《清代朱卷集成》第 221 册，成文出版社 1992 年版，第 195—201 页。

人，进士 1 人。

第 73 代"庆"字辈：总计 96 人，科举功名拥有者 31 人，其中举人 5 人，进士 3 人。

第 74 代"繁"字辈：总计 64 人，科举功名拥有者 16 人，其中举人 1 人。

第 75 代"祥"字辈：总计 29 人，科举功名拥有者 9 人，其中举人 3 人，进士 1 人。

根据以上统计，孔庆墭家族中拥有功名的族人比例从第 68 代至第 75 代依次为 20%，30%，29%，43%，40%，32%，25%，31%，以"昭"字辈和"宪"字辈为优。同样，举人与进士数量也以这两代为优，展现出这一家族在科举功名上的成就，完全符合"世代应举"与"连续取得五贡或举人以上功名"的条件。孔宪曾、孔宪珏、孔庆墭、孔祥霖四人父辈直系亲属情况，同样符合科举家族的特点。四人以本人为基点上推三代，甚至五代之内均有科举功名获得者，且功名获得均为举贡以上，具有稳定与持续性（如下）。

孔宪曾系：孔开韶——孔贞宁——孔尚陞——孔衍钰——孔兴滋——孔毓玮（贡生）——孔传炯（进士）——孔继申——孔广禧（举人）——孔昭慈（进士，翰林）——孔宪曾（进士）

孔宪珏系：孔毓圻（衍圣公）——孔传钲——孔继涵（进士）——孔广闲——孔昭焜（举人）——孔宪珏（进士）

孔庆墭系：孔毓圻（衍圣公）——孔传铎（衍圣公）——孔继涑（举人）、孔继汾（本生高祖，举人）——孔广廉、孔广规（曾祖、本生曾祖，恩贡）——孔昭芬——孔宪恺（恩贡）——孔庆墭（进士）

孔祥霖系：孔庆圻（衍圣公）——孔传铎（衍圣公）——孔继濩（衍圣公）——孔广棨（衍圣公）——孔昭焕（衍圣公）——孔宪圭（恩贡）、孔宪均（嗣本生曾祖，恩贡）、孔宪墪（本生曾祖，恩贡）——孔庆鳞、孔庆鋐（进士）——孔繁渥（举人）——孔祥霖（进士）

尤其是孔祥霖一系，家族本支内曾连续五代承袭衍圣公爵位，而且有祖孙同为进士的情况出现，尤为突出地体现出曲阜孔氏政治权势与科举功名相互作用的特点。从第 69 代至第 75 代，曲阜孔氏共产生举人 32 人，进士 11 人，而且其家族人口规模较大，本支每代所录人数分别是下文将要述及的孔氏家族内中型和小型科举家族的 2 倍—4 倍，因此可视为孔氏家族内的大型科举家族。

值得注意的是，在举人与进士功名之外，很多曲阜孔氏家族成员拥有的功名是贡生，又以"恩贡"为多，且历代绵延不绝而不及备述。这也体现了曲阜孔氏族人作为衍圣公后裔在清代所享有的朝廷恩赐和相应的政治权力。这种提升衍圣公一脉功名与地位的做法是清代崇儒的重要体现。早在顺治九年（1652 年），朝廷就颁布了对包括孔氏在内的"五氏后裔"的优崇规定，"五氏子孙观礼生员十五人，送监读书，准作恩贡"。[1]其后清廷在康熙八年（1669 年）、雍正二年（1724 年）、乾隆三年（1738 年）、乾隆五十年（1785 年）又多次临雍加恩五氏后裔。特别是在康熙帝和乾隆帝出巡至曲阜时，也曾施恩泽于孔氏后裔，赐"恩贡"功名。此外，大量曲阜孔氏没有功名的族人被授予至圣庙官三品至九品执事职衔，这些特点实际上形成了孔氏科举家族在政治和科举上的双向促进作用，也是孔氏科举家族与其他科举家族不同之处。

（二）江苏吴县与广东南海孔氏家族

江苏吴县孔氏在清代共 3 人高中进士，按时间先后分别为孔昭乾、孔广钟和孔昭晋（表 6-2）。值得一提的是，光绪九年（1883 年），孔昭乾和孔广钟为同榜叔侄进士，而孔昭晋则是孔氏进士群体中最后考中进士者。根据现存的孔昭乾和孔昭晋的朱卷信息可知，二人祖先支脉一致，有共同祖父，直到父辈才分支，可谓同祖同宗同源。这一家族背景对于还原江苏吴县孔氏家族具有重要的帮助作用。

表 6-2　江苏吴县孔氏进士

朝代	年份	姓名	科名	籍贯	序号	备注
光绪	九	孔昭乾	3-26	江苏吴县	1	第 55 代迁吴
	九	孔广钟	3-115	江苏元和	2	第 55 代迁吴
	二十九	孔昭晋	2-122	江苏吴县	3	第 55 代迁吴

吴县孔氏以孔裔第 55 代孙孔克信作为始迁祖。孔克信曾执教尼山书院，后于元末至正十三年（1353 年）游学江南并出任平江府官职，但卸任后因恰

---

〔1〕（清）赵尔巽等撰：《清史稿》卷 106，中华书局 1977 年版，第 3105 页。

逢元末明初战火不得北返，遂占籍吴郡长洲为家。[1]虽然从第 55 代孔克信之后至第 60 代孔承儒历代传承记载清晰，但并没有明确记载家族迁至吴县的时间。根据朱卷中第 61 代孔宏禄为吴庠生的记载[2]推测，吴县孔氏最晚应在第 61 代"宏"字辈时入籍苏州府吴县。至家族第 66 代孔兴礼时曾重修《北宗支谱》，第 70 代衍圣公孔广棨还曾为该谱作序，并赠送给孔兴礼宗图和匾额，[3]凸显了本支吴县宗族在孔氏家族的地位和与曲阜孔氏的互动。

孔昭乾和孔昭晋二人直系家族的科举功名情况不及曲阜孔氏，但优于下文述及的直隶天津和湖南长沙孔氏。按中进士时间先后，孔昭乾直系情况如下：

五世祖孔兴礼（无功名）——高祖孔毓义（无功名），本生高祖孔毓智（监生）——曾祖孔传升（无功名），本生曾祖孔传洛（举人）——祖父孔继璟（贡生）——父孔广渊（生员）——孔昭乾（进士）。[4]

与孔昭乾类似，孔昭晋从五世祖孔兴礼至祖父孔继璟脉系与功名一致，其父孔广源同样为生员功名，至孔昭晋则高中进士。[5]通过二人的家族背景信息可知，二人家族从曾祖孔传洛起开始功名渐显，至"昭"字辈二人同中进士时已经连续四代均有科举功名，只是二人父亲功名稍低。但实际上，若放眼整个吴县孔氏家族，二人的堂叔孔广钟也同样考中进士功名，实现了家族连续四代贡生以上功名，具有科举功名的稳定性特点，可以视为吴县地方的科举家族之一。

吴县孔氏世代功名具体统计如下：

第 63 代"贞"字辈：总共 3 人，科举功名拥有者 3 人，无举人、进士。

第 64 代"尚"字辈：信息缺失无载。

第 65 代"衍"字辈：总共 4 人，科举功名拥有者 2 人，无举人、进士。

第 66 代"兴"字辈：总共 5 人，科举功名拥有者 2 人，无举人、进士。

---

〔1〕 顾廷龙主编：《清代朱卷集成》第 89 册，成文出版社 1992 年版，第 97 页。

〔2〕 顾廷龙主编：《清代朱卷集成》第 89 册，成文出版社 1992 年版，第 98 页。

〔3〕 顾廷龙主编：《清代朱卷集成》第 89 册，成文出版社 1992 年版，第 99 页。

〔4〕 顾廷龙主编：《清代朱卷集成》第 167 册，成文出版社 1992 年版，第 415—421 页。

〔5〕 顾廷龙主编：《清代朱卷集成》第 89 册，成文出版社 1992 年版，第 97—102 页。

第67代"毓"字辈：总共9人，科举功名拥有者3人，无举人、进士。

第68代"传"字辈：总共7人，科举功名拥有者4人，其中举人1人。

第69代"继"字辈：总共5人，科举功名拥有者5人，无举人、进士，贡生1人。

第70代"广"字辈：总共12人，科举功名拥有者5人，其中进士1人。

第71代"昭"字辈：总共17人，科举功名拥有者7人，其中进士2人。

进一步根据朱卷中的家族信息探析吴县孔氏第63代至第70代整个家族的科举功名可知，虽然吴县孔氏家族中人口数量不多，但每一代拥有科举功名者占比较高，从第65代至第71代的科举功名占比分别达到50%，40%，33%，57%，100%，42%和41%，科举功名在吴县孔氏家族中的占比甚至比上文述及的曲阜孔氏还要略胜一筹。只是吴县孔氏在举人和进士功名获得人数规模上不及曲阜孔氏，从第63代至第71代仅有举人1人，进士3人，这与家族规模、地缘因素和政治权威等原因有直接关系。吴县孔氏在政治影响力方面远不及曲阜孔氏，这从家族中"恩贡"功名持有者远少于曲阜孔氏族人可知，也体现出一种脱离曲阜后更为纯粹的科举家族模式，与清代各地普遍存在的科举家族情况类似。

广东南海孔氏家族在清代共有2人考中进士功名，一人为乾隆元年（1736年）三甲第一百零六名孔传大，另一人为道光十三年（1833年）二甲第三十八名孔继勋。目前二人朱卷均已无存，但是孔继勋之孙孔昭仁和族孙孔昭莱二人的乡试卷中所记载的信息依旧可以帮助我们最大限度地还原这一家族样貌。孔昭莱的朱卷显示，这一支南海孔氏家族属于孔氏宗族店北户分支，一说始迁祖为孔裔第38代孙孔戣，以其出任岭南节度使为起点，[1]而学者王承文通过考证则认为孔氏入粤始祖应为唐末孔氏第41代孙，即孔戣曾孙孔昌弼。[2]另一说南海孔氏始祖为第54代孔思友，在元代有儒名，曾官至山西布政使，卸任后遂居于山西太原府平定州。[3]第55代孙孔克义于明洪武元年（1368年）从军，于次年调拨南京凤阳府，三年调拨广东广州左卫，其后寄居番禺，为南海孔氏入粤之祖。[4]至第58代孔公宽时，本支孔氏一部分族人

〔1〕 来新夏主编：《清代科举人物家传资料汇编》70，学苑出版社2006年版，第53页。

〔2〕 王承文：《广州孔氏族谱所见晚唐北方家族迁移岭南考》，载《岭南文史》2018年第2期。

〔3〕 来新夏主编：《清代科举人物家传资料汇编》25，学苑出版社2006年版，第197页。

〔4〕 来新夏主编：《清代科举人物家传资料汇编》25，学苑出版社2006年版，第198页。

迁居香山县，一些人则留居南海。

本支孔氏第 67 代至第 71 代族人科举功名情况较为清晰，以孔昭莱朱卷信息为例，具体如下：

第 67 代"毓"字辈：总共 11 人，科举功名拥有者 6 人，其中举人 1 人。

第 68 代"传"字辈：总共 16 人，科举功名拥有者 7 人，其中举人 1 人。

第 69 代"继"字辈：总共 30 人，科举功名拥有者 14 人，其中举人 2 人，进士 1 人。

第 70 代"广"字辈：总共 33 人，科举功名拥有者 10 人，其中举人 3 人。

第 71 代"昭"字辈，总共 7 人，科举功名拥有者 7 人，其中举人 4 人。

通过以上南海孔氏家族科举功名统计可知，本支家族规模与江苏吴县孔氏相仿，与曲阜孔氏相比则偏小。从第 67 代至第 71 代的五代人连续有举人和进士功名获得者，共产生举人 11 人，进士 1 人。若以孔昭仁朱卷为样本分析，则家族规模更小，这与广东南海孔氏自曲阜迁粤后各支系分散居住有关。以孔昭仁和孔昭莱先祖为例，即有分居番禺、南海和香山三地者，也导致了各支家族规模相对偏小，与吴县孔氏规模类似，是上文所述及的中型科举家族的代表。

（三）直隶天津与湖南长沙孔氏家族

孔传勋是光绪三年（1877 年）二甲第一百二十九名进士，在他的朱卷中较为完整地保留了其家族迁徙和科举功名的信息。与曲阜孔氏大型科举家族和江苏吴县孔氏、广东南海孔氏中型科举家族相比较，孔传勋一支则凸显衰落的状况。孔传勋的家族信息记载，其先祖是孔裔第 63 代孔学礼，于顺治年间由山东迁居天津。[1]其后，家族世代居于天津，未再迁徙。天津孔氏直系家族信息和科举功名情况为：

63 代孔学礼——64 代孔士翰——65 代孔汝刚——66 代孔春熙——67 代孔聚贤（原名孔毓贤）——68 代孔传勋（进士）

由此可见，孔传勋本支父系并没有科举功名的获得者，直到孔传勋高中进士后，家族成员才得到相应的朝廷封赠。不仅孔传勋本支科举功名不显，

〔1〕 来新夏主编：《清代科举人物家传资料汇编》98，学苑出版社 2006 年版，第 199 页。

其整个家族都无法与曲阜孔氏或江苏吴县孔氏科举家族相比较。孔传勋家族资料记录了天津孔氏第 65 代至第 68 代的科举功名情况，兹录如下：

第 65 代：总计 5 人，没有人获得功名。

第 66 代：总计 12 人，科举功名拥有者 1 人，其中举人 1 人。

第 67 代：总计 21 人，科举功名拥有者 3 人，无举人、进士功名。

第 68 代：总计 10 人，科举功名拥有者 5 人，其中进士 1 人，贡生 1 人。

通过以上直隶天津孔氏家族的统计数据可知，不仅这一家族规模相对较小，而且在科举方面并不是特别成功。虽然自第 66 代至第 68 代连续三代均有科举功名获得，但只有贡生 1 名，举人 1 名，进士 1 名，而且直到第 68 代家族科举功名稍显后，家族成员才统一按照"传"字排辈，在此之前家族人员的起名较为无序。这实际上也体现出本支孔氏在整个孔氏宗族中的边缘化地位，也与天津当地著名的科举家族如赵之符家族、查氏家族和周人龙家族等存在一定差距。[1]综上，天津孔氏家族在地方是小型科举家族的代表。这一形态与大型科举家族曲阜孔氏已无法相提并论，甚至比迁出后中型规模的吴县孔氏家族和南海孔氏家族还要偏小。究其原因在于本支孔氏家族不属于衍圣公嫡脉，在政治资源上并没有享有特权与优势，加之本支孔氏迁出曲阜时间较晚，在地缘竞争上无法与天津土著家族相匹敌，这些因素导致了本支家族的科举功名并不显著。

与天津孔传勋家族情况类似，湖南长沙孔氏家族自从曲阜迁出后同样不显。相较于孔传勋家族勉强可算地方较小的科举家族而言，长沙孔宪教一支则更为单薄，甚至无法以科举家族予以定义。孔宪教是光绪十二年（1886年）二甲第六十七名进士。孔宪教本支因第 55 代先祖孔克森赴湖北荆门任官，故而家族从曲阜迁出，子嗣在两湖安家。[2]孔宪教本支先祖从第 55 代至第 72 代传承有序，但是没有人获得科举功名，直到孔宪教中进士后自高祖以下才得到朝廷封赠。就长沙孔宪教整个家族而言，除孔宪教本人之外，整个家族科举功名不显，即使有科举功名持有者，也均为生员、监生功名，尚与定义科举家族的最低标准——贡生功名——有一定距离，且举贡以上功名的获得不具有持续性，因此或可将其家族称为"业儒家族"。

---

〔1〕　张献忠：《清代天津科举家族与地方社会》，载《山东社会科学》2016 年第 8 期。

〔2〕　来新夏主编：《清代科举人物家传资料汇编》14，学苑出版社 2006 年版，第 145 页。

在长沙孔氏家族中，第 69 代 3 人中，没有功名获得者，第 70 代 8 人中，2 人获生员和监生功名；第 71 代 23 人中，同样仅有 3 人获生监功名；至第 72 代孔宪教这一辈，在 38 人中虽有 7 人拥有科举功名，但 6 人为生监群体，1 人获进士，即孔宪教。因此，通过孔宪教的家族信息可知，在从曲阜迁出后，本支长沙孔氏家族不仅无法与曲阜孔氏相比较，就是与上文中的直隶天津孔氏也存在一定差距。长沙孔氏家族虽然世代聚集且从事举业，但更多所获为生监功名。按照上文中科举家族的定义，至孔宪教这一代只能将该家族称为世代业儒、功名渐显的地方家族，与本文开篇定义的科举家族还有一些差距。

二、清代孔氏科举家族的宦绩分析

在上文中，笔者通过考察曲阜孔氏、吴县孔氏、南海孔氏、天津孔氏和长沙孔氏等家族信息，比较分析了在广义同宗同源的孔氏家族内部所存在的三种科举家族的形态，展现出清代孔氏进士群体随着地缘的迁徙、政治影响与科举功名的相互作用所衍生出的各地孔氏家族不同的发展模式。本小节笔者将结合《职官录》、《爵秩全览》、《缙绅全书》、朱卷等文献，进一步比较分析在三种科举家族背景下，步入官僚队伍内的孔氏族人的宦绩情况。

首先考察山东曲阜孔氏。根据目前笔者所掌握的资料，可以辑考出 22 位曲阜孔氏进士的官职，其中官居二品者 3 人，三品者 1 人，四品者 4 人，五品者 1 人，六品者 4 人，七品者 9 人。任官职位最高者为布政使，最低为翰林院检讨、候补知县。在这 22 人中，知府、主事和知县是曲阜孔氏进士群体任职最为普遍的官职（表 6-3），而其中很多人均在学术文化方面有深刻造诣，如孔继涵和孔广森就是其中代表。其次，笔者根据现存朱卷信息，共辑考出 7 位江苏吴县和广东南海孔氏家族成员，共有进士 4 人和举人 3 人，其中官职四品者 2 人，五品者 2 人，六品者 2 人，七品者 1 人（表 6-4）。通过这 7 人的宦绩可知，他们与曲阜孔氏进士群体类似，也同样以郎中和主事职衔为多见，虽然不像曲阜孔氏进士有实授布政使、按察使者，但同样有因功加布政使衔者 2 人，如孔继勋和孔广镛父子。此外，孔继勋、孔广镛、孔广陶三人不仅创建实业，而且热衷于学术与收藏，同样享有盛名。最后，直隶天津和湖南长沙两位进士也与其他孔氏进士宦绩仿佛，其中天津进士孔传勋曾官至礼部额外主事，而长沙进士孔宪教在翰林院散馆后授顺昌知县。通过考察另外一些孔氏进士的宦绩也可佐证孔氏进士群体职位更多以部属主事和地方州县官为主的特点，如贵筑衍圣公裔进士孔繁昌官至知县。[1]

通过以上对孔氏家族内大、中、小三种规模的科举家族成员仕宦状况的分析可知，虽然三类科举家族在科举功名和家族规模上存在差异，但就他们个人的宦绩而言并没有太大的不同，更多人集中于四品至七品官阶之间，可视为中层官僚。虽然在曲阜孔氏内有官至布政使、按察使者，但并没有人位至封疆，而职位的提升更多与个人政绩相关，以逐步迁转所至，和曲阜孔氏家族背景联系较少。在文化方面，虽然曲阜孔广森在清代享有盛名，但其他地方的孔氏族人同样进行着学术文化活动，并赢得声望。因此就宦绩而言，孔氏大宗族内三种模式的科举家族并没有因家族形态不同而有太大的差异。

表6-3　曲阜孔氏进士职官表

姓名	功名	职位	官品（不分正从）
孔兴釪	进士	翰林院散馆，官至道台	四品
孔传堂	进士	官至思南府知府	四品
孔传炯	进士	官至江宁布政使	二品
孔继涵	进士	官至户部主事	六品
孔广森	进士	翰林院散馆，检讨	七品
孔昭虔	进士	翰林院散馆，官至贵州布政使	二品
孔继鸿	进士	官至知县	七品
孔继埙	进士	官至户部主事	六品
孔昭显	进士	官至知县	七品
孔传钺	进士	官至吏部主事	六品
孔昭慈	进士	官至兵备道	四品
孔昭然	进士	官至知州	五品
孔庆鏴	进士	官至贵州按察使	三品
孔庆鏄	进士	官至知县	七品
孔宪珏	进士	翰林院散馆，授户部主事	六品

[1]《职官录》卷95，宣统刻本，第218页。

续表

姓名	功名	职位	官品（不分正从）
孔昭浹	进士	官至知县	七品
孔继钰	进士	官至知县	七品
孔宪曾	进士	翰林院散馆，授翰林院编修	七品
孔祥霖	进士	官至布政使	二品
孔繁朴	进士	官至知府	四品
孔昭倩	进士	候补知县	七品
孔庆墭	进士	官至知县	七品

资料来源：《爵秩全览》卷85，光绪刻本；《职官录》卷95，宣统刻本；来新夏主编：《清代科举人物家传资料汇编》，学苑出版社2006年版；李进莉、潘荣胜编著：《清代山东进士》，齐鲁书社2009年版；王功仁编著：《山东省科考名录汇编》（清代），北京华文出版社2005年版

表6-4　吴县孔氏与南海孔氏进士宦绩表

家族	姓名	功名	职位	官品（不分正从）
吴县孔氏	孔昭晋	进士	礼部主事，奉部派往日本考察	六品
	孔昭乾	进士	刑部主事，奉部派为英、法游历官	六品
海南孔氏	孔传大	进士	官至知县	七品
	孔继勋	进士	翰林院散馆，编修，候补知府	四品
	孔广镛	举人	官至刑部郎中，以道员选用	四品
	孔广陶	举人	官至郎中	五品
	孔昭莱	举人	官至吏部员外郎	五品

资料来源：《缙绅全书》卷82，光绪三十二年（1906年）荣禄堂刻本；孔繁文：《南海历代进士》，中共佛山市南海区委宣传部等主编：《南海龙狮 南海衣冠 南海古村》（南海衣冠篇），中山大学出版社2011年版；来新夏主编：《清代科举人物家传资料汇编》，学苑出版社2006年版；《爵秩全览》卷92，宣统二年（1910年）刻本

三、科举家族与婚姻网络

在科举时代，婚姻网络的构建实际上对于男性家族而言具有重要意义，

这不仅体现在社会地位的提升方面，也体现在政治资源的集中和对科举功名的追求方面，诚如韩明士在对江西抚州精英家族的研究后所得出的重要论断。[1]正因如此，作为地方精英家族的曲阜孔氏、吴县孔氏、南海孔氏以及天津孔氏等，不仅在婚姻选择上要考量双方政治因素，也需要权衡文化背景和科举功名，从而构建起有利于双方家族稳定发展的婚姻网络。本节仅就孔氏家族婚姻策略中的地域性、"门当户对"理念和功名与地位的交织作出分析，而婚姻网络中直接作用于举业的受业师留待下节探讨。

（一）曲阜孔氏家族的婚姻网络

根据对现有史料的梳理，三种规模的科举家族在婚姻策略上不尽相同。先就曲阜孔氏而言，笔者认为在婚姻策略上大致可归纳为两种模式：一种为本支先祖在数代内无承袭衍圣公爵位者。在这一模式下，其婚姻网络更多由科举功名和宦绩决定，与家世联系较少，历代所选择婚配的家族与功名情况比较稳定，妻族内部也多有贡举功名持有者且宦绩大体相当。这种模式以孔宪曾一系为代表。另一种模式为本支先祖数代内有承袭衍圣公爵位者且承袭代数不同。如孔宪珏先祖承袭衍圣公一世，孔庆塏先祖承袭衍圣公二世，而孔祥霖先祖承袭衍圣公多达五世。由于衍圣公是清代世袭贵族群体之一，具有无与伦比的影响力和超品爵位，衍圣公的联姻模式呈现清代贵族高门的典型特点，但当脱离衍圣公世系后，本支族人则会回归普通科举家族的联姻策略，更多以功名和宦绩作为考量因素。承袭衍圣公代数越少，则越早以科举功名为联姻的选择依据，而承袭次数越多，则婚姻网络前后落差越大。不过相比吴县孔氏、南海孔氏和天津孔氏而言，曲阜孔氏的婚姻网络依旧具有优势，妻族多为地方望族，父、兄官职较高，有官至左都御史、布政使者，展现出曲阜孔氏政治与科举的互相转换和促进关系。在婚姻选择的地域策略上，曲阜孔氏兼具地域性和跨地域性特点，这一点也是曲阜孔氏婚娶网络与迁出后的吴县、南海等孔氏家族所不同之处，而后者更多与本地望族婚配，构建起地方网络。这一区别体现出曲阜孔氏家族的声望和政治影响力不局限于济宁一地，而是在山东省内和全国均享有无可比拟的声望和政治优势。

具体而言，孔宪曾家族的婚姻网络是本支数代内无承袭衍圣公爵位者的

〔1〕 Hymes, Robert P., *Statesmen and Gentlemen：The Elite of Fu-Chou Chiang-hsi*, in Northern and Southern Sung, Cambridge University Press, 1987.

代表，因此孔宪曾一脉更多凭借科举功名开展联姻。从孔传炯至孔宪曾五代人中有3位进士，1位举人，而妻族中有进士2人，贡生2人，双方功名和宦绩大体相当，而孔氏较妻族功名稍优。孔宪曾的高祖孔传炯有进士功名，官至布政使，妻父李时荫具有岁贡功名。曾祖孔继申没有功名，而妻族宦绩较优，妻子苏氏之父苏如轼任职知县，妻兄苏景思官刑部员外郎。祖父孔广禧有举人功名，其妻梅氏的祖父梅珏成是康熙朝进士，翰林院编修，官至都察院左都御史，身后获谥号"文穆"。梅珏成祖父为梅文鼎，曾受康熙帝和朝中大臣李光地等人赏识，可以说梅氏是安徽宣城地方望族。梅氏之父为乾隆副贡生。实际上孔继申和孔广禧两代，姻亲家族对于维系孔氏本支的声望和地位具有帮助作用，而到孔昭慈、孔宪曾两代，这种态势则凭借连续的进士功名得以扭转。孔昭慈为道光朝进士，其妻杨氏父、兄均获生员功名。孔宪曾本人则娶妻张氏，妻祖父有贡生功名，妻父为进士张荣祝，官至工部郎中，妻叔父辈还有举人1名，生员1名。[1]孔宪曾家族联姻的妻族多以济宁当地望族为主，如苏如轼家族和张荣祝均籍属济宁直隶州，符合清代科举家族以地域作为联姻选择的特点，[2]但同时也有跨地域的选择，如与安徽宣城梅氏联姻。

在本支先祖有一世衍圣公承袭者，以孔宪珏为代表。孔宪珏太高祖为衍圣公孔毓圻，妻张氏为籍属直隶涞水的兵部尚书兼都察院右都御史张铉锡之女；继妻叶氏籍属江苏昆山，为太常寺卿叶重华孙女，山东按察使司副使分巡济宁兵备道叶方恒女；继妻黄氏籍属顺天大兴，为陕西巡抚兼都察院右副都御史黄尔性孙女，福建长汀县知县黄华实之女。以上婚配网络均具有典型的衍圣公贵族高门的婚姻特点。当然，作为全国性的贵族和山东最为著名的望族，曲阜孔氏，特别是直系有衍圣公的婚姻网络，较没有承袭衍圣公爵位的孔氏家族更会超越地域限制，与清朝各地名门望族联姻。虽然孔宪珏高祖孔传铚并没有承袭衍圣公爵位，也无科举功名，但他依旧能够凭借家世和正一品荫生的特权与康熙朝名臣、东阁大学士、吏部尚书、籍属湖北汉阳府的熊赐履家联姻，娶其女熊氏为妻。这两代婚姻状况充分体现了在康熙朝崇儒

---

〔1〕　来新夏主编：《清代科举人物家传资料汇编》8，学苑出版社2006年版，第229—238页。

〔2〕　王学深：《清代福州府科举家族初探——以洪塘鄂里曾氏为中心》，载《福建师范大学学报（哲学社会科学版）》2016年第2期。

尊理的背景下，曲阜孔氏不仅具有衍圣公的政治声望，而且在婚姻网络上也多能与当时理学名臣联姻的事实，将世袭的家世背景与政治权势进一步紧密结合。

至孔宪珏曾祖孔继涵一辈则失去了衍圣公光环的荫蔽，取而代之的是在科举功名方面渐显，实现了以科举功名对政治与社会声望的复制。孔继涵拥有进士功名，娶山东道监察御史孙绍基之女为妻。祖父孔广闲没有科举功名，娶浙江乌程县知县宋瑞金之女。父孔昭焜获举人功名，其妻陶氏祖父陶澎有贡生功名，妻父陶柽为监生，妻弟陶樑则为嘉庆朝进士，官至礼部左侍郎，而族中还尚有多人拥有官职。陶氏为江苏长洲望族，如陶樑不仅在朝居高位，而且是乾嘉道时期著名的词人，具有学术上的名望。因此曲阜孔氏与婚姻网络不仅在科举功名方面相匹配，在声望方面后者也有过之而无不及。孔宪珏本人婚姻策略同样兼顾本地和跨地域婚姻。孔宪珏之妻牛氏是山东兖州府名士、曾被荐举博学宏词科、雍正朝进士牛运震曾孙女；妻祖父获生员功名，而至妻父一辈获科举功名者为贡生1人，生员2人。孔宪珏继妻武氏家族来自陕西，妻曾祖为贡生，祖父辈有举人1人，贡生1人，其外祖父冯兆峋为乾隆朝进士。[1]可以说，以孔宪珏家族为表，虽然祖上有一代承袭衍圣公爵位者，但由于世系延续不久而较早失去政治上的优势与特权，较快速地回归到常规化的科举家族形态，凭借功名和宦绩，以地域性兼跨区域为原则，交织起自己的婚姻网络。

曲阜孔氏本支直系先祖有二世承袭衍圣公爵位者以孔庆墭为代表。孔庆墭七世祖为衍圣公孔毓圻，婚姻网络可见孔宪珏一脉所述。太高祖孔传铎同样袭封衍圣公，妻王氏为保和殿大学士、礼部尚书王熙之女，继妻李氏为刑部侍郎李迥之女。这两世由于是衍圣公世系，婚姻同样呈现出与门第严格匹配的高门联姻特点，且孔氏婚娶对象也都是当时朝中的重要人物。例如，王熙作为汉族大臣为顺治帝所信任，曾代为起草末命，这也展现出曲阜孔氏通过婚姻网络在清初的政治权势的延伸。这一时期孔氏婚姻网络因衍圣公的影响力和名望展现出超地域性的特点，也是清代高门大族的共通特性。

在脱离衍圣公世系后，孔庆墭一脉的婚姻网络较之前衰落不少，但依旧维持了典型科举家族的特点，其妻族也多有科举功名持有者，宦绩与孔氏相

---

〔1〕　顾廷龙主编：《清代朱卷集成》第19册，成文出版社1992年版，第355—366页。

近。孔庆墉高祖孔继涑和孔继汾均有举人功名，分别娶盐运使王图炳（举人）之女和海宁翰林院编修许焞之女。前者为松江望族王鸿绪家族，后者为海宁地方望族，可见曲阜孔氏这一代还是维持了科举功名、家族声望和宦绩相结合性，且同样具有跨地域的特点。曾祖父孔广廉和本生曾祖孔广规二人功名不显，后者仅获恩贡功名。孔广廉娶妻李氏为浙江温处兵备道李琬之女。祖父孔昭芬无科举功名，其一改联姻文官家族的传统，两次和武官惠氏家族联姻，先娶惠氏之父职官为世袭轻车都尉，候补参将，而后娶惠氏为总兵惠昌耀之女。孔庆墉的本生祖父虽无科举功名，却娶曲阜县知县李士玉之女，体现了曲阜孔氏与本地政治资源的紧密联系。父孔宪恺有贡生功名，娶单县朱氏，妻父朱世德获举人功名，同辈中也有 1 人获得贡生功名，1 人为监生。[1]但从孔庆墉曾祖辈始至父辈止，孔氏所联姻的妻族的功名和宦绩较孔氏为优，本支孔氏这一时期无进士，举人 2 人，贡生 2 人，而妻族成员中进士 1 人，举人 2 人，贡生 1 人。至孔庆墉获中进士后，这种态势稍有改变。

孔庆墉先娶妻聊城傅氏，妻祖父傅继勋虽仅有贡生功名但宦绩较显，官至安徽布政使，妻父傅澍也获举人功名，官至内阁侍读，而妻弟傅昉安也同样获有举人功名。继娶周氏祖、父也分别拥有举人和贡生功名。孔庆墉本支家族的婚姻网络体现了孔氏族内大型科举家族门当户对的婚姻策略。就婚姻网络的地域性而言，在衍圣公世系跨地域性策略后，科举功名和宦绩相称成为孔氏婚姻选择的主要考量，同时打破济宁的地域限制。虽然在承袭衍圣公二世后本支孔氏更多以科举功名维系家族声望，但所婚配的妻族也都是名门，且家族功名和宦绩均比孔氏有过之而无不及，展现出大型科举家族功名和婚姻延续数代的稳定性。

家族内五世承袭衍圣公爵位者当以孔祥霖为例。孔祥霖先祖孔毓圻、孔传铎、孔继濩、孔广棨、孔昭焕连续五代先后袭封衍圣公，比以上三人的政治优势和婚姻高门特点再延续数代。孔毓圻和孔传铎的婚姻网络已在孔庆墉和孔宪珏脉系中述及，孔继濩妻王氏为刑部郎中王克昌之女，孔广棨妻为礼部右侍郎何宗国之女，孔昭焕妻陈氏和程氏分别是文渊阁大学士、工部尚书陈世倌之女和吏部右侍郎程岩之女。当本支孔氏族人脱离衍圣公爵位后，孔祥霖一脉则失去了衍圣公的光环，但家族的名望还是将婚姻的成功延续至下

---

〔1〕 顾廷龙主编：《清代朱卷集成》第 221 册，成文出版社 1992 年版，第 201 页。

一代，曾祖孔宪圭、嗣本生曾祖孔宪均和本生曾祖孔宪塾三人均凭借家世拥有恩贡功名，前者娶翰林院编修、高中乾隆乙未科会元的严福之女，依旧可以看出曲阜孔氏之政治影响与科举功名相互转换的特点与促进作用。至孔祥霖祖父一代，科举功名成为维系家族成功的凭借。孔祥霖本生祖父孔庆鈺为道光朝进士，娶妻李氏为湖北巡抚李封曾孙女，工部李钤之孙女，妻父也获有廪贡功名，是典型的科举家族联姻。到其父孔繁渥一代则联姻网络进一步下移，其父虽拥有举人功名，妻族何氏科举功名不显，虽多人出仕为官，但更多为州县地方官。孔祥霖娶妻宓氏，为候补知县宓遐龄之女，也不见妻族有科举功名记载。[1]

孔庆墿和孔祥霖两支清晰地展现出曲阜孔氏作为衍圣公后裔科举功名与政治权势的交织，这一特点不仅在上文的本支科举功名方面有所体现，也在本节所述的婚姻网络中再次展现与印证。曲阜孔氏进士群体所联姻的家族中很多人获有举贡以上功名，而且多为三品官衔以上的上层官僚家庭。这种科举的成功和妻族功名与宦绩的连续性，是其他孔氏科举家族所不具备的。

（二）江苏吴县与广东南海孔氏家族的婚姻网络

在了解过大型科举家族曲阜孔氏的婚姻网络后，我们可以再来比较一下中型科举家族的婚姻策略。江苏吴县孔氏的婚姻网络则完全由功名与宦绩决定，较少有跨地域婚姻，更多以本地"门当户对"家族作为首选对象。这种选择与清朝很多科举家族的策略一致。因为无持续性的政治权威，所以这些中等规模的科举家族将目光更多投向地方，以功名和婚姻维系双方在地方上的名望。吴县孔昭晋的高祖孔毓义虽为奉祀生，但没有科举功名，所娶施氏为苏州本地康熙朝进士施昭庭之女。本生高祖孔毓智有低级别的监生功名，所娶两位金氏妻子的族中虽有为官者，却科名不显。曾祖孔传升没有功名，而妻子席氏家族也没有功名持有者。本生曾祖孔传洛获举人功名，妻金氏之父仅有监生功名。以上两代孔氏和联姻家族在功名和宦绩方面均不突出，充分体现了科举功名是吴县孔氏社会地位上升的重要凭借，也是婚姻网络提升的重要因素。

孔昭晋祖父孔继瑹有贡生功名，到这一辈时其婚姻选择较为成功，对于提升本支孔氏在吴县的地位有所帮助。孔继瑹所娶妻子的父亲顾震和顾时雷

[1] 顾廷龙主编：《清代朱卷集成》第43册，成文出版社1992年版，第351—361页。

均有举人功名，是苏州本地望族。在顾氏同辈中还有举人1人，监生1人，而在侄辈中有举人2人，一人为按察使衔署布政使顾肇熙，另一人时任外务部右侍郎顾肇新。[1]孔广源和孔昭晋两代虽有进士功名，但在他们的婚姻网络中，所娶张氏、柳氏和唐氏家族中均没有举人以上功名持有者，更多为生员和监生功名，体现了所婚配家族仅为地方业儒之家。作为有同祖父的堂兄弟，孔昭乾虽然比孔昭晋早中进士，但其父孔广渊和孔昭乾本人的婚姻网络与孔昭晋几乎一致，所娶韩氏与陈氏家族也都是仅有生监功名持有者。实际上，吴县孔氏家族的婚姻状况从一个侧面也反映出，在孔昭乾和孔昭晋兄弟双双中进士一跃成为地方科举名族之前，吴县孔氏力量相对薄弱，家族经过数代努力与积淀才最终获得科举成功，而二人祖父孔继璪婚姻的成功对于这一支家族的发展当有促进作用。

作为本章所述的另一个中型科举家族，虽然南海孔氏进士朱卷已经湮没不存，但进士孔继勋之孙孔昭仁的乡试朱卷信息同样可以帮助我们还原南海孔氏的婚姻网络。从孔昭仁的朱卷信息可知，南海孔氏同样以本地望族作为婚姻选择，而较少有跨地域婚配者。孔昭仁曾祖孔传颜有贡生功名，所娶罗氏家族却没有名望，家族内也无功名获得者，展现出此时南海孔氏尚非地方望族的事实。但随着孔继勋高中进士，南海孔氏的婚姻状况大为改观。孔继勋娶妻许氏同为广州本地人，妻族同辈兄弟中有进士1人，举人1人，贡生1人，监生1人，体现了妻族许氏的科举成功，其中宦绩较为突出者为妻弟许祥光，在中进士后逐渐升迁至按察使。父孔广陶有监生功名，富于收藏，在当地颇有名望，娶妻李氏为固始知县李应昌之女。这一时期的南海孔氏因孔继勋、孔广铺、孔广陶在功名、事功上的成功已经跃升成为当地望族，而婚姻策略的成功也对这一转变有促进作用。孔昭仁本人有举人功名，其妻俞氏家族中同样有举人功名获得者，且宦绩较优，以建昌道署按察使俞文诏和候补道俞文谦为代表，已成为中上层官僚家庭。

（三）直隶天津与湖南长沙孔氏家族的婚姻网络

在了解了曲阜孔氏和吴县、南海孔氏后，我们将目光投向小型科举家族天津孔氏和业儒家族长沙孔氏。他们的婚姻网络不仅以地域为原则，而且婚配家族科举功名也大多并不显著，宦绩则以地方下层官僚为主体。天津孔传

---

〔1〕 顾廷龙主编：《清代朱卷集成》第89册，成文出版社1992年版，第97—102页。

勋的祖父孔春熙和父亲孔聚贤（原名孔毓贤）二人均没有功名，但考察他们的婚姻网络，则会发现他们的妻族功名与宦绩优于孔氏族人，这对于提升天津孔氏在地方的地位有一定帮助。孔传勋的朱卷分别记载了三代孔氏配偶的信息，并记述3—4代妻族科举功名信息，这对于更好地理解婚姻网络的形成和还原妻族样貌具有重要帮助作用。第66代孔春熙的妻子陈氏之父为举人，叔伯辈有岁贡1人。陈氏同辈男性有举人2人，岁贡1人，生员1人。陈氏甥侄辈有举人1人，有生监功名者5人，以地方知县、教谕和教职为多。第67代孔聚贤娶妻李氏，其兄长也享有岁贡功名，任地方低级别训导等职。孔传勋本人所娶娄氏的曾祖也有举人功名，而其祖、父辈共4人获生监功名，宦绩较突出者官至知府。[1]通过上面陈氏家族的信息可见，孔春熙虽然没有科举功名，但是其妻子陈氏家族连续三代均有举贡以上科举功名，可列入当地科举家族之列，妻族的科举功名较孔氏稍显。而李氏和娄氏家族中也都有举贡功名获得者，且妻族男性宦绩轨迹逐渐上升，但以地方官员为主。这一婚姻网络对于提升天津孔氏家族，特别是孔春熙和孔聚贤两代社会地位具有帮助作用，对于孔传勋成功考中进士也有促进和推动作用。

在上文叙述长沙孔氏家族的科举功名时笔者已经提出，长沙孔宪教本支科举功名并不显著，尚与科举家族这一称谓有一定差距，其本支祖父孔广熙虽然是圣庙四品执事官，但并没有科举功名。本支孔氏妻族科举情况则与孔氏类似，同样并不显著。孔宪教本支祖父孔广熙妻李氏之父获监生功名，而本生母罗氏之父同样仅有监生功名，而妻族官职最高仅为六品衔县丞。由此可见，孔氏父祖两代妻族不仅科举功不显著，妻族仕宦情况也不尽人意，所以也只能称为"业儒之家"。到孔宪教本人这一代，他所娶吴氏家族则科举功名稍显，这与孔氏本支情况类似，也凸显了社会基层的小型家族同样怀有"门户相对"的婚配理念。吴氏兄长中有举人1人，监生2人，侄辈监生1人，其兄吴元浩任河南汝阳武安、襄城知县。就科举功名和仕宦而言，实际上两代举贡功名与孔宪教本人进士功名相仿佛，但孔氏和妻族两个脉系所获科举功名欠缺持续性和稳定性，与曲阜孔氏和吴县、南海孔氏存在较大落差，与小型科举家族直隶天津孔氏的婚姻网络比较也存在一定距离。通过以上对小型科举家族和"业儒家族"的婚姻网络分析可知，孔氏科举家族的规模和

---

[1]　来新夏主编：《清代科举人物家传资料汇编》98，学苑出版社2006年版，第199—204页。

科举功名的获得情况与其婚姻关系和妻族科举功名情况呈正相关的关系，不仅功名情况类似，妻族成员的宦绩也与孔氏族人相仿佛，体现了孔氏家族"门当户对"的婚姻理念，更说明了婚姻网络的建立与孔氏家族科举功名的关联。

综上所述，曲阜孔氏的婚姻状况展现出大型科举家族的特点，无论本支先祖是否有承袭衍圣公爵位者，其联姻家族均在科举功名和宦绩方面存在持续性和稳定性。虽然科举功名在衍圣公光环退却后同样是曲阜孔氏维系家族成功的重要凭借，但相较江苏吴县和南海孔氏的联姻更多以科举功名作为决定因素而言，曲阜孔氏的家世和功名均发挥着作用。就联姻和功名的持续性和稳定性而言，曲阜孔氏较吴县和南海孔氏家族为优，也体现出大型科举家族维系的成功。曲阜孔氏因为享有全国性的声望和功名的成功，婚姻选择跨地域性特点更为突出，往往超越济宁直隶州和兖州府的范围，在全省和全国进行婚配，比地方性科举家族范围更大。

此外，虽然在上文中提及了三种模式下不同地域孔氏自身的宦绩大致相同，但婚姻网络的形成导致了妻族成员在宦绩上的差异。曲阜孔氏妻族中存在很多官至三品以上的成员，如左都御史、侍郎、布政使和按察使等职位，甚至在朝廷中具有重要地位，但吴县和南海孔氏的婚配因以地方性为原则，妻族成员的宦绩也多以地方官为主，其中以州县官和知府、道台官职为主，可视为中层官僚，与曲阜孔氏婚配的上层官僚家庭存在一定差距。再如天津和长沙孔氏，由于本支家族相较于以上两种家族规模为小，他们的婚姻网络构建不仅以地方作为着眼点，而且妻族成员的宦绩也多是知县、教谕、训导等地方下层职位。不同地域孔氏家族婚姻网络的比较与分析，再次展现出大、中、小型科举家族的差异，而妻族成员的宦绩也以上、中、下层官僚相匹配。这种差异不仅反映在科举功名和宦绩的代际传递上，也体现在婚姻网络的构建和选择策略方面。

四、科举家族的学业网络——以受业师群体为例

在上文中，笔者对孔氏大宗族内部的三种科举家族形态按照科举功名、宦绩和婚姻网络作了分析，而本小节以现存朱卷信息中孔氏族人受业师这一群体再作进一步探讨。笔者通过对孔氏进士受业师群体的梳理发现，三种规模的科举家族受业师群体都有着较好的科举功名，这对于孔氏族人在"千军

万马过独木桥"的层层科举考试体系下最终杀出重围有很重要的帮助作用。与之同时，家族内成员和姻亲网络中的族人也有多人是受业师群体中的一员，这对于孔氏族人追求举业成功，维系家族功名和政治资源的稳定性具有重要意义。值得注意的是，由于大型科举家族中拥有功名的家族成员和姻亲较多，受业师中拥有功名者占比较高，而小型科举家族由于科举功名相对欠缺稳定性，这一比例较低。

首先，在现存的 4 位曲阜孔氏进士的朱卷中共载有明确为受业师者 37人，其中进士 5 人，举人 11 人，贡生 5 人，生监功名持有者 12 人。这一规模的受业师群体无论从持有的功名上，还是从部分受业师的宦绩上而言，都比下文将要述及的吴县、南海等孔氏进士的受业师群体为优。在受业师这一群体中，孔氏本族族人为受业师者达 7 人，而且很多具有举、贡功名，如孔广电、孔宪谨、孔宪留等，这对于促进整个曲阜孔氏家族在举业上和政治资源上的持续成功具有重要帮助作用。此外，姻亲成员作为受业师者 4 人，以孔宪曾具有进士功名的岳父张荣祝和孔祥霖的太表伯、举人郑宪铨为代表。姻亲成员作为孔氏成员的受业师，无疑再一次证明了婚姻网络对于孔氏本支家族的促进作用。家族成员和姻亲成员为受业师者共 11 人，占总受业师比例为29.7%。另外需要注意的一个现象是，在孔宪珏的受业师中有 3 位是他的"年伯"。换言之，因本支先祖孔继涵和孔昭焜先后考中进士和举人功名，由此所构建起的科举网络也对孔宪珏本人的举业有着帮助作用。这 3 位年伯中有 1 位进士，2 位举人，由此也可以想见他们将个人举业成功的经验传授给孔宪珏带来的帮助作用。

4 位孔氏进士受业师兹录如下：

孔宪曾受业师 8 人，其中进士 3 人，举人 1 人，贡生 1 人，生员 3 人。受业师中无孔氏族人，姻亲成员为受业师者包括母舅杨金墀，岳父张荣祝。[1]

孔庆墭受业师 4 人，其中进士 1 人，举人 2 人，贡生 1 人。[2]

孔祥霖受业师 10 人，其中举人 5 人，贡生 2 人，生员 3 人。受业师中家族成员 5 人，4 人持有举贡功名，姻亲成员 1 人，为太表伯、举人郑宪铨。[3]

〔1〕 顾廷龙主编：《清代朱卷集成》第 39 册，成文出版社 1992 年版，第 331 页。
〔2〕 顾廷龙主编：《清代朱卷集成》第 221 册，成文出版社 1992 年版，第 202 页。
〔3〕 顾廷龙主编：《清代朱卷集成》第 43 册，成文出版社 1992 年版，第 356—358 页。

孔宪珏受业师 15 人，其中进士 1 人（翰林），举人 3 人，贡生 1 人，生员 6 人。家族成员为受业师者 2 人，分别为孔昭昀和孔广虑，均为生员，姻亲成员 1 人，为姑丈方世振。年伯 3 人，举人范承愿，举人尹肇棨，进士（翰林）刘耀椿。

其次，广东南海和江苏吴县孔氏进士的受业师情况与曲阜孔氏类似，不仅授业功名较显，而且家族和姻亲成员对于他们的高中同样具有推动意义。由于孔继勋的进士朱卷不存，本处以孔昭仁的乡试朱卷信息以作分析，同样可以展现南海孔氏受业师的情况。南海孔继勋、孔广镛和孔广陶三人不但有科举功名，而且从事实业，家族中不仅有科举和政治资源，而且在经济方面较优，这对孔继勋之孙、孔广陶之子孔昭仁在聘请受业师、维系科举功名方面具有重要帮助。

具体而言，孔昭仁受业师共 20 人，其中 19 人有科举功名，只有蒋益沣功名不显，但宦绩较为突出。在 19 位拥有科举功名的受业师中，进士 9 人（5 人为翰林），举人 5 人，贡生 3 人，生员 2 人，而家族和姻亲成员占受业师比例是 10%。[1] 其中家族成员为受业师者是咸丰朝进士——曲阜孔氏家族成员孔昭涣，并在受业师上标注"家润周夫子"字样[2]，凸显了二者同族同宗的事实，也由此展现出南海孔氏和曲阜孔氏的互动与联系。姻亲成员作为受业师者 1 人，为孔昭仁的表伯许应骙，时任翰林院左庶子，后官至礼部尚书，再次展现出婚姻网络对于孔氏成员举业的帮助作用。相较于广东南海孔氏而言，江苏吴县孔氏的受业师群体规模则较小，现存孔昭乾和孔昭晋二人受业师记载仅 7 人，其中举人 2 人，贡生 1 人，生员 3 人。特别是孔昭乾仅受业师 1 人，为举人赵钧，孔昭晋受业师共 6 人，举人 1 人，贡生 1 人，生员 3 人，而族内受业师为拥有举人功名的堂叔孔广钟，族人作为受业师的比例为 14.3%。

作为小型科举家族的代表，天津孔传勋的受业师规模反而颇为可观。其朱卷共记录有受业师 15 人，其中进士 5 人，举人 6 人，生员 2 人，而家族成员为受业师者是拥有生员功名的胞兄孔传时，占受业师比例为 6.7%。[3] 这一

---

〔1〕 来新夏主编：《清代科举人物家传资料汇编》70，学苑出版社 2006 年版，第 61—65 页。

〔2〕 来新夏主编：《清代科举人物家传资料汇编》70，学苑出版社 2006 年版，第 65 页。

〔3〕 来新夏主编：《清代科举人物家传资料汇编》98，学苑出版社 2006 年版，第 202—203 页。

受业师网络从一个侧面反映出，孔传勋祖上虽然科举功名并不十分显著，但在天津地方还是具有一定的声望和经济基础，这些因素对孔传勋中进士起到促进作用。与小型科举家族尚有一定距离的"业儒家族"，湖南孔宪教家虽朱卷信息中载有受业师 62 人，但并没有记载他们的功名情况，一方面可能是因为信息不全，另一方面也可能是因为这些人功名不显。在受业师中包括族人 3 人，姻亲成员 1 人为姻丈文德孚，二者占受业师比例为 6.5%。值得注意的是，在受业师群体中标注有宗室 4 人，这一点颇有进一步探究的意义。

综上所述，三种规模科举家族的受业师群体大致有以下两个特点：第一，无论是曲阜孔氏、南海孔氏还是天津孔氏，他们的受业师群体在科举功名和规模方面都较为出色，这也直接作用于授业者身上，为他们的举业成功提供帮助，更从一个侧面展现出各自在地方享有的威望和经济基础。第二，在受业师群体中，本支族人和姻亲是重要组成部分，直接体现了家族科举功名的显著和婚姻网络在举业上的促进意义。虽然三种规模的科举家族都有一定比例的族人和姻亲充任受业师，但各自占比不同，越大型的科举家族，族人和姻亲成员占受业师比例越大，反之则越小。

五、结语

本章以科举家族概念探析了清代孔氏进士群体，对以曲阜孔氏为代表的大型科举家族、以吴县孔氏和南海孔氏为代表的中型科举家族、以天津孔氏为代表的小型科举家族和以长沙孔氏为代表的"业儒家族"进行了分析。清代孔氏进士群体作为广义上同宗同源的大宗族，呈现出不同的科举家族形态，实际上并不多见，也凸显了孔氏家族庞大和特殊的社会地位，更是清代汉人科举家族的典型代表。本章就孔氏大宗族内部的三种科举家族的举业功名、宦绩、婚姻网络与受业师群体构成等内容进行了比较分析，展现出了不一样的特点，这是对《清代朱卷集成》中进士家族背景深化研究的必然方向之一。

就举业而言，以曲阜孔氏为代表的大型科举家族功名较为显著，家族中世代从事举业和拥有科举功名的族人较多，特别是曲阜孔氏拥有的政治优势也直接转化为科举功名，上文所述恩贡功名就是典型代表，形成了比较稳定的科举功名代际传递。以吴县和南海孔氏为代表的中型科举家族代际科举功名较为稳定，但家族规模较小，世代从事举业人数和功名持有者也不如曲阜孔氏众多。直隶天津孔氏是小型科举家族的代表，不仅家族规模较小，而且持有功名人数较少，功名代际稳定性不强，勉强满足科举家族的三个条件，而长沙孔氏家族则为"业儒家族"模式，其家族规模和功名持有状况与天津孔氏尚有一定差距，虽有进士功名持有者，但属于数代业儒的偶发状况。

就宦绩而言，本章所比较分析的几种科举家族没有明显差异，以四品至七品官衔居多，符合清代进士群体总体宦绩轨迹，并没有因作为衍圣公后裔而有所差别。但曲阜孔氏家族中有三品以上职位者，较其他家族为优，不过没有位至封疆者，也展现出虽然家族声望和权势对于科举功名转换有所帮助，但对于仕进的攀升帮扶作用较小。

就婚姻网络而言，三种规模的科举家族策略大致相同，均以"门当户对"作为各自家族的婚配原则，只是在妻族的社会地位、宦绩、功名等方面存在着与家族规模的正相关特点。曲阜孔氏家族的婚配家族社会地位较高，妻族成员很多为三品以上的上层官僚，同时在科举功名方面具有优势。与之同时，曲阜孔氏在婚姻家族的选择上以兼顾地域性和超地域性为特点，既侧重山东地方家族，也会选择全国范围内的很多精英家族进行联姻。这一特点既与曲阜孔氏的声望和地位有关，也与他们功名较显息息相关。吴县孔氏和南海孔氏的婚姻网络构建以地域性为主原则，以府、州、县作为联姻范围，意图构建和提升本家族在地方的网络与声望。作为中型规模的科举家族，二者的联姻对象家族功名较为稳定，与吴县和南海孔氏不相上下，两支妻族的宦绩也以四品至七品的中层官僚为主，符合中等规模科举家族的婚配模式。天津孔氏和长沙孔氏的婚姻网络更加着眼于本州县家族，妻族功名并不突出且缺乏稳定性，而宦绩更多为知县、县丞、教谕、训导等下层官僚。总而言之，婚姻网络与家族规模呈现出较为一致的波动状况。

就受业师群体而言，曲阜孔氏和其他孔氏家族在功名选择上较为一致，功名持有者占有很高比例，这不仅是家族声望的体现，更与家族经济状况息息相关，而这些受业师也对孔氏族人中举发挥着促进作用。与之同时，受业师群体状况也体现出家族成员和姻亲成员对于本支孔氏族人举业的重要帮助作用。族人和姻亲作为受业师在整个群体中的占比与科举家族规模呈正相关关系并依次下降，从曲阜孔氏的占比 29.7%，到吴县孔氏的 14.3% 和南海孔氏的 10%，再到天津孔氏的 6.7% 和长沙孔氏的 6.5%。

　　总而言之，对清代孔氏进士群体以科举家族的视角进行比较分析，有助于我们对清代汉人科举家族以及各地孔氏家族的发展形态、迁徙状况和科举流动性有全面的了解，进而对科举家族的规模分类、代际名望的延续与复制、科举功名与政治的交互性议题有更深刻的理解与认知。

第七章

清代福州府科举家族初探

——以洪塘鄂里曾氏为中心

笔者在上章中以清代孔氏家族作为代表，探析了大、中、小型科举家族的发展形态，而本章则结合地方史观念，聚焦于清代科甲兴盛的福州府，对府内著名的科举家族之一——曾氏科举家族——作集中分析。在清代福州府城内（今三坊七巷地区），出现了如林氏、萨氏、黄氏、叶氏、曾氏、廖氏等科举家族，其中不乏"五子登科"，数代进士、举人功名的案例，彰显出清代福州府的文化优势，而这又与其地理位置、政治环境和家族间的婚姻网络建立有着密不可分的联系。本章将目光聚焦在福州府曾氏家族身上，探析科举家族在形成过程中与地方政治、环境及人文因素的互动与关联。

一、清代福州府的地理与人文环境

福州府是福建省的首府，自宋代以来科举中式率很高，人文蔚起。在明代，福州府与兴化、泉州二府成为福建省内三个主要的科甲分布地区，福州府中进士 650 人，泉州府中进士 586 人，兴化府中进士 533 人。[1]此外，明代福建省进士分布如下：漳州府 306 人，建宁府 131 人，汀州府 52 人，延平府 42 人，邵武府 38 人，福宁州 34 人。明代福建进士分布的地域集中特性与当地人文地理有直接关系。在素有"八山一水一分田"的福建，少有平原地带，闽西多为山区，而东部的福州、泉州和兴化三府则是临海之地，且地势低缓，这一地理特点促成了福州、泉州等地成为福建经济发达之地，进而带动了当地文教的兴盛。

---

〔1〕 季平：《明代福建进士的地域分布研究》，载《教育与考试》2009 年第 6 期。

明清易代之后，福建的科举分布情况发生了转变。在清代科举竞争日趋激烈的同时，文化资源日益向省会或府治这样的大城市集聚。据《重纂福建通志》载，清代福建举人共 9967 名，福州府达 4309 名，约占全省举人总数的 43%，其中闽县与侯官县以绝对优势名列全省各县第一、二名。对于进士籍属，作为首府的福州府，有清一代的进士达到 723 人，占整个清代福建进士 1399 人[1]的 51.7%。又以鼎甲为例，有清一代 112 科中共有福建籍鼎甲进士 9 人，其中 6 人来自福州府（5 人来自闽县和侯官县），3 人来自泉州府。[2]根据何炳棣所作统计得出其中福州府闽侯籍进士达 557 人，占全省进士 40%，位列清代第三，[3]占福州府进士比例更是高达 77%。从明入清，如何炳棣所言，"福州以牺牲省内其他地区为前提，科甲集中达到了惊人的程度"，[4]出现了科举的地区高峰现象。[5]

在这种人文、地理背景中，清代福州府科举家族的出现势为必然。根据学者统计，清代福建科举家族共 12 个，其中福州府的科举家族数量为 11 个，而泉州府科举家族仅为 1 个。[6]在朱彭寿所撰《旧典备征·安乐康平室随笔》"世家·累代甲科"一节中就记述了福州府内众多的科举家族，其中又以叶氏和陈氏两家为著。其中，叶氏自乾隆十六年（1751 年）叶观国进士登科始共五代六人进士及第，包括叶观国、叶申万（叶观国子）、叶敬昌（叶申万子）、叶大焯（叶敬昌孙）、叶在琦（叶大焯子）。陈若霖于乾隆五十二年（1787 年）进士登科同样开启了陈氏四代五位进士的科甲世家先声，包括陈若霖、陈承裘（陈若霖孙）、陈宝琛（陈承裘子）、陈懋鼎（陈宝琛子）。不

〔1〕 李润强：《清代进士的时空分布研究》，载《西北师大学报（社会科学版）》2005 年第 1 期。
〔2〕 康熙六十年（1721 年）辛丑科，鼎甲第二名吴文焕，福州府长乐县；雍正五年（1727 年）丁未科，鼎甲第二名邓启元，泉州府德化县；乾隆二年（1737 年）丁巳恩科，鼎甲第二名林枝春，福州府闽县；嘉庆十四年（1809 年）己巳恩科，鼎甲第二名廖金城，福州府侯官县；道光十六年（1836 年）丙申恩科，鼎甲第一名林鸿年，福州府侯官县；道光十六年（1836 年）丙申恩科，鼎甲第二名何冠英，福州府闽县；同治十三年（1874 年）甲戌科，鼎甲第三名黄贻楫，泉州府晋江县；光绪三年（1877 年）丁丑科，鼎甲第一名王仁堪，福州府闽县；光绪十六年（1890 年）庚寅科，鼎甲第一名吴鲁，泉州府晋江县。
〔3〕 何炳棣：《明清社会史论》，联经出版事业股份有限公司 2013 年版，第 313 页。
〔4〕 何炳棣：《明清社会史论》，联经出版事业股份有限公司 2013 年版，第 308 页。
〔5〕 林拓：《文化的地理过程分析：福建文化的地域性考察》，上海书店出版社 2004 年版，第 147 页。
〔6〕 方芳：《清代科举家族地理分布的特点及原因》，载《济南大学学报（社会科学版）》2009 年第 5 期。

仅如此，叶氏和陈氏家族还是"五子登科"和"六子登科"的科举世家。如叶观国五子均登甲乙榜，包括叶申菜（进士）、叶申蔼（举人）、叶申苞（举人）、叶申万（进士）、叶申芗（进士）。又如陈承裘的登科六子，包括陈宝琛（进士）、陈宝瑨（进士）、陈宝璐（进士）、陈宝琦（举人）、陈宝瑄（举人）、陈宝璜（举人）。[1]

　　福州府"一府独大"的高中式集中特性，原因在于科举乡试中额和府县学额的增加，加大了士子的中式概率，[2]而更为重要的原因在于福州在乾隆朝文化中心地位的确立。[3]尤其是乾隆年间鳌峰书院成为福建顶级的官办书院，受到闽浙总督、福建学政等省级官员的大力扶持。[4]自康熙四十六年（1707年）创建鳌峰书院至清末科举废除，史载"院中科第大盛"，[5]共考取进士163人，占清代福建进士总数1399人的11.7%，而举人更是达700多人，如此之多的中式数额一方面是官方支持的结果，另一方面也在于师资的优势。《鳌峰书院志》即言"清恪公所修书，罕有过而问焉者矣"，[6]掌教书院之人都是进士出身，甚至是乡试的考官、学政出身。例如，杭州人范栻为乾隆丙戌进士，曾任福建副主考，提督广西学政，[7]这些优势对在鳌峰书院学习的士子的帮助不可估量。

　　本章所研究的曾氏家族能够跃升为地方科举家族，就与以上清代福州府的人文环境有着重要联系。曾氏家族核心成员，13世至15世如曾奋春、曾晖

----

〔1〕（清）朱彭寿撰：《旧典备征·安乐康平室随笔》卷4，中华书局1982年版，第90—101页。

〔2〕清初顺治时期的福建乡试中额仅为50名，至乾隆九年（1744年）增至85名，光绪元年（1875年）增加至98人，较之清初增加了96%，而在福州府学和县学的名额方面，清代朝廷为了笼络福州府的读书人，府学和县学的学额都较明代增加，福州府学廪生和增生学额经过清初和雍正两次增加至各40名，而闽县和侯官县学廪生和增生名额增加至各25名。曾氏家族正是利用这个因素，入清后自第八代即入学读书。尤其是在曾氏家族演变为科举家族之际的12、13世，均为府学、县学学生，如12世曾新及13世曾奋春、曾晖春、曾开春为县学廪生，14世曾元燮为"福州府学廪膳生"，15世曾兆鳌为"府学附生"，16世曾宗彦为"闽县廪膳生"，曾福谦"入闽县县学"。

〔3〕林拓：《明清时期福建文化地域格局的演变》，载《中国史研究》2003年第4期。

〔4〕鳌峰书院为福建官办书院，地方行政、资金等各方面予以扶持，参与编修《鳌峰书院志》的官员有：闽浙总督玉德、阿林保；福建巡抚李殿图、温承惠、张师诚；福建学政邵自昌、叶绍本；福建布政使景安、景敏；福建按察使韩峰、袁秉直、庆保及署理按察使、各道官员和福州府知府多托礼，由此可见鳌峰书院官办背景之强大。

〔5〕赵所生、薛正兴主编：《中国历代书院志》第10册，江苏教育出版社1995年版，第312页。

〔6〕赵所生、薛正兴主编：《中国历代书院志》第10册，江苏教育出版社1995年版，第312页。

〔7〕赵所生、薛正兴主编：《中国历代书院志》第10册，江苏教育出版社1995年版，第311页。

春、曾元基、曾元炳、曾元海、曾元燮、曾元澄、曾兆鳌均出自鳌峰书院并科甲中第，[1]无疑鳌峰书院的教育对他们的举业成功有直接的帮助。民国时期《福建通志》中即载曾元澄入鳌峰书院从陈寿祺学，亦受业于学政陈用光之事。同样重要的是，曾氏族人的读书和家学传统为他们科举成功提供了内在支持。

在《曾氏家训》中，曾氏家族七世祖曾熙丙要求子孙诗书传家，并教授他们读书与养身之法，[2]对于子孙科举应试更是有所期冀。他以洪塘同邑曹能始、杨康候二人均于 20 岁中进士为榜样，激励子孙道："汝辈资质不在人下……英华辞藻当模今文，义理脉络力追前辈……文章为天下公器……片纸只字绣心缕语，能传之通都大邑。"曾氏家族成员遗存的众多著作也反映了曾氏家族以读书为治家之本，以科甲作为读书之目的，为家族科举成功奠定了文化基础。曾克端在编写曾氏十二世诗文时将曾氏家族这种文化传统概括得最为详尽，其言"吾家自十一世祖敬炫公至克端传世十二，历载四百而未尝中辍焉，为时之永世莫能及也"。[3]

二、曾氏家族起源及科举家族的形成

根据《清代朱卷集成》所收录的 4 位曾氏成员[4]的科举档案记载可知，曾氏迁闽始祖为明代永乐年间国学生曾孟宁，其父曾凤诏是江西吉安府新淦县人，为洪武末进士，建文初年官至监察御史，靖难之时燕王朱棣以吏部侍郎官职相邀，不仕而上血书自尽。故此曾孟宁从"江右新淦县"迁至闽中洪塘鄂里，以避祸靖难之变，九世孙曾大来以诗文载其事：

锦衣望族出庐陵，三百年前统姓曾。傲骨不从豪气冷，血书犹傍笑怀凝。新官旧主恩谁语，族戍孤城痛抚膺。不愧文山真快事，何妨虎尾哐层冰。[5]

与曾孟宁同迁福建的兄弟有曾孟康、曾孟宣、曾孟宜等，并分仁、义、

---

〔1〕　曾氏家族成员经书院科举中第记载依上文顺序分别出现在《中国历代书院志》第 10 册（江苏教育出版社 1995 年版）第 321、325、471、481 页。

〔2〕　曾克端：《曾氏家训·警学篇》，收录于《曾氏家学续编》，1962 年自印版，第 19 页。

〔3〕　曾克端：《福州曾氏十二世诗略》序文二，1966 年自印版，第 8 页。

〔4〕　曾元燮、曾兆鳌、曾宗彦、曾福谦。

〔5〕　曾克端：《福州曾氏十二世诗略》"书庐陵公殉难始末记后"，1966 年自印版，第 5 页。

礼、智诸房，但后经变迁，其余几房或迁回江西，或迁移他处而不可考。[1]
初至福建定居的曾氏家族几代并不显赫，甚至被其他家族欺辱，如有记载
"（曾晖春）先生祖本寒儒，尝与戚属某争坟。地故曾物，争辩莫决。将断诸
官而某戚颇有力，预制墓碑先瘗诸地。次日官至掘碑，念为戚某地，遂勒曾
起棺改葬焉"。[2]迁坟争端导致两家结怨数十年，甚至在之后几代"两家之
科名仕宦皆相埒"，"惟至曾氏盛时而戚某子孙寥寥矣"，[3]曾氏家族凭借科
甲的持续兴盛终占得上风，而这种社会地位的改变源自明末曾氏七世曾熙丙
中举。

　　曾熙丙，字用晦，于万历丁酉科中举人，官至监察御史。史载其为人正
直，颇有官声，他不同阉党同流，"守正不阿，奸人侧目"。[4]明清交替之
际，在得知崇祯帝自缢煤山的消息后，竟绝食月余而亡，为家族赢得了更高
的名望。在曾熙丙中举后，曾氏家族社会地位从农这个阶层上升为士，其后
数代保持了课业的传统，这也是曾氏存世著述追至七世的原因。在社会身份
转变后，曾熙丙将家迁至福州省城，《闽县乡土志》载"六世孙御史熙丙又迁
省城，传十余代"。[5]

　　曾氏家族真正跃升为当地科举家族是从十三世曾晖春开始，而与其最近
的曾氏本支族人科举功名持有者是九世叔祖曾大升，为副贡生。可以说曾晖
春在几乎没有家族势力和恩荫可以凭借的情况下，以自身的科举成功开启了
曾氏五子登科，四代连捷进士的佳话，[6]如其自言"本房自支祖分派后秋荐

---

〔1〕 曾克端：《曾氏家乘》，收录于《曾氏家学续编》，1962年自印版，第2页。

〔2〕 （清）林枫著，（清）郭柏苍辑，郭白阳撰：《榕城考古略 竹间十日话 竹间续话》卷一，海
风出版社2001年版。

〔3〕 （清）林枫著，（清）郭柏苍辑，郭白阳撰：《榕城考古略 竹间十日话 竹间续话》卷一，海
风出版社2001年版。

〔4〕 （清）欧阳英修，（清）陈衍纂：《民国闽侯县志》卷67"列传四下"，1933年刻本，第12页。

〔5〕 朱景星修，（清）郑祖庚纂：《闽县乡土志》，"版籍略三·大姓"。

〔6〕 曾晖春，字霁峰，嘉庆三年（1798年）中举，嘉庆六年（1801年）三甲第118名进士，官
至江西义宁州知州，四品衔江西乡试同考官。他亲见五子皆登科甲的盛况：长子曾元基，字芗屏，道
光乙未科举人，名列南元，即亚魁，官至安溪县学训导，次子曾元炳，字蔚岩，道光己丑科进士，官
至同知，江南乡试同考官；三子曾元海，字少坡，道光壬午科进士，列五经魁，任翰林院编修，贵州
乡试主考官，并出任广西学政；四子曾元燮，字梅岩，道光戊戌科进士，官至郎中衔工部营缮都水司
主事；五子曾元澄，字亦庐，道光辛卯科中乡试，官至知县。

始此"。[1]晖春母在临终前也欣慰地说："汝父潦倒一衿望，登科如登天。今子若孙皆成进士，吾为汝幸而恨汝父不及身见"。[2]这一成功不仅见证了一个科举家族的出现，更体现了明清以降科举所带来的"绝对流动性"机遇。

如果说五子登科尚有其他科举家族可以比拟的话，那么在此基础上的四代连捷进士乃世所罕见。虽然同县的螺洲陈氏也为当地科举大族，且有六子登科的记载，但终因陈承裘之父陈景亮仅为举人，未能连捷进士促成佳话。在科场功名方面，又以曾晖春二子元炳一系最为兴盛，其孙曾兆鳌、曾孙曾宗彦、曾福谦均中进士，四代连捷。[3]自曾晖春后，曾氏一跃成为地方科举家族，世代中第，出仕为官，在举业领域的成功可见一斑。正如曾克端所言："盖傲炫公之后，至公而吾宗乃一振矣。其后孙曾蔚起，科名蝉焉，逮清末乃随国运以俱亡……四百载，海内科第之永者，恐无能逾吾家。"[4]

随着科举的成功，曾氏家族跻身福州当地望族行列，在科甲名望、仕宦、经济累积等方面都有发展。同时，曾氏家族在家谱编纂、祠堂建设、住址迁移、墓地安葬等诸多方面发生了变化，体现了科举家族形成后内部组织结构逐步完善。

家谱修纂：虽然《曾氏家乘》《曾氏家训》的编纂作为家族文化的标志至1960年代才完成，但实际上自七世曾熙丙始就作《教孙篇》以训诫子弟，尤其在跃升为科举家族后，十三世曾晖春至十六世曾福谦之间，出现了《曾氏家训》和《曾氏家乘》中最为重要的篇章，如《居官篇》《治家篇》《诃世篇》《先人事略》；制定了较为完善的族规，如要求族人戒赌、戒酒、戒演剧、戒洋烟等条例；规范家族丧祭第一、婚娶第二及科第等诸事宜；虽不见曾氏宗族义田的记载，但留有"子孙有财行善最好赡族"[5]的家训。这一系列的族规、家训清晰体现了这支曾氏家族在此时期进行了"溯渊源、分疏戚、序

---

〔1〕　曾克端：《曾氏家乘》，收录于《曾氏家学续编》，1962年自印版，第14页。

〔2〕　曾克端：《曾氏家乘》，收录于《曾氏家学续编》，1962年自印版，第20页。

〔3〕　曾元炳之子曾兆鳌，字晓沧，道光甲午科乡试第二名，甲辰科进士，官至道衔知府。其子曾宗彦，字君玉，秉承家学，中光绪癸未进士，翰林院庶吉士，后成为中国近代著名的"陆军之父"。在宗彦同辈中，曾福谦同样在光绪朝中进士，因此曾氏成为"四代七进士"的科举大族，与此同时，族中多人中举及持有功名。

〔4〕　曾克端：《颂橘庐文存》之五世祖霁峰公行状，收录于《曾氏家学》下，1960年自印版，第581页。

〔5〕　曾克端：《曾氏家训》，收录于《曾氏家学续编》，1962年自印版，第71页。

尊卑"的体系建构。

曾氏住所：虽自七世曾熙丙搬至省城居住，但是世居府城边缘地带西门大街。随着四代连捷进士的出现，曾氏家族搬到了当时福州府的核心区域，如曾晖春从西门大街搬住"东街孝义巷"，[1]其子曾元澄住黄巷，曾宗彦住"省城东街"[2]即安民巷内，而曾福谦则搬到"省城魁铺里"[3]即吉庇巷，与福州其他望族如林氏、郭氏、陈氏等毗邻而居，象征着曾氏家族完成了向地方大族的转变。虽然在《曾氏家训》中多处出现这支曾氏成员"家贫"的记载，但这支曾氏族人在中进士、举人后立即入翰林院供职或分往州县和府州县学为地方官，因此在经济方面减少了候缺的不必要花费，也可改善家庭经济情况，这种转变从住址的迁移可以得到印证。不过，曾氏成员住址虽然相近，却并非聚族而居，而是倾向于析产分家，以避免纠纷。在《曾氏家训》中即言"九世同居之事千古几人？故析箸分产必须父母在时为之划定，免启以后无数争端"。[4]

曾氏祠堂：与曾氏居住地位置变化相应的是家族祠堂的兴建。曾氏家族在其家训、家学及地方县志中均没有曾氏祠堂的正式记载，只在曾晖春回忆其父曾新时有言"岁时伏腊诵祖德，泪涔涔下，宗祠圮毁，独立倡修而一木难支，没齿犹引为憾"，[5]说明曾氏家族虽有祠堂，但后毁坏未建，也说明了在曾氏十三世崛起为地方科举家族前曾氏家族的实力尚弱的事实。虽然在《民国闽侯县志》中载"曾公祠在九仙山麓，祀宋郡守曾巩"。[6]但曾氏在转变为科举家族后并没有以此作为自己的宗祠祭祀，而是另建一处祠堂。

在与曾氏交好的郭柏苍所著《乌石山志·南丰曾氏祠》中有一段记载："（祠）在山西麓庵边角，祀宋曾文定公巩，祔祀明南京御史侯官曾熙丙……熙丙孙曾灿垣……曾大升……曾奋春……曾晖春。"[7]文中没有记载曾氏祠堂建造的具体时间，但通过从祀的人员、祠堂所在乌石山所处地理位置及祠堂

〔1〕（清）林枫著，（清）郭柏苍辑，郭白阳撰：《榕城考古略 竹间十日话 竹间续话》卷一，海风出版社 2001 年版。
〔2〕顾廷龙主编：《清代朱卷集成》第 54 册，成文出版社 1992 年版，第 53 页。
〔3〕顾廷龙主编：《清代朱卷集成》第 60 册，成文出版社 1992 年版，第 207 页。
〔4〕曾克端：《曾氏家训》，收录于《曾氏家学续编》，1962 年自印版，第 71 页。
〔5〕曾克端：《曾氏家乘》，收录于《曾氏家学续编》，1962 年自印版，第 16 页。
〔6〕《民国闽侯县志》卷 17"坦庙上"。
〔7〕（清）郭柏苍：《乌石山志》卷四，"南丰曾氏祠"。

记载出现在嘉庆二十二年（1817 年）兴建的李公遗爱祠和咸丰十一年（1861年）兴建的王壮愍公祠中间的位置推断，应是曾氏族人搬到安民巷和吉庇巷前后建造，即 1850 年至 1860 年之间。

通过主祀曾巩及祠堂对联的题写可以看出，曾氏家族将始祖追溯至宋代曾巩。虽然对于曾巩祖先的这一认定不能尽信，但祠堂建立、曾巩祭祀及先人陪祀确实加强了家族的优越感和内部团结，也说明了在转变为科举家族后的曾氏族人希望强调家族血缘的高贵传统，从而达到提高家族地位和族人自尊心的目的，现存的曾氏祠堂对联体现了曾氏族人的上述心态："道统绍一贯之传，师孔友颜，来者直开思孟；文章擅八家之誉，接韩步柳，同时并驾欧苏"。[1]正如陈支平在研究福建族谱时所言，"福建族谱中的先世附会，大多是明知故犯，因为这样做有助于提高家族的社会声望和地位"。[2]

尤应注意的是此支曾氏家族的始迁祖曾孟宁并非曾凤诏长子，在后代祭祀时本应以小宗身份以四亲为祀、"五世则迁"，如乾嘉时期王元起"家家祭始祖固不可"之言。但此支曾氏以曾巩为始祖进行祭祀，挑战了《礼记》"大宗"主祭祀，百世不迁的礼法，说明了此支曾氏族人以大宗地位祭祀始祖的努力，尤其是在演变为科举家族后的这种"有意为之"，体现了曾氏族人非理学化的文化观念，其希望通过提升自己至大宗地位达到更好收宗聚族的效果。祠堂从祀五人为家族十三世之前拥有科举功名的五位先辈，而始迁祖被排除在外，似可印证郑振满"士绅是'依附式'宗族中'贵者'"的论述，[3]即士绅在身后享受"入祀"权，[4]亦说明了曾氏家族对科举功名的看重和整个家族的科举策略。

曾氏墓区：据《曾氏家乘》载，前八世的墓地位置非常分散，没有形成集中的墓葬区域，如"曾孟宁卒于洪熙元年，葬于西关外洪塘之柏杨山，其后洪塘本支祖曾显祖葬于祖墓侧，三世祖葬于瑞林岭，四世祖葬于洪塘三圣庙后山，五世祖附葬四世祖旁，六世祖葬洪塘阵板楼下山，七世祖葬南郊棠

---

〔1〕 陈钦尧编：《福州联话》，海潮摄影艺术出版社 2005 年版，第 129 页。

〔2〕 陈支平：《五百年来的福建家族与社会》，扬智文化事业股份有限公司 2004 年版，第 46 页。

〔3〕 郑振满：《明清福建家庭组织与社会变迁》，中国人民大学出版社 2009 年版，第 66 页。

〔4〕 郑振满：《明清福建家庭组织与社会变迁》，中国人民大学出版社 2009 年版，第 67 页。其引用闽北浦城民国时期《占氏族谱》以为依据"主祭必先科甲、次恩、拔、副、岁贡生，次廪、增、附生员中辈行最长者"〔《占氏族谱》（1922 年重修）卷一，《上同宗祠规》〕。

池石泉山，八世祖葬南郊上渡白泉山"，[1]而至十三世曾晖春、十四世曾元海、十五世曾兆鳌和十六世曾宗彦，均葬于"洪塘曾家山"，即西山一带。如曾元澄之继妻杨氏身后安葬于"闽侯西关外孙宅山之阳，所谓西山也"。[2]根据《曾氏家训》中，为凸显曾氏家族的科举与大族地位，逝者挽词题主"能请疆吏者最妙，否则司道，否则府厅县，需视子孙官职之尊卑。如不可能，即乡先达中有名望者亦可"。[3]

曾氏十二世至十六世谱系：笔者以《清代朱卷集成》中曾宗彦本支的档案为依据，还原出这一四代连捷进士的曾氏家族十二世至十六世的科举及仕宦情况[4]：

第十二世：曾新，廪生。

第十二世伯叔：曾景云、曾庆云。

第十三世：曾晖春，进士，官至四品衔知州。

第十三世伯叔、堂伯叔：曾奋春，举人，官至浙江临安知县；曾开春，国学生；曾联春。

第十四世：曾元炳，进士，官至同知。

第十四世伯叔、堂伯叔：曾元基，举人，官至安溪县学训导；曾元海，进士，翰林院编修，广西学政；曾元燮，进士，官至郎中衔工部营缮都水司主事；曾元澄，举人，官至知府衔赏戴花翎候补同知；曾元章，国学生；曾元汇；曾元煜。

第十五世：曾兆鳌，进士，官至道衔知府。

第十五世伯叔、堂伯叔：曾兆鹏，廪贡生，五品衔训导升任知县；曾兆霖，举人，六品衔候选知县；曾兆淞，国学生；曾兆溱，例贡，光禄寺署正；曾兆鍠，举人，四品衔户部郎中；曾兆桢，副贡，训导；曾兆熊，举人；曾兆珪，国学生，县丞衔；曾兆锟，优贡，直隶试用知县；曾兆樑；曾兆駉，八品衔；曾兆中；曾兆骦，军功八品衔。

第十六世：曾宗彦，进士，官至贵州思南府知府。

第十六世伯叔、堂伯叔：曾宗诚，举人；曾宗韩，庠生；曾宗发；曾宗

---

〔1〕 曾克端：《曾氏家乘》，收录于《曾氏家学续编》，1962年自印版，第2页。

〔2〕 曾克端：《曾氏家乘》，收录于《曾氏家学续编》，1962年自印版，第29页。

〔3〕 曾克端：《曾氏家训》，收录于《曾氏家学续编》，1962年自印版，第69页。

〔4〕 顾廷龙主编：《清代朱卷集成》第54册，成文出版社1992年版，第53页。

洙；曾宗廉；曾宗颐；曾寿甲，国学生；曾福谦，光绪丙戌科进士，官至四川奉节、崇宁知县；曾寿图，国学生；曾宗亮，生员；曾宗彝；曾宗淇；曾宗泽；曾宗祥；成字辈 15 人。

通过上面所列出的曾氏十二世至十六世家族成员，我们可以得出以下三点结论：第一，此支曾氏宗族内部秩序严密，在这一时期较为严格地按照云、春、元、兆、宗的字辈排序。曾氏十七世出现了"以"和"尔"两种排序方法，这可能与曾福谦这一支中进士后地位提升有一定关系。在此一时期，为了家族长子一脉延续和各支的均衡发展，内部过继现象也频繁出现，如曾晖春三子曾元海出继给长房曾奋春，以保证作为长房的一脉香火延续，由此可见曾氏在转变为结构严整的科举家族后希望维系传统宗法制度，进而保证家族长房的发展。作为次子的曾晖春一系内部也将三子曾元海之孙曾福谦过继给五子曾元澄为孙，承挑曾兆淞为子，但实际上此时曾元澄至少有曾琛一位孙辈，故此种做法更可能是出于保证曾晖春一系内部科举功名各房平均化的一种做法，毕竟曾元澄的三位儿子在科甲方面终其一生最高仅有贡生身份，孙辈更无功名，而过继发生时仅 20 岁出头的曾福谦已拥有生员身份，科举前景光明。通过这种家族内部过继状况，我们也可以了解曾氏族人对宗法制度的维系和曾氏家族的科举文化模式。

第二，在这一时期 59 位族人中，具有五贡、举人以上功名者 18 人，占30.5%；有官职者 19 人，占 32.2%，从科举家族的角度来说当之无愧，不仅家族五代内多人具备进士、举人的功名，且从这一比例看出科举是曾氏家族的整体目标，实现了科举所代表的聚合点功能，"在这个点上，国家的利益、家庭策略、个人希求和愿望都汇在一处"，[1]这与偶尔中举的士绅家族有很大不同。因为材料和记载时间并不准确，上述科举功名和做官比例在现实中应更高，如《清代朱卷集成》中的曾宗彦档案，为其中式举人时的乡试资料，一些同辈分的堂兄弟此时尚年幼，而之后参加科举和出仕的情况没有收录。

对于曾氏科举之盛，曾克端言自始迁祖入闽，从明朝中叶至清末将近 400 年时间，其中有中秀才者 77 人，中举人者 40 人，五贡生 5 人，中进士者 9

---

〔1〕［美］艾尔曼："科举考试与帝制中国晚期的政治、社会与文化"，载张聪、姚平主编：《当代西方汉学研究集萃·思想文化史卷》，上海古籍出版社 2012 年版，第 157 页。

人，入翰林院者 3 人，中解元者 1 人，"吾闽所称为世家者也"〔1〕。虽然我们由此可见曾氏家族的科举盛况，但中举者的年代绝大多数都是清代中叶以后，五贡和举人以上功名更是如此，因此曾氏家族到清代中叶以后才成为福建当地所认同的科举家族。

第三，曾氏家族在出仕情况上，以中下层官僚为主，如曾克端所言，"外止于府县，内止于言官"。〔2〕在曾氏家族十二世至十六世男性出仕群体中，若除去赏衔以本职计算，那么曾氏家族任四品官者 2 人，五品者 4 人，六品者 2 人，七品者 6 人，八品者 2 人。由此可见，曾氏科举家族并非等同于传统意义上的仕宦大族，而这一现象对曾氏家族的婚姻策略产生直接影响。

三、曾氏家族的婚姻策略

在中国古代婚姻关系中，极为重视门第，作为地方名门的科举家族，更是重视婚姻网络的建立，不仅要考虑政治因素，同时也注重双方的文化背景，以达到更好促进举业的目的。因此在科举家族联姻时要考虑女方父、祖甚至整个女方家族群体的科举功名、仕宦情况。在《清代朱卷集成》中所记录的曾氏家族的配偶中既有世代官宦的科举大家族，亦包含举业和仕进一般的地方小家族，囊括了地域性、文化性、政治性等因素。

第十二世曾新的配偶是同县的陈氏，她的父亲是贡生、候选训导陈圣灵。她的 4 位弟弟分别是陈文治，庠生陈文蔚，举人武平教谕陈文华，庠生、孝廉方正六品衔陈兰泰。〔3〕陈氏的 4 位妹妹分别嫁给了庠生石鼎、方叔景、张迎季、贡生林宾日，尤为值得一提的是林宾日为林则徐之父，使曾氏家族通过婚姻和林氏家族建立起了亲戚关系。在辈分上，陈氏为林则徐的姨妈，而下一代的曾晖春辈与林则徐则为表兄弟关系。

陈氏家族的后代同样保持了读书应举的传统，陈氏的侄辈有举人、邵武府学教授陈象仪，庠生陈端士，道光朝举人、崇安县学训导陈福畴，举人、延平府学教授陈鸣昌；孙侄辈有贡生、试用训导陈宪周，举人、尤溪训导陈翼谋，举人、工部主事陈宾睿，庠生陈葆；曾孙侄有同治朝进士、四品衔郎

---

〔1〕 曾克端：《曾氏家乘》，收录于《曾氏家学续编》，1962 年自印版，第 1 页。

〔2〕 曾克端：《曾氏家乘》，收录于《曾氏家学续编》，1962 年自印版，第 1 页。

〔3〕 顾廷龙主编：《清代朱卷集成》第 54 册，成文出版社 1992 年版，第 53 页。

中陈钦铭，庠生、县丞陈镜河，庠生陈勋。[1]通过陈、林两个家族后人的举业和仕进，我们看到曾氏家族在十二世的婚姻关系可以说促进了十三世的科举成功。曾氏所联姻的都是地方上具有一定名望且具有一定功名的家族，但并非十分显赫，而从后代出仕的情况看，曾氏和联姻家族间基本保持了地方官为主的层次，这也加重了曾氏婚姻门当户对的色彩。

　　第十三世曾晖春的配偶王氏，出自福州府永泰县王氏家族，其父为乾隆朝举人，任泉州府学教授，其弟王有为嘉庆辛未科会魁，进士，直隶宣化县知县。在王氏侄辈和孙侄辈中，有国学生、庠生和举人多人。[2]从这一代的联姻状况可知曾氏家族开始与同府外县的家族联姻，但依旧立足本地。待曾氏出任京官始，其家族联姻范围逐渐扩大，而其所选家族依旧是具有科甲功名的书香门第，这种文化因素贯穿曾氏婚姻选择的始终。

　　第十四世曾元炳的配偶黄氏是闽侯当地石村人、江苏昆山知县黄日华之女。黄氏家族在当地可称为科举和仕宦家族，有"一门六知县"之称。同为十四世的曾元燮娶陈氏，其祖父为闽县陈敬成，官浙江会稽县知县，其父陈徽芝中嘉庆壬戌科进士，任浙江秀水县知县，兄长为邑庠生陈远谟；曾元澄娶同属福州的科举家族萨氏女为妻。从科举资料之家谱看，萨氏可以追溯到元世祖时期的萨氏始祖、蒙古族萨哈布拉，自三世祖都拉受赐萨姓，元明清萨氏绵延近 600 年，至进士萨起岩已传 19 世。曾元澄之妻萨氏其父为贡生萨履亨，任德化县训导。萨履亨之子萨铸同为延平府学训导，次子萨鳞中道光乡试，任邠州州同。萨氏家族其他著名科甲功名者有乾隆末进士萨龙光，翰林院庶吉士，官至户部员外郎；萨维翰，咸丰朝进士，官至同知衔知县；道光会魁，进士萨大年等。举人更是不胜枚举，近代海军著名将领萨镇冰即出自福州萨氏家族。[3]萨氏不仅与曾氏家族联姻，也同当地的其他科举家族如闽县林氏、螺洲陈氏等地方名族联姻，因此也间接拓展了曾氏家族的联姻网络。

　　不仅如此，曾元澄之妻萨氏还是当地望族郭阶三的养女，郭阶三的两位孙女分别嫁给曾元澄的次子曾兆珪和三子曾兆锟，使得曾氏家族同福州另一

---

〔1〕　顾廷龙主编：《清代朱卷集成》第 54 册，成文出版社 1992 年版，第 53 页。
〔2〕　顾廷龙主编：《清代朱卷集成》第 54 册，成文出版社 1992 年版，第 53 页。
〔3〕　来新夏主编：《清代科举人物家传资料汇编》1，学苑出版社 2006 年版，第 586 页。

个"五子登科""四代进士"的显赫科举家族郭氏亦建立起联系。郭阶三的5个儿子均有功名，长子郭柏心，道光朝举人；次子郭柏荫，道光朝进士；三子郭柏蔚，道光朝举人；四子郭柏苍，道光朝举人；五子郭柏芗，咸丰元年（1851年）举人。概括而言，郭家4代有6个进士，分别是郭柏荫和其四子郭传昌；郭柏荫孙子，郭式昌的长子郭曾炘、次子郭曾准、三子郭曾程，及郭曾炘长子郭则沄。两个家族的联姻以地缘为根据，更注重门当户对，同是五子登科、四代进士，如此盛况世所少见。正如郭曾炘为曾元澄所著《养拙斋诗存》序文中所言，"吾乡二百余年来，亲见五子登科者唯闽县曾霁峰刺史及吾曾祖介平公"。[1]

第十五世曾兆鳌的原任配偶邱氏是闽县嘉庆朝进士、山东惠民县知县邱音越的侄孙女，嘉庆朝进士、云南元谋县知县邱翰元之女。邱氏的兄长邱庆麟中道光乡试，任府学教授。曾兆鳌后因出任刑部京官，与江苏名门王氏建立起了婚姻关系。王氏家族是江苏乃至清朝著名的科甲与文学家族。[2]曾兆鳌配偶王氏是雍正甲辰科榜眼、翰林院编修、吏部尚书王安国之元孙女；乾隆乙未科进士、翰林院庶吉士、四品卿衔王念孙之曾孙女；嘉庆己未科探花、翰林院编修、工部尚书王引之孙女；广西按察使王寿昌长女；按察使衔安徽宁池道王彦和，道光甲辰科进士、湖北汉黄德道王寿同侄女。曾氏家族和著名的高邮王氏建立起婚姻关系，说明了曾氏家族地位的提升和国家范围内名门望族对其家世的认同。至十五世曾兆鳌，三代连捷进士已为曾氏积累了足够的科举名望及政治资本，使其得以逐步扩大婚姻网络，同更高名门联姻，这也与曾氏家族开始步入京官行列、扩大仕宦圈有着直接联系。

第十六世曾宗彦所娶宋氏之父是侯官江口村宋鸿图，于光绪二年（1876年）丙子科中武状元，官至广东参将。宋氏族人亦多以军功受封，可见曾氏家族在四代进士后，更加注重和大家族联姻，武举进士甚至状元亦可视为科举背景下的名门家族。曾福谦所娶林氏之祖父为五品衔直隶州州同，父为蓝翎即选知府林灏英，叔父为布政司经历林韶英，兄长为兵部郎中林赟尧，而另两位堂兄为候补知州林文年和候选训导林彭龄。

通过分析曾氏十二世至十六世的婚姻联系网，我们可以得出以下结论：

---

〔1〕 （清）曾元澄：《养拙斋诗存》，收录于《曾氏家学》，1960年自印版，第59页。

〔2〕 顾廷龙主编：《清代朱卷集成》第54册，成文出版社1992年版，第53页。

第一，曾氏家族的联姻对象为具有同样科举和家学背景的家族，包括郭氏、萨氏等。在曾氏所联姻家族的数代内都有科举功名或出仕为官的记录，并具有良好的文化传统，这从联姻家族中大量成员出任地方教职如教授、教谕等得以反映。同时，各家族成员间也时常一起唱和，如在郭柏荫所著的《石泉集》和曾元澄所著的《养拙斋诗存》中都有写给对方的诗文，这种文化活动一方面有利于婚姻亲谊的巩固，另一方面对家学文化传承和举业有促进作用。

第二，曾氏联姻注重地域性，即注重同闽侯地方科举家族联姻。十二世至十六世曾氏可统计的共 18 次婚姻，包括 13 次曾氏成员娶妻和 5 次曾氏女子出嫁，其中 16 次为闽侯本地家族间的相互嫁娶，占 88.9%，只有十三世曾晖春配偶王氏为同府异县的联姻，曾兆鳌续弦江苏高邮大族王氏为唯一跨省联姻。曾氏家族希望通过在地方同其他科举家族建立婚姻关系保证其在地方的声望。此外，客观上福州府在清代出现了数支科举家族，如林氏、萨氏、黄氏等，这使得曾氏家族无需跨县或跨府寻求其他大家族作为联姻对象。

第三，曾氏成员出任官职多为中下层职位，且多为地方官而少京官，这就导致曾氏在一定程度上固守地方性联姻传统的同时，所联姻的家族也多以中下层地方官职为主。除高邮王氏家族及后来位至封疆的郭柏荫家族较为显赫外，曾氏在当地联姻的其余家族职官多为五品至八品之间，其中教职又占了相当的比例，由此曾氏家族联姻的"门当户对"性、地方化倾向和文化背景的相仿性体现得淋漓尽致。

四、曾氏家族的交友网络

考察曾氏家族的交友范围和网络，可以通过《清代朱卷集成》中受业师的情况还原这个网络中的部分成员，同时我们也可充分利用与曾氏家族往来的各种文人诗文书信、序文甚至墓志铭更好地补充这个网络，以了解曾氏家族的交友指向、层次和地域范围。

在漫长的读书应举道路上，受业师起到了重要的作用，主要负责学子的教读及谈论应试策略。因此，受业师亲自教读士子，朝夕相处，不仅传授学识，同时和学子形成了良好的私人关系，如曾元澄就受教于陈寿祺，陈不仅是其生父、嗣父的朋友，也与曾氏有姻亲关系，而这种私人关系也是相伴终身的。正如叶梦珠所言："不为师不知师道之难，不为师不知师恩之厚。予尝为之矣，敢不知之乎？发蒙之始，固虑其无知；知识既开，又虞其泛骛。启颛蒙而使之领悟，去泛骛而纳诸正中，器识文义，务必兼优，掩短护长，迎机科导，师恩宁可忘哉！"[1]

以曾氏家族这一支第十六世曾福谦为例，他的受业师可以分为两类，一类是具有亲属关系的受业师，另一类是本县具有文化传统和功名的学士。在曾福谦亲属受业师内，包括了他的舅祖萨镛，邑增生；舅祖萨葵寿，邑增生；表叔陈蓁，光绪丙子进士，翰林院庶吉士、编修；表叔叶滋任，国学生；伯父曾兆鳌。[2]这些亲属受业师，有曾氏家族内的科举成功者，而更多的是曾氏联姻家族内的业儒，如陈氏、萨氏、叶氏都可以称得上福州的科举家族，他们之间的这种交流与互动，在一定程度上也是为了保证各自家族科举传统的延续和家风的传承。

在亲属关系之外的受业师中，曾氏家族的选择更看重有无科举功名和在福建当地仕宦与否。参加并中式的举人、进士在学问上对学子有所促进，同时可以给曾氏子弟提供应试的亲身经历与策略，以提高家族子弟的科举成功率。更为重要的是这些受业师大多拥有官职，且相当一部分是福建本地官职，这就使得曾氏家族可以扩大自己的交际网络，增强自己在地方的威望。曾福谦的这部分受业师包括了崔蓬瀛，道光丁酉科举人，曾任福建长乐县知县；同拱辰，道光癸卯科举人，前福建宁德县知县；陈宗英，廪贡生；何履亨，咸丰丙辰科进士，甘肃皋兰县知县；宋详，同治庚午科举人；何式璜，光绪丁丑科进士，前江苏即用县知县；何式珍，同治辛未科进士，山东曹县知县；高帮光，咸丰辛酉科副举，汀州府学训导；林士傅，道光癸巳科进士，翰林，广西盐法道；林鸿年，道光丙申科状元，前云南巡抚；林寿图，道光乙巳科进士，福建团练大臣；何嵩祺，咸丰庚申科进士，前兵部主事；陈翼，同治癸亥科进士，翰林，陕西学政。以上受业师群体形成的关系网络，在一定程度上使得曾氏家族成员在科考和入仕为官上拥有更多的便利条件。[3]

此外，这部分受业师绝大多数都拥有进士的科举功名，这样的师资团体一方面有利于学子学业的精进，另一方面也向家族之外的人展现了曾家的交际范围和实力所在，亦是一种家族策略。在曾福谦所受业的18人中，出自福

---

〔1〕 （清）叶梦珠撰：《阅世编》卷九，中华书局 2007 年版，第 220 页。
〔2〕 顾廷龙主编：《清代朱卷集成》第 60 册，成文出版社 1992 年版，第 207 页。
〔3〕 顾廷龙主编：《清代朱卷集成》第 60 册，成文出版社 1992 年版，第 207 页。

州府的士人共 16 人，在福州府为官者 1 人，只有同拱辰为非福州籍且仕宦在
福宁府宁德县，由此看出，曾氏家族在受业师选择上依旧有福州府甚至是闽
侯地区的地方倾向，这也在一定程度上说明了其交友范围的同府甚至同县性。

　　除了曾氏子弟的受业师，与曾氏家族有文化往来的士人同样是曾氏家族
私人交友脉络的重要组成部分。如在曾晖春之母陈氏九十大寿之际，林则徐
特写就《曾氏从母陈太恭人九十寿序》以为祝贺。同样为了庆祝陈太恭人九十
大寿，与曾晖春同年的陈用光，也写就《曾年伯母陈太九十寿序》文一篇。[1]
篇中陈用光用“年伯母”一词，可以想见士人对此关系的重视。陈用光和曾
元海亦同入翰林院任编修，两家的关系进一步加深。更为重要的是两家都通
过仕宦关系在彼此家乡任职，如曾晖春在江西南昌府任义宁州知州，而陈用
光和曾元炳二人同时出任学政，陈用光出任的正是福建学政，这种仕缘和地
缘关系使得两家更为亲近，同时对于曾氏子弟入学、科试都有重要的影响。如
陈用光在序文中就言“太恭人之曾孙曾兆鳌顷补博士弟子员为吾所取士”，[2]
由此可见交友圈对于科举家族的重要作用。

　　曾氏家族同地方名士的诗文、结社等也反映出家族交际圈及与地方士绅
的关系网，如曾元海与“同乡叶敏昌等结诗社……千百诗旧之会，文字之交
藉藉便都天下”，[3]曾元澄在其自怡轩二梅书屋中常与“杨庆琛、李彦章诸
先辈相唱和”，[4]这些诗文的唱和联络了地方家族间的感情，同时将他们凝聚
为一个地方整体，印证了卜正民所论述的“文化活动在建立地方士人网络中
的重要作用”[5]。

　　通过研究《曾氏家乘》等留存资料中对曾氏家族交友范围的记载，我们
可以得出结论：曾氏家族以福州府的士人为主要交际对象，兼及同年或出仕
地文人家族。在《清代朱卷集成》和《曾氏家乘》中所记录的受业师和相交
文人的 35 人中，福州府籍的地方士人为 29 人，占所统计交友圈的 82.9%，
而在此外的 6 人中有 3 人在福州府为官，其中两人为闽侯地区，一人为宁德

---

〔1〕　曾克端：《曾氏家乘》卷 5，收录于《曾氏家学续编》，1962 年自印版，第 5 页。
〔2〕　曾克端：《曾氏家乘》卷 5，收录于《曾氏家学续编》，1962 年自印版，第 6 页。
〔3〕　民国《福建通志》总卷三十四，“列传·清七”。
〔4〕　民国《福建通志》总卷三十四，“列传·清七”。
〔5〕　Esherick, Joseph W. and Mary Backus Rankin eds. , *Chinese Local Elites and Patterns of Dominance*, University of California Press, 1990, pp. 40-42.

地区。曾氏家族所交友的对象同样是以读书、科举、诗文为家族传统的士人子弟，而非与曾氏相仿的家族则严格地被排斥于他们的交友圈外。这一特点也正是曾熙丙在《曾氏家训·同党合志》篇中所言与士人"慎交游"的原则，即"以辞受取与上观，人而恬淡自足，风尘息机，不肯以岁月之暇实贵之"，[1]而对于不是曾氏家族交友网内的其他人如商人或纯粹的官僚，则"以不失礼于人为则，勿须过费心力反失品望"。[2]

五、曾氏家族与地方社会的互动

通过科举策略获得成功并以此为资本建立起私人关系网的曾氏家族与地方的互动是怎样的？是否与其他大家族一样积极参与到了地方公共空间的建设中呢？笔者探求档案后发现答案是出乎意料的。转变为科举家族后的曾氏对于地方公共事业的参与远非我们想象的那样积极，甚至处于空白状态。在民国时期《闽侯县志》《闽县乡土志》和地方文人笔记中，均缺少曾氏族人参与捐助铺路、修桥等地方公益事业的记载。例如在民国时期《闽侯县志》"善举"[3]中记载了地方修建闽侯地区普济堂、育婴堂、养济院、义冢等公共设施，我们没有发现曾氏族人的身影，而其他的地方科举和仕宦大族的代表悉数登场，如林则徐、陈若霖、梁章钜、叶申万、廖鸿藻、郭仁图积极捐银兴建，甚至副举陈应牲、贡生丁錞、监生何则贤等都捐银响应，并被县志收录。同样在曾氏后人自己编纂的《曾氏家乘》中也只字不提这种"义举"。由此我们似乎可以作以下推论，即曾氏家族以科举和业儒作为自己家族保持名望和地位的主要手段，较少参与到地方兴建之中。

虽然在咸丰三年（1853年），已经致仕的曾晖春响应朝廷和闽浙总督王懿德号召，以在籍前义州知州的身份出资编团练保卫地方，但其目的也仅是保证曾氏家族在福州府的既有生活，且此事亦随着太平军北上而不了了之。但于承平之时，曾氏族人似乎过着如曾福谦自己所言的平生"不说闲话，不管闲事，不看闲书，不用闲钱"的生活。这种模式的选择可能与曾氏家族仕宦后来曾遭遇变故有关，[4]也可能与曾氏本支与其他大宗族或科举家族相比

---

〔1〕 曾克端：《曾氏家训》卷1，收录于《曾氏家学续编》，1962年自印版，第7页。
〔2〕 曾克端：《曾氏家训》卷5，收录于《曾氏家学续编》，1962年自印版，第37页。
〔3〕 《民国闽侯县志》卷61"善举"。
〔4〕 16世曾宗彦与曾福谦都曾参与"戊戌维新"，而致使家族仕宦变故。

规模尚小有关。总之，我们不应该将地方绅士热衷于地方公共建设模式化地作为一个必然的选择。

六、结语

通过对清代福州府曾氏家族的研究，我们清晰地看到该家族在转变为科举家族后的一系列变化，及其在仕宦、婚姻、交友等方面的地方化倾向，而这种倾向的产生既是曾氏家族自身选择的结果，也与清代福州府经济、文化兴盛有着直接的联系。曾氏家族的科举文化策略使得家族成员以业儒和科举为主要目标，也以此作为保障家族地位的重要手段。福州府内尤其是闽侯地区举业的兴盛状况，为曾氏家族的地方化策略提供了很好的先决条件，使得他们无需跨府甚至无需跨县即可建立起家族的社会关系网络，既形成了福州府内共同的利益整体，又保证了子女不远离家族的形态。曾氏家族对科举功名的热衷与成功及对公共事业的远离，使我们以另一种视角看待这个清代地方的科举家族。

第八章

清代琼州府文进士群体探研

在前两章研究了清代孔氏科举家族和福州府曾氏科举家族之后，笔者将目光继续南移，聚焦于海南地方。实际上，清代海南进士的地域分布有明显的集中特性，而且主要源自数个家族。因此，本章以相对宏观的视角整体性探析清代海南地方家族与科举的关系及互动。

清朝继承明代的行政区划，海南归属广东省管辖，称为琼州府，下设三州、十县，分别是儋州、万州、崖州、琼山县、澄迈县、定安县、文昌县、会同县、乐会县、临高县、陵水县、昌化县和感恩县。[1]其中，琼山县为附郭县，是府治和县治所在地。在这三州、十县范围内，有清一代共产生文进士 31 人，首位进士出现在康熙六十年（1721 年）。这一时间与同省的广州府、潮州府和肇庆府相较为晚。本章不仅意图厘清琼州府在清代所产生的 31 名文进士的科甲功名，而且就这一群体的籍贯分布、宦绩事功、家族特性以及对当地文风的影响作深入分析，希望对于修正一些原有谬误[2]及全面了解清代琼州府文进士群体有所助益。

---

〔1〕《钦定大清会典》卷 8・疆理，收录于《景印文渊阁四库全书》第 619 册，台北商务印书馆 1986 年版，第 107—108 页。

〔2〕 例如，杨德春所著的《海南岛古代简史》所载"清代海南进士 21 人，其中琼山 6 人、定安 4 人、会同 3 人、文昌 5 人、澄迈 1 人、儋州 1 人、万州 1 人"（杨德春：《海南岛古代简史》，东北师范大学出版社 1988 年版，第 163—164 页）有误，应为 31 人，具体厘定数字与籍贯详见本章第一部分。又如，王俞春编著的《海南进士传略》一书中，清代计有琼州府进士 30 人，有误；又将中进士的"张钟彦"误作"张钟秀"（王俞春编著：《海南进士传略》，花城出版社 1998 年版，第 112 页），考求张氏科名，有张钟彦之弟张钟琇者，为举人功名；又有清代琼州府最后一位进士王云清的科分误作"光绪十五年"（王俞春编著：《海南进士传略》，花城出版社 1998 年版，第 123 页），实际上，王云清会试中式后"未殿试"，三年后"补殿试"得中，故进士登科应为"光绪十八年"。

一、清代琼州府进士群体的科名与宦绩

笔者根据江庆柏编著的《清朝进士题名录》、道光朝《琼州府志》以及各州县的地方志，共辑录出清代琼州府文进士 31 名，以康熙六十年（1721 年）中式的莫魁文为最早，又以光绪十八年（1892 年）中式的王云清为最晚。清代琼州府进士按照朝代统计，其中康熙朝进士 1 人，雍正朝进士 4 人，乾隆朝进士 11 人，嘉庆朝进士 2 人，道光朝进士 8 人，咸丰朝和同治朝进士各 1 人，光绪朝进士 3 人。以绝对数量计，琼州府进士以乾隆朝为最多（表 8-1）。若以均值计，则排在前三位的朝代依次为雍正朝、道光朝和乾隆朝（表 8-2）。进而以顺治三年（1646 年）恢复会试至光绪三十一年（1905 年）废除科举计算，清代琼州府进士数占清代广东省进士总数的 3.1%，[1] 平均每科相较于广州府、潮州府、肇庆府、惠州府和嘉应直隶州进士人数为少，优于高州府、韶州府、雷州府、廉州府及其他各直隶州、厅，平均每 8.35 年产生一位进士。

表 8-1　清代琼州府进士朝代分布

朝代	顺治朝	康熙朝	雍正朝	乾隆朝	嘉庆朝	道光朝	咸丰朝	同治朝	光绪朝
人数	0	1	4	11	2	8	1	1	3

表 8-2　清代琼州府年均进士数字

朝代	顺治朝	康熙朝	雍正朝	乾隆朝	嘉庆朝	道光朝	咸丰朝	同治朝	光绪朝
平均人数	0	0.017	0.31	0.18	0.08	0.27	0.09	0.08	0.09

按照科名统计，清代琼州府文进士名次最佳者为嘉庆十四年（1809 年）鼎甲及第的探花张岳崧，其次有二甲进士出身者 9 人，三甲同进士出身者 21 人。按照籍属统计，琼山县进士 9 人，定安县进士 8 人，文昌县进士 7 人，会

---

[1]　根据陈利敏所著《清代广东进士地理分布及其特点分析》一文统计，清代广东省进士人数以 965 人+37 人计，共 1002 人（陈利敏：《清代广东进士地理分布及其特点分析》，载《浙江档案》2017 年第 10 期）。但笔者正文中已述及清代琼州府归属广东省，故应该先去除怀集县进士 2 人，并将万州进士 1 人归入琼州府，故实际清代广东省进士为 1000 人。

同县进士3人，儋州进士2人，万州进士1人，澄迈县进士1人（表8-3）。由此可见，清代琼州府进士群体地理分布以位于府属东北部的琼山、定安和文昌三县为优，三县进士占总进士数的77.4%，而南部州县如崖州、陵水县、感恩县没有进士产生。这种地理分布态势在一定程度上与琼州府南北文风强弱差异有关，南部多为少数民族聚集区，而琼州府内科举世家多集中居住于东北部。

表8-3　清代琼州府进士辑录

序号	姓名	年份	籍属	科甲名次	职官
1	莫魁文	康熙六十年	定安县	3-88	知县（正七品）
2	谢宝	雍正二年	琼山县	3-143	府教授（正七品）
3	梁汉鼎	雍正二年	定安县	3-162	知县（正七品）
4	莫陶	雍正五年	定安县	3-14	知县（正七品）
5	陈振桂	雍正八年	会同县	3-138	府教授（正七品）
6	张日旼	乾隆元年	文昌县	3-95	知州（从五品）
7	林其笼	乾隆十年	文昌县	3-214	知县（正七品）
8	符汉理	乾隆二十二年	会同县	3-89	未赴任卒
9	吴缵姬	乾隆二十五年	澄迈县	2-43	知县（正七品）
10	黄河清	乾隆二十六年	儋州	3-34	未仕
11	杨景山	乾隆二十八年	万州	3-41	知县（正七品）
12	吴典	乾隆三十四年	琼山县	2-47	翰林院编修（正七品）
13	王斗文	乾隆三十六年	琼山县	3-6	未赴任卒
14	王之藩	乾隆四十五年	琼山县	3-25	府教授（正七品）
15	李琦	乾隆四十九年	琼山县	3-6	知县（正七品）
16	陈琮	乾隆五十二年	琼山县	3-86	知县（正七品）
17	莫绍德	嘉庆六年	定安县	3-84	内阁中书（从七品）
18	张岳崧	嘉庆十四年	定安县	1-3	湖北布政使（正二品）
19	云茂琦	道光六年	文昌县	2-81	郎中（正五品）
20	杨廷冕	道光十六年	会同县	3-51	知县（正七品）

续表

序号	姓名	年份	籍属	科甲名次	职官
21	韩锦云	道光二十年	文昌县	3-12	道台（正四品）
22	韩捧日	道光二十年	文昌县	3-39	知县（正七品）
23	王映斗	道光二十四年	定安县	2-14	大理寺卿（正三品）
24	林燕典	道光二十四年	文昌县	2-17	知县（正七品）
25	张钟彦	道光二十五年	定安县	3-39	知府（从四品）
26	杨文熙	道光二十七年	琼山县	2-98	知县（正七品）
27	邱对欣	咸丰六年	琼山县	2-60	知县（正七品）
28	云茂济	同治二年	文昌县	2-74	知县（正七品）
29	郑天章	光绪二年	琼山县	3-99	未仕
30	王器成	光绪六年	定安县	3-116	主事（正六品）
31	王云清	光绪十八年	儋州	3-158	知县（正七品）

资料来源：江庆柏编著：《清朝进士题名录》，中华书局 2007 年版；道光朝《琼州府志》，光绪十六年（1890 年）补刊本；《民国琼山县志》，上海书店出版社 2001 年版；《民国文昌县志》，上海书店出版社 2001 年版；光绪《定安县志》，上海书店出版社 2001 年版；《嘉庆会同县志》，上海书店出版社 2001 年版

　　进士登科后，新科进士除在京师参加恩荣宴和各种仪式外，按照清朝定制，他们可以在家乡住地悬挂匾额、立旗杆以示身份。乾隆四年（1739 年）还规定每位新科进士可以直接从户部领取牌坊银 30 两，而鼎甲三人每人会增加给予牌坊银 50 两，以作为在家乡修筑牌坊的资助。[1] 在道光朝《琼州府志》的"坊表"中就记录了部分清代琼州府文进士所建立的石牌坊。例如，王斗文在烈楼修建有"进士坊"，王之藩在永兴修建有"进士坊"，林其笼（与举人林运鉴等）在文昌学宫右侧修立有"文林毓秀坊"，符汉理在文理村修建有"进士坊"，郑天章在烈楼修立了"进士坊"，以及吴典在琼州府学东侧修建有"瀛洲首选坊"，又在府学西侧与举人吴珏一同修立了"桂苑联芳坊"等。[2] 这些在地方修建的石牌坊进一步让新科进士彰显荣光，并以这种宽大、高耸

[1]　（清）杜受田：《钦定科场条例》卷 45，会试宴赏，咸丰二年（1852 年）刻本，第 29 页。
[2]　（清）明谊修，（清）张岳崧纂：《琼州府志》卷 35，成文出版社 1966 年版，第 251—252 页。

而且坚固的建筑形式，给予地方士绅和百姓以长久性的视觉冲击，不仅构筑起家族在地方的威望，更让他们跻身地方精英之列，为历史所铭记。

进一步考察清代 31 位琼州府文进士群体宦绩可知，有 15 位进士宦至知县，占比 48.4%，而未仕或已经铨选而先卒进士 4 人，占比 12.9%。其余 12 位进士分别有官至府教授者 3 人，知州 1 人，翰林院编修 1 人，内阁中书 1 人，郎中 1 人，道台 1 人，知府 1 人，主事 1 人，大理寺卿 1 人和布政使 1 人。若按照品级排列，排除未任职 4 人，其余 27 人，官至二品 1 人，三品 1 人，四品 2 人，五品 2 人，六品 1 人，七品 20 人。在外任的地域分布上，京官 5 人，外官 22 人，其中外任云南 4 人、江西 4 人、直隶 3 人、广东 3 人、湖北 2 人、山西 2 人，陕西、四川、河南、福建各 1 人。

由此可见，清代琼州府进士宦绩位至上层官僚者（一品至三品）仅 2 人，缺少部院堂官或主政一方的省府大员，更多是各州县亲民的地方官，也缺少各省内道、府一级的中层官员。不过，这也为琼州府进士成为造福一方百姓和保境安民的父母官提供了实践的平台。例如，《清史稿·循吏传三》中记载了云茂琦在任江苏沛县知县时"询民疾苦，恳恳如家人。劝以务本分，忍纷争，讼顿稀"，[1]并按照"先德行，后文艺"的原则亲自馆课诸生，为百姓所称道。道光朝《琼州府志》在描述张日旼任云南宜良知县时，记述了他"政尚简易，以课士训农为务"，"修河计捐俸银千余"，开建沟渠灌溉农田，将"三州县贫瘠土皆成膏腴"。[2]又如，莫魁文"出宰庆云，政多平反，有贤声"。[3]吴缵姬任江西铅山知县时"兴利除弊，吏服民怀"，自捐养廉银重修文庙，开渠灌溉农田，"民食其德"。[4]李琦自捐俸银编练团练、民壮以保境。[5]莫陶在铜梁知县任上"礼士爱民，兴利剔弊，为上官所重"。[6]邱对欣任职柏乡县"莅任九年，政简刑清，士民爱戴"。[7]以上众多列举，无疑展示出清代琼州府文进士群体在宦任上造福百姓的事实。

〔1〕（清）赵尔巽等撰：《清史稿》卷 478，循吏传三，中华书局 1977 年版，第 13065 页。
〔2〕（清）明谊修，（清）张岳崧纂：《琼州府志》卷 34，成文出版社 1966 年版，第 790 页。
〔3〕（清）明谊修，（清）张岳崧纂：《琼州府志》卷 35，成文出版社 1966 年版，第 802 页。
〔4〕（清）明谊修，（清）张岳崧纂：《琼州府志》卷 35，成文出版社 1966 年版，第 803 页。
〔5〕（清）明谊修，（清）张岳崧纂：《琼州府志》卷 35，成文出版社 1966 年版，第 803 页。
〔6〕（清）明谊修，（清）张岳崧纂：《琼州府志》卷 35，成文出版社 1966 年版，第 806 页。
〔7〕《民国琼山县志》卷 24，人物，上海书店 2001 年版，第 996 页。

二、清代琼州府进士群体的家族特性

在清代琼州府 31 名文进士群体内，既有如王映斗、王器成和张岳崧、张钟彦这样的父子进士，又有韩锦云和韩捧日叔侄同榜进士以及云茂琦和云茂济同族兄弟进士的佳话。这一现象在一定程度上提醒我们，清代琼州府进士群体的家族特点鲜明。实际上，当我们深入清代地方社会，去研究家族和举业关系时就会发现，很多地方社区的科举成功会呈现出科举家族的特点。代际不断有人获贡生、举人、进士功名，在提升家族地方威望、增强"收宗聚族"的凝聚力以及改善家族经济方面有重要意义，这些家族会不断通过科举的成功延续他们在地方政治、经济和文化方面的优势，发挥科举"再生产"的功能，而清代琼州府文进士群体同样有这样的家族特点。

本章节因篇幅所限，并不意图全面论述琼州府科举世家的辈分、支脉、婚姻网络和受业师群体等信息，而是简要勾勒出清代琼州府文进士群体的家族特点，其中较著者包括定安县莫氏家族、张氏家族、王氏家族，文昌县云氏家族、韩氏家族等，琼山县王氏家族，还有因仕宦迁居琼山的邱氏家族。

第一，定安莫氏家族。定安莫氏大约在北宋时期迁居定安县，以莫恭万为始祖。在此之后，莫氏家族逐渐在地方发展壮大，以东厢作为主要居住地之一。[1]在光绪朝《琼山县志》中收录有明代莫氏先辈如莫宣宝、莫惟昌、莫盈、莫士达、莫汝拭、莫乾亨等人。入清后，莫氏举业逐渐兴盛，以东厢排坡村莫氏为典型代表。明代万历年间，排坡村就产生过举人莫元弼。明清易代后，排坡莫氏延续了举业的成就。莫魁士，字介梧，史载"少英颖，淹贯经史百家，精举子业"。[2]康熙四十七年（1708 年），莫魁士乡试中举，这为莫氏家族在清代的科举成功奠定了基础。虽然莫魁士自己不流连于仕宦，却延请宛平名士潘士毅入六敛馆课业家族子弟达 19 年，夯实了莫氏书香传家的根本。莫魁士还整修家训，齐整家族，奖励后进，以致"子弟常以文章品行相劝勉"。[3]正是因莫魁士的开创之举，从弟莫魁文和二子莫陶先后考中进士。特别是莫魁文的登科"开琼南国朝甲榜之先"，[4]既彰显家学之盛，又

---

〔1〕《定安县志》卷 1，舆地·东厢图，上海书店 2001 年版，第 47—49 页。
〔2〕《定安县志》卷 6，人物，上海书店 2001 年版，第 224 页。
〔3〕《定安县志》卷 6，人物，上海书店 2001 年版，第 224 页。
〔4〕《定安县志》卷 6，人物，上海书店 2001 年版，第 224 页。

获地方声望，其诸子也多延续家学传统，在《定安县志》中有载"诸孙咸齐岁荐，书香绵远，佥谓家学渊源云"[1]。而莫陶之子莫绶章也享有廪生功名。

除排坡村外，东厢南山村莫氏同样是莫氏重要的一支。明代时期，南山莫子瑚、莫汝拭先后考中举人功名。入清后，莫谟和莫绍德父子先后中举人和进士。莫谟，字次典，乾隆二十五年（1760年）庚辰科乡试中举，选为直隶安肃县知县，后调任静海县，官至赵州知府、直隶州知州。在任上，莫谟"断狱如神，民无隐情，士风振起"。[2]在乡里，莫谟"敦睦宗族，怜恤贫苦"，并大力发展乡里教育，建言知县杨文镇重修文庙，被世人称为"一邑振兴文教，其功尤巨"。[3]莫谟还亲自督促四子教育，二子莫绍德少时即"奉庭训，长益力学"，[4]并分别在乾隆五十四年（1789年）中举，嘉庆六年（1801年）高中进士；四子莫绍谦也是"能诗善书，克传家法"，[5]有廪贡功名。此外，定安县东厢还有举人莫玺章、莫景瑞，钦赐举人莫元进，岁贡莫琮堂、莫绍祖、莫振中、莫翔龙、莫懋第，拔贡莫瑞堂，优贡莫兆馨等人，而廪生人数众多，不及备举。

第二，定安张氏和王氏。定安县除莫氏家族外，东厢的高林村张岳崧和张钟彦，以及西厢春内村王氏家族的王映斗和王器成均成就了清代琼州府科举史上"父子进士"的佳话。高林张氏先祖自闽先迁琼山，后又迁至定安。至张岳崧父辈张基伟时，家族尚不是如同莫氏一样的科举大族，其自身仅获生员功名，却奠定了此后家族躬耕课读的传统，以致后人纷纷科甲中式。在子侄辈中，从子张岳崇，字玉峰，早获廪生功名，少时与从弟张岳崧同学，"勤苦百倍"，终以岁贡。[6]次子张岳崧，字子骏，少时"聪颖好学"，15岁即获生员功名，与胞兄张岳元一同入泮研读，后被知县赏识，选以优贡。嘉庆九年（1804年），张岳崧乡试中举，嘉庆十四年（1809年）以一甲第三名进士及第，成为清代琼州府科名最高者，而其宦绩也是琼州府进士最优者。在任官之外，张岳崧悉心宗族发展，建祖祠、修郡志（《琼州府志》），并奖

---

〔1〕《定安县志》卷6，人物，上海书店2001年版，第224页。

〔2〕《定安县志》卷6，人物，上海书店2001年版，第226页。

〔3〕《定安县志》卷6，人物，上海书店2001年版，第227页。

〔4〕《定安县志》卷6，人物，上海书店2001年版，第228页。

〔5〕《定安县志》卷6，人物，上海书店2001年版，第231页。

〔6〕《定安县志》卷6，人物，上海书店2001年版，第229页。

励后进，捐本邑"宾兴费"。[1]可以说，张氏自张岳崧始，一跃成为地方翘楚。紧随张岳崧其后，次子张钟彦也是弱冠时即已"早负文誉"，先获监生功名，后于道光十九年（1839年）乡试中举，在丁父忧期间，刻苦攻读，于道光二十五年（1845年）高中进士，并在外任上悉心为民，以"品学兼优，才能干达"为总督谭廷襄所器重。[2]四子张钟琇，也是少年能文，18岁时被戴熙选入县学，后被选为拔贡生，为全庆所赏识。在京师时，张钟琇因博览群书，文名日盛，以致"海内缙绅大夫与才俊之士悉慕与为友"。[3]咸丰二年（1852年），张钟琇应举顺天乡试，获举人功名。在第三代中，张钟彦三子张熊祥，也跟随父祖脚步，弱冠即以国子监生身份中式咸丰十一年（1861年）乡试，[4]将张氏家族五贡以上的科甲功名延续了三代。

张基伟（生员）——张岳崇（岁贡）、张岳崧（进士）——张钟彦（进士）、张钟琇（举人）——张熊祥（举人）

定安王氏以南宋王居正为始迁祖，明代王氏一支始迁居西厢二里春内村。至王映斗父辈王兆魁、王元魁、王锡魁时，王氏家族在科举功名和地方影响力上稍有提升。王兆魁，字瑞亭，增贡生，与王元魁"相为友爱"，乡里有事，兄弟二人多方排解，儿王京魁有监生功名。王元魁，字善甫，为王映斗之父，他孝友兄弟，抚养其弟王锡魁遗孤王映星，并亲自馆课子侄，为之后王映斗中式奠定了基础。王映斗，字运中，史载其"生而颖异，读书过目成诵"。[5]王映斗在19岁时通过童生试获生员功名，入县学，后跟随嘉应人张椒园读书，被赞誉为"（文）必发科甲""海外无双"。[6]道光五年（1825年），王映斗被选为拔贡，后中顺天乡试副榜，道光二十四年（1844年）中进士。科举的成功使得定安王氏成为西厢的重要家族之一，而宦绩上的成功也让其父辈三兄弟均获得了朝廷诰封，不断增强家族影响力。晚年王映斗致仕回乡后，虽然有众多著作，但均不欲保留出版，只是刊刻了本族家谱，进

---

〔1〕《定安县志》卷6，人物，上海书店2001年版，第231页。
〔2〕《定安县志》卷6，人物，上海书店2001年版，第238页。
〔3〕《定安县志》卷6，人物，上海书店2001年版，第239页。
〔4〕《定安县志》卷6，人物，上海书店2001年版，第240页。
〔5〕《定安县志》卷6，人物，上海书店2001年版，第235页。
〔6〕《定安县志》卷6，人物，上海书店2001年版，第235页。

而收宗聚族，保证家族的持续发展。王映斗次子王器成，字公辅，少时随父宦居京师，咸丰八年（1858年）中举，直到光绪六年（1880年）中进士，实现了王氏家族三代均有五贡以上科举功名的代际传承。

王兆魁（增贡）、王京魁（监生）——王映斗（进士）——王器成（进士）

第三，文昌云氏和韩氏。文昌云氏源起陇右，宋末元初之际迁于琼州，以云从龙为祖。清代云氏聚族繁衍，云茂琦的祖父云于炳获有贡生功名，而父辈亦多廪膳生员，奠定了文昌云氏科甲的基础。但直到云茂琦中进士后，云氏家族科甲功名始称盛。云茂琦，字以卓，幼儿聪慧，师从定安张岳崧，学问精进，嘉庆二十一年（1816年）乡试中举，道光六年（1826年）中进士，在任期间多有功绩。回乡后云茂琦主讲于琼台书院，劝课诸生员立志敦行，讲求实学。[1]云茂琦还自捐俸银两千余贯于本族，建试馆，对于琼州府和本族的文教起到推动作用。云茂济，字汝楫，为云茂琦族弟，史载其"幼聪慧，善读书，文名噪一时"，[2]先以优贡身份于咸丰九年（1859年）中举，后于同治二年（1863年）中进士，成就了云氏"兄弟进士"的佳话。此外，族弟云茂瑸，也获有举人功名，史载"人资质敏，颖性校友"。[3]族内其他获五贡功名者还有如优贡云茂琛（云茂瑸弟）、拔贡云茂瓒和云逢昕等，延续着云氏家族的科甲功名，也"复制"着宗族在地方的成功。

与云氏类似，文昌韩氏也是在清后期凭借科甲功名鹊起，从而成为地方乡望的家族之一。韩氏自南宋初年迁琼州，以韩显卿为始迁祖。清代韩氏家族科甲功名以道光朝以后为显，如韩锦云、韩捧日、韩升丰等均有传载于《民国文昌县志》。韩锦云，字紫东，史称"聪颖异常"，十岁能文，以廪生中举道光十五年（1835年）乡试，道光二十年（1840年）进士。韩捧日，字寅侯，史称捧日"天资聪颖，经史百家贯串"，[4]道光十七年（1837年）乡试中举，道光二十年（1840年）连捷进士。韩锦云与族再侄韩捧日道光二十

〔1〕《民国文昌县志》卷10，人物，上海书店2001年版，第367页。
〔2〕《民国文昌县志》卷10，人物，上海书店2001年版，第372页。
〔3〕《民国文昌县志》卷10，人物，上海书店2001年版，第374页。
〔4〕《民国文昌县志》卷10，人物，上海书店2001年版，第368页。

年（1840年）同榜进士登科，成为一时佳话。此外，族中韩升丰也在道光八年（1828年）乡试中举，使得韩氏成为地方屡有科甲成功的望族。

第四，琼山邱氏与王氏家族。琼山县是琼州府的附郭县，不仅是县治所在，更是府治所在。因此，居住在琼山县者不仅有当地的家族，还有琼州府其他州县迁居琼山县者，以及仕宦至琼山县的官员。加之府学、县学和琼台书院等文化教育机构的集中，诸多因素导致了琼山县在清代科甲功名冠于诸县。在《琼山县志》中所记载的众多进士坊和文魁坊就是琼山县科名之盛和家族多元化的最好体现。邱对欣家族是因祖上仕宦迁居琼山，进而科甲成功的代表。邱对欣祖父邱殿章祖籍为广东大埔，因乾隆朝中举，官琼州府教授，故在此任官的背景下，邱氏渡海迁居琼山。其父邱将瓒，同样获举人功名，官电白教谕。邱氏两代中举，这对于迁居琼山的家族而言，具有获得地方声望和认同的重要意义。此外，父祖两代均选任教职，这对于邱对欣课业的成功具有重要的帮助作用。在第三代琼山邱氏中，无疑以邱对欣科名最佳，少即享有文名，以致学士全庆和孙家鼐均"以鼎甲期之"。[1]邱对欣长兄邱对时也为县廪膳生员，为县中享有威望的耆旧。

琼山王氏与定安王氏一样，以宋代王居正为始迁祖，来琼州后王氏后裔散居各地，人数众多，属于本地家族科甲成功的代表。在清代，王氏众多族人的科名中无疑以中进士的王斗文和王之藩为优。王斗文之父王起是岁贡生，"潜心经学，读书成诵，过目不忘"。[2]这种教育环境无疑对于王斗文科举成功有着助力作用。王斗文秉持家学，史载其"质学纯粹，为文秀妍"，[3]入琼台书院师从吴光升，先中乾隆三十三年（1768年）乡试，乾隆三十六年（1771年）连捷进士。王之藩是另一位王氏获进士功名者，祖上无功名显著者，家道不显，但王之藩奋发读书，史载其"经史中得其精华而弃其糟粕"。[4]王之藩早年与弟王之垣均获生员功名，入官学研读，其先后获举人、进士功名，科甲的成功使得本支王氏家族累积了声望，其子王孚若也为岁贡生。在两位高中进士的琼山王氏成员之外，培养出文昌进士韩锦云的王承烈所属家族同样是地方王氏中重要的一支。王承烈，字昭甫，"博学能文"，史称"文品纯

〔1〕《民国琼山县志》卷24，人物，上海书店2001年版，第996页。
〔2〕《民国琼山县志》卷24，人物，上海书店2001年版，第991页。
〔3〕《民国琼山县志》卷24，人物，上海书店2001年版，第991页。
〔4〕《民国琼山县志》卷24，人物，上海书店2001年版，第991页。

粹，一如其人"，[1]有"海外清才之目"的美誉。[2]嘉庆六年（1801 年），王承烈乡试中举。王承烈在教育上的不懈努力，使得本支王氏家族多人获得科举功名，其中包括王承烈之弟王天祐获拔贡，其子王廷传获拔贡，其孙王沂暄获增贡，曾孙王国宪获优贡，弟王位清为增广生员。

除以上家族外，其他未及备述而显著者还包括文昌林氏、澄迈吴氏等家族。综合以上家族历史可知，他们占据了清代琼州府进士群体的大部分，即使族人未获进士功名，也不断有人获得举人、贡生、廪膳生员功名，进而实现了以科甲功名不断循环、巩固与"复制"家族在地方的权力与威望，构筑起科举精英在琼州府基层的文化权力网络。

三、文风、书院与传承

清代琼州府文风的兴盛与官学和书院的建设有着紧密的关系，更与地方士人对于文化教育的倾心投入息息相关。在官学方面，琼州府和各州、县均设立了官学以吸收优秀的学子就读，并设定府、州、县学额，保障琼州府地方士子求学，进而竞逐乡试、会试的机会。由于地理位置及清初战争动荡等因素，直到康熙十五年（1676 年）清朝才开始派遣提学道巡试琼州府，相较于同省其他府、州为晚。自此以后，琼州府屡次修缮文庙，康熙二十三年（1684 年）御书"万世师表"匾额被敬悬大成殿，具有昭示琼州府文风振起的象征意义。康熙五十五年（1716 年）起，设置定额取童生入府学研读。雍正年间，持续增加琼州府、县学名额，至乾隆年间逐渐固定化，这对于当地文风具有官方的指导和推动意义。

琼州府境内官学分为府学、州学和县学，各设定取进人数，保障了各地士子受教机会的平等性。按康熙九年（1670 年）所定规制，直省大府取童生 20 名，大州县 15 名，中学 12 名，小学 7—8 名。[3]但是，清代的学额也会不断调整，简而言之，学额的增减与文风盛衰成正相关关系。例如，雍正二年（1724 年）题准儋州升为大学，额进 15 名，这在一定程度上反映出儋州在琼州府内文风渐起的状况。因此，琼州官学的额定设置大致可以反映出府、州、

---

〔1〕《民国琼山县志》卷 24，人物，上海书店 2001 年版，第 992 页。
〔2〕《民国琼山县志》卷 24，人物，上海书店 2001 年版，第 992 页。
〔3〕《清会典事例》卷 370，礼部·学校·学额通例，中华书局 1991 年版，第 53 页。

县在全省和府内的文风情况。就府学额定而言，以《钦定学政全书》中所载乾隆年间府学学额为例，琼州府大约排在广东全省第五的位置，属于中上等，较之广州府和肇庆府等科考大府而言为弱，但高于廉州、雷州等府（表8-4），〔1〕基本上反映出清代琼州府在广东省的文风状况。到光绪朝，除嘉应州疆界变化和增设的两个厅的建制外，这一府学额定数字基本上没有变化。〔2〕在琼州府内，各州县学额设定大致相同，除琼山县和儋州额设15名外，其余州县大多设定在12名，而陵水、昌化和感恩三县设定在8名，〔3〕大致反映出文风北强南弱的特点。

表8-4　清代乾隆年间广东省各府州学额统计

名称	定额	廪生	增生	排序
广州府学	36	40	40	1
肇庆府学	28	40	40	2
惠州府学	27	40	40	3
潮州府学	25	40	40	4
琼州府学	24	40	40	5
嘉应州学	24	30	30	6
高州府学	23	40	40	7
南雄府学	22	40	40	8
韶州府学	21	40	40	9
雷州府学	21	40	40	10
廉州府学	12	31	21	11
罗定州学	12	20	20	12
连州州学	10	30	30	13

资料来源：《清会典事例》卷379，中华书局1991年版，第170—172页

---

〔1〕（清）素尔讷：《钦定学政全书》卷58，《续修四库全书》第828册，上海古籍出版社2002年版，第829—831页。

〔2〕《清会典事例》卷379，礼部·学校·广东学额，中华书局1991年版，第172页。

〔3〕《清会典事例》卷379，礼部·学校·广东学额，中华书局1991年版，第172页。

在府学和县学选取生员继续研学之外，清代官方还兴建书院以推动琼州府文教的发展。琼台书院就是清代琼州府境内由官方资助兴建的最为著名和典型的书院。琼台书院于康熙四十九年（1710年）由分巡道焦映汉创建，以期达到"勤宣德教、扶持士气"[1]的目的。他亲撰《创建琼台书院碑记》，在其中述有"琼之科名业已鹊起，而振南宫者犹迟迟有待"。[2]焦映汉认为根源在于学出多门而教无专师，故而他创建琼台书院，"延名宿为师"，讲学书院之中，力图将全境士子集于其中求学，提升学风以获科甲成功，当"诸生有艰于自给，或省试无力者亦得其资"。[3]雍正、乾隆年间，知府宗思圣、分巡道刘庶和德成先后扩建、重修琼台书院，将书院规模扩大。[4]嘉庆朝以后，屡有官绅捐助琼台书院的事迹。先是嘉庆二十三年（1818年）督学傅堂自捐400元以襄助书院建设，两年后巡道费丙章倡导士绅一同捐5000余元重修琼台书院，[5]并作《重修琼台书院碑记》，其中有"修鹿洞之学规，绍紫阳之教泽"，表达了对琼台书院的厚望。道光五年（1825年），分巡道周鸣銮倡导官绅一同捐银4000两。道光七年（1827年），分巡道喻溥自捐俸银400两，并亲自讲学书院之中，"诸生百数十人赴省试，必送卷资"。[6]这些捐银用于购置学田、兴建学舍、购置书本以及发放入院就读士子膏火银等方面。[7]可以说，官方的兴建和屡次带头捐助，对于琼台书院的快速发展起到了重要作用，进而又促使琼州府文风日渐兴盛。

与之相应，清代琼州府很多进士和举人都曾在琼台书院学习或任教，不仅对于自身举业成功有所帮助，也使得琼州府境内更多士子得到受教机会，达到振起文风和延续科甲成功的作用。例如谢宝，字紫树，琼山县人，史载其"天资高旷，不拘小节"。在雍正二年（1724年）甲辰科中进士后，谢宝出任肇庆府学教授，不久后就任教于琼台书院，以致一时"琼文之开，后学多所成就"。[8]乾隆元年（1736年）中进士的文昌人张日旼和琼山孝廉冯泷

〔1〕《民国琼山县志》卷23，上海书店2001年版，第942页。
〔2〕（清）明谊修，（清）张岳崧纂：《琼州府志》卷16，成文出版社1966年版，第695页。
〔3〕《民国琼山县志》卷23，上海书店2001年版，第942页。
〔4〕（清）明谊修，（清）张岳崧纂：《琼州府志》卷7，成文出版社1966年版，第188页。
〔5〕（清）明谊修，（清）张岳崧纂：《琼州府志》卷7，成文出版社1966年版，第188页。
〔6〕《民国琼山县志》卷24，上海书店2001年版，第944页。
〔7〕（清）明谊修，（清）张岳崧纂：《琼州府志》卷7，成文出版社1966年版，第188页。
〔8〕（清）明谊修，（清）张岳崧纂：《琼州府志》卷35，成文出版社1966年版，第806页。

皆为谢宝的得意高徒。

又如，吴光升是流寓琼州府的浙江人，他于乾隆辛酉科乡试中举，曾客居京师，而朱珪、朱筠兄弟二人"皆受业焉"，史载其"学问渊博，淹贯经史"。[1]分巡道王锦聘请吴光升主讲于琼台书院。他"日与诸生课文"，"一时名士多出其门，科甲彬彬称盛"，[2]以致当吴光升辞任北返时，"士林钦其教泽，设主祭于琼台书院"。[3]在吴光升任教时，后来考中进士的吴典、王斗文、王之藩均受业其间。特别是后来吴典在乾隆三十四年（1769年）己丑科中进士，选庶吉士，参与编修国史、三通、《永乐大典》及《四库全书》，其学行为"当道所推"。[4]吴典回乡后也主讲于琼台书院，并重修学宫。吴光升和吴典"教—学—教"的事迹，充分展现出琼台书院对于琼州府文风振起和士人举业的重要帮助作用。

其他曾任教或求学于琼台书院者还包括进士韩锦云、邱对欣、吴缵姬、云茂琦，举人韩升丰等人。韩锦云在琼台书院求学期间受教于王承烈，进而连捷于科场。分巡道周鸣銮和喻溥先后延请王承烈主讲于琼台书院，远近从游多被教泽，以致"乡会所举之士咸出其门"。[5]又如邱对欣在丁忧回乡后，年已六旬的他仍然以"教读为生"，主讲于琼台书院和雁峰书院十余年，"与诸生论学"。[6]文昌人韩升丰，也曾在琼台书院学习，后乡试中举。通过以上举例可知，官方兴建和资助的琼台书院在府、州、县官学之外，极大程度上振兴了琼州府文教，许多科举成功的进士或举人大多曾受教或致仕后主讲于琼台书院，为清代琼州府持续的科甲成功提供了保障。

在琼台书院之外，琼州府各州县在清代还建有众多书院，均发挥着振兴地方文风及教育传承的功用，而且许多地方家族纷纷捐款支持书院建设。例如，文昌进士林其笼在致仕回乡后，曾"主讲于至公书院（后更名蔚文书院）多年，成就者众"，[7]后又参与捐建学宫等事，对于乡梓教育事业发展起到重要作用。同为文昌林氏的林燕典在归乡后主讲于定安尚友书院、琼山雁峰书院

〔1〕《民国琼山县志》卷23，上海书店2001年版，第961页。
〔2〕《民国琼山县志》卷23，上海书店2001年版，第962页。
〔3〕《民国琼山县志》卷23，上海书店2001年版，第962页。
〔4〕《民国琼山县志》卷24，上海书店2001年版，第989页。
〔5〕《民国琼山县志》卷24，上海书店2001年版，第992页。
〔6〕《民国琼山县志》卷24，上海书店2001年版，第996页。
〔7〕《民国文昌县志》卷10，人物，上海书店2001年版，第370页。

和文昌蔚文书院，史载他"明实学，去浮华，士风为之一变"。[1]琼山进士郑天章曾主讲于澄江书院、丽泽书院、雁峰书院，而琼州府最后一位进士王云清在回乡后，也曾主讲于东坡书院等处。这些事迹充分展现出清代琼州府进士以书院为核心的"承"与"传"的教育传统，推动了琼州府教育发展。因此，书院和义学的兴盛与否，在一定程度上反映出地方文风的强弱。琼州府书院和义学分布与进士群体分布有着较高的重合率。具体如下：

首先，琼山县在清朝共建有大小书院 5 座，以及社学、义学 7 所，居琼州府之首，分别为琼台书院、雁峰书院、海门书院、苏泉书院、乐古书院，另有南关义学、府治义学、珠崖义学、范贤义学、梯云义学、宝荫社学、海门社学。[2]

其次，澄迈县在清代建有书院 1 座，义学、社学 7 所，文昌县在清代建有书院 1 座，义学 6 所，紧随琼山县之后。澄迈县有景苏书院、南离义学、大美社学、石湖社学、嘉乐社学、铁江社学、瑞溪社学、杨宦社学；文昌县有蔚文书院、铜山社学、虎山社学、石峰社学、五云阁社学、嘉田社学、攀龙社学。[3]

再其次，定安县和临高县各有书院 2 座，社学 1 所。定安县有尚友书院、居丁书院、昌建义学；临高县有鹅江书院、临江书院、县东社学。[4]

最后，其他各州县均有 1—2 所书院和义学，如会同县的端山书院和正蒙清馆义学；儋州的东坡书院和古儋义学；昌化县的双溪书院、万州的万安书院、陵水县的顺湖书院、崖州的珠崖书院、感恩县的九龙书院和乐会县的温泉书院。[5]

清代琼州府在官方的推动下，以府、州、县学为依托，吸收大量琼州地方优秀士子馆课学习。官学学额的设定，既反映出琼州府在清代广东省内的文化位置，也大体上说明了琼州府内各州县的文风强弱。与之同时，在官方的倡议下，官员和地方士绅共同襄建和重修琼州府境内的书院，这在很大程度上起到了移风易俗、推动地方文教的作用。自康熙四十九年（1710 年）琼

〔1〕《民国文昌县志》卷 10，人物，上海书店 2001 年版，第 369 页。
〔2〕（清）明谊修，（清）张岳崧纂：《琼州府志》卷 7，成文出版社 1966 年版，第 188—192 页。
〔3〕（清）明谊修，（清）张岳崧纂：《琼州府志》卷 7，成文出版社 1966 年版，第 194—197 页。
〔4〕（清）明谊修，（清）张岳崧纂：《琼州府志》卷 7，成文出版社 1966 年版，第 198—206 页。
〔5〕（清）明谊修，（清）张岳崧纂：《琼州府志》卷 7，成文出版社 1966 年版，第 198—206 页。

台书院建成后，琼州府境内士子不断求学与任教其中，科甲功名也随之鹊起，不再是书院建成前"振南宫者犹迟迟有待"的状况。由此可见，官学与书院的教育，对琼州府在清代保持科甲的稳定起到了重要的作用，更推动着文化的传承。

四、结语

在传统科举功名社会，清代琼州府 31 位文进士无疑是地方社会中的翘楚，他们或选择出仕成为造福一方百姓的父母官，或辞宦不仕，课读乡里，但无论哪种选择，他们都是乡望所在。根据本章的研究，琼州府文进士大部分来自府属州县内的九个家族之中，包括定安莫氏、张氏、王氏，文昌云氏、韩氏、林氏，琼山邱氏、王氏和澄迈吴氏。进而，这些家族通过科举功名不断"复制"与巩固着家族在地方的声望与权威，既体现了科举制度所带来的流动性，又在一定程度上迟滞了这种流动性。

考求清代琼州府文风的强弱，与官学兴盛、学额设定和地方书院的修建有着紧密的联系。正是在官方和地方士绅的不断倡导、捐助与修建下，清代琼州府自康熙朝后书院林立，文风振起，不仅使得诸多琼州府士子可以求学如琼台书院、雁峰书院和东坡书院之中，而且有琼州府进士不断任教各书院之中，既促进了琼州地方文风之蔚起，又发挥着文化传承的作用，更对清代琼州府内科甲功名的延续大有助益，展示出清代科举考试、家族与文风三者间的互动关系，体现了科举成功再复制的内循环。

以上三个章节，笔者以孔氏、曾氏和海南进士群体作为探研对象，详细分析了汉人科举家族的发展形态与规模，提出了大、中、小型科举家族的定义和"业儒家族"标准，深入讨论了科举家族发展源流、仕宦轨迹、婚姻网络、受业师群体和与地方社会互动等内容。科举家族的形成和发展，最重要的依托是科举考试的成功，而基础是地方家族的发展壮大。可以说，在清朝广袤的地域上，虽然可能不同地方的发展形态有些许差异，但总体上北方与南方的汉人科举家族发展形态类似，具有同质化的发展倾向。

第三篇

清代科场弊案与信息传播研究

第九章

清代乾隆朝科举冒籍问题研究

科举考试作为中国古代最重要的考试选官制度，在为国家选举人才的同时，也伴随着各种科场弊案的发生，作弊手段层出不穷，而清代尤为典型，包括夹带、枪替、冒名、关节等。本章以乾隆朝冒籍问题作为切入点，探析这种科场作弊手段，希望有助于厘清这一问题。

冒籍在唐代称为寄应或者附贯，在《唐会要》卷 76《贡举》中就记述了唐代禁止贡举附贯，史载"（开元）十九年六月，敕诸州贡举皆于本贯籍分信明者，然依例不得于所附贯便求申送"。[1]宋代将冒籍称为附贯或者冒贯，意为冒考其他州县科举之意。李心传《建炎以来朝野杂记》中也记载了这一问题的严重性，其载"诸州军例选日引试，由是举人多冒贯而再试于他州，或妄引亲贤而再试于别路，至有一身而两预荐送者"。[2]元代士人仍将冒籍称为冒贯，而至明代则更多地使用"冒籍"这一称谓。明人沈德符《万历野获编》卷 14《京闱冒籍》载："国初冒籍之禁颇严，然而不甚摘发。惟景泰四年，顺天举冒籍者十二人，时礼部主事周骙请照例论罪，已中式者斥不录，未中式者终身不许入试。"[3]

按清制规定，凡科举考试，府州县学及乡会试均有中额限定，录取规定亦有别。因此，士子参加考科举试，必归于本籍投考，不得越籍赴试。亲身参加过科举考试的商衍鎏对于冒籍所作的简要定义是，"以外县籍贯而冒认此县之籍者曰冒籍"。[4]如若士子要在寄籍地参加科举考试，必须满足以下三则

〔1〕（宋）王溥撰：《唐会要》卷 76，清武英殿聚珍版丛书本，第 7 页。
〔2〕（宋）李心传撰：《建炎以来朝野杂记》甲集·卷 13，清武英殿聚珍版丛书本，第 14 页。
〔3〕（明）沈德符：《万历野获编》卷 14，"京闱冒籍"条，中华书局 1959 年版，第 374 页。
〔4〕 商衍鎏：《清代科举考试述录及有关著作》，百花文艺出版社 2004 年版，第 45 页。

条件：其一，居住该地满二十年，有田产房屋等财产；其二，确无原籍可归；其三，按手续呈报原籍和寄籍地方官登记造册，方准应试。史载：

> 士子寄籍地方，室庐以税契之日为始，田亩以纳粮之日为始，扣足二十年以上，准予限十日内移会原籍。原籍地方官据文立案，并将应试本生及子孙，自改籍后不许复回跨考之处，亦限十日内移覆寄籍地方官。由寄籍申详督抚，督抚咨明学政，准其入籍考试。[1]

若士子故意赴他地考试，或不符合入籍寄居所在地应试条件，又或不呈报径自考试，按冒籍违例处理，不仅黜革所中功名，而且既不准在寄籍地方考试，又不准回原籍应试，史载"若入籍之始不行呈明，即寄籍已满二十年例限，除照冒考例黜革不准应试外，并咨明原籍地方官，亦不准其复回考试"。[2]

从以上记载可知，历代对于"冒籍"的定义没有太大变化，因此我们可以将冒籍的定义归纳为：科考士子假冒籍贯，在非籍贯所在地参加科举考试。通过以上简要的梳理，我们既可以清楚地看到"冒籍"现象称谓的变化，又可明晰这一问题是伴随着科举制发展而一直存在的。

冒籍现象的广泛出现，极大地干扰了流入地区教育的发展和科举考试的公平性，所以历朝历代都对科举冒籍问题给予了高度重视，并采取相应预防和惩治措施。冒籍问题在清代体现得更为明显，从顺治朝至光绪朝无一朝无此问题，以《清实录》记录为例，冒籍问题呈两头少、中间多之势，其中，顺治朝2次，康熙朝2次，雍正朝6次，乾隆朝27次，嘉庆朝7次，道光朝8次，咸丰朝1次，同治朝4次，光绪朝12次。

在清代，科举冒籍问题是多方面原因共同导致的结果：首先是各朝固定中额、分省取士的限制，其次是利益驱动，最后是各地区经济、文化、人口发展水平不均衡。实际上，清代随着人口的快速增长，各地科举考试的竞争日益激烈，而为了提升自身的成功概率，士子科场冒籍事件屡见不鲜，又以乾隆朝的冒籍问题最具有代表性。

冒籍问题在乾隆朝突出的原因有以下三个方面：第一，乾隆帝自身重视

---

〔1〕 （清）奎润等纂修：《钦定科场条例》卷35，岳麓书社2020年版，第597页。
〔2〕 （清）奎润等纂修：《钦定科场条例》卷35，岳麓书社2020年版，第597页。

文教，重视科举的公平选拔，因此这一时期官方对于科举冒籍弊端的纠察较为严格；第二，乾隆朝国力强盛，有时间和精力纠正科场弊端，所以相关档案和文献中记载的案例较多，而到了道咸之后，国势日衰，内忧外患，想纠正冒籍问题而不能，甚至时常发生无法正常开考之事；第三，乾隆朝统治长达60年，更为清晰地反映出冒籍这一问题的持续性。

乾隆朝冒籍事例很多，大体可分为地域冒籍和身份冒籍两大种类。前者最具代表性的是南方士子冒籍北方应试，或人口大省士子冒籍人口小省或地区应试，而后者主要表现在民人冒充商籍，官员亲属冒籍，皂隶、贱民冒充良籍，民人冒占旗籍、军籍等多种形式。可以说，乾隆朝冒籍问题基本上可以反映出整个清代乃至帝制时期科举冒籍问题的样貌。

一、清代冒籍问题产生的原因

（一）冒籍产生的根本原因——分省定额

清代科举考试采取分省定额制，特别是在乡试阶段，各直省、地区间分配数量不等的中式名额，以大、中、小三等划分，而会试也多按照区域设置比例录取进士，以保证南北间取士的均衡性。清代这一特点是在明代北卷、中卷、南卷区域定额的基础上进一步发展的结果。以乡试定额为例，根据《清史稿》记载：

> 乡试解额，顺治初乡试定额从宽，顺天、江南皆百六十余名，浙江、江西、湖广、福建皆逾百名，河南、山东、广东、四川、山西、陕西、广西、云南自九十余名递杀，至贵州四十名为最少。……康熙间，先后广直省中额。五十年，又各增五之一。雍正元年，湖南北分闱，照旧额分中，各省略有增减。乾隆元年，顺天皿字分南、北、中卷……于是定顺天南、北皿各三十六，中皿改二十取一，贝字百二，夹、旦各四，江南上江四十五，下江六十九，浙江、江西皆九十四，福建八十五，广东七十二，河南七十一，山东六十九，陕西六十一，山西、四川皆六十，云南五十四，湖北四十八，湖南、广西皆四十五，贵州三十六。[1]

---

[1]　（清）赵尔巽等撰：《清史稿》卷108，中华书局1977年版，第3157页。

　　从乡试解额数字来看，清前期总体而言稍有增加，但是乾隆朝应试士子人数也较之以前激增，以致科举考试竞争更加激烈。特别是乾隆帝注意对于江南地区乡试解额的控制，并不给江南地区增加大量中额，而对于文风落后地区则给予政策性扶持，为的就是均衡地区间的政治资源，保证各省士人都有中式进入官僚体系内的机会，从而巩固统治基础。至康熙五十一年（1712年），康熙帝决定会试同样采取分省取中的策略，以保证各省均匀录取。其言"以各省取中人数多少不均，边省或致遗漏，因废南、北官、民等字号，分省取中。按应试人数多寡，钦定中额"。[1]正是录取定额制度的施行，造成了江南地区一些士子屡试不中，进而希冀利用地区间的文化差异冒籍作弊应试。换言之，在文化发达之地科考竞争激烈，某些士子不易被取中，而在文化相对落后的地区应试竞争压力小，中式概率大，这直接导致了士子冒籍应试问题的产生。

　　乾隆元年（1736年），朝廷奏准了顺天乡试设立南北皿字号的建议，将监生参加顺天乡试的考卷分为南、北、中三卷。[2]但是，这一决定导致了大量南方士子赴顺天府参加乡试的客观现实，以致冒籍应试问题激增，不仅乡试如此，童生试亦然。乾隆五年（1740年），乾隆帝就听闻钱陈群考试通州时"多取冒籍"。在榜发录取名单时，新进的23名士子实在通州本地者只有3名，而其余20名"俱系江浙各省之人顶冒，以此众论沸然"。[3]乾隆十年（1745年）十二月，顺天府府丞郑其储上疏奏称"大、宛两县额进生员，冒籍居多。冒籍得以入考，由冒同乡在顺天之士、举人、贡、监、生员为父兄。而冒有籍贯之人，借此获利"。[4]

　　乾隆二十一年（1756年），据《钦定科场条例》记载，这一年顺天乡试冒籍中式举人有李骏等31人，[5]大多数冒籍者为江南原籍。乾隆帝得知后大为光火，在谕旨中表达了他对于南籍士子的不满，其言：

　　"南人冒北皿中式者固多，而冒北贝中式者更不可计数。其中变更姓名，

―――――――――――

〔1〕　（清）赵尔巽等撰：《清史稿》卷108，中华书局1977年版，第3158页。
〔2〕　奉天、直隶、山东、河南、山西、陕西、甘肃的贡监生，谓之北皿；江南、江西、浙江、福建、湖南、湖北的贡监生，谓之南皿；四川、广西、广东、云南、贵州的贡监生，谓之中皿。
〔3〕　《清高宗实录》卷123，乾隆五年（1740年）七月戊子。
〔4〕　《清高宗实录》卷255，乾隆十年（1745年）十二月癸丑。
〔5〕　（清）奎润等纂修：《钦定科场条例》卷35，岳麓书社2020年版，第601页。

卑鄙狡诈，种种情弊所关士习人心者尤大。总缘江浙士子希图悻进，而本地廪生借此渔利滥保，肆无顾忌。或依托本地门户，捏称子侄，或冒认他人姓名改填三代……"〔1〕

因此，礼部令冒籍者自首，改归原籍。如若不自首被发现者，黜革功名，并罚停会试一科作为惩戒。与之同时，乾隆帝旨令各省学政严查冒籍问题。实际上，乾隆帝对于防范南方士子冒籍的心理早就存在，为的就是平衡南北势力，加以控制权衡，这又以乾隆二十六年（1761 年）辛巳科会试，赵翼、王杰互换名次以定状元之事最具代表性。

赵翼在《檐曝杂记》中回忆自己辛巳科殿试情形时写道：他改变自己的字体瞒过了主考官刘统勋、刘纶，得以进呈荐卷之内。此时恰逢兆惠将军奏凯，一同派入审卷，赵翼卷被暂定为第一。其后，主考官将前十名的试卷弥封进呈乾隆帝御览，以圣裁一甲三人及各进士排名。乾隆帝亲自批阅荐卷近 5 小时，当看到第一名赵翼系江南人，第二名胡高望是浙江人，而第三名是陕西籍王杰时，便向读卷大臣们问道："本朝陕西曾有状元否？"后者皆对云："前朝有康海，本朝则未有"。〔2〕于是乾隆帝乾纲独断，将本拟为第一名的赵翼和第三名的王杰对调位置。传胪后，乾隆帝特意向诸大臣解释道："赵翼文自佳，然江、浙多状元，无足异。陕西则本朝尚未有。今当西师大凯之后，王杰卷已至第三，即与一状元亦不为过。"〔3〕

从这次点状元的整个过程可以看出，乾隆帝取士考量的要素之一就是平衡地域资源，而非单纯以文采取士，这也使得王杰成为清朝第一个，也是唯一一个陕西籍状元。但实际上，赵翼本人就是通过冒充商籍的手段参加的科举考试（下文详述），并进而参加会试、殿试，高中一甲第三名探花。所以，在上述记载中，虽然有与王杰互换名次的小插曲，但是对赵翼个人而言并非不可接受。如若有人告发追究起来，可能功名能否保全都成了问题。

清代分省取士制度平衡了各地取士人数，保证了地域间的平衡发展。正是因为分省定额取士有着这种优点，为了促进边远省份人文教育水平的提升，清代对诸如云南、贵州的乡试举额不断增加，以避免中举士子一地过多而另

〔1〕《清会典事例》卷 340，中华书局 1991 年版，第 1012—1013 页。
〔2〕（清）赵翼撰：《檐曝杂记》卷 2，中华书局 1982 年版，第 26 页。
〔3〕（清）赵翼撰：《檐曝杂记》卷 2，中华书局 1982 年版，第 26 页。

一地过少的情况出现。然而，分省定额制也引发了士子们避难就易的心理，不仅江南士子冒籍云南、贵州、顺天应试，广东士子冒籍广西应试，就是在一省之内因各府、县文化差异和经济水准不同，也往往出现冒籍问题。如乾隆二十八年（1763 年）十二月初八日，陕西学政钟兰枝奏称，童生李端实系咸宁县人，冒籍蓝田县应试。[1] 又如，福建各地士子往往冒籍台湾府应试，或同省异府、同府异县冒籍跨考。乾隆十一年（1746 年），根据福建学政奏报，朝廷议准：

> 福州府之侯官县、闽县、福清县，漳州府之龙溪、漳浦、海澄、南靖、平和等县通同混考十有余年。若不彻底清查、更正，则伊等子弟仍得含混。应令该抚、学臣转饬福州、漳州二府，现在冒籍各该州县及教官彻底清查，有彼此入籍、入学生员，悉令于文到三月内具呈本县，详请更正本籍。[2]

乾隆帝屡次谕令要求各省大力核查士子的籍贯问题，严格按照士子真实籍贯所在地应试。正如夏卫东所说，（分省取士制）将考生之间的自由竞争严格限制在本地区之内，造成各地考试的竞争程度不一。南方省份由于文风兴盛，竞争程度激烈，而北方省份名额虽然不多，但竞争相对容易，大量南方考生的冒籍，便是这一负面效应的体现。[3]

（二）引发冒籍的社会条件

清代引发冒籍的社会条件主要是社会流动性加大。这里的社会流动可分为横向与纵向两个方面。横向的社会流动于科举上的体现为清政府对于人身的控制进一步放松，人口地域间的移动范围进一步加大，使得大省、富省、南方省份更有条件冒籍小省、贫省、北方省份应试。不过，根据清朝定例，"士子寄籍地方，室庐以税契之日为始，田亩以纳粮之日为始，扣足二十年以上"，[4] 准予在寄籍地方申报应试。换言之，人口地域间流动性的增强仅构成了冒籍应试的客观条件，在主观政策设计上，清政府还是有意识地杜绝由此

---

〔1〕《宫中档乾隆朝奏折》第 19 辑，《陕西学政钟兰枝奏报今岁办理考试情形折》，乾隆二十八年（1763 年）十二月初八日，台北"故宫博物院" 1992 年版，第 851 页。

〔2〕（清）素尔讷：《钦定学政全书》卷 30，清厘籍贯，《续修四库全书》第 828 册，上海古籍出版社 2002 年版，第 686 页。

〔3〕夏卫东：《论清代分省取士制》，载《史林》2002 年第 3 期。

〔4〕（清）奎润等纂修：《钦定科场条例》卷 35，岳麓书社 2020 年版，第 597 页。

带来的冒籍应试问题。

纵向的社会流动在科举上体现为身份的变化。一些普通百姓更期望利用科举成功改变自己的身份，步入仕途，而一些"贱民"由于政策的限制，也希望"另辟蹊径"参加科举考试，获得功名以彻底改变旧有地位，因此冒捐、冒考事情常有。此外，清前期因地域区划的变动，如部分西南苗疆改图归流后造成的府州县界不清，或者某处新设州县士子不知在何处应考等，都会引发两地跨考的冒籍问题。

首先，社会流动性加大引发了冒充商籍问题。清代商业在明朝中后期的基础上有了进一步的发展，商人地域间流动性增强。由于做生意的商人在异地久居，有时也携子弟家属一同前往，为了方便商人子弟参加科举应试，清政府特意设立"商籍"以方便商人子弟应考。

顺治十一年（1654 年），朝廷就题准商籍子弟入学事宜。在直隶、江南、浙江、山东、山西、陕西等六省设立商学，前四省照大学考取，后两省照小学考取。此外各省规定了商籍学额，以便利商籍子弟应考。其中，直隶设商籍 3 名，应试者十名取一名；浙江设商籍 50 名，分设杭州府学 20 名、仁和县15 名、钱塘县 15 名；山东设商籍 4 名，应试者十名取一名；山西设商籍 10名；广东设商籍 7 名，应试者十名取一名；四川设商籍 8 名。[1]此后，商籍学额在此基础上做变动，但大致如此。

不过商籍一开，一些士子纷纷冒充商籍应试，虽然如浙江学政彭启丰等人意识到了冒占商籍应试的问题，上疏乾隆帝予以严厉制止，并得到乾隆帝支持，但事实上冒充商籍问题一直不断发生，没有得到有效控制。乾隆十六年（1751 年），朝廷在合议署理两广总督苏昌奏报后，议覆称："广东商籍生员，平时半回本籍，并非真正商人子弟。请敕下该督抚、学政、盐运使严加察核。必实系商人子弟，在行盐地方居住，不能回籍应试者，方准入籍。"[2]至于那些虽然与商人本属一族，但不居住在行盐地方的士子，则均不准在行商地应试，违者以冒籍例议处。

乾隆十七年（1752 年）有江南安徽婺源县王绍先、歙县徐玉佩两人冒充

---

〔1〕 《清会典事例》卷 381，中华书局 1991 年版，第 200 页。

〔2〕 （清）奎润等纂修：《钦定科场条例》卷 35，岳麓书社 2020 年版，第 631 页。

商籍在浙江应考，结果被浙江学政彭启丰参奏。[1]乾隆二十五年（1760 年），浙江学政李因培奏称绍兴冒籍甚多，"至于绍兴一府，向来顶冒甚多，诡诈百出。……杭州商籍向来徽杭之人，无论作何生业，均可冒入，是以考者盈千……"[2]浙江冒充商籍应试问题尤为严重，乾隆帝针对李因培的奏报，支持后者大力清理冒充商籍者，朱批"当力行之，不必顾虑"。[3]乾隆四十四年（1779 年），籍属江宁县张敉、张敬兄弟二人入赘商人杨作舟家为婿，冒充商籍考试进学，结果二人被斥革职衔。[4]

冒充商籍问题贯穿整个乾隆朝，在这之后，湖北、广东、山东、陕西、山西、顺天、直隶等各地均奏报有冒充商籍案例，由此可见冒充商籍应试是全国普遍存在的问题。虽然设置商籍、商学解决了真正商人子弟的应试问题，免去了他们的舟车之苦，但也给品行不端的士子留下了冒籍应试的机会。

其次，社会流动性加大引发了官员子弟冒籍问题。清代官员出仕采取回避制度，以防止地方官员结党营私。康熙三十九年（1700 年）就曾颁发上谕，"官员不得在现任地方，令其子弟冒籍，违者革职"。[5]乾隆帝也严格执行此谕。因为官员子弟冒籍事关统治集团的核心利益，容易引发矛盾、弊端，更会引发地方士子的不满，所以乾隆帝对于官员子弟冒籍应试问题十分重视，多次重申以防止官员子弟冒籍地方。

但是，官员子弟借机冒籍之事时有发生，屡禁不止。乾隆二十三年（1758 年），云南学政奏称查出广南府教授邵一诚携子邵树基随任冒考入学，已被查出并交督抚议处。[6]乾隆五十九年（1794 年），给事中李翩参奏"侍郎韩鑅之子韩树猷冒籍顺天，充当胥役，加捐府经历"[7]等。官员子弟冒籍不仅发生在文科举内，在武科举内同样存在。乾隆三十五年（1770 年），云贵总督彰宝奏报，"大理城守营都司董承煊之弟董四本系大兴县武生，随任来滇，平日干预营务，招摇生事，近复顶冒马兵董成恩粮名私带营兵，跟随赴

---

〔1〕（清）奎润等纂修：《钦定科场条例》卷 35，岳麓书社 2020 年版，第 631 页。

〔2〕中国第一历史档案馆：《乾嘉时期科举冒籍史料》，载《历史档案》2000 年第 4 期。

〔3〕中国第一历史档案馆：《乾嘉时期科举冒籍史料》，载《历史档案》2000 年第 4 期。

〔4〕（清）奎润等纂修：《钦定科场条例》卷 35，岳麓书社 2020 年版，第 634 页。

〔5〕《清会典事例》卷 381，中华书局 1991 年版，第 1008 页。

〔6〕《宫中档乾隆朝奏折》第 20 辑，《云南学政周昌赞奏为岁试已周先行循例奏明折》，乾隆二十九年（1764 年）三月十九日，台北"故宫博物院"1982 年版，第 830 页。

〔7〕《清高宗实录》卷 1363，乾隆五十五年（1790 年）九月乙巳。

省应试"。[1]官员子弟由于接近政治资源，更容易冒籍应试，主考官即使发现也多有容忍并不举发的情况出现，这就导致了官员子弟冒籍应考更容易引起本籍士子的愤慨，造成攻讦的现象。

再其次，社会身份引发冒籍问题。严格的等级结构是明清帝制时期的主要特征之一，那些被划归为"贱民"之人则没有资格参加科举考试。据《大清会典》记载："奴仆及倡优、隶卒为贱……凡衙门应役之人，……其皂隶、马快、步快、小马、禁卒、门子、弓兵、仵作、粮差及巡捕营番役，皆为贱役，长随亦与奴仆同。"[2]而在现实中，即使是雍正年间已经开豁的山陕乐户、浙江堕民、九姓渔户和广东疍户，也常被视为"贱民"群体。

这些贱民等级内的人在清代不允许参加科举考试，即使如雍正年间被豁免者也要等四世家族内全无从事"贱业"者才可应试。所以，出于改变地位获取平等权利的心理，贱民冒籍良民应考的事例在乾隆朝多有发生，且越到乾嘉交际之时越为严重。乾隆二十八年（1763年），陕西学政钟兰枝上奏称，一名叫程世德的山西蒲城人，本来是位长随，来到陕西投靠他的兄弟，后来顿生冒籍之念，以良民身份应考。[3]李乔所著的《清代官场图记》中记载了雏伶胡公四冒籍顺天的例子，[4]后来此人竟成了主管两淮盐务的官员。由此两例可以概见清代贱民冒籍应试的全貌。在之后的嘉庆朝，这种身份冒籍问题更加严重，长随、皂隶、伶人等冒籍应考者比比皆是。

最后，因地域变动因素引发的冒籍。清代改土归流和新设、合并州县之事在雍正朝以后持续进行，区域规划的变动导致了部分士子籍贯混乱，无从考试，以致往往两处跨考或就近应试，从而引发冒籍问题。如乾隆二年（1737年），江南崇明、昭文重新定界，规定了士子入籍应试的情况："将薛家等沙划定界址，以崇明之半洋大安戏台沙为准，沙以南赴崇昭考试，沙以北赴通州考试。"[5]这道谕旨明确了该地方士子考试的归属，并规定"从前冒

---

〔1〕 中国第一历史档案馆：《乾嘉时期科举冒籍史料》，载《历史档案》2000年第4期。

〔2〕 （清）崑冈等纂：《钦定大清会典》卷17，光绪二十五年（1899年）重修本。

〔3〕 《宫中档乾隆朝奏折》第19辑，《陕西学政钟兰枝奏报今岁办理考试情形折》，乾隆二十八年（1763年）十二月初八日，台北"故宫博物院"1992年版，第851页。

〔4〕 李乔：《清代官场图记》，中华书局2005年版，第175页。

〔5〕 （清）素尔讷：《钦定学政全书》卷30，清厘籍贯，《续修四库全书》第828册，上海古籍出版社2002年版，第684页。

考通籍入学者，照寄籍改归之例……准其改归原籍"。[1]

乾隆二十六年（1761年），广东学政郑虎文奏报当地冒籍一事。根据郑虎文调查，广东文风远胜于广西，因此广东所属各府州县冒籍事情发生较少。只有鹤山县时有冒籍之事，原因在于鹤山县是在雍正十年（1732年）新设立而成，当时有广州府105户人家愿捐资为鹤山县修城，此举获得户部同意，允许这些人家移居鹤山县居住，属鹤山县籍，子弟一体应试。鹤山县修城结束后，这105户人家并没有迁居鹤山县，但因政策允许，导致这部分人既有在广州府参加考试者，也有在鹤山县参加考试者，这样就导致了冒籍歧考的发生。[2]此事经学臣刘星炜上奏得到乾隆帝允准后，解决方法如下：

> 百五户居民必筑垦现居，给有门牌，列入烟册，方准应试，仍移知原籍，不得两处重考。其不愿徒居鹤山者，即在本籍应试，遵照在案。[3]

虽然这种办法得到认可和施行，但是在实际应试过程中只是针对童生试而言，对于生员应试却没有明文规定，故而并没有收到既定的效果。所以，此次郑虎文奏折内提及了生员的应试归属问题，其言："百五户籍于乾隆二十一年以前取进各生，除府学武生吴国瑞已列入烟册应准入籍外，其余府县两学文武生员共89名，均现住广州府属，合行咨回本籍肄业。"[4]

此外，西南改土归流之后也面临许多这样的问题，往往因州县边界不明，土籍、流籍不清给冒籍者施以口实，具有一定的客观因素。如雍正五年（1727年），东川府改归云南，朝廷规定"其东川府土著文武生仍归并云南应试。嗣后邻近府州县童生，不许冒考东川府试"。[5]雍正七年（1729年），又议准"四川乌蒙、镇雄二府改归云南。应将寄籍二府生员并举贡监生，确查的实籍贯，改归应试。除乌蒙府并无土著生员不议外，其镇雄府土著文武生，

---

〔1〕（清）素尔讷：《钦定学政全书》卷30，清厘籍贯，《续修四库全书》第828册，上海古籍出版社2002年版，第684页。

〔2〕中国第一历史档案馆：《乾嘉时期科举冒籍史料》，载《历史档案》2000年第4期。

〔3〕中国第一历史档案馆：《乾嘉时期科举冒籍史料》，载《历史档案》2000年第4期。

〔4〕中国第一历史档案馆：《乾嘉时期科举冒籍史料》，载《历史档案》2000年第4期。

〔5〕（清）素尔讷：《钦定学政全书》卷30，清厘籍贯，《续修四库全书》第828册，上海古籍出版社2002年版，第681页。

及举贡监生俱改归云南应试"。[1]后在雍正九年（1731 年），雍正帝还允准"嗣后如有土属内以土改流之州县，亦均照此例，待十科后均行停止"。[2]此处"均照此例"的规定即强调外省或异府之人可以在本处入籍考试，史载：

> 如外省及本省异府之人，有情愿入籍者，具呈府县，收入烟户册，即申详布政使司，咨询本籍。如无过犯，入籍考试，仍呈明学政衙门注册。该学政于考试时，按籍而稽。[3]

大体而言，乾隆朝中前期对这一类因区划变动而引发的冒籍问题采取了相对宽松的稽查和惩罚措施，多在明确降旨划定界址后再严厉清查冒籍问题。以上两大因素，即社会流动和区域界定，构成了引发冒籍的客观因素。

二、乾隆朝冒籍形式研究

以乾隆朝为代表，清代科举冒籍形式大致可分为地域冒籍和身份冒籍两类。地域冒籍可以分为：南方士子冒籍北方应试；富裕地区士子冒籍贫困地区应试；大省士子冒籍小省应试；因行政区划变更引发的冒籍跨考应试。身份冒籍可以分为：民人冒籍旗人应试；官员子弟冒籍应试；民人冒占商籍应试；发配边疆的犯人子弟冒军籍应试；贱民冒籍良民应试。还有因其他一些因素引发的冒籍问题，可以说种类繁多。

（一）乾隆朝地域冒籍种类

1. 南方士子冒籍北方科考

清代南北方经济、文化存在差异，呈现出南强而北弱的态势，这也导致许多南方士子纷纷冒籍北地应试。按照清初所定，顺天乡试和江南乡试中额均 160 余名，但相较于南方的竞争激烈程度而言，顺天府、直隶天津等地要轻松一些，诚如陕西道监察御史温如玉所言，"外府士子因上进艰难，往往中年废业，甚非所以惠寒峻而均教育也"。[4]正是因为在这样的背景下，南方士

---

〔1〕（清）素尔讷：《钦定学政全书》卷 30，清厘籍贯，《续修四库全书》第 828 册，上海古籍出版社 2002 年版，第 682 页。

〔2〕《清会典事例》卷 391，中华书局 1991 年版，第 352 页。

〔3〕《清会典事例》卷 391，中华书局 1991 年版，第 352 页。

〔4〕《宫中档乾隆朝奏折》，《陕西道监察御史温如玉奏为严冒籍以端士风以重考试折》，乾隆十八年（1753 年）五月初二日，档案号：029413。

子往往甘愿违反条例而冒籍北方应试，其中又以冒籍顺天府大兴、宛平两县最为严重且具有代表性。

　　对于冒籍顺天应试问题，其实清政府早有规定。《钦定科场条例》就明确记载："冒考大兴、宛平二县入学者，先将廪保斥革，审讯有无受贿，分别治罪，永远不准捐考"，"顺天乡试，南人冒捐北监入试者，照冒籍例治罪"。[1]但是，士子冒籍顺天应试问题禁而不止。在康熙朝，冒籍问题已经变得日益严重。康熙十六年（1677 年）十月，巡视西城监察御史范承勋上疏康熙帝题本《顺天乡试不得冒籍事》，以杜冒籍之弊。范承勋提及本年顺天乡试，"中式者共三十六名，直隶共十一人。及细询之，北卷中多系冒籍，有臣访问最真者顾用霖、宋宓、申珂、张登第系苏州人，陶熙、沈龙骧系浙江人。此数人中，有系现任京官之子弟者，亦有不系现任者"。[2]范承勋认为主考彭定求、胡会恩有心维护南方冒籍士子，故而导致冒籍问题日益严重。所以，范承勋要求将二人交部查处，"以杜冒滥，以正士风"。

　　进入乾隆朝，士子冒籍顺天府应试的问题更加突出和普遍，以致终乾隆一朝不得不持续应对这一科场问题。乾隆十年（1745 年），顺天府府丞郑其储奏称："大、宛两县额进生员，冒籍居多。冒籍得以入考，由冒同乡在顺天之进士、举人、贡、监、生员为父兄。而冒有籍贯之人，借此获利。欲杜冒籍，宜彻底澄清"。[3]乾隆帝重视冒籍顺天应试问题。顺天府乃京城所在，首善之区，如果士子们纷纷冒籍顺天应试，必定造成分省选士制度的崩溃，公平性荡然无存，也容易引起顺天府当地士子的不满。所以，无论是出于平衡政治资源还是维护京畿稳定的考虑，乾隆帝都对冒籍顺天问题高度重视，并要求严厉稽查。对于郑其储的奏请，乾隆帝下谕要求冒籍顺天府的士子以一年为限，自己呈首改归，如果不自行改归将严格议处。同时，官府也对冒籍顺天入学者一并作出规定，要求顺天学政不要担心因稽查冒籍而致应试者减少的问题，而且要求"考试时凭文取录，宁缺无滥"。[4]

　　其后，又有工部右侍郎励宗万上奏冒籍顺天府大兴、宛平县入学问题，同样认为应该严格稽查，秉承"宁缺毋滥"的原则，奏文称：

────────────

〔1〕（清）奎润等纂修：《钦定科场条例》卷 35，岳麓书社 2020 年版，第 597 页。

〔2〕中国第一历史档案馆编：《清代档案史料丛编》第 10 册，中华书局 1984 年版，第 144 页。

〔3〕《清高宗实录》卷 255，乾隆十年（1745 年）十二月癸丑。

〔4〕《清高宗实录》卷 255，乾隆十年（1745 年）十二月癸丑。

……顺天大、宛两县学,一府学,共取进七十五名,本地力学者少,外籍视为捷径,顶冒愈多。请将大、宛两县额进五十名,令该学政凭文取录。其顺天府学额进二十五名,照各省府学,匀予合府州县拨取。查大宛学校为四方冠冕,进额自应从优。即一时应试人少,宜照宁缺无滥例考取。[1]

随后,乾隆帝在这一年议准设立审音御史,以防止南方士子冒籍,规定"审音宜特派大臣一二员,或满洲御史一二员协同详审,乐舞生一例审音。……声音不合,究出冒籍情弊,将本生、廪保照变乱版籍律治罪。受财、计赃从重论,申送之知县,照徇庇例议处。教官婪赃者,计赃定罪",[2]并饬令直省督抚、学政加意整饬、核查。如有冒籍大兴、宛平入学、中式之人,若非入籍达 20 年者,俱令呈报更改。不过,即使顺天府展开了对冒籍的严格清查,而且配合审音等措施,但依旧没能收到预期的效果。陕西道监察御史温如玉在乾隆十八年(1753 年)的一份奏折中就提及冒籍顺天、天津应试的严重情况,其言"每科中式顺天、天津两府合计几及解额之半,土著者仅十之二三而已"。[3]

乾隆四十二年(1777 年),山东道御史戈源请求重申冒籍治罪条例,其所请针对地区就是顺天府大兴、宛平等"多士云集"之地。大兴、宛平"土著、寄居不免参杂,立法日久,渐成具文",因而戈源要求"将历年严定冒籍禁例详开"。[4]戈源请求,如有冒籍顺天者,生监照例斥革治罪。顺天府廪缺也要防止冒籍,详查籍贯登记注册,统一上交顺天府尹,督责各教官分别办理。戈源还请求从童生试最初级的县考就严查冒籍问题,并将籍贯为南方的审音御史排除在审音队伍之外,以杜绝互为维护的舞弊情况发生。以上举措,有助于加大对于顺天府童生试、乡试的稽查力量,有效地防止南方士子冒籍顺天府应试。

当钱沣于乾隆五十三年(1788 年)提出取消顺天乡试南、北、中皿限制时,乾隆帝断然拒绝并指出"但国家取士,博采旁求,于甄录文艺之中,原

---

〔1〕《清高宗实录》卷 255,乾隆十年(1745 年)十二月癸丑。

〔2〕《清高宗实录》卷 255,乾隆十年(1745 年)十二月癸丑。

〔3〕《宫中档乾隆朝奏折》,《陕西道监察御史温如玉奏为严冒籍以端士风以重考试折》,乾隆十八年(1753 年)五月初二日,档案号:029413。

〔4〕《清高宗实录》卷 1042,乾隆四十二年(1777 年)十月乙未。

寓广收人才之意，且各省文风高下互有不齐。若据钱沣所奏，势必至于江浙大省取中人数居其大半，而边远小省或至一名不中，殊非就地取材之意"，[1] 明确表达了科举考试及顺天乡试在平衡地域间政治、人才和文风等因素上的考量。

此外，朝廷为了防范士子冒籍侥幸中式后的铨选为官问题，在乾隆五十六年（1791 年）编纂的《则例便览》中，还特意加上了"大宛两县冒籍出结"条目，让中式铨选为官之人必须取得在京六品以上官员的籍贯保结方准选官，若有冒籍者被发现，则要追究连带责任。文载：

> 顺天大宛等县赴选人员，取具同乡六品以上京官印结，载明某人籍隶某处，并无假冒字样，送地方官查核事后，仍有假冒情弊别经发觉，将出结官照徇情给结例降二级调用，地方官不详细确查致有混冒亦照出结官例议处。其大宛二县捐纳贡监取具同乡京官实系土著印结，札发顺天府饬县备案，如有假冒事发将出结官亦照徇情给结例议处。[2]

虽然上至乾隆帝，下至督抚、学政、州县官一再详查、严查，但是冒籍顺天问题终乾隆朝并没有得到根治，冒籍案件时有发生。早在乾隆六年（1741 年），顺天府府丞郑其储就奏报有童生王习祥系江南长洲韩姓子孙，乃敢冒籍、冒姓应考顺天。有监生王贻蕙将其冒认为己子，副榜贡生王启闻将其冒认为嫡堂弟，又有廪生王芝、于晳串通蒙蔽认保，大干法纪，故而请求将涉案数人下刑部治罪。[3] 乾隆二十一年（1756 年），顺天乡试中南方士子冒籍北方问题极为严重，御史范棫士奏称"顺天乡试向例南北皿字号分额取中，所以使五省贡监均匀入选，不致有偏枯之弊。但南人冒捐北监入试者未除，而本年乡试为尤甚"。[4] 紧接着御史陈庆升也奏报了本科的乡试问题，其中有言"本科乡试，南人冒顺天籍贯由北贝中式者颇多，其中变更姓名，弊端百出。本地廪生借此网利，滥行保结。请敕部通行直省，凡冒顺天籍中式并已登仕版者，勒限改归本姓原籍。嗣后该学政遇考试之期，严行查办，以

---

〔1〕《清会典事例》卷 350，中华书局 1991 年版，第 1136 页。

〔2〕（清）沈书城：《则例便览》卷 1，乾隆五十六年（1791 年）刻本，第 12—13 页。

〔3〕《内阁大库档案》，《顺天府府丞为童生冒籍应考由》，乾隆六年（1741 年）六月十八日，档案号：016554。

〔4〕《清高宗实录》卷 522，乾隆二十一年（1756 年）闰九月戊申。

清籍贯"。[1]先后接到范械士和陈庆升奏报的乾隆帝非常重视顺天乡试的冒籍情况，并认为"此奏大有关乎人心风俗"，让大学士会同九卿详议具奏本科顺天乡试情况和杜绝冒籍之法。

根据调查，此榜顺天乡试有李骏等冒籍者31人，乾隆帝不仅要求彻查中式举人籍贯，将所查出冒籍者分别改归原籍，而且将他们罚停一科会试，以儆效尤。同时，朝廷认为这科冒籍中式的31人中，有父、兄身系职官者，不能察觉亲属冒籍行为"亦属不合"，均照违令"笞五十公罪律罚俸九个月"，[2]并且议定从前各科南人冒监冒入北贝中式之贡监生、举人、进士，均令改归原籍。"如不自首，别经发觉，照例斥革"。[3]大学士和九卿议奏后要求：进士及在京官员，限一月内呈报吏部；外任官员于文到日，申明该督抚咨部改归原籍。倘若超越期限，或者被科道纠参，或经督抚查出，均斥革功名、职衔。而对于那些虽然冒籍但尚未中式的贡监生员，朝廷也同样谕令学政、府尹转饬地方官及教官详查，勒限一年改正。"如奉行不力，指名参处，嗣后如再有南人冒捐北监及冒入北贝者，查出即斥革。岁科考童生冒入大、宛等县者，贿保之廪生及申送之教官，审音收考之州县，俱参革议处。"[4]可以说，乾隆二十一年（1756年）的顺天乡试冒籍案是乾隆朝整饬冒籍顺天应试问题由宽转严的标志，不仅所有经冒籍顺天中式、入仕者必须改归原籍，而且作出了罚科和黜革功名、职衔的规定，展现出乾隆帝对于冒籍顺天应试问题的高度重视。

乾隆帝除要求各地督抚、学政严查冒籍者外，还继续强调顺天府审音御史的作用，并要求以后各科考试都要认真稽查，不可懈怠，"令两县（大兴、宛平）分别造册送部查核，并汇申府尹奏闻。其查无踪迹并不首明之冒籍，既逾定限，即行斥革"。[5]此外，乾隆帝在谕旨中也要求对冒籍进入国子监的士子加以清理整顿，其言：

然例由国子监分堂肄业，或由学政录科，其为数不过数百人，年貌语音，

---

〔1〕《清高宗实录》卷522，乾隆二十一年（1756年）闰九月戊申。
〔2〕《皇朝文献通考》卷51，选举考五·举士，钦定四库全书本，第2页。
〔3〕《清高宗实录》卷522，乾隆二十一年（1756年）闰九月戊申。
〔4〕《清高宗实录》卷522，乾隆二十一年（1756年）闰九月戊申。
〔5〕《清高宗实录》卷542，乾隆二十二年（1757年）七月丙申。

不难立辨。嗣后应专其责成，务令于肄业录科时，严加察验，以杜假冒。倘仍前滥行收考，一经发觉，必将录收各官严加议处。[1]

面对乾隆帝的震怒和整饬冒籍顺天弊端的决心，顺天府学政庄存与不敢懈怠，从严稽查冒籍者。据他调查称，"直隶冒籍生员，自首改正，冒籍者每学多至五六十名，少者十五六名，尚有未经查出者"。[2]庄存与提出针对此事的意见，他请求乾隆帝将冒籍者暂停南北岁科两试，并勒令冒籍者自首，更改籍贯。其言："即据所首姓名三代籍贯，一面咨礼部存案，一面行该省取具父师亲族邻里切实甘结，地方官加具印结，方准咨回该省学政入册"。[3]如此惩治和证明办法就是为了清理和杜绝冒籍问题。对于庄存与的建议，乾隆帝欣然首肯，同意所请，谕旨中"此等冒籍生员，即永停乡试，亦不为过"[4]之言表明了乾隆帝的态度。乾隆帝不仅将冒籍各生停止乡试一科，而且要求庄存与继续严格稽查冒籍顺天之人。

就在乾隆帝和庄存与等地方官一再强调禁止冒籍的时候，再次发生了冒籍顺天的事件。乾隆二十三年（1758年），学政熊学鹏奏报称，顺天发生了邱沇冒籍案，而更令人意想不到的是，此案不是简单的冒籍案件，邱沇实际是冒籍枪手，替人冒籍应考。经熊学鹏查明，邱沇所中举人实系枪手替考的结果，而且牵连出另一桩顶替冒考之事。

根据徐晴皋供称，他是江南常州府武进县人，乾隆二十二年（1757年）七月来京，在京城各处教馆教书糊口。徐晴皋并没有顶名邱沇应试，而且也不认识此人，他是顶替了生员邱声宏的名字进场应试。其供词说道："小的后来因为御史陈大人条奏内有邱沇姓徐的话，想着害怕，做这呈子自首的。至于邱沇叫姓沈的进场，讲多少银子，怎样折法，后来出场都各自散去，小的不知道。"[5]而邱沇自己供认称，家住直隶广平府清河县邱家庄，"只缘近京地方五方杂处，假捏籍贯不可胜数"，[6]在这种利益的驱使下，"寻一江宁沈姓顶替入场中式"，行移花接木之法。案情清晰后，学政熊学鹏请旨将邱沇革

〔1〕《清高宗实录》卷542，乾隆二十二年（1757年）七月丙申。
〔2〕《清高宗实录》卷530，乾隆二十二年（1757年）正月壬寅。
〔3〕《清高宗实录》卷530，乾隆二十二年（1757年）正月壬寅。
〔4〕（清）奎润等纂修：《钦定科场条例》卷35，岳麓书社2020年版，第601页。
〔5〕中国第一历史档案馆：《乾嘉时期科举冒籍史料》，载《历史档案》2000年第4期。
〔6〕中国第一历史档案馆：《乾嘉时期科举冒籍史料》，载《历史档案》2000年第4期。

去举人，涉案的邱声宏、张凤文革去生员，并将案内人犯交与刑部，"严审定拟，以彰国法，以肃科场"。[1]

乾隆二十八年（1763年）十月十二日，福建学政纪昀奏称，延平府属顺昌县学武生卢承梓因在京贸易而就近冒入顺天籍应考，被其侄子卢治梁举报一事。经查，卢承梓于乾隆十七年（1752年）考入顺昌县学为武生。乾隆二十七年（1762年）三月在京贸易，卢承梓"志切仕途，就近入顺天大兴县籍"，[2]其后不仅改名冒籍应试，而且捐官任职，最终被举发参奏。

乾隆三十五年（1770年），窦光鼐向乾隆帝上疏《奏为大兴宛平二县冒籍甚多宜立防弊之法使归实效事》。窦光鼐认为自乾隆二十一年（1756年）后经过两次彻查冒籍问题，顺天大、宛两县的情况有所好转，但仍需要进一步严格稽查以杜绝冒籍之弊端，他强调"嗣后该县收考除真正土著，及父兄入籍有据外，必查明家属住址，取有亲族甘结方准作合例"。[3]进而，他提出要发挥教官、廪保和府丞的作用。特别是后者，应发挥更为关键的作用，其言"嗣后教官、廪保之优劣责成府丞实心查核，并令不与保结之廪生，各据所知赴该管衙门出首"。[4]

山东道监察御史戈源于乾隆四十三年（1778年）五月初十日参奏冒籍进士孙履谦。孙氏本是江南常州府阳湖县人，甲午科冒籍顺天府宛平县，中式举人。中式后，孙氏仍然继续冒籍宛平县中式进士。戈源请求将孙履谦功名斥革，以示惩儆。[5]其后，戈源又于乾隆四十五年（1780年）奏报王霖等9人冒籍中式一事。戈源详细核查了9人身份信息，除最后的陆迈外，其余8人均为江浙士人。对于冒籍的9人，他依次奏报称：本年顺天乡试中，①中式第7名的王霖，榜内写为宛平县附生，但经查实为浙江绍兴人，寄居炭儿胡同，冒充户部山东司经承王乐山胞弟。②第14名王受，榜内写为大兴县附

---

〔1〕　中国第一历史档案馆：《乾嘉时期科举冒籍史料》，载《历史档案》2000年第4期。

〔2〕　《宫中档乾隆朝奏折》，《福建学政纪昀奏为武生冒籍易名捐选职官请旨交部查办折》，乾隆二十八年（1763年）十月十二日，档案号：041784。

〔3〕　《军机处档折件》，《窦光鼐奏为大兴宛平二县冒籍甚多宜立防弊之法使归实效事》，乾隆三十五年（1770年）五月十三日，档案号：012032。

〔4〕　《军机处档折件》，《窦光鼐奏为大兴宛平二县冒籍甚多宜立防弊之法使归实效事》，乾隆三十五年（1770年）五月十三日，档案号：012032。

〔5〕　《军机处档折件》，《掌山东道监察御史戈源奏参进士孙履谦事》，乾隆四十三年（1778年）五月初十日，档案号：019751。

生，经查实系江南人，寄居悯忠寺。③第 26 名刘在田，榜内写为大兴县监生，实系江南旌德县人，寄居琉璃厂东南园小巷内邢姓家。④第 76 名王福增，榜内写为宛平县监生，实系浙江绍兴人，寄居炭儿胡同，冒充户部陕西司王道亨堂弟。⑤第 84 名金殿，榜内写为大兴县附生，实系浙江杭州府人，寄居烂麦胡同。⑥第 125 名丁榆，榜内写为宛平县增生，实系江南扬州府人，现在潘家河沿处。⑦第 141 名陆钟，榜内写为大兴县监生，实系浙江钱塘江人，寄居杨梅竹斜街。⑧第 179 名朱观光，榜内写为大兴县监生，实系江南山阳县人，寓居保安寺街小横巷内。⑨第 79 名陆迈，榜内写为清苑县附生，实系江南人，现在直隶深州知州署内作幕。[1]戈源认为以上 9 人在严禁冒籍之后，仍然"违例作奸，殊关士习"，固而请旨对 9 人严行查办。

乾隆一朝对于南方士子冒籍北方，尤其是冒籍顺天应试、入学的问题，申斥不可谓不严，顺天府尹、学政及御史对于冒籍者稽查力度亦不可谓不大，这通过以上谕旨、奏折可见一斑，但是冒籍顺天应试的问题禁而不止，几乎无科不有。究其缘由，实在是因为冒籍顺天中式概率更大，竞争压力较小，故而南方士子为了避难就易，甘愿冒着被斥革、停科甚至处以刑罚的危险而冒籍顺天应试。

2. 富庶地区士子冒籍贫困边省地区科考

经济发展的不平衡导致了各地兴衰之别。清代浙江、江苏、安徽、福建、广东等省份经济发达，也使这些地区士子往往具备了相对较高的文化水准和应试水平，由于地区中额所限及所在地区科举考试竞争激烈，这些地方的士子往往冒籍到相对贫困且文风较弱的地区参加科考，以求中式。清代陕甘、云贵、广西、四川、湖广等地相对贫弱，因此成为冒籍的多发之地。

早在乾隆元年（1736 年），江南道监察御史谢济世就曾在给乾隆帝的奏折中提道："至于云、贵、川、广人才寥落，冒籍多一人，则土著更少一人"，表达了边省是冒籍的重灾区。据谢济世所奏，康熙乙卯科广西乡试解元潘乙震，系江南山阳人，赴广西作幕，冒籍东兰州中式，发榜后即领取会试咨文，回其本家。又如，同科第三名举人何希尧，系广东肇庆人，冒籍太平府捐纳岁贡参加乡试中举。谢济世认为这二人冒籍行为可谓明目张胆，在前五名之

---

[1] 《军机处档折件》，《戈源奏参顺天中式冒籍之举人王霖等九名请严加传问照例办理》，乾隆四十五年（1780 年）十月初七日，档案号：028438。

内就有两人为冒籍中式者，那么广西康熙乙卯科整榜有多少人冒籍可想而知，其结果就是"乡会两试冒籍吐气，土著含冤"，"将来广西举人、进士必尽为外省人占去"，[1]故而谢济世请求停止入籍广西考试之例，将潘乙震、何希尧二人功名黜革严审。

乾隆三年（1738 年），朝廷就旨令"停止广西泗城、镇安两府及庆远府属之东兰州荔波县，太平府属之宁明州，外省之人入籍考试之例，仍由该抚转饬该地方官留心稽查。嗣后有外省窜入冒考情弊，将本人及廪保照例治罪，并将失察官员题参议处"。[2]

乾隆二十五年（1760 年），广西学政鞠恺也给乾隆帝上奏，言及浙江、湖广、广东等地冒籍广西的情况尤甚，致使冒籍流弊日甚，本地文风衰退，其言：

> 惟冒籍之弊最甚，本省府县相邻之人冒考者固有，而浙江、江西、湖广、广东等省之人冒考广西者尤多，大抵或因父兄作幕，或因亲友贸易，诡计影射，混入考试，并无实在田产庐墓。入学之后，仍归故乡，而大比之期复来冒试。若不及今彻底澄清，严加惩创，则蔓延日滋，流弊愈甚，于边省士习文风深为未便。[3]

可以看到，冒籍广西者大多来自经济发达地区，如浙江、湖广、广东等省。早年由于广西等地文风凋敝，甚至有开考不足数的情况，朝廷给予广西士子政策扶持，鼓励他们努力向学，但也给冒籍者留下了很大的机会。诚如广西学政鞠恺所言，如再放任冒籍之势，必定会引发土客冲突及文风不振的严重后果，因此乾隆朝也时刻注意对于富庶省份士子冒籍边地省份的稽查。针对鞠恺的奏陈，朝廷议定云南、贵州、四川、广西各省学臣彻底清理冒籍问题，以杜绝外省士子冒籍。官方以一年为限，若冒籍者逾期未更改籍贯，则将该生黜革，对于不行严查的地方官及儒学官员照例议处。[4]

从以上几份奏折和朝廷谕旨可以看出，乾隆帝要着力防止士子由外省冒

---

〔1〕　中国第一历史档案馆：《乾嘉时期科举冒籍史料》，载《历史档案》2000 年第 4 期。
〔2〕　《清会典事例》卷 391，中华书局 1991 年版，第 354 页。
〔3〕　中国第一历史档案馆：《乾嘉时期科举冒籍史料》，载《历史档案》2000 年第 4 期。
〔4〕　《清会典事例》卷 391，中华书局 1991 年版，第 357 页。

籍边地应试，只有这样才能达到朝廷分省定额，平衡科举资源，从不同省份分别取士的科考目的。如果取中广西、贵州等边地之进士，却身系江浙等籍，就明显不符合乾隆帝分省定额取士的初衷了。不过，即使乾隆帝一再发布相关的谕旨要求禁止冒籍，特别是禁止冒籍边省的情况发生，但在各种档案文献中，还是留下了不少江浙士子冒籍甘肃、贵州、四川等省份的案例。

乾隆三十三年（1768年），贵州举行乡试，贵州学政陈筌查考镇远府时，发现有"府属童生谭清圣冒籍，当即捉拿，并将廪保成希黄一并缉拿，并饬该府高积厚严审有无知情贿嘱"。洪亮吉任贵州学政时也深知贵州乃冒籍多发之地，其言："臣访知思南、石阡、镇远三府童生，向多冒籍歧考之弊。于未按试之前即行文该处府县教职严为查禁，临期又责成廪保，如有认识不真者，即当堂指出，分别扣除。"[1]甚至有些贵州省士子为了避难就易，也在毗邻的府县内冒籍应试。乾隆二十八年（1763年）十一月，时任贵州学政的李敏行就提及"安顺与贵阳接壤，闻向有冒考之弊"。所以在乡试前，李敏行严格稽查冒籍士子，据安顺府学廪保宣文达、赵子英呈报，有清镇县童生周嘉猷、王锡龄、熊澍等冒安顺府籍入场。[2]所以对于贵州省而言，不仅学政和地方官员在开考时要严防外省冒籍应试之人，也要发挥廪保作用，认真稽查同府异县冒籍之人。

乾隆四十三年（1778年），地方官在追查徐述夔《一柱楼诗》的文字狱案时，发现了浙江人毛澄冒籍甘肃的情况。据查，毛澄系浙江归安县学廪生，乾隆三十二年（1767年）赴甘肃作幕，乾隆三十九年（1774年）改名黄斌，冒籍阜康县籍贯应试，并于乾隆四十二年（1777年）中式丁酉科第二名举人。[3]对于浙江士人外出冒籍应试的情况，浙江学政李因培指出与浙江学校风气有关。他认为，"浙江则不然，其人宽缓而矜高，视一切为具文，而专务从其所便。是以历来题准通行之事，载在《学政全书》者俱未尝实力奉行"。[4]

再如，四川省也是冒籍多发地。四川冒籍多发是早年"湖广填四川"移

〔1〕 王澈：《乾隆朝中晚期科举考试史料（下）》，载《历史档案》2003年第1期。

〔2〕《宫中档乾隆朝奏折》，《贵州学政李敏行奏报考过遵义等五府查获局骗冒籍各情节折》，乾隆二十八年（1763年）十一月二十四日，档案号：042111。

〔3〕《清高宗实录》卷1067，乾隆四十三年（1778年）九月癸丑。

〔4〕 中国第一历史档案馆：《乾嘉时期科举冒籍史料》，载《历史档案》2000年第4期。

民潮所致。清初迁入四川居住者甚多，造成了州县间互相冒籍入考的情况。正如乾隆二十六年（1761 年）时任四川学政的陈筌所言，"川省幅员广阔，五方杂处，别省流寓者十居八九，冒籍歧考之弊最易潜滋"，"推原其故，总因川省向少土著，两处有田则两处俱可应考，陋习相沿，已非一日"。[1]

此外，四川一些地区地广人稀，较为贫困，这给了一些富庶地区士子冒籍应试的机会。在汶川县，终乾隆一朝，外省士子冒籍应考本地长达几十年，使得土著的边寒之士没有机会中式为官。这一现象颇为当地州县官所重视，而当地士民也纷纷上告府衙以求严防冒籍问题。

在乾隆末年，当地学政就上疏反映情况，最后在嘉庆三年（1798 年）得到批准，在当地树立起了学政碑，规定"汶川学籍嗣后非土著廪生不得保结，非土著人民不得应试"。碑记载云：

> 嘉庆元年岁试，三月合县土民等为恳请立定章程以杜歧冒以正校事……因六月蒙县主丁开窃查，汶川境内竟属崇山峭壁，土瘠民贫，其民间子弟亦有俊质，往往无力读书，是以应试之童寥寥。附近州县视其入学之易，心存觊觎，或认本籍同姓为一宗，或置买些微山场称为载粮民籍，希图考试。当时无从查办，日久遂难攻讦。此数十年来汶川外籍入考之原委也。迨至侥幸功名，其恂谨者得意，已去终身不入汶境。其狡黠者并欲引其同姓冒为一家，包揽图考。本籍被其强占，喧客夺主，无可如何……以卑职管见，请嗣后非系本地土著人民，即有分厘微粮及冒认本籍同姓为一宗，其实现住他县有籍可归者，一概不准应试。至廪生非本地土著素行端谨者，不准出保。如送州、送院考试以后，倘有冒籍情事一经查出或被告，即将本籍廪保指名详革，并将冒考之童从重究办。如此请定章程，冒考之弊可除，汶川学校不至有名无实。[2]

他省和他府士子多冒占汶川县籍应试事例，导致了地方土著士子无从脱颖而出的情况发生，这也正是地方力请禁止冒籍和树立此碑的大背景。通过四川学政的努力和皇帝允准，以后岁、科两试都只能在土著廪生中选择"素行端谨者"出具保结，而不准居住外县者指保，并严查冒籍行为，立碑警示，转饬地方教官。通过这些防止冒籍的办法，四川学政认为可以达到使"边省

---

〔1〕　中国第一历史档案馆：《乾嘉时期科举冒籍史料》，载《历史档案》2000 年第 4 期。
〔2〕　《阿坝藏族羌族自治州文史资料选辑》第四辑，1986 年编印，第 152—155 页。

寒士得以鼓舞而兴起，不但士民感激宪天，生生世世衔结无穷，亦于盛世教养之道大有裨益”的效果。

富庶地区士子冒籍贫困和边省地区对于当地士子影响甚大。冒籍士子并不在云贵、四川、贵州、广西等地居住学习，而是在江浙家乡入学，平时也多在江浙一带生活，只有到了考期才会到云贵等地应考，这种情况不仅对于当地文风无益，对于均衡选拔人才也毫无保证，往往造成当地士民联名告于府衙，引发社会矛盾。因此不仅乾隆朝着眼于治理富庶地区士子冒籍边地之事，嘉道以后各朝也一直在防治此类冒籍事件的发生。

3. 人口稠密地区士子冒籍人口较少地区科考

乾隆年间人口逐渐增多，到乾隆末年突破了3亿人口大关，各省的人口均有增长，相应的应试人数也大幅度增加。但是，乾隆朝的科举中额并没有相应大幅度增长，个别省甚至有所减少，这就进一步降低了士子中式的概率。以进士为例，乾隆朝60年开科27次，进士总数5385人，平均每科199.4人，位于清朝每科中式人数的倒数第二位。[1]如果按照中式人数排列，科举大省应为江苏、浙江、直隶、山东、江西、福建等省份，而这几省不仅人口众多，也是文风兴盛之地，竞争非常激烈，录取比例达到1∶80甚至更低，如江苏录取比例甚至会低至1∶100，这也造成了这些省份成为科举冒籍应试的源头地区。

人口的压力及文风的兴盛导致了这些人口大省士子纷纷冒籍人口小省或地区以求侥幸中式，而这种冒籍问题集中体现在福建、广东等沿海省份士子冒籍台湾府应试上。自康熙二十三年（1684年）设立一府三县起，台湾府人口并不十分稠密，文风相对落后，而中额按小省之例取士，中式概率较大，而且自康熙朝以后，给台湾府士子单编字号，这些特点导致了沿海士子特别是同省的福建其他府属士子冒籍台湾府应试。

针对士子冒籍台湾府应试问题，乾隆帝有着较为深刻的认识，并于乾隆二十年（1755年）同意诸罗县等地士绅树立起严禁冒籍的石碑以警世士子。石碑记载：

就地抡才，普天通例；冒籍顶考，功令森严。雍正五年，特颁纶旨：凡

---

〔1〕 李润强：《清代进士群体与学术文化》，中国社会科学出版社2007年版，第54页。

前冒进兹泮者，改归原籍。嗣后必生长台地及眷室有凭者，方得与试。仰见圣明作养人才、造就海峤至意。乃法久弊生，奸猾之徒，渐习舞弊。我同人倡建文庙，卜地，庀材，数仞宫墙，几将告竣。愤冒籍之纵横，于甲戌春，金禀县主徐批："查定例：入籍二十年有庐墓、眷、产者，方准考试。台地土著者少，流寓者多，冒籍之弊，致难稽察。得诸生从公细查纳卷，不惟弊可永杜，所选皆诸山之彦矣。本县实有厚望焉，其勉为之！"葡吁学宪老夫子拖、府宪钟，均蒙饬县清查厘剔。是以前岁取进，悉属本邑；冒籍伎俩，源将绝矣。[1]

石碑详细记载了入籍的条件和冒籍应试的禁令，树立此碑就是为了防止内地沿海士子冒籍台湾府，导致台湾府土著中式者少，文风不振。这种地方士绅立碑的行为和上文所述汶川县立碑严禁冒籍有着相似之处。但是，即使朝廷严禁冒籍，地方官员严厉稽查，地方士绅立碑警示，外地士子冒籍台湾府应试者并没有减少。由于台湾府隶属福建省，不仅与泉州府、漳州府地理相近，隔海相望，均属于闽南话语区，而且同族亲属往往分居泉、漳、台等地，形成了复杂的家族网络，这些条件为福建、广东地区士子冒籍台湾府提供了便利条件。

根据乾隆朝《晋江县志》记载，从乾隆元年（1736年）至乾隆三十年（1765年），福建泉州府晋江县士子冒籍台湾府应试考中生员者就有王贵、陈名标、唐谦、王克捷、黄帝赉、郭文进、杨对时、张源仁、尤廷对、蔡霞举、张源德等人。[2] 除晋江县外，据统计，乾隆朝福建泉州府南安县士子冒籍台湾府被荐为贡生的有8人，经乡试中举的有6人。

由于冒籍台湾府相较福建其他地区容易中式，福建省不仅泉州府的士子纷纷冒籍台湾府应试，其他各府州县，如漳州、兴化、福州等地的童生也趋之若鹜。如台湾府诸罗县学自康熙朝设立以来，生员大多是内地冒籍的士子，据康熙《诸罗县志》载，"诸罗建学三十年，掇科多内地寄籍者，庠序之士，泉、漳居半，兴、福次之，土著寥寥矣"。[3]

这种冒籍台湾府应试的风气发展至乾隆朝有愈演愈烈之势，以致凭台湾

---

〔1〕 《台湾南部碑文集成（四）》，《严禁冒籍应考条例碑记》，大通书局1997年版，第384页。

〔2〕 陈笃彬、苏黎明：《泉州古代科举》，齐鲁书社2004年版，第213页。

〔3〕 （清）陈梦林：《诸罗县志》卷5，学校志，康熙五十六年（1717年）刊本，第20页。

府籍贯中式福建乡试者多属内地冒籍之人。唐赞衮所写《台阳见闻录》中"冒考"一节就言及"近来文风虽日盛，而应试者多福建泉、漳之人"。在述及台湾府中额时，唐赞衮提到自乾隆十八年（1753 年）至乾隆二十七年（1762 年）间，五科乡试中，只有谢居仁一人是台湾府凤山土著，其他士子均属冒籍应试中式者。针对冒籍日炽的问题，地方士绅联名请求撤销台湾府单独中式名额，以杜冒籍。史载：

> 乾隆元年，巡抚卢焯奏准：恩科福建加中三十名内，台湾于原额外加中一名。但台湾冒籍者多，中式多非土著。予查台湾自乾隆癸酉至壬午，凡五科，共额中十名。内惟癸酉科中式谢居仁一名，系凤山人，余俱属内地。乾隆二十八年，巡台满御史永公庆、汉御史李公宜青至台。台地绅士以额中虚冒其名，联名进词，愿撤去另号，一体匀中。二巡台不允所请，但面谕道府县严禁冒籍。[1]

针对冒籍台湾府的严重情况，乾隆二十九年（1764 年），巡台御史李宜青上奏《禁止冒籍疏》，折内提及了台湾府四县应试者大多为福州、兴化、泉州、漳州四府之人，教官和廪保并不认真稽查，冒籍应试者有恃无恐，平日入学就读之际大多返回内地，导致了台湾府科考时"按名为台之士，实则台无其人"的状况。故而李宜青请求如顺天府严查冒籍例一样，严禁冒籍台湾府应试。其疏言：

> 台湾四县应试，多福、兴、泉、漳四府之人，稍通文墨，不得志于本籍，则指同姓在台居住者，认为弟侄，公然赴考。教官不及问，廪保互结不眼详。至窃取一衿，褰裳而归，是按名为台之士，实则台无其人。臣于上年抵台，行文观风，四县生员只八十余卷，询之官吏，据称俱在内地。夫庠序之设，原以宏奖风教，使居其土者，知所方向。今台湾南北二路，广袤一千数百余里，计其庄户不下数万，而博士弟子员寥寥不少概见者，则皆内地窜名之所致也。查台地考试，从前具有明禁，非生长台地者，不得隶于台学。圣朝作养边陲之至意，人所共见，又定例入籍二十年，亦无原籍可归者，方准予寄籍考试。今四府人士，其本籍不患无可以应试之处，而远涉重洋，或两地重

---

〔1〕（清）唐赞衮：《台阳见闻录》卷下，文教，光绪十七年（1891 年）刻本。

考，或顶名混冒，蒇功令而窃荣名，莫此为甚。请将内地冒籍台属各文武生员，照冒籍北闱中式之例，悉改归本籍。仍请敕下该督抚，饬行兼管提督学政之台湾道，嗣后府县试及该道考试，应作何设法稽查，识认精细，其廪保等不敢通同徇隐及受贿等弊。斯则海邦皆邹鲁，而作人之化，无远弗届矣。[1]

　　针对李宜青的上疏，乾隆帝让礼部议奏，得到了礼部允准并下令"该督抚及台湾道转饬地方官，查明实系入籍二十年并无原籍可归者方准应试，如有冒籍赴考，除将本童及廪保照例治罪外，地方官一并查参议处"。[2]不过此后，仍然有不少冒籍台湾府应试的案件发生，且不单福建省士子如此，广东省许多士子也冒籍台湾府应试。

　　乾隆三十六年（1771年）八月二十四日，两广总督李侍尧和广东巡抚德保联名具奏称，在巡查本省乡试考试时，嘉应州知州蒋龙昌奏报纠察出梁谟等人偷渡台湾府冒籍应试，当即申饬提犯赴省讯究。根据审讯，梁谟、谢荣、赖济等人都是广东省嘉应州人，梁谟于乾隆二十三年（1758年）正月去他已病故的叔叔、前任福建龙溪县典史梁如浩的任所。在途中，梁谟遇上在台湾府居住的广东人罗启隆。经过一段时间的接触，梁谟决定跟随罗启隆回台教书，并且在当年七月由厦门偷渡到达台湾府。谢荣的叔叔谢朝瑞，赖济的表兄邓允敏，都在台湾府谋生，因此二人于乾隆二十七年、乾隆二十八年（1762年、1763年）先后由厦门偷渡前往。乾隆三十二年（1767年）台湾府科试，梁谟以粤民入籍台湾，因有编列新字号的捷径，便起意冒籍台湾府应试，并找到赖钦书、林元辰为其认保，与嘉应州人伍逢捷、冯徽烈，镇平县人刘麟游、吴明，大埔县人黄胭一共八人，赴台湾道考试，后均取入台湾府学。乾隆三十五年（1770年）六月、七月间，梁谟和谢荣还赴台防同知衙门请领印照赴省参加福建乡试，后乡试不中，各自回粤。[3]

　　整件事情的来龙去脉很清楚，梁谟等人本是广东省人，后冒籍台湾府应试，希望能够乡试中举。梁谟等人"均系粤省俊秀，不思在籍肄业以期进取，胆敢违禁偷渡冒考行险侥幸，实属不安本分之徒"，性质比仅仅冒籍更为严

---

〔1〕　台湾省文献委员会编：《台湾省通志》卷5《教育志·考选编》，台湾省文献委员会1973年版，第33—34页。

〔2〕　《清会典事例》卷391，中华书局1991年版，第357页。

〔3〕　中国第一历史档案馆：《乾嘉时期科举冒籍史料》，载《历史档案》2000年第4期。

重，故而李侍尧和德保认为不仅应将梁谟、谢荣、赖济黜革功名，而且均应比照"越度缘边关塞"，各杖一百、徒三年，而所有原籍失察地方官员，饬司查详核参，并咨会福建督抚。[1]对伍逢捷等其他冒籍的四人也分别作出处理，伍逢捷、冯徽烈、刘麟游和黄胭四人被黜革功名、杖八十，而为四人出保之生员林魁章、刘朝东、黄培骅、张东汉等同样被杖八十、黜革功名。

经过乾隆帝及地方督抚的一再强调、严查，冒籍之风在台湾府有所减少，而土著中式之人逐渐增多，地方文化逐渐兴盛起来，档案文献内有载，"自是而后，冒籍应试者大为减少，本籍中式者渐多"。

4. 两处或多处跨考

所谓两处或多处跨考，就是由于县界相邻，士子既在原籍参加科考，又在所冒籍地方参加科考，有时不止在两处，甚至多处冒籍考试，以求增大中式概率。乾隆四十四年（1779 年），安徽学政戴第元监察全省科试情况，他奏报称"怀宁、潜山二县疆界毗连，民居相错，查有童生汪正观、储芬二名任意歧考"。[2]乾隆帝对于多处跨考之事有着较为清晰的认识，并严格禁止这种行为，屡次下发谕旨要求地方学官检查、禁止冒籍歧考。他认为此种风气关乎士习，因此早在乾隆三年（1738 年）就曾规定："如有本应考之原籍，而以寄籍地方，现有田庐可据，希图两处考试者，此等侥幸之习断不可长，应令地方官逐一确查。"[3]接着又在乾隆九年（1744 年）八月初六日，朝廷明发上谕要求禁止跨考行为，史载：

冒籍顶名例有严禁，况岁科考试为士子进身之始，尤宜加意清厘以肃学政。今据崔纪奏称今江苏地方童生应试率皆彼此通融互考，甚且有一人冒考数处或多做重数卷名，以为院试时售卖之地者，通省皆然，而松江府为尤甚等语。此种弊端，所关士习匪浅。朕思各府州县皆有烟户册籍，难以蒙混。诚于州县考试之时，童生报名，查对烟户无讹，方许廪保填结，府考、院考俱令原保廪生识认，则冒籍顶名之弊可除，于士习不无裨益，着该督抚转饬

―――――――――

[1] 中国第一历史档案馆：《乾嘉时期科举冒籍史料》，载《历史档案》2000 年第 4 期。

[2] 《宫中档乾隆朝奏折》第 48 辑，安徽学政戴第元奏折，乾隆四十四年（1779 年）六月三十日，台北"故宫博物院"1986 年版，第 290 页。

[3] （清）素尔讷：《钦定学政全书》卷 30，清厘籍贯，《续修四库全书》第 828 册，上海古籍出版社 2002 年版，第 685 页。

所属实力奉行，不得视为故事，该学政亦不时稽察。如有仍蹈前辙者，查明按律治。[1]

这种冒籍歧考数处的情况，在相对边远的地区尤易发生，而且一些州县处于几省交界之处，为冒籍者提供了地域上的便利。如陕西学政邱庭漋所奏，"兴安与湖北郧阳府接界，冒籍颇多"，[2]所以邱庭漋点名时要详细访查入籍二十年等条件和两省互考冒籍之人。

乾隆二十六年（1761年），四川学政陈筌就清查跨考冒籍之事上奏乾隆帝，其言"川省幅员广阔，五方杂处，别省流寓者十居八九，冒籍歧考之弊最易潜滋"。陈筌奏报全省有大小州县三十余个，冒籍跨考之事并不是多发于外省士子冒籍四川省应试，而是以同省异府、同府异县冒籍最为普遍，而这又以府州县学最为集中，每学或一二名、三四名不等。根据陈筌分析，造成这种情况的原因在于四川自清兴之初，人口凋敝，并没有多少土著居民，一人在两处甚至多处都有田产，这样则导致了本人及其后代在多处都可参加考试，而这种冒籍歧考之弊端相沿已数十年。其实，在雍正十三年（1735年），四川学政隋人鹏就已经提出这种跨考问题，并且要求跨考者改归原籍应试，但是后来在乾隆二年（1737年）被新任学政陈象枢奏请停止。

陈筌认为这种同省异府、同府异县的跨考冒籍问题防范难度较大，其原因就在于这些寄籍生员"不惟难于训课约束，且每逢考试之时，其族人子弟隔属应考，邻右无可稽查，廪保不能认识，既不得指为冒籍，又不能辨其真假，借名顶替诸弊丛生"。[3]针对这种难题，陈筌认为同省异府、同府异县冒籍与跨省冒籍没有任何区别，因此向乾隆帝提出自己的防范及惩治办法：一是要求各府州县详细查明生童真实籍贯及现居住地，并依据有无嫡系亲属、入籍是否满20年及有无田产等判断是否有冒籍的情形；二是各州县要完结上报，加盖官印，对调查结果负责，一并送到学政处，经学政复查没有异议方可允许应试，否则将令不符条件的冒籍生童改归原籍；三是四川省依据冒籍顺天

---

[1] 上海书店出版社编：《清代档案史料选编》第二册，上海书店出版社2010年版，第498页。

[2] 《宫中档乾隆朝奏折》第71辑，陕西学政邱庭漋奏折，乾隆五十四年（1789年）三月二十五日，台北"故宫博物院"1988年版，第525页。

[3] 中国第一历史档案馆：《乾嘉时期科举冒籍史料》，载《历史档案》2000年第4期。

大、宛两县的规定予以严厉清查，并效仿顺天府做法，罚停乡试一科。[1] 最后在上奏乾隆帝的奏疏中，陈筌说道："臣现严催各属上紧详复，俟到齐后分析造册，报部查核。既经清厘之后，如有仍行冒考者，照例黜革治罪，庶士子各知警惕而积弊可以永除矣。"[2]

陈筌的奏折中明确指出了冒籍跨考之因在于两处有田，则士子两处应考，也指明了其中的弊端在于士子跨考之时，邻里不知、廪保不识，导致不好分辨真假，更提出了防止跨考的对策就是分析造册，报部查核。应该说，对于跨考问题陈筌给出的分析和应对之法还是很全面且有针对性的。但是，边省地区地广人稀，一人有多处田产的情况十分普遍，加之应试士子流动性大和改土归流后的适应期，导致了冒籍歧考问题的普遍存在。此外，监察官员和地方官在处罚冒籍问题时，有自首改归、黜革功名、杖刑、徒刑等多种方式，多按照人为因素比照裁定，这也给冒籍歧考和跨考者留下了可乘之机。

乾隆三十八年（1773年）六月二十五日，广东布政使姚成烈也上奏了对于冒籍跨考之事的看法。姚成烈认为，虽然目前朝廷已经规定入籍20年以上，方准应试；或寄籍地方虽有田庐，而实有原籍可归者，仍应拨回原籍考试，"惟是两处跨考，例应必严"，但目前的条例内对于如何判定士子有无原籍可归没有明确的标准或规定。[3] 姚成烈给出了自己判断有原籍和无原籍的标准：有原籍是指"其原籍地方或现有嫡亲伯叔弟兄并实有田庐可守、现完粮册可凭，则诚为有原籍可归"；而无原籍可归者指的是"原籍虽有宗族，已属疏远，虽有户名，已无田庐，而于寄籍地方则已创业成家，置有田房，生有子息，是仅存原籍之名，实无可归之业，似难责令其舍现居之乐土而退回无业之原籍也"。[4]

在这一判定标准的基础上，姚成烈向乾隆帝提出了今后防止两处跨考的对策。他认为只要是寄籍20年以上的人，如果其子孙初次在寄籍地方参加科举，应该首先向地方官呈首，并且由地方官负责核查原籍情况。如果在原籍居住地还有嫡亲伯叔弟兄，并且本人名下还有田产、房屋等财产，那么这样的士子属于有原籍可归之人，应该按照条例回到原籍所在地应试科举，不准

---

〔1〕 中国第一历史档案馆：《乾嘉时期科举冒籍史料》，载《历史档案》2000年第4期。
〔2〕 中国第一历史档案馆：《乾嘉时期科举冒籍史料》，载《历史档案》2000年第4期。
〔3〕 中国第一历史档案馆：《乾嘉时期科举冒籍史料》，载《历史档案》2000年第4期。
〔4〕 中国第一历史档案馆：《乾嘉时期科举冒籍史料》，载《历史档案》2000年第4期。

在寄籍地方冒考，即使已经在寄籍地方捐纳为贡监生，也要回归原籍参加考试。但是士子如果在原籍所在地只有较为疏远的亲戚、远祖之墓庐，且本人在原籍并无田产及房屋等财产可以倚靠者，且士子在寄籍地方已经日久，住满20年以上，达到入籍的标准，那么这些士子与当地土著安居乐业之民已经没有什么差别，应准予在寄籍地应试。如果将这类士子拨回原籍考试，势必给士子们造成各种困难，甚至受到原籍地方掣肘。因此，寄籍士子应该按照条例尽早向地方官员呈明，不许两处跨考。姚成烈认为，"如此则拨回原籍之例分晰较明，既可杜冒考之弊，亦可免攻讦之烦，似于士习民风不无少裨"。[1]姚成烈明确了"有无原籍可归"的标准，杜绝了因条文不明而导致的冒籍问题。

乾隆五十三年（1788年），贵州学政奏报思州府当地邓姓家族为大族，人口众多，散处四方。自康熙四十五年（1706年）后，邓姓后人就开始在思州府考试，已历时82年，形成了既有居住芷江县者，也有居住思州府者，一姓分隶两地的局面。为了防止邓氏冒籍歧考，朝廷议准：

> 惟是芷江、思州地界毗连。邓姓生童应试者，若不严立章程，恐跨考之弊在所不免，应饬各该州县彻底清查。凡邓姓生员，现籍隶思州者，其子孙永远不许在芷江考试。现籍隶芷江者，其子孙永远不许在思州考试。[2]

通过以上几个案例可知，针对士子冒籍歧考的问题，朝廷更多通过定性、分别规定籍属考试的方法予以管理，并限定时日对户籍登记、改归，而对于同城异县（主要为附郭县）的士子，也同样要求"各入各籍，不准两县通考"。这些规定无论在法理还是在情理上都比较切合实际，是乾隆朝防止冒籍歧考的主要手段之一。

此外，针对童生试或是乡试，防止歧考的有效办法就是坚持考试日期的统一。在童生试阶段，官方规定县试、府试、院试三级考试，每府所属各县定在同一日考试，以防冒籍问题。史载"凡童生考试，一县合为一场，每府各州县俱关会一日同考，府州试会齐一日，以防重冒"。[3]在乡试阶段，朝廷

---

〔1〕 中国第一历史档案馆：《乾嘉时期科举冒籍史料》，载《历史档案》2000年第4期。
〔2〕 《清会典事例》卷391，中华书局1991年版，第360页。
〔3〕 杨一凡、宋北平主编：《嘉庆朝大清会典》卷25，凤凰出版社2021年版，第337页。

自顺治元年（1644 年）就规定了全国统一的考试日期，"以二年秋八月举行乡试，初九日第一场、十二日第二场、十五日第三场。俱先一日点入，次一日放出"。[1]此后各代都遵循此日期进行乡试。乾隆朝乡试考官入闱日期绝大多数是在阴历八月初六日，而在两天后，即八月初八日，所有士子也将点名入闱。童生试和乡试日期的统一在很大程度上杜绝了童生和生员的冒籍歧考问题。

5. 因地方行政区划变更引发的冒籍问题

清初至乾隆朝时期，经过了 100 多年的时间，在此期间发生过多次行政区划的变动，这也导致了部分士子籍贯混乱，趁机冒籍应试的问题发生。如湖广之人因早年迁入四川居住者甚多，造成了州县间互相冒籍入考的现象。因为区划不清或非故意使然的冒籍，乾隆帝基本采取了设定期限自动呈首的做法，而不是直接把冒籍者的功名黜革，可谓恩威并施，也起到了一定防治冒籍问题的效果。

乾隆二十二年（1757 年），江苏学政李因培也奏报因阜宁县从山阳、盐城二县分出所引发冒籍混考之弊，即"从前并未查明住址，以致所拨之生，土著无几，其子弟辗转援引冒籍混考"。[2]因此，李因培请求立刻清查诸生籍贯，"其居山阳、盐城者令各归本籍"。[3]除核查两县籍贯令回本籍外，李因培还分析了个中缘由。因为山阳、盐城文优人众，当地士子害怕取进较难，所以纷纷利用新区划的设置这一情况，冒籍阜宁应试以求进身。看到此点后，李因培请求：

> 将阜宁进额改还山阳、盐城文生各二、武生各一，并还山阳廪增二。查阜邑现在土著廪生实止二名，其改归所遗之缺，应于岁考后照案顶补，增生一体办理。照旧四年一贡，应如所请，如此后阜邑文风渐盛，仍许学臣题复旧额。[4]

这样的办法不仅治标而且治本，使得士子不再因担心中额少而冒籍，并

---

〔1〕《清会典事例》卷 330，中华书局 1991 年版，第 940 页。
〔2〕《清高宗实录》卷 532，乾隆二十二年（1757 年）二月戊子
〔3〕《清高宗实录》卷 532，乾隆二十二年（1757 年）二月戊子
〔4〕《清高宗实录》卷 532，乾隆二十二年（1757 年）二月戊子。

可逐步兴盛阜宁文风，而这个效果也正是乾隆帝所想得到的，很快获得了礼部的议准。

又如，乾隆四十九年（1784 年）议准，河南考成县与睢州划分地界，旧堤以南居住生员归睢州管辖，仍在归德府学考试。旧堤以北居住之生员归考成县管理，归卫辉府学考试。至原住南堤嗣后迁居北堤者，照现居住地改拨，归入归德府考试，并要求州县各官查明现在隶属籍贯，以杜跨考。[1]

当然，乾隆帝并不是一味地因改设州县而清除当地冒籍之人，有时因为文治和平衡生额的需要，采取灵活的政策或是安排入籍考试，或是调整中额，或是明确下令规定士子籍属以杜绝冒籍。如乾隆元年（1736 年），云南省广南、丽江、普洱三府及昭通府属的思安、永善二县，镇沅府属的思乐县，东川府属的会泽县，"夷多汉少，人文寥落，难以敷额"，所以朝廷允准除本处官员子弟不准入籍考试外，如有异省之人愿移家入籍者，参照广西太平等府之例，同土著士子一同考试。[2]

类似的情况还有很多。如乾隆三十五年（1770 年），朝廷通过下旨规定江苏省江浦、安徽省合州二州县交界处的丰乐、宋家、唐、马家、华家、黄墩六圩统归江浦县管理，其考试捐报事亦改归江浦县隶属。[3]乾隆四十四年（1779 年），乾隆帝还对甘肃省失察冒籍中式的各官从轻发落。乾隆帝认为"此案失察冒籍各员处分固属应得，但阜康、迪化州等处均系新设郡县，与内地不同。该处本无土著，势不能禁外省士民入籍，着加恩予以二十年之限，如限外有冒籍应试者，即照内地例办理"，[4]而对于冒籍的官员也相应给予了宽恕。

因为行政区划变更所引发的冒籍问题，存在着一定的客观因素，所以乾隆帝的应对之法首先是明确行政隶属和籍属，然后再利用自主呈报、改籍，或增补中额等手段以为补充，最后再严饬各省督抚、学政核查士子籍贯，规定居住满 20 年，有田产且无原籍可归者方可入籍，并严厉查拿冒籍行为，较为有效地控制了因行政区划变更所导致的冒籍问题。

---

〔1〕《清会典事例》卷 391，中华书局 1991 年版，第 359 页。
〔2〕《清会典事例》卷 391，中华书局 1991 年版，第 354 页。
〔3〕《清会典事例》卷 391，中华书局 1991 年版，第 358 页。
〔4〕《清高宗实录》卷 1085，乾隆四十四年（1779 年）六月辛未。

（二）乾隆朝身份冒籍种类

1. 官员子弟冒籍科考

清代官员出仕采取了回避制度，本省之人不得在本省为官（教职除外），就是为了防止地方官员结党营私，形成尾大不掉之势。康熙三十九年（1700年），朝廷就颁布上谕："官员不得在现任地方令其子弟冒籍，违者革职"。雍正帝也对官员本身和其子弟冒籍问题严加防范。如当尹继善奏报被举荐为江都县知县的陆朝玑本是苏州人，以冒浙江籍贯的方式被选派江都县时，雍正帝大发雷霆，在给尹继善的朱批中对陆朝玑和冒籍行为表达了不满："冒籍之无耻，不呈首之胆大，便有理繁法剧之能，亦属才威德小之辈，何是论者！何是惜者！"[1]此后，乾隆帝也曾下旨严禁官员子弟冒籍。如原任山东峄县知县张若谷两子冒籍山东应试，侍郎韩鑅之子韩树猷原籍贵州，冒籍顺天应试等案，[2]也均被参奏和惩治。应该说，清前期对于官员子弟冒籍问题一直管控较为严格，以防止官员子弟因更接近政治资源而纷纷入仕，导致官员队伍内部的不平衡，进而引发官民冲突。虽然朝廷严厉禁止官员子弟冒籍应试，但一些官员还是利用在异地为官的便利，放任子弟冒籍应试，而这些应试者也甘愿冒着革除功名、停考、牵连为官者的风险去改籍应试。

乾隆二十三年（1758年），山东巡抚阿尔泰奏报"（青州府知府王林朝）于莱州任内有即墨童生沈宝篆，原籍浙江，系离任典史沈洪达之子，该府纵令考试，以致人心不服纷纷攻击"。[3]沈宝篆原籍浙江慈溪县，确是原任即墨典史沈洪达之子。虽然离任，但沈洪达仍在即墨居住。县试、府试时并无一人攻讦沈宝篆是沈洪达之子一事，但是当院试时，有"武生胡德辉、增生黄如书二人，出名写帖告白，经教谕徐兆麟持察学臣，谕府查讯属实"。[4]经查，沈宝篆虽然寄居即墨，但与入籍应试条件不符，实系冒籍应试。所以，不仅沈宝篆要被治罪，廪保黄如珂及原任莱州府知府琳朝也都被问罪。虽然典史只是微末小官，但毕竟更加接近政治资源，容易产生舞弊行为和不公平，

---

〔1〕《宫中档雍正朝奏折》，《尹继善奏荐知县陆朝玑折》，雍正七年（1729年）十月十三日，档案号：013409。

〔2〕《宫中档雍正朝奏折》，《户科给事中李翻奏报查办侍郎韩鑅之子韩树猷冒籍顺天加捐分发事》，乾隆五十五年（1790年）九月二十八日，档案号：045843。

〔3〕中国第一历史档案馆：《乾嘉时期科举冒籍史料》，载《历史档案》2000年第4期。

〔4〕中国第一历史档案馆：《乾嘉时期科举冒籍史料》，载《历史档案》2000年第4期。

故而容易引发地方土著士子的攻讦。若要冒籍纳入官卷考试，则更容易引发官民的矛盾。

再如，乾隆四十三年（1778 年），军机大臣会同查办吏科给事中吴湘奏报，会试中式举人潘鹭、杭光晋本是浙江籍士人，先是冒入山东运籍中式入学，后又冒山东商籍乡试中举。这本看起来是一件冒充商籍案例，但是这两人身份较为特殊，都是现任济宁州知州蓝应桂的女婿。蓝应桂作为山东现任官员，在明知两位女婿冒籍应试的情况下，不仅不加以阻拦，反而瞻顾姻亲，默许应试。在蓝应桂关系庇护下，二人成功冒占山东运籍和商籍并中式。[1]经过进一步详查发现，潘鹭的父亲潘汝诚曾任山东濮州知州，在山东地方也有着较为广大的人际网络。待潘汝诚升任江西为官后，其子潘鹭将冒籍入学一事告知其父，但后者并不阻拦，并通过蓝应桂入占运籍而中式。潘鹭、杭光晋冒籍行为既违反了现任官员子弟亲族不可冒籍地方的规定，又违反了现任官员子弟亲族不可冒占商籍的条例。虽然此案牵扯甚多，但乾隆帝没有手软，不仅将两位冒籍者斥革功名，照违制例杖一百，通行在案，也将从前入学时滥行收考之盐运分司、盐运使送部议处，而蓝应桂不仅被革职，更被发往军台效力赎罪。未查出冒籍之前学政张若淮、李中简一并交部议处，出结商人认保之廪生照例议处，将潘鹭之父潘汝诚议处，而现任山东巡抚国泰也一并交部议处。

正是在处置此案的背景下，乾隆帝也谕令各省督抚严查所属官员子弟冒籍应试问题。山东巡抚国泰继潘鹭、杭光晋案后，认真查审官员子弟冒籍应考事，向乾隆帝奏报称现任临清直隶州知州王溥之子，现任郓城县知县金廷佐之子，现任济南府儒学训导陈祥符之子，以及前任蒲台场大使、现任广西镇安府通判王铭琨之子，均冒充商籍进入运学。[2]最终，知州王溥、知县金廷佐被一并革职，府学训导陈祥符、镇安府通判王铭琨等官员子弟均被黜革功名，认保的廪生一并被革除功名，追缴赃银，杖八十，而所有滥行收考之分运司及失察之学政各职均被参奏。通过以上山东两案的处置结果，可以看到乾隆帝自身也对官员子弟冒籍应试深恶痛绝。官员子弟由于接近政治资源，

---

〔1〕（清）奎润等纂修：《钦定科场条例》卷 35，岳麓书社 2020 年版，第 633 页。

〔2〕《宫中档乾隆朝奏折》，《山东巡抚国泰奏为查明直隶州知州王溥之子等冒入商籍缘由先行恭折奏参事》，乾隆四十三年（1778 年）六月三十日，档案号：061256。

更容易冒籍应试，主考官即使发现也多有容忍并不举发，这就导致了官员子弟冒籍应考更容易引起本籍士子的愤慨，造成攻讦的现象，也更加令乾隆帝重视。

2. 冒充商籍应试

清代经济进一步发展，为了方便商人子弟应试，清政府在直隶、浙江、山东、广东等商业发达之地设有商籍学额，经学政、盐运使核实，商人、廪生出据保结后，可以令商人直系亲属就地入籍应试。但是，一些想走捷径的士子便抓住了商籍管理这个漏洞，纷纷攀附商人关系，冒占商籍应试。清政府对于冒充商籍应试的现象早有注意并规定：

> 直隶、山东、广东、浙江四省，设有商籍，有冒占者，其本人斥革外，从前收考之盐运分司盐运使、未经查出之学政，一并议处。其出结之商人、认保之廪生，照例分别办理。如果现任地方官之子弟、亲族冒入商籍者，该员革职。其已经离任后，尚有在彼冒籍者，仍将该员议处。
>
> 商人在别省充商，领有盐引行盐，方准其亲子、弟侄应考。其疏族及商伙子弟一概不准。至本地商人即系土著，应归入本籍考试，不准冒入商籍。[1]

从以上规定我们可以看到，清政府对于冒充商籍应考的问题有着较为严格的限制及惩处措施。商人行走四方，如果对冒充商籍应试疏忽，则会是全国性的问题，并挤占真正商人直系后裔的晋升之路，所以严查冒充商籍的重要性不言而喻。但是终清朝一代，士子冒占商籍问题一直严重。究其原因还是在于商籍相较于民籍而言竞争性相对较小，在直隶、山东、浙江、广东、山西、四川等地官方设有商籍学额，以供商人子弟获取生员功名，取士为每五十名取中一名，类比小省中额。因此，冒充商籍对于民籍士子有着巨大的吸引力，甚至在浙江、江苏的一些书院中都出现了冒认商籍的现象。

针对冒充商籍应试的问题，浙江学政彭启丰认识尤为深刻，他所处浙江正是冒充商籍较为多发的地方，因此他一再上疏乾隆帝奏报冒充商籍之弊及解决之法。乾隆八年（1743 年）二月，彭启丰上奏乾隆帝言及"商童应试专

---

〔1〕（清）奎润等纂修：《钦定科场条例》卷 35，岳麓书社 2020 年版，第 599 页。

以商结为凭，恐招致冒籍，假充子侄冒考。致生顶替、代倩诸弊，应如所请，遇有滥保甲商，依律严治"。[1]乾隆十七年（1752 年），彭启丰再次上奏要求将商籍官生改归本籍应试。事情缘起于本年有原为安徽歙县和婺源县籍贯的徐玉佩和王绍先二人以浙江商籍身份入学。针对这种情况，彭启丰认为，在浙江除民人冒充商籍应试外，许多士子还两处跨考，既按照商籍应试，同时又回到家里按照民籍再次考试，以求增加其中式机会，但严重破坏了科举考试的公平性。彭启丰上奏乾隆帝请求：

"（士子籍贯）应随祖父之籍，不得牵混，请嗣后本官由民籍中式者，其子孙编入民籍官卷，不准复隶商籍。如已冒商籍入学者，勒限改归。未入学者不得再考商籍。若本官由商籍中式者，其子孙编入商籍官卷，不复于本籍重编官号。其同胞兄弟之子，虽例得编为官生，然必与本官同籍者，方准编入。若民商异籍者，不得借名改归。至商籍应试之人，或借族姓盐引充考商籍，不论为官为民，即照冒籍例处分"。[2]

对于彭启丰的上奏，乾隆帝谕令礼部商议，后经礼部议覆后，同意所请。在彭启丰任浙江学政期间，冒充商籍问题被高度重视并在较大程度上得以遏制。甚至在乾隆四十四年（1779 年），时任浙江巡抚的王亶望请求将商籍全部裁汰，以杜绝冒占商籍应试问题。

虽然乾隆帝和地方官员意识到了冒占商籍应试的问题，而且一定时期内于浙江得到了有效控制，但事实上乾隆朝冒充商籍应试问题还是在其他地方屡发不断，上文述及在乾隆二十六年（1761 年）由于平衡地区政治资源错失状元的赵翼，就是冒占商籍的典型代表。赵翼，字耕松，江苏阳湖人。乾隆十四年（1749 年），赵翼来到京城卖文求生，客居于户部尚书尹继善府邸。当时的赵翼只求科场能够成功，以改变时下的处境，但是南籍士子竞争激烈，且无法应考北方，恰好赵翼有族人在天津做盐业生意，为他提供了冒籍入考的机会，赵翼便"以直隶商籍举乾隆十五年乡试"。[3]当时学使叶公煜很赏识赵翼的才华，便没有纠察其冒籍问题，并且乡试拔为第一。冒籍的成功开

---

[1]　《清高宗实录》卷 184，乾隆八年（1743 年）二月甲午。
[2]　《清高宗实录》卷 418，乾隆十七年（1752 年）七月丁卯。
[3]　王钟翰点校：《清史列传》卷 72，中华书局 1987 年版，第 5911 页。

启了赵翼的仕宦生涯，并为其于乾隆二十六年（1761 年）高中探花奠定了基础。

　　乾隆四十三年（1778 年），山东学政姚梁上折《奏为请严冒考运学之例》。他认为商籍之设立是因便利商人子弟远出而不便回籍应试，却有本省人充本省商籍考试之事，这绝非难回原籍者可比。如果只是凭借盐引就可以凭商籍应试，恐怕会有"一人两名"，"既冒商籍，仍占本籍"的情况发生。而且，这种"一人两名"的情况，还会导致父子、兄弟籍贯"两歧商民"，会是冒籍违例的巨大隐患。[1]有鉴于此，姚梁请求严查商籍身份，"实系别处民人又远出充商，其子弟不能回籍者，照例收考外，若本省民人即在本省充商籍，均令归入本籍州县应考，不得以领有盐引冒入商籍"。[2]而对于那些本身不是行盐的商人家庭，若有假借亲友盐引，冒充商人子弟之人，一经发觉不仅将本人及纲保、廪保治罪，并将借给盐引之商人一同议处。[3]

　　不过，对于冒占商籍问题虽有严令，相关事件仍时有发生。乾隆五十九年（1794 年），湖北学政初彭龄奏报了商人之子洪檀冒籍一事。当年六月湖北学政初彭龄巡视汉阳县县试时，一位叫张先铭的童生向他控告洪檀。童生奏称洪檀是安徽捐职商人洪淑鉴之子，在前任学政任内冒籍入汉阳县学。初彭龄认为此事重大，当即令汉阳县知县详查。汉阳县知县沈清直查明，洪淑鉴确实祖籍安徽，但是他已经在汉阳经商长达 40 余年，其子随其在汉阳生活也超过 20 年之限，不过洪檀入籍时并没有向当地地方官呈明自己无原籍可归，而该县也没有认真核查洪檀有无原籍，原籍有无嫡系亲属、田产、房屋等，这就与入籍考试的条例不相符，因此不应算是汉阳籍士子，而童生张先铭奏报属实。在调查结论上报初彭龄后，他作出以下惩罚：第一，将冒籍童生洪檀功名黜革；第二，将滥行具保的廪生萧殿勋黜革，并移交地方官审明是否有纳贿之事实；第三，将洪檀一案失察的相关各级官员交吏部查取职名，照例议处。[4]

---

〔1〕《宫中档乾隆朝奏折》第 43 辑，山东学政姚梁奏折，乾隆四十三年（1778 年）六月二十五日，台北"故宫博物院"1985 年版，第 544—545 页。

〔2〕《宫中档乾隆朝奏折》第 43 辑，山东学政姚梁奏折，乾隆四十三年（1778 年）六月二十五日，台北"故宫博物院"1985 年版，第 545 页。

〔3〕《宫中档乾隆朝奏折》第 43 辑，山东学政姚梁奏折，乾隆四十三年（1778 年）六月二十五日，台北"故宫博物院"1985 年版，第 545 页。

〔4〕中国第一历史档案馆：《乾嘉时期科举冒籍史料》，载《历史档案》2000 年第 4 期。

初彭龄认识到湖北汉阳、武昌属于水陆通衢，是重要的交通枢纽，行商之人很多，因此他呈明要求重新申明定例，并仍令地方教官加具印结存案，核查应试者的身份，以杜绝两籍歧考弊端。其言："嗣后凡商民呈请入籍，地方官行查原籍，果系无籍可归者，先行详明督抚，由督抚咨明学案，方准其入籍考试"。由此可见地方大员对于冒籍问题的重视，要亲自主抓、应对这一问题。

冒充商籍问题一直存续了整个乾隆朝，在这之后，湖北、广东、山东、陕西、山西、顺天、直隶等各地均奏报有冒充商籍案例，可见冒充商籍是全国普遍存在的问题，正如山东道御史戈源所言，"近来商学商人子弟日少，而外省假冒日多"。[1]

3. 民籍冒占旗籍和民籍冒占军籍

清代旗籍与民籍有着本质的区别，旗人有着从政治地位、经济待遇到社会认同上的诸多优势。在科举考试上，旗籍也比民籍有着更为宽松的中式条件。顺治八年（1651 年）规定，乡试取中满洲 50 名，蒙古 20 名，汉军 50 名，以后各朝有所减少。康熙八年（1669 年），编满、蒙为满字号，汉军为合字号，各取 10 名。至乾隆九年（1744 年），定满、蒙取中 27 名，汉军取中 12 名。虽然满汉一体考试，但是旗人应试人数相对较少，而中额较多，中式概率比民籍士子大。因此有些民籍士子为了求得中式，便铤而走险冒籍旗人参加科举，其中大多数为民人冒充汉军旗籍参加科举。既有直接冒充汉军旗籍者，又有假托抱养为汉军养子、养孙者，也有民人出银认某汉军旗籍之人为父者。

此外，冒占旗籍还有一种类别，即本是汉军旗籍之人冒充满洲旗籍参加科举考试。针对这种冒占旗籍应试问题，雍正十一年（1733 年），朝廷就规定以后考试要严格区分满洲、汉军旗籍，开注名册交送顺天府注册考试，"如有汉军冒入满洲额内中式者，查出，将咨送之该旗都统、佐领等官交部，分别照蒙混造册例议处，该员照冒籍考试例革退举人，庶满洲、汉军不致混行考试"。[2]这两种冒籍形式都是清代严令禁止的，不仅关乎科举公平性，更关乎满洲整个统治阶层的利益，冒占旗籍应试更容易对政治稳定造成影响，故

---

〔1〕（清）奎润等纂修：《钦定科场条例》卷 35，岳麓书社 2020 年版，第 633 页。
〔2〕（清）奎润等纂修：《钦定科场条例》卷 35，岳麓书社 2020 年版，第 621 页。

而对与冒占旗籍的事件，朝廷往往处置十分严厉。

清朝中叶因种种原因，有些满洲佐领人丁不旺，户口减少。为了保存佐领不使废弃，故吸收"户下满洲及家生子、开档人"作为另户满洲。某些佐领乘此机会作弊，将开档人和汉人养子载入满洲，充作前锋、护军，以致开户、养子与满洲子弟为伍，其数不少。在汉军加入满洲籍的同时，抱养子嗣的途径也使民人加入满洲籍或汉军旗籍成为可能，这也导致了这些人的子弟在参加科举时冒充满洲旗籍或者汉军旗籍应试。

乾隆三年（1738年），御史查拉就针对包衣旗籍应试问题上奏乾隆帝。他认为满洲、汉军考试都有一定籍贯，但是投充庄头子弟隶属内务府管辖，编入上三旗，又有旧汉人编在内管领下及五旗王公所属包衣旗鼓佐领内，而这些人本系汉人，每次考试之时却都有满洲都统容送，因此以前常有冒占满洲名额中式之人。为此，查拉要求将这些本是民人但冒入旗籍考试之人的籍贯加以清厘，并要求严格核实，清晰注明"满洲""蒙古"字样，而投充庄头子弟及内管领、旗鼓佐领内旧汉人归入汉军考试，并将所有实为满洲、汉军等考试之人登记造册，防止混冒现象发生。[1]

乾隆初年为了解决旗人生计问题，令一些汉军旗籍者出旗为民，编入民籍，这样他们的子孙今后只可参加民籍科举，丧失了入汉军考试的资格。然而，有些出旗为民的汉军旗后代依旧冒旗籍参加考试。乾隆二十一年（1756年），为了弥补这一漏洞，朝廷下旨，"既经出旗为民，所有子孙，应各照该籍民人例一体办理"。[2]这一谕旨从法理上规定出旗为民的后代丧失了以旗籍应试的资格，完全按照民人例参加科举。

乾隆三十三年（1768年）顺天乡试时，根据奏报，有两名镶白旗汉军人楚维荣和楚维龄中式举人，但二人于试卷上没有注明"汉军"字样，却混入满洲名额内被取中，系属于汉军冒籍满洲者。按照雍正十一年（1733年）的规定，二人举人身份被黜革。在乾隆之后冒旗籍的问题有所加重，如道光二年（1822年），正黄旗满洲翻译生员双贵、正红旗满洲翻译生员舒奎均系宛平县民人之子。又如道光十四年（1834年），庄头张鸣周本是民籍，冒入旗籍参加科举被核查斥退；道光十六年（1836年），有喜柱为抱养民人之子，

---

〔1〕 （清）奎润等纂修：《钦定科场条例》卷35，岳麓书社2020年版，第621页。
〔2〕 （清）奎润等纂修：《钦定科场条例》卷35，岳麓书社2020年版，第622页。

却冒入旗籍考试。

但是，在冒籍问题上并非只民人冒占旗籍，在乾隆朝也存在着旗籍冒充民籍应试的现象。究其原因在于，一些投充于旗地的庄头及其亲族属于旗籍，但是一部分人投充之初被定为旗奴，因此他们的子孙、亲族无法参加科举考试。乾隆朝《大清会典》规定："除缘罪没入及投充之人选为庄长外，余陈子弟均准应试"。[1]清政府为保证田庄内的劳动人手和对旗地的管理，一般是不许他们"开户"的，获罪被革退庄头的子孙更是不在"开户"之列。这些规定将拥有旗籍身份的庄头及其子孙世代固定在了田庄之中，而终身没有应试机会，因此这一部分人虽然具有旗籍，但往往冒籍民人应试科举。

乾隆三十四年（1769年）七月初五日，内务府奏报将投充庄头宋九岳之子宋钰冒充民籍应试中进士一事，此案后移交刑部处理。经过调查，宋钰确实为已故带地投充内务府钱粮庄头宋九岳之子，他以其祖父一直在玉田县完纳钱粮为依据，改名宋昱，混入民籍应举，最后一举中式入学。刑部认为"该行径情殊狡诈，若仅照诈冒户籍律拟杖，不足示惩"，因此对于宋钰给予了从重处理：首先，将已经黜革的进士宋昱（即宋钰）发往乌鲁木齐当差，宋钰在玉田县纳粮地亩听内务府处理。其次，宋鉴因为随同捏饰，自行顶充庄头，殊属不应，将宋鉴照不应重律杖八十，系旗人，鞭八十。再其次，员外郎秦老格、郎中海德讯虽然没有徇私舞弊等情形，但是对于宋钰冒入民籍考试没有查出，犯有失察之罪，根据历年失察官员之例查办，并将失察各员交给内务府照例议处。最后，将玉田县滥行准其入籍及历年送考之地方官，令直隶查取职名送部，照例查议；廪保人等，地方官查明有无隐情及贿赂情况，亦照例发落。[2]这一事例反映出部分旗人境遇不佳，也希望冒籍应试，改变自己的身份，可视为旗人的一种生活策略选择。这也提醒我们在旗民冒籍事件中的双向流动性。

军籍主要是指汉人的绿营军籍，其子弟可以随同一起在驻扎地方参加科举考试，此外一些随同犯人发配到边地的直系亲属或在配所所生之人，也可以不拘年限（1787年定在戍所居住满10年），报配所地以军籍应试，而非嫡

---

〔1〕（清）允裪等纂：《钦定大清会典》卷87，内务府·会计司，凤凰出版社2018年版，第491页。

〔2〕《内务府奏销档》，乾隆三十四年（1769年）七月初五日，内务府奏。

属子孙不许冒籍应试。但是，由于边疆军籍管理并不十分严格，为民人冒充军籍在当地应试留下了机会。民人冒占军籍考试者主要是发遣边疆的犯人子弟跟随到发配之地，冒充军籍取得在发配地参加科举考试的机会，因地处边远，文风并不兴盛，故而中式率远大于原籍之地。

在康熙六十年（1721年）时，朝廷就有旨令，"直隶、保定等军籍，有敢顶冒中式者，照假官例治罪"。[1]乾隆帝及大学士九卿对于防范军流冒籍问题也指定了相应的限制政策。乾隆二十五年（1760年），朝廷议准：

> 各省军流发遣及安置为民各犯，原系罪应迁徙，既到配所，即系彼处编氓，如有嫡属子孙同赴配所，情愿考试者，令该犯到配时呈报地方官立案，不拘年限，准其入籍考试（乾隆五十二年奏准：俟至配所十年，准其入籍考试）。其非嫡属子孙，虽随行抚养，概不许托名混冒，仍责令地方官严行稽查，傥有倚恃亲属希图冒籍者，本犯照例治罪，失察之地方官照混行收考例降调。[2]

乾隆五十二年（1787年），大学士九卿又议准顺天府尹吴省钦所奏：

> 嗣后军流子孙，如系到配所后所生，成丁在年十三四岁以上者，准作军籍。其在本籍所生，必须发配时验明实系随行，俟至配所十年，方准入籍考试等因。自为严立限制起见，应如所奏办理。并请嗣后军流发配时，由该地方官查明本犯嫡属子孙随配者，分别年岁，填注文批，递交配所之地方官验明立案。俟扣定年限，再准入籍。其或本犯在籍时已生亲子，又立有继嗣者，止准亲子随配，继子勒归本宗。若本犯在籍时委无亲子，久经立继有案者，准将继子随配。到配后生有亲子，而继子原籍确有嫡属可倚，仍将继子放还本籍勒令改宗，不得恋占军籍……已留本籍者，不得再入配所军籍考试。已随配所入籍考试者，不准复回原籍考试。统俟十年限满，由配所督抚将入籍缘由报部，并移咨本省备案，以杜日后跨考之弊。[3]

发配之地多为西南、西北等边远省份，虽然中式相对容易，但毕竟属于

---

〔1〕《清会典事例》卷340，中华书局1991年版，第1009页。

〔2〕（清）奎润等纂修：《钦定科场条例》卷35，岳麓书社2020年版，第637页。

〔3〕（清）奎润等纂修：《钦定科场条例》卷35，岳麓书社2020年版，第637—638页。

艰苦之地，故而少有士子刻意为之。更多的是清查戍满回籍之人，以防止既占军籍又占民籍的歧考问题。例如，乾隆三十五年（1770 年），福建汀州府武平县人石映泰随同父亲石绍光发配广西左州。在当地，石映泰入军籍中式入学，后补廪生、贡生。至乾隆五十八年（1793 年），石绍光发配期满，返回福建汀州，按规定石映泰可以保留军籍所获贡生功名，但也必须退出军籍，随同父亲返回汀州武平县原籍，以民籍应试。相较于其他类别的冒籍，冒占军籍问题在乾隆朝并不十分严重。

4. 隶役、贱民冒籍

贱民冒籍是清代身份冒籍的主要形式之一，是意图通过假冒良民籍贯参加科举考试的方式获得晋升的机会，从而进行社会纵向流动的一种尝试。《钦定大清会典》规定：

> 出身不正，如门子、长随、番役、小马、皂隶、马快、步快、禁卒、仵作、弓兵之子孙、倡优、奴隶、乐户、丐户、蜑户、吹手，凡不应应试者混入，认保派保互结之五童互相觉察，容隐者五人连坐，廪保黜革治罪。[1]

又依《钦定学政全书》所载，"凡系缉捕盗贼者皆不准考"；《大清律例汇辑便览》载，"安徽省徽州、宁国、池州三府民间世仆，如现在主家服役者，应俟放出三代后，所生子孙方准报捐考试"。[2]这些规定从制度层面将"贱民"群体拒绝于科举大门之外，其世代无法参加考试，没有改变社会地位的机会。

虽然雍正年间废除匠籍、乐户等贱民身份，但上文所述的其他类别"贱民"子孙依旧无法应试，即使这些开豁之人的后代也需要等待很长时间才有考试的资格，而且在社会的具体运行中，仍然矛盾重重。乾隆三十六年（1771 年），陕甘学政刘墫就上奏乾隆帝请求准许削籍乐户等应试捐纳，乾隆帝同意所请，让礼部议覆刘墫，但是条件依旧严苛。乾隆三十六年（1771年）的条例载：

---

〔1〕（清）崑冈等纂：《钦定大清会典》卷32，光绪二十五年（1899 年）重修本。
〔2〕湖北臬局辑：《大清律例汇辑便览》卷8，户律户役·人户以籍为定，同治十二年（1873年）版，第2页。

凡削籍之乐户、丐户、蛋户、渔户，应以报官改业之人为始，下逮四世，本族亲支皆清白者方准报捐应试。该管州县取具亲党邻里甘结，不许无赖人借端攻讦。若本身脱籍，或仅一二世，及亲伯叔姑姊尚习猥业者，一概不许滥厕身士类。[1]

由此可见部分原来的"贱民"开豁之后仍然很难参加科举考试，不仅要从改业之人算起数十年后方准报考，而且在此期间不能有任何亲属仍旧从事旧时职业，而优伶、皂隶等贱民阶层更是从法律上都没有参加科举的合法性。出于改变自身社会地位、获取平等的心理，贱民冒充良民应考的事例在乾隆朝多有发生。例如，乾隆十六年（1751年），原云南布政使宫尔劝的长随杜七之子杜时昌被参奏，虽然他已经过继给杜冕为嗣，但是依旧不准冒籍考试。[2]又如，乾隆二十八年（1763年）陕西学政钟兰枝上奏，乾州知州张务讷拿获程世德等三人，其中"程世德籍隶蒲城，向当长随"，不仅地域上冒籍，而且身份上也冒籍应考。按照乾隆朝条例，长随属于贱民群体，无应试资格。[3]

这种"贱民"冒籍应试的态势到乾隆朝晚期愈发严重，并延续到嘉庆朝。[4]乾隆五十六年（1791年），根据湖北学政李长森奏报，在汉阳府举行的科试中，有一名自称来自汉阳县的童生王烈，本是皂隶王鹏之子，冒籍良民应试，并买通廪生余其瑶、汪大镛为其认保。王烈当即被纠拿，两位作保廪生也一并被纠治。[5]乾隆五十八年（1793年），安徽盱眙县一位名为宋大椿的武童参加科举考试，但因他的祖父曾充任皂役，当即遭人反对，并被生员袁焯举报。盱眙知县杨松渠认为，宋大椿的父亲早在其父充当皂役之前就已经出继给他人，因此皂役的贱民身份应随之去除，与武童宋大椿无关，于是该县官批准他参加考试，并将处理结果上报。但是两江总督批驳了杨松渠的意见，认为即使情况如此也"究属违例"，不仅宋大椿不能应试，杨松渠也

〔1〕《清高宗实录》卷886，乾隆三十六年（1771年）六月庚辰。

〔2〕湖北臬局辑：《大清律例汇辑便览》卷8，户律户役·人户以籍为定，同治十二年（1873年）版，第5页。

〔3〕《宫中档乾隆朝奏折》，《陕西学政奏报今岁办理考试情形折》，乾隆二十八年（1763年）十二月初八日，档案号：042244。

〔4〕中国第一历史档案馆：《嘉庆年间皂役及其子孙冒捐冒考史料》，载《历史档案》1998年第1期。

〔5〕王澈：《乾隆朝中晚期科举考试史料（下）》，载《历史档案》2003年第1期。

降一级调用。[1]乾隆五十八年（1793 年），礼部咨覆湖南学政奏报时，明确了仵作作为衙门应役之人，其子孙不准科考的规定，并令地方官员和廪生严查详审。

乾隆六十年（1795 年），江西学政邹炳泰参奏前任学政沈初滥准皂役之子冒考。先有童生饶昌期等控告焦模泰系典史衙门皂役焦清之子，不可应试入学。事情本属简单，沈初就此黜革焦模泰即可结案。但是，沈初疑虑饶昌期等有挟嫌索诈情节，"乃沈初于该生具控时，未经审讯，即将原告斥革，而于被告冒考之焦模泰转置不问。今据审明，焦模泰实系皂役之子，应行斥革，饶昌期等并无挟嫌讹诈情事"。[2]最终，前任学政沈初以"意存袒护"，被交部议处。同样是在乾隆末年，据传有个叫胡公四的雏伶，色艺超群，自幼缠足如女子。有个翰林与胡狎，为其"老斗"。该翰林外放道员，胡随往，其间发了大财，便改为何姓，冒籍顺天，捐了个管盐场的官，后来竟把持两淮盐务。[3]虽然这则记载未必真实可靠，但也反映出乾隆末年贱民冒籍的多发。

以上数例贱民冒籍案件可以反映出乾隆朝乃至整个清代科举身份冒籍问题的概貌。在嘉庆朝以后，这种冒籍行为更加严重。在中国第一历史档案馆发布的《嘉庆年间皂役及其子孙冒捐冒考史料》中突出反映了乾隆朝末期到嘉庆时期长随、皂隶、伶人等冒籍应试的问题。贱民在明清社会中是从法律规定到社会环境中被良民百姓鄙视的一个等级群体，无论从业、婚丧嫁娶还是解决司法纠纷，都与良民阶层有着较大的区别，因此他们为了改变社会地位而冒籍应试的心理也就可以理解了。

三、乾隆朝冒籍问题的影响

在科场冒籍引发的各种社会影响中，较为突出的是土客冲突、文风衰退和腐败滋生三类。冒籍士子会影响土著士子的中式概率，自然会引发社会冲突，轻则相互攻讦、呈控，争论不休，重则发展到肢体械斗。冒籍极大地影响了当地科举考试的公平性，也反映出科举制度发展过程中所存在的弊端和漏洞，激化了社会士子间的矛盾。文风强弱是由文化、经济、地理等诸多因

---

[1]　湖北臬局辑：《大清律例汇辑便览》卷 8，户律户役·人户以籍为定，同治十二年（1873 年）版，第5—6 页。

[2]　《清高宗实录》卷 1493，乾隆六十年（1795 年）十二月辛丑。

[3]　李乔：《清代官场图记》，中华书局 2005 年版，第 175 页。

素决定的，而经济的发展程度是文风强弱的基础要素。江浙地区的经济发展在清代首屈一指，当地富足安居，人心向学，文风很盛；相反，贵州、湖南、甘肃、广西等边远地区经济相对落后，文教也不如江浙地区兴盛，而冒籍问题的大量出现更加剧了此种局面，造成了文风提高的假象，实则却拉大了地区间的差距，这本身就违反了清代分省定额，均衡地区教育资源和选拔人才的初衷。腐败滋生固然是多种因素所导致的，但是冒籍问题的出现给腐败制造了条件。从廪保认保至县学、府学，再到乡试、会试的收考，都会产生收受规礼以弄虚作假的机会，这就使科举的不公平性日益加深，进一步引发土客冲突等社会矛盾，形成恶性循环。

（一）土客冲突

土客冲突是清代冒籍所引发的社会问题里最为严重的一项，冒籍者和当地士子形成水火不容的竞争关系。在谢济世的奏折中就强调了土客冲突的原因是对于有限科举资源的争夺，其言"云、贵、川、广人才寥落，冒籍多一人，则土著更少一人"。[1]正是因此，谢济世才会对冒籍不公导致的"使乡会两试冒籍吐气，土著含冤之语"的情况予以参奏。广西学政鞠恺也向乾隆帝上奏曰"嗣因冒籍纷纷，有妨土著"，同样表明了士子们因争夺科举资源而引发了土客冲突。在现存有关科举冒籍的诸多档案中，往往都有土著士子攻击冒籍者的记载。

乾隆八年（1743年），署理两江总督尹继善就奏报了一起溧阳县童生混攻冒籍者的事件。根据镇江府知府陈中荣奏报，当年九月二十八日举行府试，在溧阳县童生点名给卷时，突然众多童生纷纷指出童生蔡士荣是冒籍应试之人，要求监考官将蔡士荣斥逐出场。随即溧阳县县试官详细核查童生蔡士荣身份，发现他自河南移住溧阳县，居住日久，已过20年入籍之限，不仅在溧阳按时缴纳钱粮，而且有呈报，与入籍考试的条例相符。因此地方官员准许蔡士荣继续入场考试，并将调查的情况告知土著士子。但是当地士子并不承认调查结果，仍然违抗指令，坚持要求监考官将蔡士荣除名，并驱逐出场，"同声附和，阻挠喧嚷"，造成了点名现场的混乱状况。[2]尹继善和巡抚陈大受当即饬令捉拿带头闹事的童生，这样众童生才纷纷散开，使事件得以平息，

---

〔1〕 中国第一历史档案馆：《乾嘉时期科举冒籍史料》，载《历史档案》2000年第4期。

〔2〕 中国第一历史档案馆：《乾嘉时期科举冒籍史料》，载《历史档案》2000年第4期。

而蔡士荣也顺利应试。通过这个案例可以看出土著士子对于冒籍问题的敏感。虽然当地童生们维护了自己的权益，但是乾隆帝的朱批只有"惟应严究，以警刁风"八字，[1]由此可以看出乾隆帝对于这件事情的态度。即使蔡士荣实为冒籍之人，也应该根据冒籍律例作出裁判，或黜革或停考，而绝不允许发生自行攻讦驱除的事情，否则会加剧当地社会士子间的矛盾和不信任。秉承这种旨意，尹继善上疏认为，溧阳童生攻逐冒籍的事件，虽然是因为土著生童希望保护自己的利益，但是在攻逐挑衅之时，有大量的童生哄闹、滋事，置科场条例于不顾。因此尹继善秉承"断不肯少有宽纵"的方针从严办理。

乾隆十三年（1748年）七月初七日，安徽巡抚纳敏奏报霍山县已革武生程浓妄攻冒籍，激散众童。[2]乾隆十四年（1749年），据署理直隶总督陈大受奏报，当考试清苑等县童生，于点名尚未封门之际，有土著童生攻讦冒籍者，彼此开闹，"遂有童生约百十人由二门蜂拥而出，齐赴督臣衙门申诉"。[3]从陈大受所奏来看，攻讦冒籍人数众多，闹至总督衙门，而此场考试似已不可按时举行，可见冒籍者与土著之间矛盾之大。而就此场土客之争，顺天学政吕炽也同样奏报乾隆帝，从此奏报中我们进一步了解到，此场考试，清苑县生员李实莱、张于廷，童生赵廷杰等声称有冒籍士子37名，以致土客攻讦，考试时有众童生喧嚷，"意在寻殴冒籍"。吕炽接报立刻令保定府知府伊兰泰详查，结果据报实有周蛟等冒籍者15名，又有赵又冲等4人有原籍可归，不应收考。此外还有在他处有田产而入考者数人。[4]吕炽认为冒籍禁例森严，自应按例处理，而土著士子当场攻讦有挟诈抑勒情弊，且在县试、府试时无人提出异议，而在院考之时攻讦，更属不合，故而请求朝廷严厉处理。

乾隆二十九年（1764年）贵州乡试，有一童生宋文通本是平远州人，却冒籍镇宁州考试，被"本籍生童攻发"。宋文通当即被缉捕，廪保被黜革。乾隆三十五年（1770年），福隆安就顺天乡试所发现张天育冒籍一案奏请乾隆

---

〔1〕 中国第一历史档案馆：《乾嘉时期科举冒籍史料》，载《历史档案》2000年第4期。

〔2〕 《军机处档折件》，安徽巡抚纳敏奏折，乾隆十三年（1748年）七月初七日，档案号：0027012号。

〔3〕 《宫中档乾隆朝奏折》，《署理直隶总督陈大受奏为考试清苑等县童生攻讦冒籍哄闹试院当场拿获王起连等严饬查究事》，乾隆十四年（1749年）十月初一日，档案号：04-01-38-0067-033。

〔4〕 《宫中档乾隆朝奏折》，《顺天学政吕炽奏为据实陈明清苑县生员李实莱等攻讦冒籍滋事情形事》，乾隆十四年（1749年）九月三十日，档案号：04-01-38-0067-031。

帝降旨严查冒籍士子。福隆安认为"（士子）若一经准入冒籍，则于本地土著居民有所壅滞"，〔1〕容易引发土客冲突。乾隆三十八年（1773年），广东布政使姚成烈奏报冒籍引发的当地土客冲突问题。由于土著生童攻讦寄籍童生有原籍可归，造成了土客士子间群相攻讦的情况，加深了彼此的矛盾。姚成烈希望既要防止冒籍跨考以保证公平，同时对于已经具备入籍应试资格的士子应该保护，杜绝本籍生童的攻讦。此奏符合乾隆帝对于冒籍所引发土客冲突的解决方针，得到了乾隆帝的认可。

乾隆四十七年（1782年），陕甘学政陈桂森奏称"宁夏府有廪生闫栋保冒籍童生徐殿甲"，"有肃州童生满仁等攻讦童生田长春冒籍。考安西州，有生监朱瑛等攻讦童生方若焕等五名冒籍"。〔2〕通过此奏，我们可以感受到陕甘冒籍问题多发，而且土客相互攻讦情况普遍，其结果同样是将廪生闫栋斥革功名，冒籍生童按例治罪。乾隆五十三年（1788年）三月，广东学政关槐奏报在广东岁试有丰顺县士子钟弼清以冒籍入考被人攻讦。〔3〕

以上这些事例都反映出冒籍者被本籍生童攻讦的事实，体现了本地士子和冒籍者的尖锐矛盾。因冒籍而被攻讦尚有情可原，但是土著士子对已经具有定居、入籍资格的士子应试的攻讦和阻挠，展现出在心理层面上土著士子对外来士子的抵触，〔4〕故而每当客籍童生呈请入籍考试时，虽年限业已相符，土著生童也往往以身家不清相攻讦。这种情况很多，甚至需要皇帝下旨才能顺利入籍。如乾隆二十九年（1764年），广东新宁沿海地区有潮嘉一带客民2000余户前来就耕，在新宁置有田产墓地者很多，"丁粮烟户各册俱已有名"，被朝廷允许入籍，但是"为土著所阻不得入籍应试，频年构讼，未能静息"。〔5〕针对这一情况，最后乾隆帝下旨，"嗣后客民土著均不得籍词兴讼，违

〔1〕《军机处录副奏折》，《奏请定严密之法以防冒籍》，乾隆三十五年（1770年）四月二十六日，档案号：03-1171-010。

〔2〕《宫中档乾隆朝奏折》第52辑，《陕甘学政陈桂森奏折》，乾隆四十七年（1782年）九月初一日，台北"故宫博物院"1986年版，第808—809页。

〔3〕《宫中档乾隆朝奏折》第67辑，《广东学政关槐奏折》，乾隆五十三年（1788年）三月初二日，台北"故宫博物院"1987年版，第454页。

〔4〕王日根、张学立：《清代科场冒籍与土客冲突》，载《西北师大学报（社会科学版）》2005年第1期。

〔5〕（清）素尔讷：《钦定学政全书》卷30，清厘籍贯，《续修四库全书》第828册，上海古籍出版社2002年版，第688页。

者治罪"，[1]才平息土客间的长期冲突。

乾隆朝土客之争最为典型的事件是广东高明县童生谢国佐与当地土著生童长达10年的攻讦之案。谢国佐是广东嘉应县人，自乾隆十一年（1746年）跟随父亲谢元位寄居高明县所管辖的南庄园，置有田产，并且逐年缴纳粮税。乾隆三十二年（1767年），谢国佐以寄籍20年以上为依据，申请入高明籍参加乡试。但是，土著生员谭瑛等极力阻挠，且高明县知县认为谢国佐有原籍可归，故而批复"回原籍应试"。[2]随即，谢国佐赴广东肇罗道衙门呈控，地方维持高明县裁定。乾隆三十五年（1770年）七月，谢国佐赴巡抚衙门，再次呈控要求在高明县入籍考试。随即遭到土著生员众人反对。七月初三日，生员谭瑛、崔梦元、杨德仁、刘芬、谢孔福、莫世肩、程诰、梁用舒、罗光宇等以客籍生童冒籍为由也赴巡抚衙门控告，并请求将客籍士子谢国佐，与混冒邑籍的监生杨廷香、杨廷拔，贡生黄洪祚，生员莫九成、区金鼎、谭钟奇、刘恩取、杨作先、陆梦雷、李天聪、杨勤修、谢纶等人拨回原籍考试。

广东巡抚同意了土著生童的意见，同高明县知县一样令谢国佐回原籍应试，并"勒石宫墙，用杜冒籍，以息讼端"，由高明县知县霍仪泰立《禁革异籍冒考碑》，令士子永远遵守，以禁冒籍。乾隆四十年（1775年），两度受到阻挠的谢国佐、谢国瑞、谢天宠、谢参英、谢桂应等客童"以奉有部行寄籍客民，分别有无嫡亲伯叔兄弟，及本人名下有无田产屋庐，准其入籍新例"为依据希望翻案。这一次他们邀集李义芳、李习芳、李水保，及新兴县童生黄宗启、黄宗发、何秀海、何超士、何超凡、何超君，长宁县童生叶文潜、叶文赓等结队赴高明县具呈，后又赴广东肇罗道衙门呈控，集体表达客籍士子入籍应试的请求，而高明县土著生员区东藩等人也再次以客籍士子冒籍占考具控作为回应。[3]双方长时间的相互攻讦、呈控展现了土客双方根深蒂固的矛盾，即使有省府、道、府、县的裁定也无法得以化解。

事情至此，谢国佐等人仍未死心，他们屡屡到高明县、肇庆府、肇罗道、

〔1〕（清）素尔讷：《钦定学政全书》卷30，清厘籍贯，《续修四库全书》第828册，上海古籍出版社2002年版，第688页。
〔2〕（清）邹兆麟修，（清）蔡逢恩纂：《高明县志》卷7，光绪二十年（1894年）刊本，第36页。
〔3〕（清）邹兆麟修，（清）蔡逢恩纂：《高明县志》卷7，光绪二十年（1894年）刊本，第38页。

布政司等衙门呈控，可最后还是以客童一方的惨败而告终，省府最后裁定谢国佐等客籍士子拨回嘉应州、新兴县和长宁县，不许再行冒籍应考事。乾隆四十五年（1780年），高明县知县于煌又立碑重申此事："高明县客童谢国佐等呈请入籍应试一案缘由奉批如详，转饬分别移回原籍收考，毋得在寄籍地方应试，致有骑考滋事。"[1]伴随着这场土客冲突的结束，布政司陈大文在嘉庆元年（1796年）立《禁革冒籍歧考详文碑》再叙述案情，以杜绝警示冒籍问题，声言"嗣后凡有如谢国佐等之有原籍可归者，毋得冀图在寄籍地方应试，倘敢混冒，定行查究，其各永遵毋违"[2]。在此案件中，以谢国佐等客籍士子十余年间屡次要求入籍应试，屡次被土著生童攻讦、阻挠，双方反复到县、府、道、布政司、巡抚和总督衙门呈控，而各级官府也基本上均按照最初高明县的调查和意见给出了将客籍士子拨回原籍应试的结论。这场典型的因占籍、冒籍引发的案件，清晰地反映出土客士子围绕地方学额资源的争夺和剧烈的冲突。

正是因为土客士子往往有着直接的利益冲突，才产生双方对抗的心态。不过，也有一些冒籍者为了避免被土著士子揭发、攻逐的情况，便以雇人顶名冒考的形式应试，这成为冒籍考试的一种衍生形态。正如江苏学政李因培在给乾隆帝奏报乡试情况的奏折中提到，"如冒籍之弊，若明白进考恐被攻击，（于是）或买他人之名窜入，或雇无赖之徒顶充此人，与枪手、顶名等弊常相因果"[3]。冒籍所引发的土客冲突问题不仅在乾隆朝，而且在嘉庆、道光两朝依然严重并且逐渐形成诉讼风气。土客士子围绕冒籍问题连年兴讼，加剧了双方的矛盾与心理的隔阂。虽然乾隆帝多次下旨要求各省督抚、学政防止士子相互攻讦，但是各地土客冲突仍然不断，甚至要乾隆帝亲自下旨才能解决。土客冲突加剧了地域之间的文化分野，从长远看影响了科举制度自身的发展。

（二）文风衰退

冒籍问题对当地文风有着较为严重的影响。本来清代依据各省及州县经

---

〔1〕（清）邹兆麟修，（清）蔡逢恩纂：《高明县志》卷7，光绪二十年（1894年）刊本，第37页。

〔2〕（清）邹兆麟修，（清）蔡逢恩纂：《高明县志》卷7，光绪二十年（1894年）刊本，第41页。

〔3〕《宫中档乾隆朝奏折》第22辑，《江苏学政李因培奏折》，乾隆二十九年（1764年）七月十九日，台北"故宫博物院"1984年版，第244页。

济发展和文风高下，分为大、中、小三等中额与学额，这对于保持社会地域间平衡、保证各地人才资源的均衡选拔有着积极意义。但是，外籍士子冒籍应考的冲击，导致入学、中式之人可能并非土著士子。应试结果看似使文风有所振起，却从现实中掩盖和拉低了当地文教的真实水平。

就地域冒籍而言，边地省份的冒籍者多来自外省，尤其以江苏、浙江等经济发达地区为多。这些江浙士子自身在本籍接受教育与应试训练，并没有带动冒籍地自身文化的发展，但在考试时前往冒籍地，抢占当地的科举名额。这一点在广西学政鞠恺的奏折中表达得最为明确，其言："惟冒籍之弊最甚，本省府县相邻之人冒考者固有，而浙江、江西、湖广、广东等省之人冒考广西者尤多"。[1]这些外省冒籍广西的士子或是因为有父兄在广西担任幕僚谋生，或者是有亲戚、朋友在广西从事贸易。他们来到广西谎称为本地民籍，找当地人为其作保，混入考试，而且并没有田产庐墓，入籍时间也远未达到20年的期限。冒籍士子入学之后，仍然回到江浙原籍学习，等到乡试之时再来广西应考。鞠恺认为，如果任由此种情况发展而不立刻加以彻底清理、整治，将导致外来生童冒籍之势"蔓延日滋，流弊愈甚，于边省士习文风深为未便"。[2]礼部议覆鞠恺所奏时同意其所说，并惊讶于冒籍者"竟有一学多至数十名者"，认为若纵容冒籍态势恶化，将引发"土著进取为难，边地文风日坏"[3]的结果，故而除广西外，一同饬令云南、贵州、四川、广东地方督抚大力稽查冒籍问题。

此外，鞠恺在奏折中提到这些冒籍广西的士子都是学问平常之人，在其原籍不能考入当地府州县学求学，而是冒籍广西以求侥幸中式。这样的情况所引发的结果是：在被冒籍之地，虽然当地文风可能不如江南兴盛，但是按照分省定额、就地取材的原则，土著士子还可一心向学，努力读书，仍有机会逐渐带动当地文风兴盛。若当地学校都被冒籍者占据，那么土著士子希求中式会更为困难，而当地文风也会日益颓废，攻讦之势难以平息。其言：

况此等人皆系学问平常，在本籍不能入学而冒考幸进，以为得计。至其所冒籍之地，虽土著文风未盛，而就地取材士子犹可渐自灌磨，若尽被冒籍

---

〔1〕 中国第一历史档案馆：《乾嘉时期科举冒籍史料》，载《历史档案》2000年第4期。
〔2〕 中国第一历史档案馆：《乾嘉时期科举冒籍史料》，载《历史档案》2000年第4期。
〔3〕 《清高宗实录》卷616，乾隆二十五年（1760年）七月甲辰。

占据，则土著进取为难，文风日就颓废，攻讦势难宁息。以国家论秀育才之地为若辈行私舞弊之场，以彼地寡廉鲜耻之徒妨此地向学进身之路，于文教士风所关非细。[1]

鞠恺在奏折中提出了冒籍对于当地文风的巨大影响，并要求彻底清查冒籍者，清厘所在县学、府学童生的籍贯，对于被查出冒籍者给予停试一科甚至几科的处罚。

贵州学政陈筌也认为他地士子前来贵州应试，会导致本地士子出路艰难，最后导致文风颓废，起不到分省定额的作用。其言"每有湖广、四川附近之人，希图贵州人少额多，获售较易，遂私通廪保窜名冒考，以致土著生童艰于进取，文风日就颓废"。[2]类似的情况在乾隆朝编纂的《丽江府志略》中也得到了详细的描述，地方士人认为正是冒籍问题导致了土著士子垂头丧气，文风日靡。文载：

> 滇省远在天末，文教所敷，蒸蒸丕变，真儒硕彦，所在都有。惟丽阳改设未久，风气仍靡……又设学以来，外籍充牣，土人之得与黉序者，仅三十余人，余皆大理、鹤庆诸郡捷足者得之。有志之士，能不垂手丧气哉！因首严冒籍，继试馆师，诸生并童子来谒者，俱鼓其志气而勖之使奋，区区之意。[3]

冒籍不仅对于边省如此，就是在江浙地区也会有本籍士子因冒籍者前来导致竞争进一步加剧而有遗珠之憾。如在乾隆朝《遂安县志》中，毛升芳在《冒籍纪实》开篇就写道："（遂安）我朝定鼎以来，人文尤盛，但他郡接壤，历有寄居。若令其入籍与考，钻营飙去，则本邑真才反有遗珠之叹。"[4]清政府对于冒籍应试所引发的文风日靡问题很关心，礼部于乾隆二十二年（1757年）议覆江苏学政李因培的奏疏中称：

〔1〕 中国第一历史档案馆：《乾嘉时期科举冒籍史料》，载《历史档案》2000年第4期。
〔2〕《宫中档乾隆朝奏折》，《贵州学政陈筌奏为稽查外省冒籍办理情形》，乾隆三十二年（1767年）七月二十日，档案号：048169。
〔3〕（清）管学宣修，（清）万咸燕纂：《丽江府志略》下卷，艺文，清抄本，第95页。
〔4〕（清）邹锡畴修，（清）方引彦等纂：《遂安县志》卷10，艺文·杂著，光绪十六年（1890年）刻本，第107页。

（盐城）所拨之生土著无几，其子弟辗转援引，冒籍混考。今请将阜学诸生逐一清查，其居山阳、盐城者，令各归本籍。山阳、盐城文优人众，恐因此取进较难。请将阜宁进额改还山阳、盐城文生各二，武生各一，并还山阳廪增二。查阜邑现在土著廪生实止二名，其改归所遗之缺，应于岁考后照案顶补，增生一体办理，照旧四年一贡，应如所请，如此后阜邑文风渐盛，仍许学臣题复旧额。〔1〕

乾隆帝和礼部除禁止跨考冒籍外，还从增加本地名额，逐渐振兴当地文风的治本方法入手，不断动态调整，而这正是因为乾隆帝看重文风士习关乎人心以及对当地整个社会所发挥的作用。在朝廷回复广西学政鞠恺的谕旨中提及了江浙冒考尚少，而云贵川广较多的根源在于后者"文风稍陋"所产生的差异，故而更应严查冒籍，以防止这种差距的进一步拉大。其言：

该省地处偏隅，向学者少，他省人士未免乘机混名冒考。但自乾隆三年部议停止该省因本地无人应试，准令外省及本省异府人入籍之例，司学政者自应严为禁饬，何以尚多混行冒试者！此皆历任学臣不能查察所致。着该部查明乾隆三年以后，所有广西学臣照例议处。至该学政奏请将已经冒籍入学之各生，准照顺天冒籍生员例办理之处，并着该部定议具奏。再此等冒考弊窦，在江浙等处尚少，他如云贵川广偏僻州县文风稍陋，他省人或因父兄作幕，或因亲友贸易，遂尔乘便混考，皆所不免。并着各该学政留心查察，毋使滋弊。〔2〕

乾隆帝和礼部官员认识到如果不整顿冒籍问题，将导致土著士子晋升空间更小，最终致使边地文风日坏。乾隆帝更深一步的考虑则是振兴文教、广收人才。诚如在乾隆二十五年（1760年）树立起的《严禁冒籍应考石碑》中所载，地方官员只有通过严禁冒籍跨考，发现一律治罪的办法，才能达到"夫然后学校正而士习端，文教彰而人才盛矣"〔3〕的效果。

此外，对于云南、贵州、广西等文风衰弱的边省地区，乾隆帝认为一方

〔1〕《清高宗实录》卷533，乾隆二十二年（1757年）三月戊子日。
〔2〕《清高宗实录》卷614，乾隆二十五年（1760年）六月戊寅。
〔3〕陈天云：《清乾隆年间"严禁冒籍应考"石碑》，载《平乐方志通讯》1988年第1期。

面应该核查士子籍贯，另一方面也不可求全责备，假以时日边省文风可以日渐兴盛。在回复孙嘉乐的谕旨中，乾隆帝指出：

> 滇黔粤西地处边陲，其人文原不及内地，学政按试各学，只须严切训谕，俾各生恪守卧碑，祗遵功令。遇有唆讼滋事者，随时究治，至考试生童，惟当秉公甄拔，并严查枪冒、撞骗之人，勿使滋弊，自足以昭劝惩而饬士习。其文风高下，只宜因地取材，量为培养。[1]

乾隆帝之所以大力防止江浙士子冒籍边地，并对边省士子应试事宽松对待，是希望边省通过自己培养士子的途径，达到振兴当地文风，兴文教、广人才的目的，这样有助于地区间的均衡发展，达到设定中额、平衡科举资源的终极目标。

（三）腐败滋生

按照清制，士子应试不仅需要生童互保，而且需要获得廪生的保结。因为冒籍应试属于违规之举，所以冒籍者需要向廪保及地方官员行贿以达到获得保结和收考的效果。相应地，廪生和考官在收受士子贿赂后，对冒籍问题睁一只眼闭一只眼，以致部分省份内冒籍问题愈发严重。例如，就廪生保结士子多有勒索规礼的情况，御史范棫就针对顺天乡试的情况提出，"南人冒顺天籍学分，由北贝中式者颇多，其中变更姓名，弊端百出。本地廪生借此网利，滥行保结"。[2] 贵州学政陈筌也称"每有湖广、四川附近之人，希图贵州人少额多，获售较易，遂私通廪保蓄名冒考，以致土著生童艰于进取，文风日就颓废"。[3] 广西作为冒籍多发之地，学政鞠恺也曾言，"其冒籍者既能入学，亦能补廪，以冒籍之廪生保冒籍之童生，是有察弊之名而实开作弊之门矣"。[4] 毛升芳在《冒籍纪实》一文中记载道："倘法久渐弛，奸人乘间倖冒，而贪贿潜谋者复佐之，将使弊窦更丛，又烦攻讦之劳矣。"[5] 他关注到了冒籍图利的事实所在，而那些"贪贿潜谋者"则暗指廪生等有权保结之人。

---

〔1〕《清高宗实录》卷1009，乾隆四十一年（1776年）五月丁酉。

〔2〕《清高宗实录》卷522，乾隆二十一年（1756年）闰九月戊申。

〔3〕《清高宗实录》卷789，乾隆三十二年（1767年）七月辛卯。

〔4〕中国第一历史档案馆：《乾嘉时期科举冒籍史料》，载《历史档案》2000年第4期。

〔5〕（清）邹锡畴修，（清）方引彦等纂：《遂安县志》卷10，艺文·杂著，光绪十六年（1890年）刻本，第107页。

以上文献都反映出廪生作为基层纠察冒籍者，虽然一部分人发挥了核查的作用，但也有不少人利用认保的条件，与冒籍者沆瀣一气，从中渔利，甚至一些本就是凭冒籍中式的士子，又作为廪生保结冒籍应试的童生，产生了恶性循环的结果，此中所产生的腐败问题不言而喻。

乾隆帝对于廪保的勒索现象有所注意，禁止士子"私自认识廪保"或者"贿嘱派保"以致滋生弊端。对于廪生滥保现象，早在乾隆三年（1738年）朝廷就下发谕旨予以整顿，其中言及：

> 廪生为胶庠领袖，令其保结童生，以杜冒籍等弊。若视为利薮，抑勒需索，反为宫墙之玷。嗣后廪生保结童生，除实系顶名冒籍，无容滥保外，其所认识应保之童，无许勒索规礼。[1]

然而，即使乾隆帝一再规劝及整顿，廪保弊端依旧未被根治铲除。乾隆四年（1739年），署理福建省巡抚布政使王士任奏报，漳州府知府王德纯借士子冒籍考试之机，收受闽县冒考武童何承玉贿赂，得赃银五百二十两。[2]乾隆二十三年（1758年）丁泗冒籍顺天府的案件中，根据金德瑛的奏报，"大兴冒籍廪生丁泗既不遵例改归原籍，复勾通谢国宾等扶同出结出身硬证"。[3]金德瑛将丁泗和谢国宾二人黜革功名。此案中，廪生不仅自己冒籍应试，还相互勾结出具凭证，谢国宾则从中包揽，营私舞弊可想而知。这件案情触怒了乾隆帝，他认为仅将丁泗和谢国宾黜革功名太轻，而是要将他们交与刑部治罪，不仅惩治冒籍，更要惩治由此而引发的腐败问题，以警示天下士子和廪保，从保结源头上杜绝冒籍之弊。谕旨内言及：

> 冒籍生童向来相沿日甚，最为恶习，理应严究。其定限一年勒令自首改归，原系从宽办理，予以自新之路。今丁泗既不遵守功令，复串通本地劣衿捏结蒙混，而谢国宾等从中包揽，舞弊营私。若仅予黜革，将来故智复萌，易名冒考，事所必有，终无以杜夤缘顶名之弊。且人亦不能共知惩创。所有

---

〔1〕（清）素尔讷：《钦定学政全书》卷22，童试事例，《续修四库全书》第828册，上海古籍出版社2002年版，第637页。

〔2〕《清高宗实录》卷107，乾隆四年（1739年）十二月壬寅。

〔3〕《清会典事例》卷391，中华书局1991年版，第357页。

丁泗谢国宾等，俱着交刑部治罪。[1]

乾隆五十二年（1787年）四川举行县府两试时，当即发现有新都县童生赖济川冒籍汉州，新都县文童李仁粹、沈懋修、缪衍等冒籍应试。经过调查发现，这些童生都是与廪保黎修串通，有贿嘱之情。[2]

在吴敬梓所著《儒林外史》之中，还有一段关于杜少卿给张二爷冒籍之子撑腰入考的描述，通过对话，我们可以看到一些地方精英还是能够通过自己的权威向廪生施压，使冒籍之人通过廪保这一关顺利应试。文载：

杜少卿道："童生自会去考的，要我送怎的？"王胡子道："假使小的有儿子，少爷送去考，也没有人敢说？"杜少卿道："这也何消说。这学里秀才，未见得好似奴才！"王胡子道："后门口张二爷，他那儿子读书，少爷何不叫他考一考？"杜少卿道："他可要考？"胡子道："他是个冒籍，不敢考。"杜少卿道："你和他说，叫他去考。若有廪生多话，你就向那廪生说，是我叫他去考的。"王胡子道："是了。"应诺了去。[3]

由以上数例可见，虽然朝廷屡有禁令，但在实际运行中，依旧有不少地方官员和廪生从中渔利的案例发生，本属科举弊端的冒籍问题，又成了地方滋生腐败的温床。

（四）士人对于冒籍的认识与心态

清前期对于冒籍问题的稽查一直采取了较为严格的措施。康熙、雍正、乾隆三朝不断对稽查冒籍条例进行增补，并大力整顿科场秩序，这使得当时的士子对《科场条例》中冒籍条款存畏惧之心，将冒籍应试视为不耻之事，并对冒籍应试者较为鄙夷。

顺康年间，冒籍中式的丁耀亢在其所著的《皂帽传经笑》中就自嘲道："四十年穷经东省，卒无一就，乃由别径而入北籍，止传一毡，犹羁鸡肋不已，亦大可哀矣。吾生艰苦，南北始终，固鸿爪雪泥，付之一笑。"[4]可见冒

---

〔1〕《清会典事例》卷391，中华书局1991年版，第357页。

〔2〕《宫中档乾隆朝奏折》第64辑，《四川学政邵洪奏折》，乾隆五十二年（1787年）五月十五日，台北"故宫博物院"1987年版，第380页。

〔3〕（清）吴敬梓：《儒林外史》第32回，岳麓书社2019年版，第181页。

〔4〕（清）丁耀亢：《丁耀亢全集》下，中州古籍出版社1999年版，第285页。

籍中式在士子的心中也是有种悲哀和不认同感的，即使侥幸获得成功，也不免有自嘲之叹。但是，也有部分士子对冒籍应试采取了回护、包容的态度，而这一部分人中，本身就有以冒籍中式为官者。

　　清代的李渔在《合锦回文传》第二卷中记载了薛尚文、赖本初和梁生间的一段对话。薛尚文见赖本初要赴考，便也要去应考，赖本初担心有人攻讦其冒籍问题，却被梁生支持，也在招考时报名应试，三人对话如下：

　　赖本初道：“兄不是本州人，恐有人攻冒籍，深为不便。”
　　薛尚文笑道：“小弟不该冒籍，兄也不该冒姓了，我在此游学，就在此附试，若有攻冒籍的，即烦梁家表弟去对柳公说了，也不妨事。”
　　梁生道：“共禀车书，何云冒籍？兄竟放心去考，倘有人说长道短，都在小弟身上”。[1]

　　在后面的记述中，作者提及了一篇为冒籍作辩护的文字，“极辨冒籍之不必禁”，而应打破地域限制，四海同风，可异地应试，在作者看来这篇文字“却也说得甚是有理”。其文曰：

　　既同车书，宁分畛域，夫何考试，独禁冒籍？如以籍限，谓冒宜斥，则宣尼鲁产，曷为之荆、齐而适宋、陈？孟子邹人，曷为游大梁而入即墨？楚材曷以为晋用，李斯曷以谏逐客？苏秦曷以取六国之印，马援曷以邀二帝之侧？百里生于虞，曷以相秦穆之邦；乐毅举于赵，曷以尽燕昭之策？若云南人归南，北人归北，宜从秦桧之言；将毋莫非王土，莫非王臣，难解咸丘之惑。愿得恩纶之下颁，特举此禁而开释。[2]

　　虽然以上故事和文字只是小说中的记载，但在现实中也有秉持这种不禁冒籍思想的士人，其中又以凭冒籍中式的韩菼为代表。据《清史稿》所载，康熙三十四年（1695年）有御史郑维孜上疏言及，“国子监生多江浙人，有冒籍赴试者，请尽发原籍肄业”。韩菼认为京师乃天下首善之区，天下士人闻

　　〔1〕（清）李渔：《李渔全集》第九册，《合锦回文传》卷2，“梁家母误植隔墙花，赖氏子权冒连枝秀”，浙江古籍出版社1991年版，第320页。
　　〔2〕（清）李渔：《李渔全集》第9卷，《合锦回文传》卷2，“梁家母误植隔墙花，赖氏子权冒连枝秀”，浙江古籍出版社1991年版，第320页。

风慕义而来，不可清理国子监内冒籍士人，否则太学内则所剩者寥寥无几，其言曰："京师首善地，远人乡化，方且闻风慕义而来。若因一二不肖，辄更定制，悉为驱除，太学且空，非国体。维孜言非是。"[1]

但是，这种纵容冒籍的思想至乾隆朝随着对于冒籍问题更加重视、稽查冒籍更加严格已无从看到。由于科举冒籍应试毕竟是触犯科场条例之事，除乾隆帝十分重视冒籍问题外，各省督抚、学政及相关官员也秉承旨意严查冒籍行为。因此，取而代之的是大部分士子对冒籍一事怀畏惧之心，持有对冒籍行径的鄙视态度，这在一定程度上对士子冒籍应试起到了震慑作用。以沈德潜为例，有位冒籍士子请求他为其作保，并且许以丰厚的酬劳，但是沈德潜不为所动，以冒籍为不耻之事，坚持不为其作保。此事也被龚炜称赞，"持己不贪，则有守"。[2]

即使冒籍中式者，也同样以冒籍为违例之事，赵翼正是此种观点的代表。正如上文所述，本系江南籍贯的赵翼冒充天津商籍应试成功。虽然中式，但他也产生一种大节有亏的感受，这反映在他冒籍中式后所写的《赴津门》一诗中。他在诗文开篇就写道："西笑到长安，求官拟唾手。岂知一青衿，易地成弃帚。南庠试北闱，令甲所不受。"[3]赵翼不仅对自己当时处境予以自嘲，而且对冒籍应试违反条例有着清晰的认知。不但如此，他也觉得自己大节有亏，利用冒籍中式并非光明正大之举，在接下来的诗句中就有"虽贪奋飞便，终愧诡遇丑"，"迹如鸠占巢，情类雉求牡"两句，表达了自己的愧疚心理。但是，既然选择了冒籍应试之路，并成功中式，也就不必时刻挂怀，只能一笑聊以解嘲。随后他用徐凝和范仲淹的事例为自己找到了可以为冒籍事释怀的条件，那就是期待以后宏图大展，宦绩有成，身上冒籍的污点也就不算什么了。诗曰：

　　徐凝江右士，赴杭觅举首。名臣范履霜，亦以朱说取。士穷则躁进，此事古来有。要当期大节，微眚岂足垢。[4]

---

〔1〕　（清）赵尔巽等撰：《清史稿》卷266，中华书局1977年版，第9955页。
〔2〕　（清）龚炜撰：《巢林笔谈》卷二，中华书局1981年版，第42页。
〔3〕　（清）赵翼：《赵翼诗编年全集》第一册，天津古籍出版社1996年版，第53页。
〔4〕　（清）赵翼：《赵翼诗编年全集》第一册，天津古籍出版社1996年版，第54页。

不仅冒籍成功的赵翼如此，就是在乾隆年间，以肆意洒脱、不拘礼法著称的袁枚也认为冒籍应试是不正确的行为。袁枚的嗣子袁通是堂弟袁树之子，袁枚曾让他在上元县参加县试，不料被当地诸生以冒籍告到官府。袁树因此愤愤不平，准备提出诉讼。袁枚为此事写了一封信给袁树，劝他平息纷争。信中道：

> 阿通年十七矣，饱食暖衣，读书懒惰。欲其知考试之难，故命考上元以劳苦之，非望其入学也。如果入学，便入江宁籍贯，祖宗丘墓之乡，一旦捐弃，揆之齐太公五世葬周之义，于我心有戚戚焉！两儿俱不与金陵人联姻，正为此也。不料此地诸生，竟以冒籍控官。我不以为怨，而以为德。何也？以其"实获我心"故也。不料弟与纡亭大为不平，引成例千言，赴诉于县。我以为真客气也。[1]

袁枚在信中"以其'实获我心'故也"表明其自身对于冒籍的反对态度，并提出更不应再为土著士子攻讦冒籍一事而愤愤不平。袁枚明白侄子阿通并非读书的材料，冒籍与否并不能决定中举与否，即使侥幸中式为官，也将是位平庸之官，于百姓无益。袁枚深知冒籍一事有违科场条例，而且自家是浙江人，虽然人在江宁居住，但是祖宗田墓俱在浙江老家，故而江宁只属寄籍，而非原籍，更非故乡，因此土著士子攻讦冒籍并没有错，为此袁枚特意写信告诫弟弟就此息讼。

通过以上几例，可以看出乾隆朝士子对于冒籍问题的态度和认识。但是随着清朝国势的日益衰弱，自道光以后各朝稽查冒籍的力度大不如乾隆帝在位之时，冒籍之事更为频发，而士子也以冒籍中式为正常之事，甚至引以为荣。正如刘体智在《异辞录》中所记载的，道光末年南籍士子冒籍北方态势更为严重，而中式后南方士子得意地说道："北人焉能至此，惟恃吾辈冒籍者为之增光耳"。[2]正是出于这种心态及利益的驱动，士子甘违条例冒籍应考。

总体来说，乾隆朝对冒籍弊端的整治，起到了整顿学风、士风的作用，尤其是在乾隆帝本人的直接重视、敦促和各地督抚、学政的稽查下，收到了

---

〔1〕　王英志编纂校点：《袁枚全集新编》第十五册，浙江古籍出版社 2015 年版，第 179 页。

〔2〕　刘体智：《异辞录》卷一，中华书局 1988 年版，第 23 页。

较好的效果。各省督抚、学政一旦按照乾隆帝的旨意认真核查冒籍之弊时，往往会得到乾隆帝的认可。例如，当浙江学政李因培稽查冒籍时，得到乾隆帝"是，当力行之，不必顾虑"[1]的认可；当广东学政关槐奏报广东乡试情形并查出"丰顺县童生钟弼清以冒籍入试"等弊端时，得到乾隆帝"实力办之，甚好"[2]的肯定；当四川学政邵洪在乡试之时查处"冒考成都县之崇庆州童生王经宇，冒考苍溪县之巴州童生白纯"时，受到乾隆帝"好，如此认真方是"[3]的夸奖，这同样反映了乾隆帝查办冒籍舞弊问题的决心。但是，毕竟仍有部分不端的士子违德、违例冒籍应试，这种趋势随着清代衰落而逐渐加剧。乾隆年间预防冒籍的诸多措施也逐渐失去了作用，士子对冒籍的畏惧之心也随之消退。正如光绪年间御史安维峻在《劾新疆巡抚偏袒冒籍疏》开篇所言，"窃为甘肃乡试，冒籍之弊暗无天日，从未有人敢为举发者"，[4]反映出晚清冒籍问题的泛滥之势。

四、乾隆朝对冒籍问题的防范与处罚措施

（一）廪保制度的延续

清代沿袭了明代的廪保制度，童生考试除五人联保之外俱由廪生保结。"各州县文童武童应试时，必由廪生领保，谓之认保。又设派保，以互相稽查而慎防弊窦。如该童有身家不清，匿三年丧冒考，以及跨考者，惟廪保是问。"[5]

清代廪保责任很重，尤其是乾隆帝一再强调，"务严饬廪保等查明各童生实在年岁填注，勿得浮开"。[6]廪保与童生最为紧密，多为同乡甚至亲友关系，对于地方士子的真实情况远比州县官要清楚得多，所以他们是确保士子有序考试的重要环节。徐珂编撰的《清稗类钞》载：

〔1〕 中国第一历史档案馆：《乾嘉时期科举冒籍史料》，载《历史档案》2000年第4期。

〔2〕《宫中档乾隆朝奏折》第67辑，《广东学政关槐奏折》，乾隆五十三年（1788年）三月初二日，台北"故宫博物院"1987年版，第454页。

〔3〕《宫中档乾隆朝奏折》第71辑，《四川学政邵洪奏折》，乾隆五十四年（1789年）三月初八日，台北"故宫博物院"1988年版，第404页。

〔4〕（清）安维峻：《谏垣存稿》，甘肃人民出版社1991年版，第21页。

〔5〕（清）徐珂编撰：《清稗类钞》第2册，中华书局1984年版，第599页。

〔6〕《清会典事例》卷386，中华书局1991年版，第281页。

故凡廪保之与童生，必与同里间，谊属咸友，深知其为佳子弟，勿贻先生长者羞，而后为之具结单焉，签花押焉，临场则唱保焉，出图则看号焉。而其紧要关键，则在学院招覆之后，填造覆试册结之时，介新进诸童以谒学师，而定其赞仪之多寡。大率称其家资之厚薄，务使献者受者，皆得自慊于心，而诸童生献廪保赞仪，则视学师所得，以次递减。[1]

正因为廪保作为科举基层审查的"第一责任人"和把关人，朝廷屡有训谕要求廪生核实童生身份，在保证没有违规等弊之后才可出具保结。为防止廪生和童生串通，乾隆朝还要求派保时"毋任童生私自识认""毋致童生贿嘱派保"，而一旦廪生所保者出现冒籍等作弊问题，则"廪保一并黜革"。[2]按照《大清律例》的规定，这里的黜革除革去廪生的功名和保结资格外，还要按照变乱版籍罪杖八十。

清代历朝都重视廪保机制建设。顺治元年（1644 年）就议定"设寓学于京师，远方士子游学者，取得当地保结，赴顺天府学一例考试"。次年规定"生童有籍贯假冒者尽行褫革，仍将廪保惩黜"。[3]雍正六年（1728 年）议准"岁科考试童生，饬令该地方官员核明实系土著之人，取具廪生的保，五童生连名互结，方准收考。倘有前冒考者，除本童照冒籍例治罪外，并将廪保黜革"，[4]进一步加重了廪保的权责。雍正十三年（1735 年），朝廷再次加强对廪保的责任制度，强调"嗣后府州县考试文武童生，即照学政衙门考试之例，令本籍廪生一体保结，仍于点名散卷时认识，倘有冒顶等弊，将该廪保照例黜革治罪"。[5]

乾隆十年（1745 年）进一步强调了廪生对于被保举人的识认，规定"诚于州县考试之时，童生报名插队烟户无讹，方许廪保填结。府考院考俱令原保廪生识认，则冒籍顶名之弊可除"。[6]乾隆二十九年（1764 年），朝廷令廪保在府试、县试阶段亲自到场，并签字画押，真正发挥现场识认的作用，史载：

---

〔1〕（清）徐珂编撰：《清稗类钞》第 2 册，中华书局 1984 年版，第 599 页。
〔2〕（清）奎润等纂修：《钦定科场条例》卷 35，岳麓书社 2020 年版，第 597 页。
〔3〕《清会典事例》卷 391，中华书局 1991 年版，第 347 页。
〔4〕《清会典事例》卷 391，中华书局 1991 年版，第 350 页。
〔5〕《清会典事例》卷 386，中华书局 1991 年版，第 278 页。
〔6〕《清会典事例》卷 391，中华书局 1991 年版，第 355 页。

向来府州县考试廪生多不到案，有名无实。嗣后府州县考前，教官先将廪生豫造一册，申送府州县，于点名时将廪生亲到与否填注册内，申学臣查核。至府州县考毕，将已取名册发学。即将某廪认保某童造册，亦申学臣查核。[1]

乾隆五十五年（1790年）则规定各学派保与士子，"毋任童生私自识认"，以防止相互勾结的舞弊情况发生。

廪保制度虽然有上文所述弊端存在，如腐败滋生的问题，但是随着其制度的完善，在乾隆朝大部分时间里还是能够发挥作用，成为稽查冒籍问题的一种较为有效的手段。如乾隆二十八年（1763年）十一月，贵州考试时，有安顺府学廪保宣文达、赵子英二人揭发清镇县童生周嘉猷、王锡龄、熊澍等冒籍安顺府入场考试一事，[2]发挥了廪保入场识认作用。同年，福建顺畅县监生吴裕龙冒籍顺天府应试，请求廪保陈朝楚代为出结，但是鉴于压力和责任，陈朝楚还是检举了此事。乾隆四十二年（1777年），同样是当贵州举行岁试之时，学政严格要求，廪保若发现可疑人等，务必立刻上报奏闻。结果，廪保夏繁廪称，所保童生叶重华经过仔细查访，系隔府冒考之人，当即交提调官讯究。[3]又如乾隆四十三年（1778年）四月四川举行岁试时，学政刘锡嘏同样面谕廪保，点名时若发现可疑之人即可呈报。与上例类似，在点名过程中，廪保指出温江县武童李国柱、彭县武童全体和实系冒考，遂交提调官立即按律办理，以示惩儆。[4]再如乾隆五十三年（1788年）五月，根据翁方纲的奏报，乾隆帝明发上谕称：

向来考试经解诗赋于每棚之始，另为一场，原无责成廪保之例。今于考试经解诗赋一场时，先点童生，逐名识认，然后再点生员，仍于场内隔别坐号，不使生童连在一处，并择其经解诗赋之可观者，加覆试一次以防弊混等语，所办尚属细致。……今翁方纲于考试经解诗赋时，令生童分点入场，责

[1]《清会典事例》卷386，中华书局1991年版，第280页。

[2]《宫中档乾隆朝奏折》，《贵州学政李敏行奏报考过遵义等五府查获局骗冒籍各情节折》，乾隆二十八年（1763年）十一月二十四日，档案号：042111。

[3]《宫中档乾隆朝奏折》第38辑，《贵州学政刘校之奏折》，乾隆四十二年（1777年）四月十二日，台北"故宫博物院"1985年版，第333页。

[4]《宫中档乾隆朝奏折》第42辑，《四川学政刘锡嘏奏折》，乾隆四十三年（1778年）四月二十三日，台北"故宫博物院"1985年版，第756页。

成廪保识认，其录取者、加以覆试，办理较为周密。各省学政于考试经解诗赋，均应一体留心，照此办理，庶可遴拔真才，俾士子共敦实学，将此通谕各省学政知之。[1]

以上几个事例展现出清代廪保机制建设所取得的效果，廪保确实在童生试、岁科两试阶段发挥着稽查冒籍的重要作用，一定程度上保证了基层科举考试的公平性。

（二）审音制度的建立与完善

"审音"顾名思义就是审查口音，以辨别参加科举考试的士子是否为本地人。清代因为江浙一带竞争激烈，人才辈出，而北方部分地区文风相对较弱，所以南方士子便纷纷冒籍北方应考。为了防止冒籍作弊问题，从康熙朝至乾隆朝都在强调审音的作用，并将其逐渐完善，至乾隆朝已经发展成为一项成熟的制度。

审音制度在康熙时期已经初步建立。在康熙三十九年（1700年），档案中就出现了"顺天乡试，大兴、宛平两县审音不详，草率送试者，照收考、送考官例降级"[2]的记载，说明在康熙年间就已经有审音的存在，只是制度不够完善，执行人并没有认真执行，也没有设立专门的审音御史。不过康熙帝自己对通过辨识士子口音以防范冒籍有所认识，故而在康熙五十一年（1712年）覆试中式举人时言及，"迩来浙江江南人冒直隶等处北籍及代人考试者甚多。十三省语音，朕悉通晓，观人察言，即可识辨。着出示偏晓中式进士等，其中有冒籍替代等项，俱赴部自首"。[3]

到了雍正时期，审音制度相对完善，先由县里审音，确定士子资格后，才将身份证明送到府里备案成册。雍正十二年（1734年）四月，"礼部议覆，顺天学政吴应棻疏言定例岁科两试，文武童生先由本县考取造册送府，该府再行考试。惟宛平大兴两县童生向例止凭审音，并不衡文，以定去取。嗣后请照例由县审音，再行考试，造册送府，庶例归画一，而假冒顶替之弊亦可永除"。[4]同年，朝廷还建立起武科举的审音制度。与文科举同，"大宛二县

---

[1]　《清高宗实录》卷1304，乾隆五十三年（1788年）五月甲戌。

[2]　（清）奎润等纂修：《钦定科场条例》卷35，岳麓书社2020年版，第599—600页。

[3]　《清会典事例》卷351，中华书局1991年版，第1146页。

[4]　《清世宗实录》卷142，雍正十二年（1734年）四月丙寅。

武童照文童之例，由县审音考试毕，发案造册送府丞考试，府考发案造册送学政考试"。[1]但是，在康熙和雍正两朝只是建立起了审音制度，并无审音御史的存在。

根据《清实录》记载，审音御史初设于乾隆十年（1745年）十二月癸丑日，当时礼部议覆顺天府府丞郑其储关于申请奏派审音御史的奏折称：

> 审音宜特派大臣一二员，或满洲御史一二员，协同详审，乐舞生一例审音。查审音向专责大、宛知县及府丞，今以两县童试，特派大臣，似非政体。应于府试时，该府丞移咨都察院，奏派满汉御史各一员，会同审音。乐舞生令知县教官，一体审音。声音不合，究出冒籍情弊，将本生廪保照变乱版籍律治罪。[2]

在议覆中明确提出了设立审音御史，并同知县、府丞一同审音，这样三四个人一同审音可以较大程度地防止非本籍人员冒考的现象，而对于不认真履行职责的审音官员俱照徇庇例，交部给予惩处。

乾隆十八年（1753年），审音制度逐渐推行开来。礼部议覆御史温如玉所奏，同意"顺天府属州、县、卫学及直隶天津府，请饬校录之四路同知及该府，俱照大、宛二县之例，于试前审音，并取具廪结存案"。[3]

然而，在乾隆四十二年（1777年）七月己丑日，乾隆帝召见浙江解饷官绍兴府通判张廷泰时发现，他有绍兴口音。乾隆帝怀疑此人冒籍，从而违背了清代出仕为官的回避制度，因此要求所有地方都详细核查官员身份，核实祖、父户籍及本人籍贯，以杜绝冒籍之事。乾隆帝当日下谕曰：

> 本日户部三库带领浙江解饷官绍兴府通判张廷泰引见，听其所奏履历似绍兴语音，因加询问。据奏，幼曾随父至绍兴住居数年，遂习其土音等语。此与浙人寄籍顺天者何异？而其言尚未必信然也。通判虽系闲曹，但以本籍人备官其地，于体制究为未合。张廷泰着交与钟音，于福建通判内调补。[4]

---

[1]《清会典事例》卷719，中华书局1991年版，第932页。
[2]《清高宗实录》卷255，乾隆十年（1745年）十二月癸丑。
[3]《清高宗实录》卷439，乾隆十八年（1753年）五月甲申。
[4]《清高宗实录》卷1037，乾隆四十二年（1777年）七月己丑。

进而乾隆帝由此及彼，认为顺天府大兴、宛平两县土著士子非常少，而各省人来京后，居住稍久，便占籍应试。虽然之前曾颁发谕旨令这些人改归本籍，而且实系无家可归之人，也令呈明原籍一体回避，但是效果不得而知。乾隆帝认为，恐怕在各省官员内有与张廷泰相似情形者颇多，故而要求各督抚严格核查奏闻。

乾隆帝由此联想到顺天乡试的审音问题。他认为南人说话口音与北方之人迥异，自己在百忙之中召见官员都可以发现问题，要是审音御史严格稽查，不难分辨出冒籍者。然而，现在顺天府冒籍事例依然发生不断，就是因审音御史和各学官不能认真履行职责所致。所以乾隆帝一面令冒籍者自己呈报改归，一面警告各级官员务必尽职尽责，否则审音御史和相关九卿科道官员一并议处。谕旨言及：

> 至顺天应试，则有审音御史验看月官，则特派九卿科道，皆宜悉心询察，且朕于各官引见奏对履历，为时无几，尚能辨其语音，诸臣审音验看时，如果留心听察，南北音声无难立辨，皆由诸臣视此等事，不以为意，遂至混淆莫辨，殊失敬事之义。至冒籍人员等，即呈明原籍，不过回避本省，于他省仍可铨授，并不碍其仕进之途，何所顾忌而必不肯改，甚至于本籍居官，非但政体有关，且筮仕之初，即公然习为欺伪，其于世道人心所系非浅。此次降旨之后，如冒籍者尚敢匿不报明，其审音验看诸臣，复不认真纠劾，经朕察出，除将本人究治外，定查明审音御史及原派之九卿科道，一并议处。〔1〕

乾隆帝不仅明确要求审音御史等在童生试和乡试之时严查口音，而且对于官员懈怠问题也给予了严厉批评，并针对有可能出现的冒籍士子采取了呈报注册以便核查等一系列手段。此外，为了防止审音御史是南方人，而产生对南方士子回护、通融的可能，乾隆帝又在同年谕令"嗣后考试大兴、宛平二县童生，其审音之汉御史籍隶南省者，毋庸开列"，〔2〕从源头上消除潜在的冒籍风险。

由此可见，乾隆帝对冒籍问题有着较为深刻的认识，并作出了有针对性

---

〔1〕《清高宗实录》卷1037，乾隆四十二年（1777年）七月己丑。
〔2〕《清会典事例》卷386，中华书局1991年版，第281页。

的部署。可以说康熙朝至乾隆十年（1745 年）间是审音制度创设和发展阶段，乾隆十一年（1746 年）至乾隆四十二年（1777 年）是审音御史设置施行和审音制度完善、走向成熟阶段。至乾隆四十二年（1777 年）张廷泰事一出，清代科举考试之审音工作更加严格，弥补了廪保单一作保的不足与缺陷，防范了冒籍问题，并在嘉庆和道光两朝得到很好的坚持与执行。

（三）严格的惩罚措施

清代对于冒籍作弊的惩处分为对冒籍士子和对涉事官员的处罚。《大清律例》规定："顺天府考试审音之时，究出冒籍情弊，将本生及廪保俱照变乱版籍律，杖八十。廪保仍革去衣顶。知县、教官如审音不实，滥行申送，俱照徇庇例交部议处。受财者，计赃，从重论。"[1]

早在顺治二年（1645 年），朝廷就规定"生童有籍贯假冒、姓系伪谬者，不论已未入学，尽行黜革，并将廪保惩处，若有中式者核实题参，革去举人，发回原籍"。[2]康熙年间对于冒籍问题相对宽容，多是"照例自首改归原籍"，未按照规定呈报者，才会给予治罪，而对于考官没有太多的追究。雍正六年（1728 年）议准，"倘有仍前冒考者，除本童照冒籍例治罪外，并将廪保黜革，互结各童一并治罪，仍将收考地方官，照混行收考例降一级调用"。[3]雍正朝的规定已经趋于严厉，不仅要黜革本生和廪保功名，还要杖八十，并将连带的童生与地方官一并处罚。

乾隆朝又多次调整对冒籍的惩处措施，整体上保持了对士子冒籍严惩的态势，在一定程度上起到了防范冒籍的作用。乾隆初年宽严相济，遇到冒籍问题时给予一定时间令冒籍者自首，若仍有违例者，则继续沿用雍正六年（1728 年）的条例惩治。乾隆十四年（1749 年），乾隆帝要求各省学政认真核查士子籍贯，发现冒籍者不可姑息。如上文所述，乾隆二十一年（1756 年）顺天乡试发生冒籍案，乾隆帝果断处理，相应的处置办法更加趋严，规定"岁科考童生，冒入大宛等县者，贿保之廪生及申送之教官，审音收考之州县，俱参革议处"。[4]由于顺天府问题严重，经学政庄存与奏称"直隶冒籍

〔1〕 张荣铮、刘勇强、金懋初点校：《大清律例》卷八，天津古籍出版社 1993 年版，第 191 页。

〔2〕《清会典事例》卷 340，中华书局 1991 年版，第 1007 页。

〔3〕（清）素尔讷：《钦定学政全书》卷 30，清厘籍贯，《续修四库全书》第 828 册，上海古籍出版社 2002 年版，第 681 页。

〔4〕《清高宗实录》卷 522，乾隆二十一年（1756 年）闰九月戊申。

生员，自首改正，每学多至五六十名，少者十五六名"，遂"暂停南北岁科两试"，"己卯年乡试，应停收考录送"，"将冒籍各生，停乡试一科"。[1]此后，乾隆帝逐渐将停科考试作为一项基本的处罚措施，至此形成了对冒籍考生和廪保黜革功名、杖八十、停岁、科、乡试的处罚措施，而涉事的官员也会一并查处。

乾隆四十二年（1777年），朝廷还规定士子寄籍地方，以税契之日为始，田亩以纳粮之日为始，要扣足20年以上，并呈明地方官入籍，方准考试，而且不许回籍跨考，入籍后不先呈明而参加考试者仍照冒籍例斥革。乾隆四十五年（1780年），胡季堂和虞鸣球奏请将乡试冒籍中式举人窦国华革去功名，其原因就在于后者不仅有田产，还有原籍可归，而且入籍后未向地方呈明，擅自应试。[2]

据查，窦国华本是安徽颍州府霍邱县人，以河南光州固始县籍捐监入京乡试。虽然两地分属两省，但固始县和霍邱县地理上毗邻。乾隆十四年（1749年），窦国华祖父从霍邱县移居固始县，有田产房屋，且已历时30年。不过，窦国华本人的情况有些复杂，他的本生父窦梦荣居长，嗣父窦梦熊居次。窦梦荣回籍继承祖业，而窦梦熊和嗣父留居固始县，故而窦国华本人以固始县为自己的籍贯所在，并捐监入京乡试，中式第六名举人。但是，乡试考官等认为，窦国华既然呈称自己是安徽霍邱县人，且本生父在霍邱县生活居住，并非"无籍可归"，即不应"冒占别籍，混行考试"。[3]即使窦国华已经满足入籍固始县的条件，也应该在固始县呈明情况，入籍后再行赴考。所以，窦国华本人未在固始县呈明就捐监以固始籍入场应试，属于冒籍违例的情况，胡季堂和虞鸣球请求不仅将他所中举人功名黜革，而且将他在固始县所捐监生功名也一并追缴。[4]通过此例可见，朝廷对于冒籍中式特别是冒籍顺天府应试士子审查严格，且惩处力度很大，不仅将冒籍所中功名黜革，就连冒籍应试前所捐功名也一概追缴，使得如窦国华这样的士子前半生的科场

---

〔1〕《清高宗实录》卷530，乾隆二十二年（1757年）正月壬寅。

〔2〕《军机处档折件》，《胡季堂虞鸣球奏为冒籍中式之窦国华请革去举人》，乾隆四十五年（1780年）十月初九日，档案号：028694。

〔3〕《军机处档折件》，《胡季堂虞鸣球奏为冒籍中式之窦国华请革去举人》，乾隆四十五年（1780年）十月初九日，档案号：028694。

〔4〕《军机处档折件》，《胡季堂虞鸣球奏为冒籍中式之窦国华请革去举人》，乾隆四十五年（1780年）十月初九日，档案号：028694。

努力可谓前功尽弃。

乾隆四十八年（1783年），河南巡抚何裕城奏请将河南冒籍中式举人孙潮斥革。祥符县知县何如钟奏报称，该县监生孙潮中式本年癸卯科乡试第十九名举人，但其他士子议论纷纷，故叫来询问，发现孙潮言语系南方口音。据查，孙潮本浙江山阴县籍，寄居开封府祥符县，后迁居南阳府裕州，在当地娶妻生子，购买房地。因孙潮本人在裕州居住年限未及20年，便起意依附在祥符县的族叔孙伟人，以祥符县籍士子报捐监生。虽然二人确属同族，且孙伟人已经入籍登记，但孙潮并非孙伟人近支族人，且父母坟墓俱在浙江山阴县。故而，何裕城认定孙潮确属冒籍违例应试，并应按照乾隆四十三年（1778年）浙江人潘鹭、杭光晋冒充山东商籍例从重治罪，不仅黜革举人功名，杖一百，而且外加徒三年。[1]

乾隆朝在稽查与惩处士子的同时，对于官员的惩处力度也不断加大，一旦发现冒籍者，将原送考官、收考官、出结官、学臣、地方官等一并治罪，[2]而对于自身为冒籍中式的官员或令子弟冒籍者，"本生斥革，该员革职"。[3]因此，在乾隆朝，官员因受冒籍牵连而被黜革的事例并不少见。如乾隆二十三年（1758年），广东巡抚托恩多特参安徽候补同知宋焕于乾隆五年（1740年）冒籍直隶承德州入学，辛酉科乡试中式举人，乙丑科中三甲第一百一十八名进士，选授湖北竹溪县知县，后补用同知，因冒籍而被革职。[4]同样命运的还有张敔。张敔中式乾隆二十七年（1762年）举人，官湖北房县县令，也是乾隆时期著名的画家，但最终他同样以冒籍事去职。又如，乾隆四十五年（1780年），顺天府发现士子孙登元冒籍中式，其实为赤峰县人，经顺天府尹胡季堂参奏，将失察的"赤峰县知县清格降调"。[5]再如上文所述的原任山东济宁州知州蓝应桂令两个女婿冒籍应试后被革职问拟军台，受冒籍案牵涉

---

〔1〕《军机处档折件》，《河南巡抚何裕城奏为祥符县冒籍监生中式举人孙潮审拟具奏事》，乾隆四十八年（1783年）十一月初十日，档案号：072288。

〔2〕（清）奎润等纂修：《钦定科场条例》卷35，岳麓书社2020年版，第597页。

〔3〕（清）奎润等纂修：《钦定科场条例》卷35，岳麓书社2020年版，第597页。

〔4〕《宫中档乾隆朝奏折》，《广东巡抚托恩多奏为特参拣发安徽补用同知宋焕诈故冒籍请旨斥革严审定拟事》，乾隆二十三年（1758年）五月二十四日，档案号：04-01-38-0070-032。

〔5〕中国第一历史档案馆编：《乾隆帝起居注》第30册，广西师范大学出版社2002年版，第190页。

的山东巡抚国泰一并交部议处。[1]

乾隆朝对于冒籍士子和涉案官员的惩罚集中于黜革功名、杖刑、官员降级、议处等，若有行贿廪保和官员的情节，则从重交刑部查办，这些举措在一定程度上起到了对冒籍士子的震慑作用。一方面，士子担心因冒籍而失去功名，或罚停乡、会试而抱憾终身；另一方面，官员也不想因冒籍纠察不严而受到降级或者去职的处分，以致影响个人前途。可以说，在乾隆帝的高度重视和严格纠察下，冒籍问题在他执政的 60 年中还是得到了一定程度的遏制，保障了考试的公平性。

五、结语

科举冒籍问题在乾隆朝没有得到根本解决，只是在一定程度上得到遏制。乾隆朝之后冒籍问题更加严重，并集中在南籍士子冒籍顺天与身份冒籍两种。随着时间的推移和清朝国势的衰微，对于冒籍的稽查力度逐渐下降。虽然如嘉庆帝也一再申斥并严禁冒籍，可效果并不理想，冒籍事件屡禁不止。特别是"贱籍"的长随、皂隶纷纷冒籍考试引发士子间的攻讦。嘉庆七年（1802年），山东省济宁府金乡县发生"天下共知"的冒籍罢考事件；嘉庆十二年（1807 年），山西巡抚奏报"长随刘琨改名捐官……惟该犯以微贱妄希仕进，复令伊侄冒籍考试"；甚至一些京师衙门的书吏往往逗留并冒籍大、宛两县应试。

至同治、光绪年间，冒籍似乎成为"正常事"，没有人再去严厉追究。例如清末状元张謇，为了能够顺利参加科举应试，于同治七年（1868 年）在老师宋琛的帮助下，冒籍如皋应试，经县、州、院三试胜出，成为江苏如皋县的生员，具备了参加乡试的资格。可以说没有这个冒籍取得的生员功名，张謇日后就不可能成为状元。又如任鸿隽为垫江县人，冒籍巴县参加童生试得中末科生员。在当时的社会环境下，冒籍问题已经十分严重且普遍，虽然也不断有人上疏请求严厉查处、杜绝冒籍弊端，但是朝廷条例往往成为一纸空文，得不到认真的实行与贯彻，以致冒籍成为士子科考的常事。

科举冒籍问题伴随着科举制度的产生而出现，至清朝逐渐成为投机应试的代表性手段之一。清代历朝统治者对于科举冒籍问题都采取与延续了较为

---

[1]《清高宗实录》卷 1097，乾隆四十四年（1779 年）十二月丁丑。

严格的惩治与防范措施，而其结果却是冒籍问题难以根除，且呈日益泛滥的态势。冒籍问题的发生及难以根治性反映出科举制度自身所存在的漏洞，也随着社会经济发展及人口流动性加大，使得应试士子的籍贯管理成为难点。虽然冒籍与夹带、枪手相比尚不是最为多发的科举舞弊问题，但是，不断出现的冒籍事件严重干扰了科举取士的公平性，并引发了如土客之争、文风衰退及腐败滋生等社会问题。

清代统治者希望通过分省定额等手段平衡各地录取士子的比例，达到地域之间人才均衡选拔的目的，收取天下士子之心，以维护清朝的有效统治。但是，以冒籍为代表的科举作弊问题将统治者的这种设想打破。以乾隆朝为代表，虽然统治者采取各种措施以整顿科场且起到一定效果，使得天下士子对于冒籍应试有所畏惧，但是冒籍问题无法得到根治。嘉道之后，科举冒籍问题愈发突出，且随着内外危机的加重，朝廷对于科举冒籍已是有整治之心而无整治之力了。甚至降至晚清时期，有些士子冒籍应试，不以为耻，反以为荣，这都体现出科举制度走到末世的悲哀，而新型教育体系和选拔制度呼之欲出。

第十章

"凌辱斯文"与清代生员群体的反抗

——以罢考为中心

　　清代生员作为功名持有者和特权群体，在面对"凌辱斯文"的责罚时，往往以罢考作为回应手段，共同进退，而在地方社会中，官员也尽量避免招惹这一同质性群体，但"凌辱斯文"之事依然时有发生。朝廷对生员群体罢考行为的惩处，经历了"严宽之变"，这是伴随着18世纪、19世纪中央对地方控制力的强弱变化而发生的转变。在朝廷语境变化背景下，19世纪士人对于士子群体罢考行为，不再噤若寒蝉，而是敢于发声，给予了肯定与支持。因此，可以说在朝廷的主导下，19世纪统治阶层完成了对生员群体的主动"让步"。

一、"凌辱斯文"引发罢考事件的背景

　　顺治十八年（1661年）二月，福州府城内生员邓撰、邓志兄弟，被举人陈邦殿之兄陈忠陛状告，"诬抵以盐饷"。生员本归学政所管，且不可经营盐务，故被带至盐运使司后，邓撰即言："我乃生员。"盐运使王志佐对曰："我打盐商，不打生员。"邓撰再言："生员不做盐商。"王志佐对曰："忠陛抵汝盐饷，汝即盐商。"邓撰竟被打三十大板。[1]

　　这一顿板子不仅没有令邓撰服气，反而引发了一场大规模的士子哭庙和罢考事件。王志佐"凌辱斯文"的行为引发了以生员林芬为首的"十学数百人公愤"，他们"遍投上宪"，邓撰则哭于文庙。[2]事情闹至总督衙门后，总督李率泰的判决却明显偏向盐运使王志佐。

---

〔1〕（清）缪荃孙辑：《艺风堂杂钞》卷二，中华书局2010年版，第60页。
〔2〕（清）缪荃孙辑：《艺风堂杂钞》卷二，中华书局2010年版，第60页。

邓撰见状不希望牵连其他生员，其言"此番求申不得，必致重辱，累及朋友"，[1]竟自尽于衙门前。这一行径最终引发了生员乃至整个"士"群体的震动，诸生将邓撰尸体先抬于文庙庑下，后于乡贤祠为邓撰设位而哭。当生员们得知总督李率泰与王志佐"为犬豕交"，有意护短后，十学士子于岁考之际，集于城隍庙，"誓盟不听考"。[2]

这一生员群体罢考事件的起因，即盐运使王志佐"凌辱斯文"。那么何为"凌辱斯文"？为何"凌辱斯文"会引发生员群体的激烈反抗呢？简单说来，"凌辱斯文"即地方官对生员特权的侵犯。

有清一代，生员享有相应的经济、司法和礼仪等特殊权力。与本章紧密相关的，也是与庶民区别最大的，就是生员的司法特权。早在顺治十年（1653年），朝廷就颁布律令规定生员犯小事由府州县教官申饬，犯大事由学政斥革后定罪，并郑重声明如地方官擅责生员，由学政纠参。[3]康熙九年（1670年），康熙帝认为生员"关系取士大典"，将生员和"齐民"等同对待"殊非恤士之意"，遂颁布律令，生员"今后如果犯事情重，地方官先报学政，待黜革后，治以应得之罪"，[4]而词讼小事，则只需学臣加以申饬即可。即使是戒饬，地方官亦不可随意而行，"擅自扑责"，而是需要会同学官具禀学政，照例在明伦堂斥责。[5]这一条例作为州县官执政要点，被列入《大清会典》和各地方志条例中。[6]

这些规定一方面对生员"士"的地位给予认可，将其与民采取不同的司法对待，使他们"齿于衣冠，得于礼见官长，而无笞、捶之辱"，[7]另一方

---

〔1〕（清）缪荃孙辑：《艺风堂杂钞》卷二，中华书局2010年版，第60页。

〔2〕（清）缪荃孙辑：《艺风堂杂钞》卷二，中华书局2010年版，第62页。

〔3〕（清）素尔讷：《钦定学政全书》卷24《约束生监》，收录于沈云龙主编：《近代中国史料丛刊》第30辑，文海出版社1968年版，第435页。

〔4〕（清）素尔讷：《钦定学政全书》卷25《优恤士子》，收录于沈云龙主编：《近代中国史料丛刊》第30辑，文海出版社1968年版，第453页。

〔5〕嘉庆朝《钦定礼部则例》卷57《生员事例》，嘉庆二十五年（1820年）刻本，第6页。明伦堂作为清代庙学结构的重要公共空间，具有重要的文化内涵和礼仪作用，《皇朝文献通考》卷65载："生员入学需先于先师庙行四拜礼，后赴明伦堂，于台下序立，谒业师。"因此，在明伦堂责罚一方面有代先师责罚的意味，另一方面也是学官对于士子身份的一种责罚与警告，这种警告的法律权力源自顺治九年（1652年）颁《训饬士子》文，并刊立卧碑于各处明伦堂内。

〔6〕光绪朝《定远县志》卷11《学校》、同治朝《安仁县志》卷6《学校·整饬士习》，均载"生员所犯有应戒饬者，地方官不得擅自扑责，会同教官具详学政，革讯治罪"条例。

〔7〕（清）顾炎武：《亭林文集》生员论上，中华书局1983年版，第21页。

面也剥夺了地方州县官直接处置生员的权力，必须经过该省学政将生员功名黜革，使之从"士"变回"民"后才可管辖。如若不经此程序而直接对生员进行处罚，则干犯条例，构成"凌辱斯文"，将受到严格议处，[1]也往往导致士子群体的罢考。因此，"凌辱斯文"往往由地方官对士子"未革先杖"引发，对朝廷赋予生员的特权构成侵犯。

不过虽然朝廷赋予生员特权，但也意识到作为"四民之首"的他们可能恃功名而助长"骄矜之气"，从而导致群体行为。因此，早在顺治九年（1652年），礼部就颁布八条卧碑文，[2]置于学宫明伦堂之左，以戒谕诸生，主要劝诫他们不要有结社和干扰司法等行为。雍正初年编纂而成的《圣谕广训》，后经翰林院侍讲学士张照条奏，成为士子县试的默写内容，同样是对社会和士子的一种行为规范。甚至从1729年起，所有官学的生员和监生还要学习《大清律例》。[3]可以说，朝廷一方面给予生员特殊的社会身份地位，另一方面对这一群体严加防范。故而在朝廷的语境下，作为特殊的生员群体表现出既有依附性，又有维护自己利益的特点。

需要指明的是，"凌辱斯文"是这一类涉事罢考士子自我认定的词语，并非笔者自定。如乾隆十八年（1753年）陕西扶风罢考事件中生员张彩凤即口称"这样凌辱斯文何必考试?"[4]又如庄有恭奏报砀山县罢考时生员戚克讷

---

〔1〕 嘉庆五年（1800年）规定，擅自扑责生员的地方官降二级留任，因而致死者，降二级调用，系故勘致死，从严治罪。

〔2〕 卧碑条例：①生员之家，父母贤智者，子当受教；父母愚鲁或有非为者，子既读书明礼，当再三恳告，使父母不陷于危亡。②生员立志，当学为忠臣清官，书纪所载忠清事迹，务须互相讲究，凡利国爱民之事，更宜留心。③生员居心忠厚正直，读书方有实用，出仕必作良吏；若心术邪刻，读书必无成就，为官必取祸败，行害人之事者，往往自杀其身，常当猛省。④生员不可干求官长，交结势要，希图进身。若果心善清全，上天知之，必加以福。⑤生员当爱身忍性，凡有司官衙门，不可轻入；即有防己之事，只许家人代告，不许干与他人词讼，他人亦不许牵连生员作证。⑥为学当尊敬先生，若讲说皆须诚心听受；如有未明，从容再问，毋妄行辩难。为师者亦当尽心教训，勿致怠惰。⑦军民一切利病，不许生员上书陈言，如有一言建白，以违制论，黜革治罪。⑧生员不许纠党多人，立盟结社，把持官府，武断乡曲；所作文字，不许妄行刊刻，违者听提调治官罪。（清）素尔讷：《钦定学政全书》卷2"学校规条"，收录于沈云龙主编：《近代中国史料丛刊》第30辑，文海出版社1968年版，第40—42页。

〔3〕 Wenjen Chang, "Legal Education in Ch'；ing China", in Benjamin A. Elman and Alexander Woodside eds., *Education and Society in Late Imperial China*, 1600-1900, University of California Press, 1994, pp. 292-339.

〔4〕 故宫博物院编：《史料旬刊》第26册，故宫博物院1935年版，第925页。

所倡言"凌辱斯文，厉声恶骂，拒绝入场"。[1] 类似词语尚有很多，不作一一列举。

　　笔者现收集到可归类为"凌辱斯文"罢考的事件共 23 件（表 10-1）。在时间跨度方面，发生在顺治十八年（1661 年）至光绪二十九年（1903 年），几乎与有清一代开科时间始终，也说明了这一类罢考事件绝非独立的或某一时段爆发的个别现象。就罢考事件地域来讲，横跨清朝疆域南北，涉及 13 省，20 处府州县，与其他类型的士子罢考事件相比，"凌辱斯文"引发的罢考事件比例最高、地域最广，持续时间更长，因此也就更具有罢考研究的代表性。

表 10-1　清代因"凌辱斯文"而引发的士子罢考事件

时间	地点	引发原因
顺治十八年二月	福建福州府	生员被责打
康熙三十七年	山东莱州府掖县	差役殴伤并扣押生员
雍正元年	江苏常州府靖江县	知县虐士
雍正五年四月	江苏太仓州	知州枷责生童致死
雍正五年二月二十九日	山东兖州府	兵丁凌辱
雍正十二年七月二十八日	甘肃高台县	知县程元度扑责生监
乾隆四年六月	湖南长沙府	士子诬陷他人
乾隆十七年三月	江苏徐州府砀山县	倡言凌辱斯文
乾隆十八年三月	陕西扶风县	皂隶殴打生员
嘉庆四年四月十七日	江苏苏州府吴县	生员未革先杖
嘉庆二十五年	浙江	知县对生员用刑
道光元年	河南	知县对生员用刑
道光二年	河南开封府西平县	县役无故殴伤生员
道光六年	直隶东光县	生员与县役争殴
道光九年	湖南长沙县	戒饬生员

[1]《宫中档乾隆朝奏折》第 4 辑，台北"故宫博物院"1982 年版，第 591 页。

续表

时间	地点	引发原因
道光二十三年三月	湖南耒阳县	搭救狱中生员
道光二十七年	江西贵溪县	搭救狱中生员
道光年间	直隶沧县	诸生被责打
咸丰五年	贵州思南府安化县	差役殴打诸生致死
光绪二年八月	贵州贵筑县	士子与兵丁口角
光绪十六年	江西	保甲局鞭笞生员
光绪二十七年	湖北黄州府黄冈县	生员自尽
光绪二十九年正月	安徽桐城县	士子被杖责四百鞭

资料来源：《清实录》《雍正朝汉文朱批奏折汇编》《官中档乾隆朝奏折》《申报》及地方志资料

士子的罢考问题早在 1957 年就已被学界关注，日本学者荒木敏一在此年发文对河南封丘士子罢考案进行了概述研究。[1]李世愉在 2005 年也对该案进行了剖析，并认为因清代科举制度本身的缺陷，舆论重视不够、引导不力，地方官为官不正，官场相互推诿陋习等众多原因共同导致了这次影响全国的罢考事件。[2]李国荣在 2007 年更直接地用"秀才造反"作为标题，凸显了事件的严重性。[3]

随着近年来对于群体行为研究的重视，对于士子的群体行为更为关注。2009 年贺晓燕针对士子的罢考、闹考、阻考行为进行了概述研究，并对该行为作归类分析。[4]在同年出版的会议文集《明清司法运作中的权力与文化》中，日本学者岸本美绪发表《冒考冒捐诉讼与清代地方社会》一文，对山东金乡县 400 余名士子所发动的罢考大案给予了关注，并将研究方向引申至土客冲突。[5]巫仁恕在 2011 年的著作《激变良民：传统中国城市群众集体行

〔1〕［日］荒木敏一：《雍正二年の罷考事件と田文鏡》，载《东洋史研究》1957 年第 15 卷第 4 号。
〔2〕李世愉：《清代科举制度考辩》，沈阳出版社 2005 年版，第 29—47 页。
〔3〕李国荣：《清朝十大场案》，人民出版社 2007 年版，第 80—99 页。
〔4〕贺晓燕：《清代生童罢考、闹考、阻考之风述评》，载《探索与争鸣》2009 年第 8 期。
〔5〕［日］岸本美绪：《冒考冒捐诉讼与清代地方社会》，载邱澎生、陈熙远编：《明清司法运作中的权力与文化》，联经出版事业股份有限公司 2009 年版，第 157—159 页。

动之分析》一书中将清代士子群体的罢考行为纳入科场士变。[1] 韩国学者韩成贤于 2011 年在美国的 *Late Imperial China* 杂志上发文阐述了清代科场骚乱行为和朝廷对罢考行为处罚的转变。[2]

此外，在 20 世纪 70 年代，杨庆堃已经对 19 世纪大众群体行为作出了详尽的考察，[3] 但其所统计的士子群体行为远远少于实际发生量，且并没有提及任何关于士子罢考的因素，而是将目光更多投向抗粮。周蓓在 2013 年出版了有关清代群体行为的著作，[4] 但她除延续采用杨庆堃的事件类型列表统计外，更着力于民变研究。

可以说，以上学者对士子群体行为有着不同的关注点，为本章研究奠定基础，但都未对生员群体因"凌辱斯文"的罢考给予直接关注和足够重视。士子群体作为特权阶层，他们的群体罢考行为更加具有张力，也更能反映出朝廷、地方官和士人群体的互动关系。尤其是 19 世纪朝廷对生员群体罢考处罚态度的转变，也可以视为朝廷主动后退以应对危机的一种努力。

因此，笔者选用"凌辱斯文"作为本章的论述核心，以朝廷对生员群体罢考事件处理态度的转变为切入点，揭示清代生员罢考的动因和朝廷态度软化的内在逻辑，以及在朝廷语境转变背景下，士人对生员群体罢考的态度转变。

二、雍乾时期朝廷对"凌辱斯文"引发的罢考事件的严厉处置

总体而言，清初对生员群体罢考行为处罚较轻。虽然顺治、康熙两朝对生员群体有着各种条例约束，但生员在面对"凌辱斯文"的事件时，往往置条例于不顾，共同进退，发动罢考。清代在此一时期尚处于朝廷定鼎和制度发展阶段，故对于生员或"士"群体的罢考事件并没有形成律例条文以为判决依据，往往以明代判例作为参考，多以黜革功名和杖责为主。

如顺治十八年（1661 年）福州所发生的罢考事件，因参与人数众多，形

---

[1] 巫仁恕：《激变良民：传统中国城市群众集体行动之分析》，北京大学出版社 2011 年版，第 308—313 页。

[2] Seunghyun Han, "The Punishment of Examination Riots in the Early to Mid-Qing Period", *Late Imperial China*, 2011, 32（2）：133—165.

[3] C. K. Yang, "Some Preliminary Statistical Patterns of Mass Actions in Nineteenth-Century China", in Frederic E. Wakeman ed., *Conflict and Control in Late Imperial China*, University of California Press, 1975, pp. 174–210.

[4] 周蓓：《清代基层社会聚众案件研究》，大象出版社 2013 年版。

成了整个"士"群体共愤的局面，因此作为案件结果，将殴打生员的举人陈忠陛、王钦祖和曹鸿芝黜革，将涉事的王志佐削职，[1]17名带头生员功名斥革，为首棍责四十，为从三十。[2]

康熙朝对多发的士子群体性案件处理基本沿袭了这一思路，甚至对罢考后进一步与官府的对抗行为同样采取较为宽容的态度。在康熙二十六年（1687年）八月的江南乡试案中，士子群体往文庙鸣钟伐鼓，跪哭棂星门外，[3]当常熟知县、此场乡试的房官杨震藻经过庙门下轿时，"诸生监群共殴之，碎其轿"。[4]

其后生员和监生群体又往正主考米汉雯署所，"鼓噪肆骂"，生监士子被扣押13人。但面对士子群体抗议，康熙帝"恩赦俱免罪"，[5]而米汉雯及副主考龚章，俱照不谨例革职，礼部又黜革了10份乡试所取中式卷，以此平息了"士"群体的不满。以上两个案件既有罢考，亦有群体士变行为，且人数均达百人以上，但是对于两起案件的处置，从皇帝到督抚都相对谨慎，给予生员群体宽容对待。

但是，随着罢考事件的逐步增多，后果严重性增强，加之雍正帝个人对士绅群体的着力控制，朝廷对于士子罢考事件的处理趋向严厉。雍正十二年（1734年）初，雍正帝即命礼部商定如何惩治士子罢考行为，时任礼部尚书的吴襄得旨拟出惩治办法后奏言："生童罢考，应停其考试，交督抚查究。如有司法不公不法，即据实附参"。结果这一意见完全没有"体会圣意"，雍正帝下旨驳斥道："罢考原有应得之罪，今此奏必待审讯后分别定拟，而置罢考于不问。但以停考一事，当其罢考之罪，岂整饬士风之道乎？"[6]发部重议，定"罢考，照光棍例，别首从治罪"。[7]随之，朝廷明发上谕，严禁士子罢考行为，史载：

　　各省生童，往往因与地方有司争竞龃龉，相率罢考，此风最为恶劣。士

〔1〕（清）缪荃孙辑：《艺风堂杂钞》卷二，中华书局2010年版，第62页。
〔2〕（清）缪荃孙辑：《艺风堂杂钞》卷二，中华书局2010年版，第62页。
〔3〕（清）叶梦珠撰：《阅世编》卷二，中华书局2007年版，第54页。
〔4〕（清）叶梦珠撰：《阅世编》卷二，中华书局2007年版，第54页。
〔5〕（清）叶梦珠撰：《阅世编》卷二，中华书局2007年版，第55页。
〔6〕吴忠匡总校订：《满汉名臣传》，黑龙江人民出版社1991年版，第1746页。
〔7〕吴忠匡总校订：《满汉名臣传》，黑龙江人民出版社1991年版，第1746页。

为四民之首，读书明理，尤当祗遵法度，恪守宪章，化气质之偏，祛嚣凌之习。况国家之设考试，原以优待士子，与以上进之阶。凡此生童不知感戴国恩，鼓舞奋勉，而乃以私忿罢考，为胁制长官之计，有是理乎？[1]

除将参与罢考士子停试外，雍正帝令刑部以"山陕光棍例"处理罢考案件，即"聚众至四五十人者，地方官与同城武职，无论是非曲直，拿解审究，为首者照光棍例拟斩立决，为从拟绞监候，其逼勒同行之人，各杖一百"。[2]这表明雍正帝已经将聚众闹事的士子与他所认为引发社会矛盾的"光棍"画上了等号。[3]如雍正五年（1727年）江苏太仓州知州王溯维杖责生员一事汇报至雍正帝后，其朱批"王溯维虽属过严，但武童不法之极，严纠明白，将数人正法方是"，[4]由此朱批可见雍正帝对于生员罢考的严厉惩治态度。再如雍正八年（1730年）回复郝玉麟的朱批写道："当引豫省之例正法一二人，方望其改革弊习。苦塞责惩治，恐更长刁风也。"

乾隆十八年（1753年），陕西扶风县因生员屈谦益认为知县"纵差辱士"，引发以辛大烈为首的生员20人的群体抗议，并定期于十一月二十三日赴樊家庄酒铺会议。[5]在会议时，由辛大烈概述生员受辱详情，听闻后，生员张彩凤言："这样凌辱斯文，何必考试？"[6]而在考试当天，士子张元儒也以"差役殴辱斯文，纵容不究"为名，鼓动士子，最终形成了士子群体的罢考事件。很显然，这些生员置顺治帝《训饬士子》和康熙帝《圣谕十六条》条文规定于不顾，最终引发罢考事件，地方官不得不从严查办，"均照山陕题定光棍之例，分别首从治罪"。[7]

---

〔1〕《清世宗实录》卷147，雍正十二年（1734年）九月戊子。

〔2〕《清会典事例》卷771，中华书局1991年版，第475页。

〔3〕根据步德茂的研究，雍正帝和乾隆帝认为当时社会暴力犯罪量骤升的罪魁祸首为"光棍"。虽然清代无"光棍"具体定义，但参见《皇明条法事类纂》，"光棍"囊括解甲归田的士兵、游民及不事生产的各种社会边缘化人物。相关论述参见〔美〕步德茂："18世纪山东的杀害亲人案件：贫穷、绝望与讼案审理中的政治操作"，载邱澎生、陈熙远编：《明清法律运作中的权力与文化》，联经出版事业股份有限公司2009年版，第255—274页。

〔4〕中国第一历史档案馆编：《雍正朝汉文朱批奏折汇编》第9册，江苏古籍出版社1989年版，第625页。

〔5〕故宫博物院编：《史料旬刊》第26册，故宫博物院1935年版，第925页。

〔6〕故宫博物院编：《史料旬刊》第26册，故宫博物院1935年版，第925页。

〔7〕故宫博物院编：《史料旬刊》第26册，故宫博物院1935年版，第926页。

最终案件严格按照条律判决如下：生员屈炳挟嫌倡议，约会阻考，复令张元儒书写传单，密投马号，供证确凿，毫无遁情……照光棍为首例拟斩立决；生员辛大烈听从屈炳倡议，代为预谋，纠约生员并上街阻考、叫骂，照光棍为从例拟绞监候；张文烈、生员刘濬，听从辛大烈倡议在乡纠人会议，安宁、乔玉书听从安排，赴县向同寓诸生煽动阻考，照为从拟绞例酌减一等，各杖一百，流三千里；高省三、杨大度、李果秀、胡子义照逼勒同行例杖一百，折四十板；张彩凤、段文玉杖八十，发学官申饬；张敬、史秉忠、史卜、谷大成、魏应科、李时花、王名选、王三畏、高悦、高法孔，免置议；屈谦益知情不报，杖八十，交学官申饬；对生员动武的吴永年、皂隶李寿等亦处以杖责。[1]

这一案件的处理不仅体现了自雍正定例以来对于士子罢考的严厉处罚，同时也展现出涉事之人无一可遗漏的严厉作风。永常和钟音向乾隆帝上疏的奏折中用"屈炳纠众罢考，阻挠公事，以泄私愤，不法已极"的批语汇报案件，只待乾隆帝将朱批返回之日即行正法之事。

雍正朝的严厉律规为雍乾两朝处理士子罢考案件奠定了法律基础，乾隆帝更是将士子罢考行为与揭竿而起的反叛一样对待。在闽浙总督那苏图针对《禁止兵民结盟以杜骄悍》奏报闽省情况时，乾隆帝深以为是，认为的确应该严厉禁止各种群体结社事件，并与社稷安定相联系，其言：

民间如联盟、械斗、谤讪、抗官、拒捕、罢考、罢市、造军火器械、揭旗聚众等事，干系甚大，密速赶办，严加惩治。其余平常小疵，仍当加以教导，如再不率，然后案治。[2]

乾隆帝认为只有这样才能使地方平静，并认为那苏图"若能行之以实，日积月累，自可抒朕南顾之忧"。[3]由此可见，乾隆帝将士子罢考一并视为动摇社稷的"忧虑"所在。

至乾隆五十三年（1788年），朝廷又将士子罢考行为加入《大清律例·兵律》"军政条例"中的"激变良民"条内，明确将罢考作为一项严厉禁止的内容，其载"擅自聚众至四五十人，尚无哄堂塞署，并未殴官者，照光棍

〔1〕 故宫博物院编：《史料旬刊》第26册，故宫博物院1935年版，第926页。
〔2〕《清高宗实录》卷209，乾隆九年（1744年）正月戊申。
〔3〕《清高宗实录》卷209，乾隆九年（1744年）正月戊申。

例，为首拟斩立决；为从拟绞监候。如哄堂塞署逞凶殴官，为首斩决枭示。其同谋聚众转相纠约下手殴官者，拟斩立决。其余从犯俱拟绞监候。被胁同行者，各杖一百"，[1]并将执行权下放督抚，可直接"先斩后奏"，在光棍例的基础上更严一步。正如晚清刑部尚书薛允升在其著作《读例存疑》中对"激变良民"条的注释："为首，斩决。为从，绞候。此光棍例也。此处将为首者加枭，又摘出同谋等项，照为首斩决，以聚众闹堂殴官，故严之也。"[2]不过即使在朝廷出台如此严厉律规的背景下，作为朝廷代表的地方州县官，仍要顾虑生员群体的罢考行为，不可任意"凌辱斯文"。

如康熙年间的黄六鸿认为，对士要"代之以礼"，即使有词讼之事，"亦必周全体面，所以正衣冠扶名教也"。[3]历任州县官的袁守定言："士者民之秀，异于民者也。因其加于人一等也。而异等视之，则士气乐矣。……有涉讼者直其事，亦必使之有异于齐民。则虽不能如其所期，而士不怨也。待之以礼，士愈谨，饬辱以非礼，士愈放恣。礼一士则士林皆悦，辱一士则士林皆怨。"[4]在康雍乾三朝历任州县官，官至封疆的陈宏谋在其总结为官心得的《从政遗规》中亦言，"生员莫轻打，干系诸生体面"。[5]所以，州县官在地方运转中，尤其对待生员群体，尚须灵活操作，在张力之下体现为官的艺术。

三、嘉庆朝后对"凌辱斯文"罢考事件的软化处理

嘉庆初期，朝廷在内外交困的局面下，对因"凌辱斯文"引发的生员群体罢考案处罚大幅减轻。当时，朝廷内部正处于铲除和珅势力的政局动荡期，外部川陕白莲教起义进入高潮期，而与之相伴随的是经济情况的迅速恶化。面对这种内外危机，嘉庆帝意识到为挽救过度负荷的政权，他不得不收缩其父强硬和激进的国家政策。[6]虽然是一种国家权力的撤退，却回归到一种保

〔1〕 张荣铮、刘勇强、金懋初点校：《大清律例》卷十九，天津古籍出版社1993年版，第311页。

〔2〕 （清）薛允升：《读例存疑》卷21《兵律之二·军政》，光绪三十一年（1905年）刻本，第32页。

〔3〕 （清）黄六鸿：《福惠全书》卷4《待绅士》，光绪十九年（1893年）文昌会馆刻本，第54页上。

〔4〕 （清）袁守定：《图民录》卷3《礼士》，同治十一年（1872年）刻本，第18页。

〔5〕 （清）陈宏谋：《从政遗规》卷2《生员莫轻打》，道光二十二年（1842年）培远堂本，第20页上。

〔6〕 Wensheng Wang, *White Lotus Rebels and South China Pirates: Crisis and Reform in the Qing Empire*, Harvard University Press, 2014, p. 9.

守但更持续稳定的社会政治秩序轨道上来。

虽然"激变良民"条例依旧收入嘉庆和光绪两朝《大清会典事例》中作为处理罢考事件的依据，但面对如此的社会背景，加之嘉庆帝与其父相比不事张扬的性格，使得嘉庆朝在对待士子罢考案件时"软"处理，既不违反其祖、父之制，又给生员群体以"活"路，甚至允许涉案生员捐免其罪，体现了嘉庆帝希望同士绅阶层紧密合作的姿态。

因此，嘉庆四年（1799年），在朝廷刚诛除和珅，围剿白莲教，力图赢得士绅合作的背景下，嘉庆帝对于这一年江苏苏州府吴县因对生员吴三新"凌辱斯文"而引发的罢考案件处理相当宽松，将吴三新、马照、袁仁虎、王元辰等25位生员功名开复，赏还衣顶，而对引发这件罢考案的吴县知县甄辅廷朱批道："江苏文风最盛，士习安分，朕所深知，尔听一面之词，办成大案，甄辅廷着革职交费莼秉公质讯。"[1]嘉庆帝对酿成百人以上规模罢考案的士子不仅不予严厉处罚，更将矛头指向酿成"士变"的地方官，自己亦违心说出江苏地方"士习安分"之语，与其父乾隆帝的强硬做法形同天壤，而为了迎合士绅的主动让步，亦从批语中可见一斑。

如将顺治朝的福建福州府案与乾隆朝的陕西扶风县案和嘉庆朝的江苏苏州府吴县案列表作一对比（表10-2），朝廷的这种转变体现得更加明显，尤其是在起因、背景、领导群体、参与群体都十分相似的情况下，三个案件判决结果却大相径庭。

表10-2　清朝对于士子罢考案件惩处的转变

时间	顺治十八年	乾隆十八年	嘉庆四年
地点	福建福州府	陕西扶风县	江苏苏州府吴县
直接起因	生员邓撰欠举人陈邦殿银不能按期归还引发"未革先杖"，导致罢考	生员屈耀和屈谦益因交县内钱缺1500文，导致遭殴打，知县支持皂隶	生员吴三新因拖欠钱粮未还，遭知县甄辅廷"未革杖责"，引发罢考
领导主体	生员18人	生员19人、文童3人	生员21人
参与主体	福州府十学百余人	整场文童百人以上	紫阳书院士子百人以上

---

〔1〕　同治朝《苏州府志》卷149，杂记六，江苏古籍出版社1991年版，第777页。

续表

时间	顺治十八年	乾隆十八年	嘉庆四年
后续行为	无	无	有
判决	生员为首者杖四十，为从者杖三十	以"光棍例"，为首斩立决，为从绞监候	为从者不予处罚，为首者恢复功名，继续本场科试。二人象征性"发配"扬州、邳州4个月

资料来源于（清）缪荃孙辑：《艺风堂杂钞》卷二"陈怡山福州学变记"，中华书局2010年版，第60—63页；故宫博物院编：《史料旬刊》第26册，故宫博物院1935年版，第925—927页；同治《苏州府志》第4册，卷149，杂记6，江苏古籍出版社1991年版，第776—778页

在嘉庆帝对士子罢考案件软化处理后，地方上行下效，官员意图息事宁人的倾向越来越明显，当地方士子声言罢考时，地方州县官即先行让步，以图平息士怨，这也成为清后期处理此类案件的范式。如道光朝任正宁县知县的封景岷，对于罢考案件的处理即"事多方化导，众情帖然，去任时士民为之乞留"，[1]不仅软化处理了罢考事件，还在地方留下了好的官声。

更典型的案件发生在光绪十三年（1887年）。浙江嘉善生员李宝善被知县庄令当街笞责后，邀集同学生员于巡抚至嘉善阅兵之时，递呈公禀。巡抚听闻生员群体有罢考意图，立刻责令嘉兴府知府妥善处理，知府领会巡抚希望平息生员群体对"凌辱斯文"的士怨，对生员可能引发的罢考回复道："考试系国家抡才大典，庄令扑责生员，是非曲直自有上宪秉公办理，想诸生中不乏明体用之人，断不出此（罢考）也。"[2]此后又贴出官方告示，给予生员群体批复：

中丞批云：查生员遇有过愆，例应由地方官会同教官在明伦堂扑责，若干犯科条例应治罪者，亦应先行详请褫革衣顶，方可加以刑讯。今该生李宝善当该县庄令喝责之时，既经告知，系属文生，该县何以不问真伪，辄在当

---

〔1〕 光绪朝《容县志》卷18《人物志·列传》，《中国方志丛书·华南地方》第196号，成文出版社1974年版，第725页。

〔2〕《生员被责续闻》，载《申报》1887年3月16日，第2版。

街擅行笞责数百？以致士心不服，激成公愤。自应彻底查究，以杜借口。[1]

相较于朝廷对生员群体罢考的处罚减轻，与士子发生矛盾的官员所受处罚却在逐渐加重。在乾隆朝之前，朝廷对于涉及罢考的地方官员通常并不给予处罚，即使在个别案例中官员受到处罚，也是因为没有及时平息和压制地方士子罢考事件。但是进入嘉庆朝后，《大清会典》中明确指出将"董率无方"的地方官依据案情轻重分别治罪，如在嘉庆七年（1802 年）刚任金乡县知县的汪廷楷正好遇上士子罢考大案，因为不能安抚士子，被处以流放伊犁之刑，后戍满回乡，终生不再启用。

至光绪朝，《大清会典事例》中明确提到对于"凌辱斯文"的地方官的惩处，朝廷立场由责士到责官的转变十分明显。据载：

（咸丰四年议准）州县官贪婪苛虐，平日漫无抚恤，或于民事审办不公，或凌辱斯文，生童身受其害，以致激变裕民，致罢市罢考纠殴官者，革职提问，司道府州知而不行揭报者，亦革职。若已揭报，而督抚不行题参，降五级调用，司道府州免议。不知情者，仍照失察属员贪劣例议处。[2]

由上可见，清代处理因"凌辱斯文"引发士子罢考事件的严宽转变趋势，和由责士到责官的转变。在一定程度上，这种转变给本已持有特权的生员群体增添了保护伞，使得罢考案件屡出。正是在这种背景下，清代后期历任知县的方大湜在其著作《平平言》中坦言，不仅"勿凌辱秀才"，而且连同其家人也要给予优待。其言：

粗暴之吏，往往以凌辱秀才为能事，殊可不必。余中丞治谱曰："诸生即有一二不肖，须为众人惜体面，切不可窘辱太过，波及父兄妻子。此不惟全斯文之体面，收一时之人心，亦可观我辈心术"……州县亦须委曲，凡事从宽。诸生之父，非大教不可加刑，亦培植斯文之一事，此长者之言也。[3]

清代前后期，虽然朝廷对于"凌辱斯文"导致的罢考案件经历处罚上的

---

〔1〕《生员被责续闻》，载《申报》1887 年 3 月 16 日，第 2 版。
〔2〕《清会典事例》卷 96，中华书局 1991 年版，第 242 页。
〔3〕 官箴书集成编纂委员会编：《官箴书集成》第七册，黄山书社 1997 年版，第 635 页。

转变，但生员群体因此而发动的罢考事件持续发生，干犯严厉的刑罚。究其缘由，在生员群体的特权保障、群体认同和地方官员心态三重因素下，生员在集体抗议问题上往往形成共鸣，他们甚至有时将罢考作为要挟地方长官的手段，以逼迫他们让步。特别是发生"凌辱斯文"之事时，生员群体往往竞相奔走，约定闹署，在科场上发动罢考，甚至要挟、殴打地方官以逼迫他们就范，找回"生员的脸面"，保护群体利益，维护"斯文"。

不仅在国人眼中，即使身处清朝的传教士也给出了同样的论述。晚清美国传教士明恩溥即言，一旦州县官侵犯了生员的权利，无疑引火烧身，"全体秀才们将像一群黄蜂一样挺身而出，对这种侮辱表示不满和抗议"。[1]

四、东南士人群体对"凌辱斯文"引发罢考事件的态度转变

在所收集的史料中，笔者发现 19 世纪东南士人对于生员群体因"凌辱斯文"所发动的罢考事件留下诸多记载，并给予支持与同情。反观 18 世纪，却不见士人为此留下笔墨，这一现象本身体现了 18 世纪、19 世纪朝廷立场的转变，以及相应地方士人的立场在朝廷语境主导下随之发生的改变。

发生在顺治十八年（1661 年）福州府的罢考事件，在经历整个 18 世纪的空白期后，直到 19 世纪，才在闽人陈怡山《海滨外史》"福州学变记"章节中留下文字记录。该文记载了生员群体因"凌辱斯文"发动罢考后，对总督李率泰责打生员的处置表达了愤怒又无可奈何的态度——"掩泣吞声，垂泣而不敢言"，[2]而在其笔下却不仅表达了对罢考的支持，也以"天象"和涉事的"反面官员"一个个离奇死亡，表达自己的态度与立场。当生员邓撰自杀于学政衙门前，生员陈元铉、郑有祚、陈作霖三人被逮捕监押后，陈怡山笔下"天象"大变，"顷刻，烈风烈雷，大雨如注，盖天昏地黑"。[3]

在总督李率泰执意责打生员四十大板，甚至有将生员责打致死之意后，在陈怡山笔下却显示被责打的生员"陈章并十一人，或年七十，或八十，皆强壮不衰"，[4]而状告邓撰的陈忠陞"逾时即死"，盐运使王志佐"去位即死"，官官相护的于际清、祁彦、宋祖法、瞿廷谐"亦相继而死"，而最为冷

---

〔1〕 ［美］明恩溥著，午晴、唐军译：《中国乡村生活》，时事出版社 1998 年版，第 117 页。

〔2〕 （清）缪荃孙辑：《艺风堂杂钞》卷二，中华书局 2010 年版，第 63 页。

〔3〕 （清）缪荃孙辑：《艺风堂杂钞》卷二，中华书局 2010 年版，第 61 页。

〔4〕 （清）缪荃孙辑：《艺风堂杂钞》卷二，中华书局 2010 年版，第 63 页。

酷无情的总督李率泰 "则胃肠寸溃,流出月余,欲死不能",布政使翟凤翥同样患痨病,"艰于饮食,求死不得",[1] 当这些人都死在闽地时,其载 "人人称快"。[2]

这些天象和官员患病死于闽地的表述,完全体现了作者对于罢考事件的同情。但究其史实,总督李率泰并未因此事身体有所异样,在《清史列传》和地方志中均记载自顺治十八年(1661 年)至康熙六年(1667 年)间,李率泰多次击退台湾府郑氏对于地方的袭扰,并收复厦门、金门,受到朝廷的嘉奖。[3] 身为布政使的翟凤翥更是 "死而复生",活到康熙七年(1668 年),[4] 而学政宋祖法直到康熙十七年(1678 年)才去世。[5] 陈怡山对 "死亡" 结果的刻意编造,更体现了作为文人对于士子罢考的认同心理和对官僚扑责生员的憎恨。

福建侯官人郭柏苍在《竹间十日话》中记载了监察御史范平为生员请命入京,"盐运司王志佐,本为醝司,刑辱斯文,致士自刎,谨据实纠参",[6] 同样强调了王志佐和地方官员对生员群体 "斯文" 的践踏。待案件平反后,文人黄祇永为御史范平题写楹帖 "一疏力扶芹泮士,千秋同绹柏台恩"[7] 以示感谢。郭柏苍更以明朝巴县知县赵可怀挞辱诸生,被万历提学副使邹迪光解职,士子为其建风节亭为比较,表达了对时任学政的不满,其言 "李率泰擅杀诸生,宋祖法以崇祯甲戌进士,国朝为提学道,殆未闻邹迪光之风节"。[8]

作为江苏江阴县文人的缪荃孙,及福建本地士人郭柏苍、黄祇永和陈怡山,出于对士群体特权遭到不公对待的感同身受,及对于本土本邑士子事件的关注,记载或收录这起生员罢考事件本身已经说明了他们对生员群体的支持立场,而这些著作均出现在 19 世纪。

〔1〕 (清)缪荃孙辑:《艺风堂杂钞》卷二,中华书局 2010 年版,第 63 页。

〔2〕 (清)缪荃孙辑:《艺风堂杂钞》卷二,中华书局 2010 年版,第 63 页。

〔3〕 乾隆朝《福州府志》卷 46《名宦一》,《中国方志丛书·华南地方》第 72 号,成文出版社 1967 年版,第 932 页。

〔4〕 负创生主编:《运城人物·古代部分》,香港天马图书有限公司 2002 年版,第 454 页。

〔5〕 河南省新蔡县史志办公室编:《新蔡县志》,中州古籍出版社 1994 年版,第 55 页。

〔6〕 (清)林枫著,(清)郭柏苍辑,郭白阳撰:《榕城考古略 竹间十日话 竹间续话》卷四,海风出版社 2001 年版。

〔7〕 (清)林枫著,(清)郭柏苍辑,郭白阳撰:《榕城考古略 竹间十日话 竹间续话》卷四,海风出版社 2001 年版。

〔8〕 (清)林枫著,(清)郭柏苍辑,郭白阳撰:《榕城考古略 竹间十日话 竹间续话》卷四,海风出版社 2001 年版。

这种士人对"凌辱斯文"而引发罢考的认同态度在江南文人群体中表现得更为强烈。嘉庆四年（1799年）四月十七日，生员吴三新以负杨敦厚钱被知县甄辅廷"未革杖责"，结果引发士子群体的极大愤慨，最终酿成罢考事件。四月二十七日，吴三新遍告同学遭遇，生员李福等二三十人向知府告状；五月十一日，学政平恕回苏，诸生例于码头迎送，遂各具手版往谒，不予理会。生员群体18人或给吴三新写诉状，或借给他盘缠，或给他提供仆役，让吴三新赴省城"省控"。

五月十二日，学政至观风书院，诸生以三新"未革先杖"不愿应考，致使到者寥寥，无法开考。酿成罢考事件后，时任侍郎的浙西张焘修书一封给当时的江苏学政平恕，以切责此事，[1]而更为核心的人物是前任刑部侍郎、松江府王昶。他当即也修书一封给处理此事的江苏学政平恕，并以前任侍郎、斯文领袖的口吻替生员群体求情。

嘉庆帝结合当时朝廷内外背景，直接干涉此案件，不仅朱批切责地方官办事不力，与乾隆帝做法迥然不同，甚至当李焜被弹劾解职的时候，竟朱批写道"天网恢恢，疏而不漏"，[2]表达了对生员群体的理解，及对地方官"凌辱斯文"酿成士变的反感。

除官绅推动外，当地的文士同样给予生员罢考案件以支持。在陆文所著《己未诸生案始末》中，即对"未革先杖"这一"凌辱斯文"的事件持"士可杀不可辱"的态度，[3]对生员的"友人"和地方官员"敌人"形象作严格区分，[4]以表达对生员罢考的支持。

这件生员群体罢考事件被收录在多人笔记当中，包括时为礼亲王的昭梿撰写的《啸亭杂录》，作为王昶弟子的江藩所著《国朝汉学师承记》，郭则沄所著《十朝诗乘》，徐珂所编撰的《清稗类钞》，吴县本地文人叶廷琯的《鸥陂渔话》，钱思元所著《吴门补乘》，以及王昶女婿严荣所编纂的《清王述庵先生昶年谱》等。这些文人的共同记忆可以视为士人文化圈对于这种罢考行

---

〔1〕 同治朝《苏州府志》卷149，杂记六，江苏古籍出版社1991年版，第778页。

〔2〕 同治朝《苏州府志》卷149，杂记六，江苏古籍出版社1991年版，第778页。

〔3〕 民国《吴县志》卷66下《列传四》，《中国地方志集成·江苏府县志辑》第12册，江苏古籍出版社1991年版，第114页。

〔4〕 ［韩］韩成贤：《文治下的抗议：嘉庆四年苏州士人的集体抗议与皇帝的反应》，载《近代史研究所集刊》2012年第75期。

为的认同,也可看到此事影响范围之广。

在 19 世纪,以官绅和士子群体为代表的地方势力对生员群体罢考事件的态度,从 18 世纪的噤若寒蝉,转变为 19 世纪的勇于发声。这一现象是随着朝廷对于生员群体罢考态度的软化而发生的,与朝廷因时代背景对地方事务管控的弱化,即政府的触手开始回缩息息相关,在一定程度上折射出朝廷对于地方士人群体在 18 世纪、19 世纪控制的有效性。

五、结语

清代因"凌辱斯文"而引发的生员群体罢考事件,常缘于地方州县官侵夺生员"特权"——"未革先杖"。生员在面对这种不公对待时,往往选择群体性的共同进退,以罢考作为手段对抗州县官,挽回"斯文"。因此,为了避免与士的冲突,地方官员往往对生员敬而远之。

朝廷对生员群体因"凌辱斯文"而发动的罢考事件,经历了"严—宽"的态度转变。尤应引发我们关注与思考的就是在 19 世纪以嘉庆帝为代表,对生员因"凌辱斯文"罢考案件的处理"软化"背后,是社会动荡的时代背景和国家在地方管理上的日益衰弱与困乏。这一状况直接体现在朝廷对诸多生员罢考案件的量刑上,而随着官方话语的转变,诸多文人于此时期对生员罢考案件予以集体回应与发声,表达了他们对生员群体的支持,凸显了地方士人在 19 世纪依旧受到朝廷态度左右的现实。因此,在朝廷的主导下,19 世纪朝廷与官僚群体完成了对生员群体的主动"让步"。

第十一章

清前期基层管控视域下的
科场罢考案与律法适用

    科场罢考是清代特有的一种士子群体抗议方式，指本应参加科考的士子为表达诉求与谋取利益，群体性地拒绝考试并时常伴有后续行为的群体性事件。[1]因为科场罢考多发于童生试和岁、科两试阶段，所以清廷对于科场罢考问题的应对与处置可以视为观察其基层管控是否有效的一个窗口。在顺治和康熙两朝，清政府对科场罢考的认知存在不足，并没有颁布明确的律令予以规范与管控。直到雍正年间，朝廷才真正重视这种特殊的群体抗议方式，将其直接纳入政府的管控之下。

一、清前期科场罢考问题与官方应对上的"宽严之变"

    顺治、康熙年间，由于清政府急于稳定政权，赢得地方精英的支持与合作，对士子采取相对优容的态度。虽然早在顺治九年（1652年）朝廷就颁布了规范生员群体的谕令并刻成卧碑以示警戒，而且在康熙年间不断有约束士子行为的律令出台，但就总体态势而言，这一时期清政府对于科场罢考的领导者与参与者处罚相对较轻，也没有针对科场罢考制定出专门的律令予以规范和惩治。[2]

    正是在朝廷管制相对宽松且没有正视科场罢考问题的背景下，康熙朝晚

---

    [1] 如果将罢考视为一个动作节点，那么在这个节点之后所发生的行为均可视为罢考的后续行为。士子群体在发动罢考之后，并不是结束了所有抗议行为，还时常伴有暴力型和非暴力型两种后续行为。暴力型如打官、闹署，非暴力型如省控、京控等。

    [2] 王学深：《"凌辱斯文"与清代生员群体的反抗——以罢考为中心》，载《清史研究》2016年第1期。

期，士子罢考进入一个高发时段，而保官和留官罢考成为这一时期的新特点。士子群体希望以罢考的方式保护或挽留地方官，让他们继续留任，造福乡梓，这种诉求清晰地展现出清代地方官员与精英群体的互动。

然而步入雍正朝后，朝廷开始正视科场罢考问题，采用了一套猛烈的"组合拳"予以快速而有效地管控。以河南封丘罢考案为开端，"光棍例"成为严厉处罚罢考士子的律令依据。以雍正十二年（1734年）颁布的《禁止生童罢考上谕》作为分水岭，康熙末年和雍正前期科场罢考多发的态势得以有效控制。雍正朝的规定被乾隆帝一以贯之，进一步将科场罢考等同于叛乱行为，将其视为威胁清朝统治的基层群体事件。至乾隆五十三年（1788年），朝廷以合并三例后的"激变良民"律更为严苛地惩治科场罢考者，完成了清前期对罢考管控上的"宽严之变"和律法的适用升级。

据笔者统计，发生于1696—1745年间的罢考事件共24件，绝大多数发生于康熙朝晚期与雍正朝前期，这与乾隆朝1746—1795年间仅发生科场罢考事件3件形成鲜明对比，凸显了在18世纪国家能动性高效时期，朝廷意志的贯彻力度、律法运行的威慑力与对基层有效管控的事实。

二、康熙朝晚期的科场罢考事件——以保官与留官罢考为例

康熙帝以"为政从宽"为执政风格，曾有谕旨曰："治天下之道，以宽为本。若吹毛求疵，天下人安得全无过失？"[1]正是在这一背景下，朝廷不仅对地方有瑕疵的官员网开一面，而且也以较为宽松的态度对待基层社会中的士子群体。这直接导致了康熙朝晚期罢考事件的多发态势，而保官和留官罢考正是此中的代表。

保官罢考是指当地方清正廉洁的官员受到不公正对待时，士子群体以科场罢考的方式表达抗议，保护受冤屈的官员，进而让朝廷听到士子的心声。在康熙年间最典型的保官罢考案例是陈鹏年因被两江总督阿山攻讦而去职下狱，以致引发士子不满，发动罢考。

陈鹏年，字北溟，又字沧州，康熙三十年（1691年）中二甲第十三名进士，授为浙江西安县知县，后因河道总督张鹏翮举荐转任山阳县知县，"皆廉

---

〔1〕　（清）赵慎畛撰：《榆巢杂识》，中华书局2001年版，第11页。

明著声",〔1〕又因政绩斐然被擢升为江宁府知府。康熙四十二年（1703 年），康熙帝准备第四次南巡，两江总督阿山借此机会希望增加地方耗羡银两以供康熙帝南巡花销，但是陈鹏年坚决反对，声言"官可罢，赋不可增"。〔2〕遭到反对的阿山心中衔恨，伺机报复。康熙四十四年（1705 年），阿山借机参劾陈鹏年"受盐、典各商年规，侵蚀龙江关税银，又无故枷责关役"。〔3〕朝廷听信阿山奏报，将陈鹏年罢职并羁押入狱，甚至要以"大不敬"论罪处以极刑。

两江总督阿山还命令属下不给狱中的陈鹏年送食物，以致陈鹏年自以为不可免。正是在这种背景下，听闻朝廷要严厉处罚陈鹏年的士子们极为愤慨，决定发动罢考以作声援，并希望用这种方式证明陈鹏年为官清正，一方面表达官方对陈鹏年的判罚不公，另一方面形成对他的保护，史载一时"生童罢考，四民奔诉"，〔4〕也有市民"呼号罢市"者。〔5〕甚至在科场罢考发生后，上千生员还要进一步发动京控诉说冤情，以致"诸生千余建幡将叩阍"。〔6〕生员们希望通过用"直达天听"的呈控方式表明立场，而这在一定程度上改变了朝廷的态度。此时，恰逢康熙帝南巡驻跸江宁织造府衙，曹寅借机奏报地方情形，将士子罢考和态度向康熙帝作了汇报，并力证陈鹏年之冤，以致"免冠叩头，为鹏年请，至血被面"。〔7〕大学士张英也利用觐见之机对陈鹏年施以援手，史载"及公见上，盛称鹏年，总督意沮，陈公得免罪，反以是见知，竟为名臣"。〔8〕

在康熙帝向李光地打听两江总督阿山的官声时，李光地回答称"阿山任事廉干，独劾陈鹏年犯清议"。〔9〕最终，康熙帝决定宽免陈鹏年死罪，让他入武英殿修书。康熙四十七年（1708 年），陈鹏年起复苏州府知府。在这次为保护陈鹏年而发动的科场罢考事件中，士子群体利用罢考表达心声，使得

---

〔1〕（清）萧奭撰：《永宪录》，中华书局 1959 年版，第 76 页。

〔2〕（清）钱泳撰：《履园丛话》，中华书局 1979 年版，第 22 页。

〔3〕（清）赵尔巽等撰：《清史稿》卷 277，中华书局 1977 年版，第 10093 页。

〔4〕（清）萧奭撰：《永宪录》，中华书局 1959 年版，第 76 页。

〔5〕（清）赵尔巽等撰：《清史稿》卷 277，中华书局 1977 年版，第 10093 页。

〔6〕（清）赵尔巽等撰：《清史稿》卷 277，中华书局 1977 年版，第 10093 页。

〔7〕王利器：《李士桢李煦父子年谱——〈红楼梦〉与清初史料钩玄》，北京出版社 1983 年版，第 303 页。

〔8〕（清）马其昶撰：《桐城耆旧传》，黄山书社 2013 年版，第 226 页。

〔9〕（清）赵尔巽等撰：《清史稿》卷 277，中华书局 1977 年版，第 10094 页。

官员如曹寅、张英等看到地方态度后向康熙帝进言，形成地方与朝廷的互动。

除保官罢考外，这一时期留官罢考也时常见于士人的著述中。留官罢考是指在官员任满需要离开现任地方时，士子群体为了挽留惠政于地方的官员，通过科场罢考表达挽留的心声。在康熙末年官至大学士的白潢就曾亲身经历过一次留官罢考事件。

白潢在贵州按察使任上被康熙帝称赞"居官甚好，操守亦好"，[1]后在江西巡抚任上也颇有政声。他不仅为百姓减少漕规和耗羡负担，而且为士子力求增加乡试中额，从 75 名增加至 99 名，与浙江、湖广名额相同，被认为起到了振兴江西文风的作用，史载"今文风日上，实公振兴之力也"。[2]正因如此，白潢受到士子爱戴。然而，康熙五十八年（1719 年），白潢却突然以年老力衰不足以担任封疆重任为由，上疏康熙帝，奏请辞去巡抚职任，希望以闲散京官养老京师。不久，吏部秉持康熙帝旨意，议覆以户部右侍郎征用。然而此时，恰逢江西乡试，十三郡士子一同应试，一万两千余名士子等待三场之闱，云集省城。考试之前，尚未离任的白潢按惯例端坐于龙门外，监督士子点名入场等考务事宜。正在此时，吏部调令至，一时诸生哗然，共同表示"公不可失也，咸罢考不肯入场"。[3]

为了挽留白潢，士子们在罢考后纷纷"蜂拥督学衙门，呈请代疏题留"，[4]希望康熙帝和吏部能够倾听地方士子的心声，将白潢留任。即使在白潢耐心劝导下，一万两千余名士子依然无一人应试，史载"公分遣僚属号召亲加劝谕，而万二千人无一人应名入场者，必俟学使拜疏，然后应试，遂误定期"。[5]士子们因为感念白潢政绩以罢考留官，为我们再次生动地展现出地方官民互动的场景。事后经白潢反复劝解，加之吏部调令已至，士子们才在原计划一周后，于十五日入场应试，而白潢也承诺等到乡试发榜后再入京就职。士子们出于至诚，朝廷并未追究他们的罢考行为。白潢入京觐见时，见"圣祖天颜和悦"，康熙帝对白潢说："尔在江西声名甚好，所开武曲港一

〔1〕（清）李绂撰：《穆堂别稿》卷 28《大学士白公家传》，乾隆十二年（1747 年）刻本，第 3 页。
〔2〕（清）李绂撰：《穆堂别稿》卷 28《大学士白公家传》，乾隆十二年（1747 年）刻本，第 15 页。
〔3〕（清）李绂撰：《穆堂别稿》卷 28《大学士白公家传》，乾隆十二年（1747 年）刻本，第 16 页。
〔4〕（清）李绂撰：《穆堂别稿》卷 28《大学士白公家传》，乾隆十二年（1747 年）刻本，第 16 页。
〔5〕（清）李绂撰：《穆堂别稿》卷 28《大学士白公家传》，乾隆十二年（1747 年）刻本，第 16 页。

年免死数百人，尔身尚健，何为辞巡抚之任？"〔1〕康熙帝略带疑问的话语实际上肯定了白潢在江西巡抚任上的政绩，旋即将他升任为兵部尚书。

同白潢事件类似，康熙末年江苏泰州士民也曾有过一次挽留知州武柱国的留官行动。武柱国在康熙四十六年（1707年）和康熙五十二年（1713年）先后两任泰州知州。他在知州任上为地方做了许多好事，被士民感戴。至康熙五十二年（1713年）十一月初九日，武柱国接到朝廷调令，准备动身离职。听闻此事的百姓"相率塞城门留公，并塞公宅门"。〔2〕当时正逢州试日期，忙于考试事务的武柱国一面抚慰士子，另一面劝导百姓，史载"父老愚肯，导谕累日，权罢考事。越日宅门始开，又一日城门始开"。〔3〕在这次地方士民的留官事件中，虽然士子和百姓听从武柱国的安抚，并没有执意以罢考作为挽留的手段，但士民堵塞城门、宅门以挽留武柱国的行为还是可以看作类似陈鹏年、白潢案例中官民间的互动场景。

就目前所收集的史料而言，康熙朝保官与留官罢考事例中的官员们尚属造福一方的好官，所以士子以科场罢考的形式保护与挽留，希望朝廷能够听到他们的诉求，而涉事官员和罢考士子双方均未受到惩处。不过，我们也不应忽视这种罢考行为可能潜藏的另一面，即罢考保官或留官行为可能是精英阶层迎合地方官的因应行动。巫仁恕在研究明清士子抗议与陈情活动时就提醒，保官行为有可能是"绅士迎合地方官员的举动"，甚至已经成为一种"保留常套"。〔4〕

本章因篇幅所限并不对保官、留官罢考的背后原因作深入探寻，而是强调康熙朝晚期科场罢考的多发态势和朝廷在应对罢考问题上的宽松状态。这一时期朝廷对于罢考士子没有给予严厉的责罚，在律令方面也呈空白状态，仅将其视为偶发事件，更谈不上采取强硬措施予以应对，甚至康熙帝对于地方官员的这种"好名声"也十分在意。笔者认为，这可能缘于朝廷的统治策略，即尽量对士子群体和地方官平衡驾驭。然而，康熙朝这种力图维护地方稳定的宽松状态在步入雍正朝以后被打破了。

---

〔1〕 （清）李绂撰：《穆堂别稿》卷28《大学士白公家传》，乾隆十二年（1747年）刻本，第16页。

〔2〕 俞扬辑注：《泰州旧事摭拾》卷9，江苏古籍出版社1999年版，第246页。

〔3〕 俞扬辑注：《泰州旧事摭拾》卷9，江苏古籍出版社1999年版，第246页。

〔4〕 巫仁恕："从抗议到陈情：新型群众集体行动的兴起与清朝官府的对应"，载邹振环、黄敬斌执行主编：《明清以来江南城市发展与文化交流》，复旦大学出版社2011年版，第259—263页。

三、雍正朝对科场罢考态度的趋严转向

康熙朝晚期对士子群体控制相对宽松的情况和对科场罢考行为的模糊处理到了雍正朝为之一变。雍正帝一改其父的宽松作风，着意控制士习、士风，意图重塑地方在朝廷主导下可控的秩序。所以，雍正帝继位之初就多次下达诏谕，给士子群体发出了明确的信号，其中雍正四年（1726 年）朝廷戒饬士子的上谕可以视为典型代表。雍正帝认为士为四民之首，不仅是地方社会中的"一方之望"，而且是百姓的表率。作为饱读圣贤书之人，士子的言行是地方百姓模仿、学习的榜样。因此，士子更应该"敦品励学，谨言慎行，不愧端人正士"。[1]但是在随后的言语中，雍正帝话锋一转，认为当时的士子虽然有一些还在闭门勤学，读书立品，但也有不少游荡乡间，不顾名节，包揽词讼，欺压百姓，做出种种违碍地方，甚至蔑视国法之事，并提出"士习不端，民风何由而正？其间关系极为重大"[2]的观点。显然，这一谕旨集中体现了雍正帝意图转变地方涣散的状况，强调政府对于士子的约束与管控。

在这种转变的背景下，雍正帝特别强调禁止地方士子和官府交结，以防范士绅阶层和官府联合操控地方的情况发生。康熙朝晚期的士子保官和留官罢考及市民罢市行为成为雍正帝的重点整饬对象。雍正帝认为不仅应该对士子群体采取强硬立场，就是对跟从士子保官的普通百姓也不可放任不管。雍正三年（1725 年），朝廷就明发上谕禁止士民的保官行为，谕旨开篇就提到"凡官员离任，每有地方士民保留"[3]的情状。雍正帝认为地方官员如果真的任内对地方有政绩，惠泽百姓，出于至诚之心，士民应该赴上司衙门呈请。如果是清正廉洁的官员受冤被弹劾，士民为其打抱不平，也应该到相关的衙门申诉办理。而当时的状况却是，"无论官员贤否，概借保留为名，竟不呈明上司，辄鸣锣聚众，擅行罢市"，[4]这种行为在雍正帝看来显然具有挟制官长的嫌疑。所以，雍正帝在谕旨中强调此类"刁风恶习，断不可长"，[5]并且要求以后士民有罢考、罢市的行为，分别首从治罪。从诏谕中，我们可以看

---

〔1〕《清世宗实录》卷 48，雍正四年（1726 年）九月丁巳。
〔2〕《清世宗实录》卷 48，雍正四年（1726 年）九月丁巳。
〔3〕《清世宗实录》卷 34，雍正三年（1725 年）七月庚戌。
〔4〕《清世宗实录》卷 34，雍正三年（1725 年）七月庚戌。
〔5〕《清世宗实录》卷 34，雍正三年（1725 年）七月庚戌。

出雍正帝既了解地方确有类似康熙朝陈鹏年受冤被劾，或白潢惠政地方以致保官、留官的事例，却又明显表达了对此种行为的不认同。最后雍正帝提出"被保之员亦严加究治，以儆刁风"。[1]

上文所述的泰州士民挽留知州武柱国的事件，在雍正朝所修纂的《泰州志·武柱国传》中并没有记载，由此可见雍正帝对于士民的态度已经影响了当时纂修方志的地方士人。夏荃感叹道："褚志名官为公立传，而不及此事"。[2]笔者认为当时士人不记载并非遗忘，而是不能或不愿记载，这也反映出在雍正帝对保官、留官等事件的态度转变后，士人对于记录类似事件愈加谨慎。

可以说，康熙朝晚期多发的士子保官和留官罢考事件，随着雍正帝对其态度的转变和采取的相应措施而得到有效抑制。盖博坚（R. Kent Guy）就认为"康熙末年至雍正初年标志着统治方式的一次重要转折……在雍正治下，士子既被国家支持，同时也受到了前所未有的管控与谴责"。[3]雍正帝对罢考的态度趋严后，又施行了相应的律例以处罚科场罢考者。

雍乾时期朝廷对科场罢考问题的管控可分为三个阶段：首先，雍正二年（1724年）官方对封丘罢考案的严厉处罚成为雍乾两朝处理罢考案的准绳。其次，以雍正十二年（1734年）朝廷颁布《禁止生童罢考上谕》为分水岭，罢考问题在雍乾时期被正式纳入官方管控范畴并得到有效控制。最后，乾隆朝对科场罢考的管控与雍正朝一以贯之，并在乾隆五十三年（1788年）以修订后的"激变良民"律对罢考士子进行处罚，完成了官方对科场罢考的律令适用与升级。

四、雍正朝严厉管控科场罢考的标志——封丘罢考案

雍正帝继位伊始就转变了对士子的优容态度，开始整顿康熙朝晚期的种种弊端。他认为生监享有的免役和赋税特权对于普通百姓极为不公，所以决议取消士子免粮、免役政策，整顿社会风气，故而发布上谕言及：

---

〔1〕《清世宗实录》卷34，雍正三年（1725年）七月庚戌。

〔2〕（清）夏荃：《退庵笔记》卷6《武柱国》，道光十九年（1839年）抄本。

〔3〕 R. Kent Guy, *The Emperor's Four Treasuries: Scholars and the State in the Late Ch'ien-Lung Era*, Harvard University Press, 1987, pp. 23–24.

不肖生员、监生，本身田产无多，辄恃一衿，包揽同姓钱粮，自称儒户、宦户。每当地丁漕米征收之时，迟延拖欠，有误国课。通都大邑固多，而山僻小县尤甚。该督抚着即严查晓谕，革除儒户、宦户名目。如再有抗顽生监，即行重处，毋得姑贷。倘有瞻顾不即革除此弊者，或科道参劾，或被旁人告发，治以重罪。[1]

此诏谕剥夺了地方士子凭借功名的免役特权，而发生在雍正二年（1724年）的河南封丘罢考案就是以生员王逊为首的士子群体对雍正帝"士绅一体当差"政策的直接对抗，也是田文镜奏折中所言豫省"绅衿贡监往往遇事生风，一人为首，众皆附和"[2]的直接体现。

雍正二年（1724年）五月，因正属伏汛季节，加固堤坝任务紧迫，故封丘知县唐绥祖立即"按照地亩饬令各社添催人夫"。[3]结果此令一下，各地纷纷征派男丁修河，有功名的士子也在征调范围之内。这一征调令引发了士子阶层的不满，他们认为自己"齿于衣冠"，不应承担劳役。生员王逊迅速召集温濬、方元龙、方元璐等百余士子共赴巡抚衙门呈控，又阻挠知县唐绥祖入城，并声言征收钱粮"应分别儒户、宦户，如何将我等与民一例完粮，一例当差?"[4]跟随王逊的百余人中，绝大多数为具有功名的生员和监生，甚至还有举人和进士参与其中。王逊以威胁口吻提出："若要我等赴考，必须免了我们按地出夫，参了唐知县。若是不免夫、不参官，生员们断断不考!"[5]王逊等人并未得偿所愿，故于岁考之际发动罢考，全县仅有生员23名应试，而罢考者达到130人以上。[6]

田文镜认为王逊等人不仅酿成罢考大案，还以此要挟官长，故向雍正帝

〔1〕《清世宗实录》卷16，雍正二年（1724年）二月戊午。

〔2〕中国第一历史档案馆编：《雍正朝汉文朱批奏折汇编》第3册，江苏古籍出版社1989年版，第196页。

〔3〕中国第一历史档案馆编：《雍正朝汉文朱批奏折汇编》第3册，江苏古籍出版社1989年版，第196页。

〔4〕中国第一历史档案馆编：《雍正朝汉文朱批奏折汇编》第3册，江苏古籍出版社1989年版，第196页。

〔5〕中国第一历史档案馆编：《雍正朝汉文朱批奏折汇编》第3册，江苏古籍出版社1989年版，第208页。

〔6〕中国第一历史档案馆编：《雍正朝汉文朱批奏折汇编》第3册，江苏古籍出版社1989年版，第301页。

上报罢考案情时认为以王逊为首的士子群体谋求"免夫役并儒户、宦户，不遂其意即纠众罢考，可谓全无国法矣!"[1]巡抚石文焯、学政张廷璐也分别汇报案情。石文焯以"似此率众罢考，挟制官长，不法已极"[2]表达自己的立场，他甚至向雍正帝请罪称"臣自愧庸拙，抚豫一载不能移风易俗，咎复何辞!"[3]雍正帝在给巡抚石文焯回复的朱批中，明确道出自己重视此次罢考事件，但他认为"此等事与尔何干？地方上有如此一二事整理整理倒是好事!"[4]

雍正帝在给田文镜的朱批中认为应该迅速捉拿并严惩士子，言及"此事光景未必止于此，只恐生出一点事来。尔等可将为首者出其不意拿解省城，加意看守，听候遣部臣审理……此上谕秘之"。[5]田文镜力行贯彻雍正帝旨意，先后在六月二十一、二十三、二十九和七月初三日大力查拿罢考的王逊、温濬、方元龙、方元璐、杜菁莪、边长虹、边峰、范瑚、邓几芳和徐丕泰等人，并将他们先解送到省城留心看守，后又转发至祥符县羁押。在查拿这些罢考士子后，田文镜于六月二十五日、七月初一日分别为文武士子补考一科，奏报称"自拿（王逊等生员）之后，并无一人再抗，地方宁谧"。[6]

事至九月，雍正帝同大臣"商议"，均认为王逊等策划罢考者不法之极，决定将为首生员王逊斩立决，以为严惩并警示地方士子。据田文镜奏报，从京师赶来河南审理案件的官员，"人人以为（罢考）三尺不赦，罪无可逭矣"，进而"舜刑警百，立诛首恶"。[7]王逊被正法后，封丘士民也"咸云王

---

〔1〕 中国第一历史档案馆编：《雍正朝汉文朱批奏折汇编》第 3 册，江苏古籍出版社 1989 年版，第 197 页。

〔2〕 中国第一历史档案馆编：《雍正朝汉文朱批奏折汇编》第 3 册，江苏古籍出版社 1989 年版，第 208 页。

〔3〕 中国第一历史档案馆编：《雍正朝汉文朱批奏折汇编》第 3 册，江苏古籍出版社 1989 年版，第 208 页。

〔4〕 中国第一历史档案馆编：《雍正朝汉文朱批奏折汇编》第 3 册，江苏古籍出版社 1989 年版，第 208 页。

〔5〕 中国第一历史档案馆编：《雍正朝汉文朱批奏折汇编》第 3 册，江苏古籍出版社 1989 年版，第 197 页。

〔6〕 中国第一历史档案馆编：《雍正朝汉文朱批奏折汇编》第 3 册，江苏古籍出版社 1989 年版，第 287—288 页。

〔7〕 中国第一历史档案馆编：《雍正朝汉文朱批奏折汇编》第 3 册，江苏古籍出版社 1989 年版，第 682 页。

逊等罪恶滔天，死有余辜"。[1]这正是雍正帝希望看到的效果。在回复田文镜的朱批中，雍正帝认为"赏罚原系一理一点偏不得，善且不可为，而况恶乎!"[2]显然对雍正帝而言，罢考不仅已被朝廷高度重视，而且成为危害统治的负面行为。

至此，朝廷对封丘罢考案予以定性和量刑。从中央到省府，再到地方层面，无论官员还是地方士民，都认识到了罢考行为的严重后果，以及雍正帝对待罢考的强硬态度和整顿士习的决心。荒木敏一认为对封丘罢考案的处理是雍正帝对地方极严主义的体现，展现出弹压绅衿特权阶层刁风的决心。[3]李世愉也认为通过封丘罢考案，清政府总结了教训，"对以后再出现的罢考绝不姑容"。[4]实际上，此案代表了雍正帝对科场罢考严厉处罚的开端，亮明了朝廷的态度，更成为雍乾时期朝廷处理士子罢考事件的参照。

五、雍正朝防治科场罢考行为的律令与措施

在河南封丘罢考案发生后不久，雍正二年（1724 年）九月朝廷就下令以"光棍例"处理福建省类似的罢考事件，规定"福建地方如有借端聚众罢市、罢考、打官等事，均照陕西题定光棍之例分别首从治罪，其不行查拿之文武官员，照吏兵二部定例处分"。[5]科场罢考所适用的光棍例在量刑方面强调"聚众至四五十人者，地方官与同城武职，无论是非曲直，拿解审究，为首者照光棍例拟斩立决，为从拟绞监候，其逼勒同行之人，各杖一百"。[6]配合处理罢考士子的另一项措施是雍正朝禁止涉及光棍例案件的士子捐免其罪，实际上断绝了罢考士子希图侥幸，以捐免开脱的后路。

根据《皇朝文献通考》所载，清初对士子群体在司法方面有着特别照顾，"若举、监、生员、冠带人犯，非奸盗诈伪者，流徒以下并听纳赎"。[7]然

---

〔1〕　中国第一历史档案馆编：《雍正朝汉文朱批奏折汇编》第 3 册，江苏古籍出版社 1989 年版，第 682 页。

〔2〕　中国第一历史档案馆编：《雍正朝汉文朱批奏折汇编》第 3 册，江苏古籍出版社 1989 年版，第 683 页。

〔3〕　[日]荒木敏一：《雍正二年の罷考事件と田文鏡》，载《东洋史研究》1957 年第 15 卷第 4 号。

〔4〕　李世愉：《清代科举制度考辩》，沈阳出版社 2005 年版，第 45 页。

〔5〕　《新例要览》第 1 册《吏部新例·闽省罢市罢考》。

〔6〕　《清会典事例》卷 771，中华书局 1991 年版，第 475 页。

〔7〕　《皇朝文献通考》卷 209《刑考十五·赎刑》。

而，雍正三年（1725 年）停止施行捐赎条例，雍正十二年（1734 年）再次强调涉及"十恶、强盗、光棍等犯不准捐免"其罪。[1]这意味着罢考为首的士子要严格按照"光棍例"判罚，丧失了捐免的可能。至于罢考为从者，刚毅在《秋谳辑要》中列出了 28 种秋审"情实"的情况，其中就包括与罢考极为相关的"匿名揭帖"和"光棍为从"。[2]换句话说，参与动员和组织罢考，被判绞监候或斩监候的士子，在秋审中不会被宽宥，而将被按"情实""予勾"处决。这些条例不仅再次证明了朝廷对于士子罢考的强硬态度，也彻底打破了士子侥幸的心理。

雍正二年（1724 年）封丘罢考案发生后不久，同年十一月，贵州威宁总兵石礼哈奏报处理毕节科场罢考事件时，就言及在参阅邸抄后，意图以封丘罢考案为参照予以严判。[3]雍正五年（1727 年），江苏太仓州知州王溯维杖责生员，引发罢考。雍正帝接到奏折后即朱批"王溯维虽属过严，此起武童不法之极，严究明白，将数人正法方是"。[4]雍正八年（1730 年）在回复郝玉麟的朱批中，雍正帝写道："当引豫省之例，正法一二人，方望其改革弊习"。如此口吻再次印证了雍正帝对于士子罢考严厉惩治的态度。

雍正十二年（1734 年），镇江府试时有士子忤抗将军王钺，发生罢考。江苏学政俞兆晟上折后，雍正帝下发谕旨，要求严格禁止士子罢考行为，而地方官也要严格约束。谕旨言及"何地无才！嗣后有此（罢考）即停其考试，并禁生童借考生事。官吏能严束之者，遇罢考概免过"。[5]此事也成为雍正帝颁布通行全国明谕的导火索。雍正帝命礼部商定如何惩治科场罢考行为，礼部尚书吴襄得旨后拟定"生童罢考应停其考试，交督抚查究。如有司不公不法，即据实附参。如生童无故罢考，除停试外，将首倡之人究拟"。[6]结果这一意见完全没有体会圣意，雍正帝下旨驳斥道："罢考原有应得之罪，今此奏必待审讯后分别定拟，而置罢考于不问。但以停考一事，当其罢考之罪，岂

〔1〕 《皇朝文献通考》卷 209 《刑考十五·赎刑》。

〔2〕 （清）刚毅：《秋谳辑要》卷 1 《秋谳志略》，光绪十五年（1889 年）刻本，第 6a 页。

〔3〕 《宫中档雍正朝奏折》，"石礼哈奏报毕节目生童聚众辱官阻考事"，雍正二年（1724 年）十一月十六日，档案编号：402017591。

〔4〕 中国第一历史档案馆编：《雍正朝汉文朱批奏折汇编》第 9 册，江苏古籍出版社 1989 年版，第 625 页。

〔5〕 （清）萧奭撰：《永宪续录》卷 3，中华书局 1959 年版，第 200 页。

〔6〕 吴忠匡总校订：《满汉名臣传》，黑龙江人民出版社 1991 年版，第 1746 页。

整饬士风之道乎?"〔1〕故雍正帝要求另议,最终确定"罢考,照光棍例,别首从治罪",〔2〕并颁布了《禁止生童罢考上谕》。上谕不仅强调对罢考行为的严行禁止,而且明确规定,各地发生罢考事件,均按"光棍例"判决,秉承从重处理原则。从上谕和"光棍例"的口吻可以明显感受到雍正帝将罢考士子与引发社会矛盾的"光棍"画上了等号。

六、乾隆朝对科场罢考惩治态度的"一以贯之"与律令升级

乾隆帝在处理罢考事件上继承了其父果决、强硬的风格。乾隆元年(1736 年)四月初一日,福建巡抚卢焯上奏称莆田地方士子聚众闹署罢考。卢焯在奏折中向乾隆帝请示是否按"光棍例"处罚时言及,"臣看得闽省风俗强悍,生童挟制辱官,是以钦定严例,福建地方如有借事聚众罢市、罢考,均照山陕题定光棍例分别治罪,以冀稍知悛改"。〔3〕乾隆帝同意参照"光棍例"判决,而这也成为乾隆朝承接雍正帝严惩士子罢考行为的标志。

更进一步,乾隆帝将士子罢考行为与揭竿而起的反叛一样对待,视罢考为动摇社稷的忧虑所在。乾隆九年(1744 年)正月,先是闽浙总督那苏图根据兵科给事中胡定《禁止兵民结盟以杜骄悍》上奏他严查闽省的情况,又根据乾隆帝的谕旨覆奏称:

民间如联盟、械斗、谤讪、抗官、拒捕、罢考、罢市、造军火器械、揭旗聚众等事,干系甚大,密速赶办,严加惩治。其余平常小疵,仍当加以教导,如再不率,然后案治。〔4〕

对于那苏图的回奏,乾隆帝深以为是,回复"所见是矣。若能行之以实,日积月累,自可抒朕南顾之忧!"〔5〕由此可见,士子罢考在乾隆帝眼中绝非"小疵",而是与诸多威胁社稷安定的事件画上了等号。在这一背景下,乾隆帝甚至要求督抚如此处理罢考等案件:

〔1〕吴忠匡总校订:《满汉名臣传》,黑龙江人民出版社 1991 年版,第 1746 页。
〔2〕吴忠匡总校订:《满汉名臣传》,黑龙江人民出版社 1991 年版,第 1746 页。
〔3〕《内阁大库档案》,《福建巡抚卢焯奏》,乾隆元年(1736 年)四月初一日,登录号:048281。
〔4〕《清高宗实录》卷 209,乾隆九年(1744 年)正月戊申。
〔5〕《清高宗实录》卷 209,乾隆九年(1744 年)正月戊申。

该督抚先将实在情形奏闻，严饬所属，立拿正犯，速讯明确，分别究拟。如实系首恶通案渠魁，例应斩枭者，该督抚一面具题，一面将首犯于该地方即行正法。[1]

这实际上赋予了地方督抚在处理罢考案件上的先斩后奏之权。林乾在研究乾隆朝前期如何处理群体性事件时认为，乾隆十三年（1748年）是律法进一步严明的关键时间节点，"'激变良民'律由此变为'首条聚众抗官律'，惩罚的客体由官吏而变为聚众者，适用范围涵盖全国，具有普适性。"[2]

发生在乾隆二十六年（1761年）广东阳江县的案例让我们更加清晰地看到乾隆帝以高压态势管控基层罢考事件的决心。该年九月十六日，广东肇庆府知府陈凤友奏报阳江县有匿名揭帖呼吁士子罢考，以致投卷日诸童生投卷寥寥。涉案人伍少陵供词称，策划罢考缘于武进士姚见被县里锁拿，因心有不甘，又恰逢知县示期于九月初六日进行文试，故起意同武生陈焴到书馆谋写罢考揭帖，[3]而姚见确有"护兄咆哮县庭，造谋揭帖，恐吓罢考"[4]之实。两广总督苏昌和广东巡抚托恩多奏报，认为姚见等人数尚少，且姚见已经病故，"应无庸议"，对为从者作减刑处理。乾隆帝得到奏报后，认为判决"尚有姑息之处，已令军机大臣会同该部核拟速奏"。[5]

乾隆帝认为姚见发动罢考不可饶恕，且有谎报诈死嫌疑，其言："称在逃病故，而开棺验尸不过有司凭取仵作填格为据，此等狡狯匪徒诡诈百出，其中必有潜踪兔脱，买尸捏饰情事。"[6]故谕旨军机大臣和两广总督："此案何得仅以凭信验报，率而完结耶！"[7]此外，乾隆帝认为，消息一出，若真犯在

[1] 张荣铮、刘勇强、金懋初点校：《大清律例》卷十九，天津古籍出版社1993年版，第311页。
[2] 林乾：《清代乾隆时期群体性事件的法律控制及其效果考察》，载《国家行政学院学报》2018年第6期。
[3] 中国第一历史档案馆藏：《宫中档朱批奏折》，《两广总督苏昌广东巡抚托恩多奏》，乾隆二十六年（1761年）九月，档案号：04-01-38-0076-028。
[4] 《清高宗实录》卷654，乾隆二十七年（1762年）二月庚午。
[5] 中国第一历史档案馆藏：《宫中档朱批奏折》，《两广总督苏昌广东巡抚托恩多奏》，乾隆二十七年（1762年）四月初十日，档案号：04-01-01-0257-021。
[6] 中国第一历史档案馆藏：《宫中档朱批奏折》，《两广总督苏昌广东巡抚托恩多奏》，乾隆二十七年（1762年）四月初十日，档案号：04-01-01-0257-021。
[7] 中国第一历史档案馆藏：《宫中档朱批奏折》，《两广总督苏昌广东巡抚托恩多奏》，乾隆二十七年（1762年）四月初十日，档案号：04-01-01-0257-021。

逃，必然放松警惕，露出马脚，故晓谕福建、广西、江西等邻省一体留心协辑。乾隆帝认定姚见等人发动罢考罪不可赦，活要见人，死要见尸，表现出其处理罢考的强硬态度。得到谕旨的各省督抚、州县官不敢怠慢，开始追查姚见是否真的"在逃病故"，复原其逃跑线路，环环相扣，找到证人证言，并多次检验尸首后，联合上报乾隆帝。

广东省州县先是找到姚见的仆人陈亚三审问，证明姚见于乾隆二十六年（1761 年）九月初九日起程，本要赴省城，结果九月十四日到高要县后，染上伤寒病，故在潘润斯药铺问诊休息。九月十七日，姚见租住三胜庙僧人云澄的空房居住，延请医师钟梓医治，虽然服药多服，但未见好转。九月二十九日，姚见病情危重，云澄不肯再收留。他们不得不租用郑敬芳船只出发，待下船后又找到梁维宗针灸治疗无效，姚见于三十日病故。兄姚丰为姚见买棺木，雇用土工曾华、郭征文收敛姚见尸身，于十月初二日启程回乡，十月初九日到达阳江县。[1]

府里所获供词与高要县知县王永熙对医生、歇家、土工、船户等讯问相符。肇庆府知府陈凤友又督同阳江县知县杨楚枝、县丞陈贤书、典史程琏，并传集姚见邻居等一同开棺验尸。众人亲见尸体乃三十岁左右模样，面圆无须，身材长大，所有在场之人均称确实为姚见尸身。典史程琏称姚见曾与其在京熟识，确认该尸为姚见无疑。[2]至此，因乾隆帝的怀疑和严厉态度而惊动数省的罢考案得以告一段落。经过军机处会拟，决定以"捏写揭帖纠众罢考不法已极"为名，将姚见枭首、戮尸示众，[3]而其他涉案罢考的"伍少陵贪图谢银，造写匿帖……恐吓诸童罢考，实属同恶相济……将伍少陵亦照光棍为首例，拟斩立决。陈焴随同伍少陵造帖，合依为从例拟绞监候"，[4]后陈焴从严改斩监后。[5]其他涉案人陈受、苏淳、梁挺华等均发往黑龙江。[6]

〔1〕　中国第一历史档案馆藏：《宫中档朱批奏折》，《两广总督苏昌广东巡抚托恩多奏》，乾隆二十七年（1762 年）四月初十日，档案号：04-01-01-0257-021。

〔2〕　中国第一历史档案馆藏：《宫中档朱批奏折》，《两广总督苏昌广东巡抚托恩多奏》，乾隆二十七年（1762 年）四月初十日，档案号：04-01-01-0257-021。

〔3〕　同治《大清律例汇辑便览》卷 19 "兵律军政·激变良民"。

〔4〕　中国第一历史档案馆藏：《宫中档朱批奏折》，《两广总督苏昌广东巡抚托恩多奏》，乾隆二十六年（1761 年）九月，档案号：04-01-38-0076-028。

〔5〕　同治《大清律例汇辑便览》卷 19 "兵律军政·激变良民"。

〔6〕　同治《大清律例汇辑便览》卷 19 "兵律军政·激变良民"。

　　此案的审理过程表明，在 18 世纪朝廷统治"如日中天"之时，乾隆帝不惜调配人力、物力以缉捕犯人，强调中央对地方管控的直接参与和有效性。乾隆帝对于姚见身亡的不信任更体现出他对于罢考士子的深恶痛绝，亮明了一遇罢考事件即追查到底，决不宽贷的态度。这种雍乾两朝的强硬措施与 18 世纪高度中央集权的特性相吻合，是"重刑主义下的立法设计"。[1]

　　至乾隆五十三年（1788 年），朝廷将三则条例合并，[2]融入"激变良民"律内，以管控罢考问题。其文载：

> 擅自聚众至四五十人，尚无哄堂塞署，并未殴官者，照光棍例，为首拟斩立决；为从拟绞监候。如哄堂塞署逞凶殴官，为首斩决枭示。其同谋聚众转相纠约下手殴官者，拟斩立决。其余从犯俱拟绞监候。被胁同行者，各杖一百。[3]

　　显然，这是在雍正时期罢考适用的"光棍例"基础上更严一步，给予罢考士子"为首斩决枭示"的严厉惩处。诚如晚清著名律学家薛允升的解释："为首，斩决。为从，绞候。此光棍例也。此处将为首者加枭，又摘出同谋等项，照为首斩决，以聚众闹堂殴官，故严之也。"[4]待将罢考首犯正法后，朝廷还要求将"正法人犯姓名刻示，遍贴城乡晓谕"。[5]至此，顺康年间对于科场罢考较为宽松的态度至雍乾时期已经完全改变，也使得乾隆朝科场士子罢考行为得到有效控制。

七、结语

　　康熙朝由于朝廷对于士子科场罢考行为既没有清晰界定，也没有认真管

　　〔1〕　周蓓：《清代社会控制机制的立法考察——以基层社会聚众案件为中心》，载《中州学刊》2013 年第 8 期。
　　〔2〕　"合并三则条例：一系康熙五十三年刑部议覆四川总督鄂海题蒲州、朝邑两处人因争地界殴毙数命案内纂定条例，乾隆五年、三十二年修改；一系雍正二年刑部议覆福建巡抚黄国材奏惠安县童生纠众辱殴典史一案，纂定条例；一系乾隆十三年刑部遵奉上谕议定条例，五十三年修并。"（清）薛允升：《读例存疑》卷 21《兵律之二·军政》，光绪三十一年（1905 年）刻本，第 31 页。
　　〔3〕　张荣铮、刘勇强、金懋初点校：《大清律例》卷十九，天津古籍出版社 1993 年版，第 311 页。
　　〔4〕　（清）薛允升：《读例存疑》卷 21《兵律之二·军政》，光绪三十一年（1905 年）刻本，第 32 页。
　　〔5〕　张荣铮、刘勇强、金懋初点校：《大清律例》卷十九，天津古籍出版社 1993 年版，第 311 页。

控，科场罢考案频发，特别是保官与留官罢考成为康熙朝晚期的新特点。然而，随着雍正帝对科场罢考问题的重视，雍乾时期朝廷管控力度逐渐加强，相应处罚也由宽转严，这通过对封丘罢考案和阳江罢考案的处置展露无遗。朝廷不仅对科场罢考的处置给予直接指挥，而且还出台与升级相关律例，先后采用"光棍例"和"激变良民"律严厉惩治涉事士子，形成"寒蝉效应"，体现出雍乾时期对基层管控的有效性。相应地，清前期在应对科场罢考问题上的"宽严之变"也最终完成。

第十二章

19 世纪清政府与地方精英互动模式探析

——以科场罢考案为例

自雍正二年（1724 年）封丘罢考案后，清政府开始正视罢考问题，并将其直接纳入朝廷的管控之下。在 18 世纪，朝廷对于士子群体罢考的控制十分有效，不仅在雍正十二年（1734 年）颁布上谕禁止士子罢考行为，而且采用"激变良民"律处罚涉事的罢考士子。然而，由于"乾嘉变革"的历史大背景，朝廷面临着重重危机。为了以更加"经济的方式"管控地方，自嘉庆帝亲政伊始，朝廷对罢考士子的态度开始软化，以期赢得地方精英的合作。笔者已经在第十章讨论了这种转变，也阐释了中央和地方对于罢考事件的应对、转变与互动关系，提出朝廷在处理罢考问题上经历了"严宽之变"，展示出在时代变化的大背景下清代统治的弹性策略。与之同时，19 世纪朝廷在处置罢考事件的原则方面也由"责士"转向"责官"。

降至 19 世纪下半叶危机加剧时，朝廷试图转换统治策略，采用更具弹性的方式，以期释放出更多的地方力量。相应地，地方精英能动性逐渐增强，从 19 世纪初对罢考案的发声支持，转向 19 世纪下半叶的直接介入。围绕罢考案，"官"与"非官"两方面展现出"冲突—融合"的过程，凸显出官方和地方在应对罢考问题上的博弈与互动。地方士人不再停留于以文集、笔记等形式为士子发声，而是更为直接地介入罢考事件，同朝廷、省府和州县进行直接对抗或斡旋。在这一过程中，我们会看到州县官与地方精英们的冲突与合作。这印证了费孝通关于中国社会存在"来往自如的双轨形式"[1]的论断。这种转变在杨念群看来，并非朝廷完全没有能力控制地方社会，而很有

---

〔1〕 费孝通："基层政权的僵化"，载《费孝通文集》第四卷，群言出版社 1999 年版，第 336 页。

可能是一种主动的设计，即形成正式的官僚制与非正式的乡村治理的有机结合，甚至有意出让原属于官僚制度的部分权力，这样的过程也可以看成"意识形态"实施的结果。[1]

但应该强调的是，地方士子绝非独立于官方管控之外，精英们也没有脱离朝廷的监督。在19世纪朝廷控制力下降这一大前提下，朝廷对地方"无暇顾及"或"有意放任"，形成了中央与地方的平衡木效应，并客观上实现了统治策略的转变。

一、权力的空间：19世纪州县官任期缩短

嘉道时期，清政府经济状况让朝廷无力在地方继续维持垂直管理模式，从而不得不选择将触手回缩。以嘉庆元年（1796年）财政亏损1280万两白银为标志，[2]嘉庆初年的财政状况可以用"急转直下"四字形容。降至嘉庆二年（1797年），户部存银更由上一年的56 584 724两白银骤减至27 919 631两白银，[3]降幅达到50.66%。在这种经济迅速下滑的状况下，朝廷无力如18世纪一样直接、面面俱到地参与并主导各层面的地方事务。因此，清朝统治者期望采用更为经济的统治方式，将触手从地方回缩，意图释放出更多地方力量，依托地方精英形成对社区的管理与对公共事业的参与。

降至19世纪中叶，危机加剧，清朝统治不得不更加仰赖地方，而这一点又是随着州县官任期缩短而加剧的。笔者以发生士子罢考事件且具有相对完整职官记载的33处州县为基层单位进行统计，[4]得出以下结论：19世纪州县官平均任期相较于18世纪大幅缩短，而且南方地区的平均任期比北方更短。具体而言，18世纪州县官平均任期为2.93年，而19世纪平均任期为1.71年，降幅达到41.64%。本章所得出的19世纪州县官任期平均数字较张仲礼的估计稍高，但总体趋势一致。[5]

---

〔1〕 杨念群：《"感觉主义"的谱系：新史学十年的反思之旅》，北京大学出版社2012年版，第254页。

〔2〕 史志宏：《清代户部银库收支和库存统计》，福建人民出版社2008年版，第37页。

〔3〕 史志宏：《清代户部银库收支和库存统计》，福建人民出版社2008年版，第278页。

〔4〕 33处州县中，直隶2处，山东4处，河南3处，甘肃1处，陕西1处，江苏5处，浙江2处，广东4处，四川1处，安徽2处，福建3处，湖南4处，湖北1处。

〔5〕 根据张仲礼的研究，19世纪州县官平均任期从1.7年缩短至0.9年。张仲礼：《中国绅士——关于其在19世纪中国社会中作用的研究》，上海社会科学院出版社1991年版，第57页。

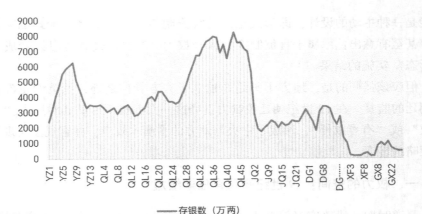

图 12-1 1723—1896 年清代财政存银趋势图

资料来源于史志宏：《清代户部银库收支和库存统计》，福建人民出版社 2008 年版，第274—281 页，表 2-69，2-70，2-71，2-72，2-73，2-74。图中 YZ 代表雍正；QL 代表乾隆；JQ 代表嘉庆；DG 代表道光；XF 代表咸丰；GX 代表光绪。数字分别代表年份，例YZ1 代表雍正元年，以此类推。需要说明的是，因库银所存钱（串）数字不完整，且占总库银存数比例较低，故均不计入每年库银总数内

在这 33 处发生士子罢考事件的州县中，地域为北方者为 11 处，而处于南方者达 22 处，比例达到 1：2，一定程度上体现了罢考事件南多北少的态势。以南北地域作为考察切入点可以得出，在 18 世纪发生罢考的州县中北方州官的平均任期为 3.42 年，而南方州县官平均任期为 2.42 年。类似的是，在 19世纪发生罢考的州县中北方州县官平均任期为 1.72 年，而南方州县官平均任期为 1.7 年。总体上，北方州县官较南方州县官任期为长。这种南北差异考察，在一定程度上解释了南方为何多发士子罢考事件，而北方相对较少。相较于北方资料的缺失，更多史料指向 19 世纪下半叶，南方精英更为直接地介入士子罢考案中。

州县官在 19 世纪任职周期相较于 18 世纪大为缩短的状况，使得精英阶层在地方上的优势更加明显，即使一些州县官员在任内展现出强硬的执政作风，地方精英们也会在其短暂任期之后占据地方行政权力的"真空"，施行自己的主张。最终依旧由士绅精英阶层控制着地方社会。正如冉玫烁所言：

地方精英在公共领域比地方官更具优势，因为官员往往就任一段时间后

即赴任他职，而衙门的差役们缺乏社会支持。如果面对一位毫无同情心的地方官，精英们将采取"软策略"，待其离任后再施行主张。最终，受人尊敬的地方精英们控制了公共领域，既因为他们被官方接受，又因为他们在地方社会上的资源。[1]

19 世纪地方权力"真空"的情况，在一定程度上导致了州县官更加仰仗地方精英，以佐理任内行政事务。在这样的背景下，19 世纪当地方发生士子群体罢考的事件时，作为外省人且"势单力孤"的州县官，在失去朝廷支持和罢考"责官"的背景下，他们或为了任内平安以求升转，或出于地方政务仰仗精英群体的因素，往往乐于出面或接受士绅调和士子群体罢考事件，而非强硬解决。反之，地方精英们却以罢考作为手段对抗州县官府，以达成自己的目的。

例如，在光绪时期宿松府考时，士子因考卷内出题误将"水信无分与东西"中的"信"写作"性"而脱巾大噪。当县令弹压时，众士子蜂拥上堂，抢出已经考完的首场试卷，当场焚毁一千余本。当时考场混乱，"打毁房屋，捣碎物件，汹涌之声莫可名状"，[2]造成了科场罢考事件。对于案件的处理，地方官不再线性地以"激变良民"律判罚，经过绅董们的介入与斡旋后的解决方案是：最终由乡宦出面至县署赔礼道歉，毁坏的各物和考卷照价赔偿。在该次罢考事件中，很可能知府和知县官员并没有按照应有的规定上报案情。地方精英更为直接地介入本案，甚至对地方官希图协拿罢考士子的方案说"不"，这凸显了 19 世纪下半叶"非官方"与"官方"的较量与妥协。

二、"责士"转向"责官"：19 世纪清政府对罢考事件的处罚原则

嘉庆帝和朝廷应对士子罢考的态度软化，以及士人对于如江苏吴县罢考等事件的发声支持，让我们清晰地感受到朝廷与地方精英围绕罢考事件的互动。然而，与罢考士子相对应的官员却受到了相反的对待。朝廷对罢考事件的处罚原则从 18 世纪的"责士"转向 19 世纪的"责官"。雍正、乾隆两朝强调州县官应对士子罢考进行查拿及强力弹压以安定地方，而嘉庆至光

---

〔1〕 Rankin, Mary Backus, "Some Observations on a Chinese Public Sphere", *Modern China*, 1993, 19（2）：158—182.

〔2〕 《宿松闹考》，载《益闻录》1898 年第 1762 期，第 142 页。

绪朝更偏重对州县官激变的指责，强调应安抚地方士子群体，这两点有着本质的差别。在嘉庆以后各朝，甚至朝廷在听闻地方士子罢考后，有未调查而将知县等州县官暂行革职，以等待进一步调查的倾向。这一做法无疑再次加重了对州县官的惩处，相应地助长了士子以发动罢考达到自己目的的行为。

雍正二年（1724 年），雍正帝就议准"地方如有借事聚众罢市、罢考、殴官等事，其不行严拿之文武官弁，皆照溺职例革职"。[1]雍正三年（1725年），朝廷再次重申并定制"承审官若不将实在为首之人拟罪，混行指人为首者，革职，从重治罪。其同城武职不行擒拿，及该地方文职不能弹压抚恤者，俱革职"。[2]乾隆三十七年（1772 年），朝廷强调"罢考殴官等事，地方官与同城文武，无论是非曲直，协同擒拿，解送上司，秉公审究，将地方官免议"。[3]甚至在雍正、乾隆时期一旦地方发生士子罢考事件，不允许地方官从中调解，而是要按照律例严格惩处，并且还特别就学臣对罢考士子网开一面或从中调解的可能作出规定：

倘学政暗中寝息，或将罢考案内之人滥行收考者，该督抚指参，将该学政照徇庇议处。督抚通同徇隐一经发觉，一并严处。至该教官有教导士子之责，倘有生员等罢考，是必其平日不能约束所致。应将该教官照溺职例革职。倘生童罢考之时该教官畏惧处分，或有同城武弁与之从中调处，寝息其事者，皆照私和公事例治罪。[4]

对于罢考士子，雍乾时期其强调官员的"不姑息"与"弹压"。但是，嘉庆朝以后的《钦定大清会典》和《钦定大清会典事例》清楚地增加了对发生罢考案所管州县官"凌虐"与"激变"的处罚。嘉庆朝虽然对"激变良民"律中关于士子罢考处罚的规定没有改变，但对酿成罢考"董率无方"的地方官，在《吏部处分则例》中明确规定依据案情轻重分别治罪。嘉庆五年

---

〔1〕《钦定大清会典则例》卷27，《景印文渊阁四库全书》第620册，台北商务印书馆1986年版，第540页。

〔2〕《清会典事例》卷771，中华书局1991年版，第475页。

〔3〕《钦定大清会典事例（嘉庆朝）》卷108，文海出版社1991年版，第5028页。

〔4〕《钦定大清会典则例》卷70，《景印文渊阁四库全书》第622册，台北商务印书馆1986年版，第332页。

（1800年），朝廷下旨议准"凡州县官贪婪苛虐，激变衿民，革职提问。督抚等知而不行揭参，降三级调用。不知情者，照失察属员劣迹例，议处"。[1]而该管之道府徇隐不即申报者，同样照徇庇例，降三级调用。

需要指出的是，朝廷对府学教授、县学教谕的处罚更为普遍与严厉。因他们是与士子朝夕相处的学官，故往往将士子群体罢考的直接责任归咎于他们的"董率无方，约束不力"，给予革职的处罚。在嘉庆朝《钦定大清会典事例》中，即言"教官有教导士子之责，如有生员等罢考，是必平日董率无方，不能约束所致，应将该教官照溺职例革职"。[2]

咸丰时期，朝廷还出台了更为严格的"责官"条例，明确提到对于"凌辱斯文"的地方官的惩处，由"责士"到"责官"的立场转变更加明显。咸丰四年（1854年），朝廷议准：

> 州县官贪婪苛虐，平日漫无抚恤，或于民事审办不公，或凌辱斯文，生童身受其害，以致激变衿民，罢市、罢考、殴官者，革职提问，司道府州知而不行揭报者，亦革职。若已揭报，而督抚不行题参，降五级调用。司道府州免议。不知情者，仍照失察属员贪劣例议处。[3]

由此可见，朝廷认为罢考在很大程度上是由地方州县官凌辱士子所致，这与雍正、乾隆时期对于发生罢考事件的地方州县的态度是不同的。在光绪朝的《吏部处分则例》中也延续了嘉庆朝的做法，突出了对罢考事发地州县官的革职处罚，而且处分往往没有界限，从知县到巡抚都有因士子罢考而受到革职处分的案例。主管之府、道、两司、巡抚若没有及时纠参，同样予以降级或革职处分。

在乾隆朝之前，朝廷对于涉及罢考的地方官员通常并不给予处罚，甚至有意保留涉事官员，如乾隆帝对待扶风县知县张于耕和顺天府学政庄存与即是此种代表。[4]然而，以嘉庆七年（1802年）山东金乡罢考案为例，本应590余人应考的县试，最终只有160余人参加考试，400余人罢考，酿成天下

〔1〕《清会典事例》卷96，中华书局1991年版，第240页。
〔2〕《钦定大清会典事例（嘉庆朝）》卷306，礼部七十四，学校，劝惩优劣。
〔3〕《清会典事例》卷96，中华书局1991年版，第242页。
〔4〕王学深：《"凌辱斯文"与清代生员群体的反抗——以罢考为中心》，载《清史研究》2016年第1期。

共知的大案。[1]朝廷在应对这一案件时，涉事的士子波及较少，各级别的官员却受到严厉的处罚。在地方层面，"济宁州知州王彬、金乡县知县汪廷楷、教谕黄维殿、训导杨价俱着解任"。[2]时任山东金乡知县汪廷楷因不能安抚士子，被流放伊犁。汪廷楷后来戍满回乡，卒于家。在省级层面，山东巡抚和宁因"不胜巡抚之任""着即解任来京候旨"，[3]后被予以革职惩处，发配乌鲁木齐，"自备资斧效力赎罪"。布政使吴俊、按察使陈钟琛一并革职查办，而具有汉军正蓝旗旗人身份的济南府知府邱德生，同样被革职查办，流放乌鲁木齐，只不过他并没有像和宁那么幸运地最终得到宽宥，而是在从乌鲁木齐得释不久后就于嘉庆二十二年（1817年）去世。

道光朝延续了嘉庆帝在罢考事件处理中"责官"的原则，也将19世纪初期的这种转变固定化与常规化。道光三年（1823年），湖南平江县出现了匿名揭帖阻考县试，地方奏报直管的岳州府知府后，即刻由知府刘光熙一面上报巡抚嵩孚，一面组织澧州直隶州知州谢希闵和永绥厅同知蒋绍宗前往查办，并由巡抚嵩孚请旨将平江县知县查崇恩"摘顶撤任"。[4]在将查崇恩撤职后，才开始追查揭帖来源并令地方绅士晓谕地方士子宜自顾功名，安静出考。

道光十五年（1835年），直隶永平府千总白凤仪未戴缨顶巡游街市，与乐亭县童生张庭柏当街发生口角并将文童打伤。时正值府试之期，众士子因"凌辱斯文"不忿，张庭柏纠集滦州等三州县士子王振中等数十人向白凤仪千总衙门理论。结果白凤仪纵兵持械殴伤士子多人并将为首14人抓捕。此举引发士子愤慨，以致府考覆试时并无人应名，"不肯覆试一字"，罢考已成。但收到县里奏报的直隶总督琦善一面称要彻底究明白凤仪殴打士子一事，另一面在奏折中以府县争殴并无罢考之事具禀，对道光帝言"既非罢考，即系寻常闹殴，是以未敢琐碎上陈"，[5]显然害怕受到道光帝的降级责罚。

〔1〕 中国第一历史档案馆藏：《嘉庆朝录副奏折》，《奏为金乡县童生因皂隶之孙混考而罢考者众可否补考请旨并请严审该知州知县等员事》，嘉庆七年（1802年）四月十六日，档案号：03-2165-009。
〔2〕《清仁宗实录》卷97，嘉庆七年（1802年）四月癸亥。
〔3〕《清仁宗实录》卷101，嘉庆七年（1802年）七月甲午。
〔4〕 中国第一历史档案馆藏：《宫中档朱批奏折》，《湖南巡抚嵩孚奏》，道光三年（1823年）九月十九日，档案号：04-01-12-0373-039。
〔5〕 中国第一历史档案馆藏：《宫中档朱批奏折》，《直隶总督琦善奏》，道光十五年（1835年）十二月二十二日，档案号：04-01-38-0149-062。

在咸丰朝以后，地方精英的能动性较嘉道时期更强，成为朝廷在地方的仰赖，而罢考"责官"成为一种"常态"。同治八年（1869年），河南巡抚李鹤年奏报汜水县地方士绅发动的阻考—罢考事件后，就将汜水县知县达德"暂行撤任提讯"，[1]"再由有司提集全案，来省研鞫虚实，务期水落石出"，[2]再次证实了地方若有罢考事件发生，先行将地方官摘顶革职，再行调查的应对方式。

光绪二年（1876年），贵筑县士子参加岁考之时有生员华家瑞与兵丁发生冲突，中军梁正春袒护兵丁，责备士子引发士怨，结果士子群体大闹考院。甚至有"胆大者将梁君之红顶打着"[3]并声言罢考。结果巡抚听闻后立刻挂出牌示云："中军参府梁正春办事糊涂，诸凡任性，即候摘顶参办，以示薄惩。仰各生员，各归各号。"[4]士子如此闹署且有殴官行为，若要依照乾隆朝律令，为首者应予以斩立决枭示，为从者应该判拟斩立决。然而，在此事件中，官方不仅将中军梁正春革职，更以文告中"仰"字凸显了对士子群体的妥协。

发生类似的罢考案时，官方还会贴出告示安抚士子，责罚州县官。光绪十三年（1887年），浙江嘉善生员李宝善被庄令当街笞责后，邀集生员群体于巡抚至嘉善阅兵之时，递呈公禀。巡抚听闻生员群体有罢考意图，立刻责令嘉兴府知府妥善处理。知府领会巡抚希望平息生员群体对"凌辱斯文"的士怨，对生员回复道："考试系国家抡才大典，庄令扑责生员，是非曲直自有上宪秉公办理，想诸生中不乏明体用之人，断不出此（罢考）也。"[5]此后又贴出官方告示，给予生员群体批复：

> 中丞批云：查生员遇有过愆，例应由地方官会同教官在明伦堂扑责，若干犯科条例应治罪者，亦应先行详请褫革衣顶，方可加以刑讯。今该生李宝善当该县庄令喝责之时，既经告知，系属文生，该县何以不问真伪，辄在当

〔1〕《军机处录副奏折》，《河南巡抚李鹤年奏》，同治八年（1869年）九月二十二日，档案号：03-5003-039。

〔2〕《军机处录副奏折》，《河南巡抚李鹤年奏》，同治八年（1869年）九月二十二日，档案号：03-5003-039。

〔3〕《纪贵省乡闻事》，载《申报》1876年12月7日，第2版。

〔4〕《纪贵省乡闻事》，载《申报》1876年12月7日，第2版。

〔5〕《生员被责续闻》，载《申报》1887年3月16日，第2版。

街擅行笞责数百？以致士心不服，激成公愤。自应彻底查究，以杜借口。[1]

嘉庆朝以后，因朝廷意欲团结地方精英，对罢考的态度已然改变，而且处罚原则也由"责士"转为"责官"。在这一大背景下，地方官员为了自身仕途考虑，意图息事宁人的倾向越来越明显，早已将雍乾时期禁止对罢考事件"暗中寝息""为之调处"的谕令抛之脑后。

正是由于自19世纪初期朝廷应对地方罢考的原则由"责士"转向"责官"，加之任官周期缩短，嘉庆朝以后的州县官在处理士子罢考事件时，或亲自劝导，或让地方精英作为中间人劝解士子，以图平息罢考事端，任内平安。这种应对方式与雍正、乾隆两朝动辄率兵弹压的策略大不相同。

三、19世纪罢考事件在地方志中的叙述变化与州县官的应对处理

随着朝廷对地方罢考态度的软化和处罚原则的转变，除士人的笔记、文集等媒介之外（见第十章），地方志这一兼具官方和非官方功能的传播载体在记述士子罢考事件上也因"乾嘉变革"而发生变化。总体而言，地方志既是中央和地方互动的媒介，也是地方信息向朝廷传播的手段。当国家机器的运行如18世纪高效时，地方志是中央知悉和检查地方文化与士人动向的媒介，而当国家管控触手在19世纪回缩后，地方志转变为地方士人发声的载体。正是因为有了这样的时代特点，地方志对于罢考事件的记载与传播有着前后不同的形态。

在19世纪，当地方士子声言罢考时，地方州县官往往先行让步，以图平息士怨。因此，在地方志中留下了许多化导士子罢考的记载。例如，道光朝进士，后任正宁县知县的封景岷，对士子抗粮罢考行为即"事多方化导，众情帖然，去任时士民为之乞留"，[2]不仅软化处理了罢考事件，在地方也留下了良好的官声。类似地，道光二十四年（1844年）进士尹开勋在兵备道任上时，有贡生王化约同士子罢考。事奏报到省后，学政欲向上奏闻，但尹开勋"竭力维持，只抵罪首恶，概不株连，保全士子无数"。[3]虽然在这次罢考中

---

[1] 《生员被责续闻》，载《申报》1887年3月16日，第2版。

[2] 光绪朝《容县志》卷18，《中国方志丛书·华南地方》第196号，成文出版社1974年版，第725页。

[3] 民国《临沂县志》卷10，《中国地方志集成·山东府县志辑》第58册，凤凰出版社2004年版，第127页。

没有对于王化处罚的记载，但从不以罢考上报，参与罢考为从者概不处罚的立场而言，已然较雍乾时期大幅减轻。又如在直隶沧县因"凌辱斯文"导致孙廷弼策动七百余士子的罢考事件中，地方官不仅不敢以罢考上报，也不敢强行弹压士子。知府认为"调兵则事立起，唯有息众怒耳"。因此，学政不仅不加罪于士子，反而斥责知县曰："尔敢于国家士子如此侮辱，激成大变，必跪辕门外向士子请罪，不然吾必题参。令唯唯。太守急出以此言谕众。廷弼掷剑大呼，可矣。"〔1〕知府和学政的软化处理措施，最终平息了罢考事件。

嘉庆朝以后的地方志中存有诸多州县官处理和防止士子罢考的记载，官员们或亲自劝导士子，平息罢考，或让地方精英作为中间人劝解士子，平息事端，可视为19世纪朝廷应对罢考的"责官"原则在地方志中的回响，与雍乾两朝动辄率兵弹压的策略大不相同。

表 12-1 地方志中对罢考事件"调解处理"的记载

时间	地点	调解人	地方志记载
嘉庆末年	贵州平越府	知府万承宗	"（万承宗）官平越时，属县士子罢考，大府将严治，承宗禀请从宽。州试时，令各童补县卷，事遂寝"——光绪《黄冈县志》卷10
道光二年	江西贵溪县	知县蒋启扬	"贵溪民又倚众罢考，启扬皆以片言定之"——光绪《江西通志》卷128
道光九年	湖南长沙府	知府张锡谦	"己丑岁试，长令王渭以滥刑擅责文生几毙，激众，控大府。适有宣言将罢考者……锡谦力止之，亲往开陈抚慰，事遂寝"——光绪《善化县志》卷18
道光二十一年	甘肃正宁县	知县封景岷	"事多方化导，众情帖然，去任时士民为之乞留"——光绪《容县志》卷18
道光二十四年	河南郏县	高五常	"甲辰学宪试，南阳武生某因事欲罢考，十三处武童汹汹，势已莫挽，公挺身出入，不下数语，事立解"——同治《郏县志》卷11
道光年间	湖北英山县	教谕桂超万	"生童缘事罢考，剀谕之，悦服就试"——光绪《贵池县志》卷21

〔1〕 民国《沧县志》卷14，事实志·轶闻，民国二十二年（1933年）刻本，第27页。

时间	地点	调解人	地方志记载
道光年间	直隶沧县	知府	"尔敢于国家士子如此侮辱,激成大变,必跪辕门外向士子请罪,不然吾必题参"——民国《沧县志》卷14
咸丰年间	广东阳江县	知县徐宝符	"新会罢考,上官以宝符得民心,令之往,果皆帖然"——光绪《昆新两县续修合志》卷25
同治年间	江西石城县	士绅莫涓	"县试童生争坐位,典史鞭之,遂致闹堂,县令竟以阻考详革廪生数人,涓密报上宪再四申驳,事乃白,士林德之"——光绪《定安县志》卷6
同治年间	四川顺庆府	知府季鸣谦	"适值士子入场,因失物与管理军队起争,致伤多士,全场罢考,公力任调和,惩办滋事军队,事乃寝"——民国《沧县志》卷13
同治三年	陕西咸宁	士绅李向荣	"同治三年,时方府试,士皆罢考。向荣曰'死者恤之,生者慰之',则得其平"——《咸宁长安两县续志》卷17
光绪九年	广东清远县	聂以康、地方士绅	"(清远县试全体罢考)……再招考,各生仍不入场。聂(以康)乃自为主考,各绅士亦出而劝解,始行应考"——民国《清远县志》卷3
光绪年间	江苏邳县	校官戴起芬	"在邳以调和罢考为士民所感戴,去之日送者数百人,至有泣下者"——民国《甘泉县续志》卷24
光绪年间	贵州瓮安县	府学训导朱镜塘	"府县嗫不敢言,公言于学使廖坤培,得某廪生至,立解……吾属之生,公赐也"——民国《瓮安县志》卷20
光绪年间	福建屏南县	觉罗永安	"适抗粮罢考事发,郡守仍令复任事调剂"——民国《屏南县志》卷27
光绪年间	安徽怀宁县	教谕汪梦鲤	"时值县试罢考,为解释,得复考如例,官绅士庶均德之"——民国《怀宁县志》卷18

除以上地方志中对地方官和士绅出面调解罢考的记载增加外，记述罢考的口径也有变化。在18世纪各地所编纂的方志中，除收录雍正十二年（1734年）的《禁止生童罢考上谕》外，几乎没有对于士子群体罢考的其他描述或记载，凸显了统一的口径与朝廷的声音。正如韩承贤所描述的，乾隆帝命令省级官员检查地方志的刊刻，只有在他们的支持授意下，地方志才可刊印。[1]由此可以想见，地方志在18世纪更多是为朝廷而非地方精英服务的。

然而步入19世纪，与士人通过文集发声的情况类似，地方志中对于士子罢考的记述也不再如18世纪那般拘泥，而是出现了大量不同的声音。康熙五十七年（1718年）十一月，广东学政陈均召集惠州府兴宁县士子考试时，因为守备祁昶升以缉私为名，纵兵胡英殴辱监生廖必达，造成了全县士子愤怒罢考的事件。但这件事并没有出现在乾隆年间编修的《兴宁县志》中，而是在咸丰版本的《兴宁县志》中才得以追述。类似的还有雍正年间发生于靖江县的知县郑荣虐士引发的罢考案件，在咸丰版本的方志中才得以展现，又在光绪版本的县志中再次追述，与雍正朝对罢考"无论是非曲直"的律令口径不同。

各种清修版本的地方志对于士子罢考的记载与传播"从无到有"的现象本身，一方面展现了18世纪朝廷控制下士人的畏缩心理使他们对罢考的态度或谨慎地和朝廷保持一致，或缄默不言；另一方面体现了19世纪朝廷对罢考事件处理态度软化，并形成"责官"的原则后，地方士人对罢考的记述合理性得以增强，故地方志中对士子罢考的记载多有回护、开脱以及调和之词。

相对而言，在各省通志中会较多重复叙述雍正十二年（1734年）颁布的上谕内容。然而，在州县志中对士子罢考的记载明显与18世纪官方强令禁止的口吻不同，更多记述了州县官或士绅为罢考士子求情，充当中间人调和的情况，同时也更侧重对于引发士子罢考的地方官处罚与虐士的叙述，关键词从18世纪的"弹压"转向了此时的"调和"与"安抚"，并且侧重州县官"虐士"的一面。这种地方志记载罢考事件的多元化转变可以从两个层面予以解读：首先，省通志表达了中央或省府的立场，更大程度上代表了"朝廷的

---

[1] Han, Seunghyun, *After the Prosperous Age: State and Elites in Early Nineteenth-Century Suzhou*, Harvard University Asia Center, 2016, p. 13.

声音"，官方对其出版的审查力度也更强；反之，州县志则更多代表地方的利益，是地方声音的一种载体。虽然州县志出版也会被官方审查，但审查力度较弱，尤其是在州县官更加亲近"地方"，被逐渐纳入地方利益网的情况下。其次，编写省通志的人员所具有的功名以进士、举人为多，比州县志的编写者功名更高，致仕于地方的官绅也多参与其中。因此，前者与朝廷的步调更具一致性，与真正的罢考群体存在地位与层级差异。相反，州县志编写者本身就属于发动罢考次数最多的生监阶层，因此他们也更多地从地方着眼，纂修方志。

总而言之，19世纪的地方志对于罢考的记述有以下特点：第一，对罢考事件中官员出面调和、求情、安抚的记述明显增多；第二，官方上谕记载量下降，记述口吻明显转变，尤其是在州县一级的地方志中；第三，地方志中更突出地方官"虐士"与"激变"的记载。地方志对罢考事件记述侧重点的变化，体现了朝廷对罢考的态度与应对手段的转变，以及地方士人敢于发声的事实，形成了中央与地方的互动与回响。

四、科场罢考："官"与"非官"的博弈方式与平台

19世纪下半叶，随着朝廷对待罢考的原则由"责士"转向"责官"，州县官不再如清中前期那般厉行查办罢考问题，而是在遇到罢考时与地方精英们进行商讨。一方面，在地方精英阶层的保护下，士子群体虽然罢考，却得以免于"激变良民"律的严厉处罚；另一方面，州县官也乐于"因地制宜"，以求任内平安。

（一）同治朝广宁县罢考案——"官"与"非官"的"冲突—融合"模式

广东肇庆府下辖的广宁县，位于珠江三角洲的西北部，地处北江支流绥江中游，与四会、清远、怀集、阳山等县交界。广宁县经济并不十分发达，但地方乡族组织十分强大，其中陈氏家族就是代表。该家族主要居住于南街护国村。有清一代，广宁县因地缘与经济因素，科举并不十分兴盛，在罢考事件发生以前仅有10位举人，而其中3位正是来自南街护国村的陈氏家族。[1]这也为后来的新任知县杜凤治第一次任内所发生的罢考事件留下了伏笔。

杜凤治是浙江绍兴府山阴县人，举人出身。同治五年（1866年），年已52

---

〔1〕 广宁县政协《广宁文史》编辑组编：《广宁文史》第二辑，1984年出版，第55页。

岁的杜凤治"由拣选知县,遵例捐知县,双单月不积班",[1]被选为广宁县知县。杜凤治作为寓居候选10年的"新官",刚一上任自然希望能够漂亮地完成收粮任务,以作为自己的政绩。因此,他对于士绅和百姓交粮工作督促特别严厉,屡次催征,显然在地方精英们眼中,杜凤治属于"作风强硬"的地方官。但是,广宁县的地方精英们并没有等待他去职后再施行自己的主张,而是通过正面交锋的方式拉开了冲突的序幕。

先是因杜凤治催逼过急,在同治六年(1867年)初就已经有士绅陈昌时向肇庆府知府控告,但因人数尚少,不成规模,没有形成大的事端。其后,广宁县士绅向布政司联名上书指控杜凤治浮收钱粮。地方精英们的抗议模式不同于以往,他们成立了"革除陋规公局",[2]以副贡生周友元、生员刘骥、何应球作为代表,协书赴省城控诉,却被布政使以"劣绅刁控,挟制官长,目无法纪"为由拘押,后被保释。不过这也证明了控诉这条路的失效。因此广宁县的地方精英们为了达到逼走知县杜凤治的目的,决定一方面继续向省府施加压力,另一方面则由士绅散发白头帖,攻击杜凤治及其幕僚,不久在省城便有了杜凤治凌虐绅士的传言。虽然有广东巡抚蒋益沣支持知县杜凤治,但是因两广总督瑞麟和蒋益沣的矛盾,使得事情尚有转圜的余地。

在两广总督和按察使的干预下,广宁县士绅得以全身而退,但是驱除杜凤治的目的并未达到。为了达到这一目的,最终形成了广宁县精英群体与杜凤治公开对抗的局面。广宁县精英们计划在当年十一月份举行县试时发动罢考,以最终达到逼迫杜凤治就范的目的。甚至杜凤治本人亦闻言"周友元、刘骥已归,与陈应星相比,有阻挠县试之说"。[3]

这些广宁县士绅有自己的公局组织,其中上文述及的陈氏族人代表陈应星浮出水面。他既是广宁县仓务局绅士,又是团练公局局绅,且具有举人功名,还是当地文治书院的山长。他对于士子群体有着决定性的影响,自然而然地成了地方精英的领袖,也成了策划与组织这次士子罢考事件的核心人物。

---

〔1〕 中国第一历史档案馆藏:《清代官员履历档案全编》第26册,华东师范大学出版社1997年版,第629页。

〔2〕 张研:《清代县级政权控制乡村的具体考察——以同治年间广宁知县杜凤治日记为中心》,大象出版社2011年版,第323页。

〔3〕 (清)杜凤治:《杜凤治日记》第五本,《宁阳日记》,同治六年(1867年)十一月初一日。

除举人陈应星外，参与这次罢考策划与组织的其他主要地方精英还包括：举人冯毓熊、杨桂芳（1868 年中三甲第一百三十一名进士）、陈益元，副贡周友元、廪生陈升元、雷凤恒，生员刘骥、何应球等。这向我们展现了本次罢考事件对抗的双方：一方是在地方上势单力孤的知县杜凤治，另一方是几乎涵盖了广宁县所有主要精英的士绅群体。其余参与者以廪生为主，他们在诸神像前焚香设案，共同盟誓，决定发动罢考。通过杜凤治事后对自己酿成士子罢考的"悔恨"心态，并结合当时朝廷大力"责官"的时代背景，笔者推断士子们齐心筹划罢考的目的是促使朝廷对杜凤治"任内失职"予以纠察，从而以"责官"原则逼走新任知县杜凤治。

按清制，生童参加县试、府试和院试时，必须由廪生担保后才具备考试资格。因此，参加盟誓的诸位生员，以及举人陈应星和被革除功名的副贡周友元等，联合去各处劝说 15 位廪生不要给生童出具保结。他们希望不以罢考之名，而行罢考之实。陈应星的策动使得廪生们"畏其凶焰，不敢出头"，广宁县士绅的计划获得了成功，广宁县试无法如期举行，罢考已成。

杜凤治虽然极力劝说部分廪生出面具保，但其日记中已经记录下他对于此科无法开考的判断：

> 考事探得毫无转意，全是陈应星、陈升元、周友元、刘骥四人把持，已要诸廪神前焚香设誓，何调停开谕拒不听从，老是说要照他们所定减少钱粮，又要立时将周友元、刘骥、何应球功名开复。童生见如此情形，去者日多，廪生亦半散归。初十之期，恐难考试，罢考定矣。[1]

甚至在陈应星等策划士子发动罢考以后，作为知县的杜凤治颇有后悔之感，认为这场罢考事件起因于自己听从了幕友的建议，对于广宁县精英的种种"不法行为"向省府密告，以致最终精英以罢考为手段直接对抗。在日记中，杜凤治记录到：

> 究此祸起于前之密禀。予本不肯递（密函）而劝予者大言煌煌，以为若再养痈，何以办事？予一时耳软，听之似有道理，遂缮发……予实早见及此，

---

〔1〕（清）杜凤治：《杜凤治日记》第五本，《宁阳日记》，同治六年（1867 年）十一月初八日。

可知凡事需自定主意，他人真不可靠也。思之怏怏，言之恨恨。[1]

　　然而，虽然罢考已成事实，但杜凤治以广宁县士绅"闹考县试"为名向省府汇报，并没有用日记中的"罢考"一词，为官府和地方精英双方留下了转圜的空间。省府闻言广宁县罢考，县试无法举行，立刻派候补知府周毓贵和候补知县俞增光到广宁查办此案。杜凤治虽然于十一月二十九日、十二月初一日两次补行考试，且有600余名士子参加了补试，但县试罢考事实无法更改，而在嘉庆之后地方官不能使地方安静即为有过的"责官"原则下，杜凤治已经难辞其咎。加之杜凤治过于强硬的作风，使得地方官府与士绅关系十分紧张，对杜凤治的处罚只是时间问题。

　　经过巡抚蒋益沣调护和杜凤治自己的"活动"，朝廷和省府达成一致意见，并没有将杜凤治革职，而是将他从广宁县调至临近的四会县。朝廷和省府对于策划罢考事件的士子和全县廪生没有作出处罚，甚至参与策划罢考的举人杨桂芳在次年（1868年）还得以进士及第，广宁县的精英们达到了他们的目的。

　　从以上事例我们看到的是地方官与士绅冲突的一面，也是地方精英们随着能动性的增强，利用罢考与州县官直接对抗，从而达到按照地方设定的（而非官方的）钱粮比率交纳粮税的目的。

　　杜凤治在调任四会县两年后，再次回到广宁县出任知县。经过上次罢考事件后，回任知县的杜凤治似乎也明白了在广宁县应行的"为官之道"。因此，同治九年（1870年）杜凤治二任广宁县知县后，一改催逼钱粮的急迫作风，态度与策略发生了一百八十度的转变，变成了"纯用笼络，乐得用之，于公事不无裨益"。[2]精英们见杜凤治作出如此姿态，也都对杜凤治表现出表面上的恭敬。

　　第二次出任广宁县知县的杜凤治，不仅在征收钱粮、地方公共事务等问题上和精英们相互商讨，而且当地方士子，特别是在上一次罢考事件中与杜凤治发生直接冲突与对抗的士子领袖陈应星，以举人身份赴京应会试时，杜凤治竟然自掏腰包，派人"持贴送行"，赠其6元以为盘缠。陈应星等士子不

---

　　〔1〕　张研：《清代县级政权控制乡村的具体考察——以同治年间广宁知县杜凤治日记为中心》，大象出版社2011年版，第334页。
　　〔2〕　（清）杜凤治：《杜凤治日记》第十六本，《广宁回任日记》，同治九年（1870年）闰十月初二日。

仅前来答谢，还请地方其他士绅配合杜凤治办理地方仓谷等事宜。邱捷通过《杜凤治日记》发现了更多杜凤治重回广宁县时非常恭敬地与陈应星商谈的记载，总体上是"官绅合作融洽的记录"。[1]正是因杜凤治在第二次出任广宁县知县后真正代表了"地方"，才使得官与精英们相得益彰，从而保持了任内的安静，进而升迁调去了南海县任知县。

在这个罢考事件中，最为重要的是以杜凤治为代表的地方官员与精英间的"冲突—融合"模式。这一模式是在 19 世纪朝廷危机和地方能动性增强后的普遍形态。该案中的州县官被精英们"驯服"后，转变成为地方利益的一部分，虽然征粮进度和总额不如预期，却赢得了精英们的合作。在势单力薄的州县官与地方精英直接对抗后，双方完成了权力上的妥协。值得注意的是，朝廷并未直接介入该案的争端处理和量刑判决之中，更对地方精英以罢考逼走知县杜凤治的意图予以默认。这完全不同于 18 世纪甚至 19 世纪上半叶的情形。也许正在恢复元气中的朝廷根本无暇顾及地方事务，从而将地方事务"开放"给地方处理。

广宁县精英以罢考与地方官发生直接冲突并逼地方官就范后，实际上也凸显出一种"去中心化"的趋势，即州县官作为朝廷驻扎地方的代表，他们的权力在 19 世纪以后日益被侵夺，"这种去中心化的改变被地方士绅和数以千计的地方士子群体所控制"。[2]广宁县罢考案是 19 世纪朝廷态度与统治策略转变的大背景下，精英们利用罢考手段与地方官直接对抗的具体体现。

（二）光绪朝温州府平阳县罢考案——精英的斡旋与权力的妥协

1. 背景

为更好地理解平阳县罢考案这一地方博弈事件，先对本次罢考的背景作一梳理，其中的核心关键词是"江南民团"与孙诒让。

首先是"江南民团"。平阳县隶属浙江省温州府，县下江南垟所成立的"江南民团"，由平阳县大族杨配篯倡建。据载，杨氏家族"世以资雄于乡"，"有田数千亩"。虽然科举屡次不中，但杨配篯捐得中书舍人职衔，并与同乡太

---

〔1〕 邱捷：《知县与地方士绅的合作与冲突——以同治年间的广东省广宁县为例》，载《近代史研究》2006 年第 1 期。

〔2〕 Ocko, Jonathan, "Gentry Official Conflict in the Restoration KiangSu Countryside", in Cohen, Paul A. and Schrecker, John E. eds., *Reform in Nineteenth-Century China*, Harvard University Press, 1976, pp. 215–216.

仆孙衣言和侍读孙锵鸣兄弟交好。孙衣言自谓"年少跅弛，见君肃然"。孙诒让称"杨公治乡团，保江南功甚伟，先君常言其贤，自以为不及"。[1]

在太平天国军兴以来，杨配篯以民团力量防御乡梓，后又对抗金钱会。在杨氏倡导下，地方士绅响应杨配篯号召，一时"江以南皆入团，团者数十万人。先入会者皆出会为团。配篯复率诸富民益出私财，储火药，治兵器，筑土城，沿江数十里，凡防贼之具毕备"。[2]正是在杨氏家族的领导下，江南垟成为唯一未见兵祸之地，后乡人专为杨配篯建"杨公祠"以为纪念。杨配篯去世后，其子杨纯约、杨镜澄，从子杨佩芝继续率领"江南民团"，一时"大小数百村皆听约束"。在这样的背景下，无疑以杨配篯为代表的杨氏家族成为地方精英的代表，杨氏家族所率领的"江南民团"成了地方士绅群体的政治核心。平阳大族士绅如陈安澜、温和锵、夏成瑚、黄庆澄、陈际中等均成为"江南民团"绅董，并得到朝廷封赏。

表12-2　"江南民团"主要人物、功名情况及朝廷封赠

姓名	身份	封赠	备注
杨佩芝	县丞	赏给五品衔	杨配篯从子，后与杨纯约一同率领民团
陈安澜	贡生		世雄于资
温和锵	训导	优先选用	温氏，平阳大族，史载"丁壮数千"
杨纯约	训导	遇缺选用	杨配篯长子，与杨佩芝一同率领民团
陈际中	廪生	训导	平阳龙湖书院山长，与瑞安孙氏交好
夏成瑚	监生	从九品用	"江南民团"主要策划人，倡建"杨公祠"
杨镜澄		补诸生	杨配篯二子，率领民团，为黄庆澄、项廷骐之师
黄庆澄	举人		"江南民团"副董
金晦	举人		黄庆澄、刘绍宽之师，金乡狮山书院掌教
周吉人	廪生	以训导用	

---

〔1〕　民国《平阳县志》卷39，人物志八，成文出版社1970年版，第397页。
〔2〕　民国《平阳县志》卷39，人物志八，成文出版社1970年版，第397页。

续表

姓名	身份	封赠	备注
王庭瑄	增生	以训导用	
吴树森	附生	以训导用	
池凤辉	监生	从九品用	
罗堃镕	监生	从九品用	
程炯	州同	六品顶戴	
王禹绩	增生	州同衔	
郑兆璜		五品衔，五品封赠	
潘垂绪		赏戴蓝翎	
林国珊	从九品	县丞	
钱庆言	贡生	主簿	
何宝珍	贡生	巡检	
徐锡铠	监生	巡检	
李登龙	贡生	加六品衔	
王元祺、林良才、陈禧、宋焜、王振刚、蔡云祺	廪生	加六品衔	
王元禧、刘鸣书、缪文澜、陈祥、余琛、岳桂山、程庆升、蔡保东、洪有浮、竺有梅、项价人、蔡庆彬、何宝森、蒋熊	生员	加六品衔	
江庆东、温和斌、周磊人	民团职员	加六品衔	
陈大镕	军功	加六品衔	
施拱辰	童生	加八品衔	

资料来源：民国《平阳县志》卷39，人物志八，《中国方志丛书·华中地方》第72号，成文出版社1970年版，第397页。民国《平阳县人物稿》，收录于朱海闵等主编：《浙江图书馆藏稀见方志丛刊》，国家图书馆出版社2011年版。

在本次罢考事件的解决过程中，另外一位核心人物是代表"江南民团"与州县、知府和省府交涉的孙诒让。孙诒让，字仲容，温州府属瑞安县人，孙衣言之子。作为地方精英的代表，孙诒让有着强烈的地方意识，其所撰写的《温州经籍志》即囊括了府属永嘉、乐清、瑞安、平阳、泰顺五县，被视为"一郡文献之帜志"。孙诒让与上文的杨氏家族可谓世家通交。杨镜澄在年少时即从孙衣言读书，甚至在孙衣言被弹劾回乡后，杨镜澄被招到孙家家塾同孙诒让一同学习，被孙衣言称赞为"有吏能""翰苑才"，这就奠定了孙杨两家交好的基础。此外，孙氏家族在瑞安所设立的"白布会"与"江南民团"形成协作，曾共同抵抗了金钱会对地方的袭扰。正是在这种背景和关系下，与杨氏家族关系颇深的孙诒让作为地方代表介入罢考案再合适不过，而此案也成为以杨氏家族为代表的温州地方精英和官方冲突与妥协的典型代表。

2. 缘起

1886 年 5 月 26 日，当浙江省温州府府试临近之时，有平阳县廪生杨某和童生张某住在温州府城小南门客栈，结果二人东西失窃，当即报案，向衙门罗列丢失物品清单。第二日，张某又到捕役署催促他们尽快查办。陆捕厅当即传唤捕快办案，令张某回住所静候。但傍晚时分，张某却邀集士子十余人前往捕役署，向衙门施压。为了缓和事端，主事者将捕快责骂，但众士子尚不知趣，与捕快发生口角之争，甚至演变为争斗，因为差役人众多，故"不能敌，受挫而回"。虽然张某因丢失财物有道理，但反复逼催，甚至屡屡施压，致使发生争执，就凸显了士子群体"仗势欺人"的一面。

张某受挫后，不愿善罢甘休，回到住所时，先将遭遇诉诸廪生杨某（杨子闻[1]），声称捕快对他们"凌辱斯文"。杨某口称"是可忍孰不可忍"，与他们一道去衙门索取 15 元补偿。知府李士彬和训导吴广文希望众士子先考试，再速速结案。但士子们不从，声称"尔等欲过此要紧关头，延迟了事"。[2]士子们"竟将捕署仪门及衔牌案桌挤毁"，[3]冲突间杨某被衙役殴打（另一种

　　[1]　杨子闻，为杨镜澄（杨配籛二子）弟弟杨镜清之子。下文提及的支持并策划士子罢考的黄庆澄、金晦二人均属于"江南民团"精英阶层的一员。
　　[2]　《考童又闹》，载《益闻录》1886 年第 576 期。
　　[3]　《考童又闹》，载《益闻录》1886 年第 576 期。

说法是，廪生张燮为官吏所辱。张燮，即上文中的童生张某[1]）。

杨某被衙役殴打的消息传回江南后，杨佩芝（杨镜澄从兄弟，杨子闾叔父，当时"江南民团"的领导者）"引义为力争，士论翕服，诸生相率阻道者以百数"。[2]生员黄庆澄、金晦代杨镜澄出面策划罢考。于是在杨氏家族和"江南民团"的支持下，士子们公然闹署，甚至众人到县衙门礼房将考试点名册拿走，并声称童生张某受伤严重，以致不能考试。而其余士子亦声言，如果不能将殴打士子的差役查办，就发动罢考。[3]结果本应当晚入府贡院的士子们"竟无一人入场者"，[4]导致5月28日应该进行的县试无法进行，罢考已成。

《申报》所载《论温州闹考事》一文也对平阳县士子虽有理却咄咄逼人的处理方式提出了批评，其文载：

> 温州文童之闹考也，其初由于失窃。考寓被窃，报捕厅以求缉捕是亦情理之常，无足异者……该童犹以为不足……是而率众入署，固请严缉门丁捕役，不知时务，尚欲以官势相禁吓，遂致一倡百和。公案遭摧，印架被毁，一再激怒而竟至于罢考，此其咎似有所在矣。然而考寓被窃究系贼之所为，非捕署之有以指使之也。平日捕务废弛，此惟上宪可以责之，非童生所应管也。[5]

但是事件并没有结束，而是有进一步蔓延的态势。罢考士子们并不就此罢休，在临县永嘉和乐清两县5月29日的县考开始点名入场但尚未开考之时，平阳县的罢考士子们到两县闹事，竟以"伊等不考"为语公然阻考，致使永嘉、乐清县试同样无法进行。平阳县士子群体在考棚外"擂鼓呐喊，拆毁考棚，并闯入试院头门"。[6]闻信已经赶到永嘉、乐清的平阳县汤知县与府教谕一同阻拦，却无法制止士子所为。至第二天清晨，永嘉、乐清两县文童

---

〔1〕 民国《平阳县志》卷39，人物志八，成文出版社1970年版。

〔2〕 民国《平阳县人物稿》，收录于朱海闵等主编：《浙江图书馆藏稀见方志丛刊》，国家图书馆出版社2011年版，第353页。

〔3〕《考童又闹》，载《益闻录》1886年第576期。

〔4〕《考童又闹》，载《益闻录》1886年第576期。

〔5〕《论温州闹考事》，载《申报》1886年7月12日，第1版。

〔6〕《闹考案结》，载《益闻录》1886年第610期。

和平阳县生童各自散去。[1]

以上这一幕就是发生在光绪十二年（1886 年）浙江温州府平阳县的士子群体罢考大案。从该案中，我们可以了解以"江南民团"为背景的平阳县地方精英的"肆无忌惮"。诚如裴宜理所言，"团练势力成为官府与民中间的桥梁，作为地方社会的权利掮客，调和着政权与地方社会的利益。然而，当这一利益被证明威胁到地方精英时，团练反而成了群体性反对朝廷所需的渠道"。[2]面对如此重大且牵涉三县的罢考—阻考—闹署系列案件，本应受到严厉处罚的士子们，在以孙诒让为代表的温州士绅直接介入和出面调解下，最终却安然无恙。

3. 进展与初步判决

罢考事发后，孙诒让受到地方士绅公约的请求，应允代表地方拜访温州府知府，并希望知府能够给士子机会。一方面，孙诒让与杨镜澄等为通家之好；另一方面，他本出自官宦世家，又有功名在身，且为硕学名儒，因此他正是非常合适的人选。实际上，温州府知府李士彬得知案情后，也一时无法应对，倘若严办，带兵弹压，未必有"江南民团"势力大，若毫不纠办，又怕无法交差。正当此时，孙诒让的到访让处于两难境地的李士彬找到了台阶。经过商讨，他不仅不按律例以聚众罢考上报、论处，甚至对于涉事生员也不作革除功名的处罚，只是将此事轻描淡写地禀报巡抚，严刑查办差役，对地方学官不能化解、劝导士子也给予处分，而以"太守俯念童生无知"[3]准许士子参加府考。虽然策划罢考的黄庆澄、金晦两位生员被革去功名，但不久就被开复。

在以孙诒让为代表的精英介入与斡旋后，知府对于平阳县罢考士子不仅不按律处罚，而且继续收考以图息事宁人之做法，体现了嘉庆之后地方官处理士子罢考案件的一贯原则。本案中，我们再次看到了地方精英与府州县互动，并以回护地方的姿态试图了结案件。然而，该案并没有结束，而是随着在案件中吃亏并受到训斥的平阳县学训导吴承志将案件翻出而再生波折。

---

　　[1]　《闹考案结》，载《益闻录》1886 年第 610 期。

　　[2]　Perry, Elizabeth J. , *Challenging the Mandate of Heaven: Social Protest and State Power in China*, M. E. Sharpe, 2002, p. 34.

　　[3]　《考童又闹》，载《益闻录》1886 年第 576 期。

4. 波折

训导吴承志将士子罢考事件上报到巡抚、学政处，希图挽回颜面。在省府处理罢考案过程中，我们进一步看到地方精英与省府间的直接互动。在得知案情原委后，督抚和学政对于这一棘手的案件既不能置若罔闻，又不愿真的按律过激处理。在两相权衡下，时任浙江学政的瞿鸿禨代表省府出面给平阳县士子下达了一份晓谕告示，开场即言"士子读书应试乃进身之始，自宜安分守法。挟制罢考刑律綦严，岂可甘蹈法纪"，[1]接以雍正十二年（1734年）上谕。但是，在告示下半段宣布处理办法时，瞿鸿禨口风一转，言经同巡抚商讨后，本要从严惩治，但"姑念一时糊涂，且人数过多，未便竟兴大狱"，[2]要求在罢考、阻考和闹署过程中的倡首者以十人为限，自首或者由廪保和地方士绅交出，判处扣考的惩罚。

虽然学政只是要求给予士子扣考的处罚，但是告示一出，以杨镜澄、孙诒让为代表的温州士绅一片哗然，认为案件已经过去数月，为何又要旧案新提，以致"死灰复燃"？平阳县精英们当即联合修书给省学政瞿鸿禨诘问此事，并要求同样惩治告状的平阳县学训导吴承志。实际上，在早些时候平阳县修志一事中，地方士人对吴承志就多有不满。在孙诒让的信函中即有"吴某修志事荒谬甚众，不及详陈"[3]的记载，双方的矛盾可见早就存在。在这次地方精英的禀文中有言："此案前据孙绅诒让等联名禀诉，已发提调查明详覆矣。兹复据该绅等公禀，各情殊多失实。不可不明白晓示。据此案业经该府悬牌收考已为暂结，迄今数月，忽又重兴斯狱者，实始于平阳训导吴承志之禀。"[4]

面对士绅的质疑，学政瞿鸿禨回复道："国家之所以，整齐天下者纲纪也。该生等目无法纪至如此，试思督抚、学政何以置之不问乎？"[5]这一答复无非是告诉这些精英们，有人状告至省府，以致督抚和自己无法置若罔闻，全然不予处罚。所以学政总要处理几个士子，以平息舆论。正因如此，当精

---

〔1〕《闹考案结》，载《益闻录》1886年第610期。

〔2〕《闹考案结》，载《益闻录》1886年第610期。

〔3〕（清）孙诒让：《籀庼遗文》上册，收录于《孙诒让全集》，中华书局2013年版，第274页。

〔4〕《闹考案结》，载《益闻录》1886年第610期。

〔5〕《闹考案结》，载《益闻录》1886年第610期。

英们的矛头直指告状的吴承志后，学政瞿鸿禨也在回复中让精英们放心，其早已经过查证后洞悉是非曲直，并不会以府县教官所言为凭据，其言："虚实轻重，本院自有权衡，即使训导罗织正人，借殃夙愿，本院岂无闻见，何能任其夸张此等风影无据之谈！该绅等无容过虑。"[1]

瞿鸿禨一方面令士绅们放心，另一方面也希望士绅给予配合。最后，精英们也得到了督抚、学政的保证，即"不以株连无辜之众为是，即地方之幸，亦使者所深望也"。[2]在告示和回复传到平阳县后，地方精英们一同接领宪批，由杨镜澄出面代为传达，晓示地方。经过地方商议，决定按照瞿鸿禨所拟定人数，以杨铭勋、陈凤书、胡维垣、方煊光、陈和锵、颜德馨、殷汝芳、管振声、周烈光和李叶英 10 人上报，但又称在名单中的周烈光已经病故，而殷汝芳与管振声府考并未入场打闹，希望从这 10 人中能够再豁免 3 人。无疑这是士绅和省府的又一次讨价还价行为。学政碍于精英们和官府的关系，最终以"该生等再四请求，悔过之心尚出诚挚"为由，将病故的周烈光排除在外，其余诸人盖行扣考，但也只是停他们一科考试，甚至连有功名在身的生员杨子闿也未给予革除功名的处罚。其他涉事的廪生如朱洪辰、洪兆鳌、诸葛钧、缪文润等停廪半年。

实际上，学政还给予被处罚的扣考士子另一条退路。学政在回文中提到，发动罢考、阻考和打砸官署的士子诸人，下届科考"不得以原名应试"。[3]这就为士子大开方便之门，暗示让他们改换姓名再应考下科考试，连罚科的处罚也被减免了。对于报告此事的平阳县学训导吴承志则批语："当众童聚众闹时，并未传集廪保管束，亦属咎无可辞，着记大过一次。"[4]

实际上，于罢考事发一年后，孙诒让以地方士绅代表的身份，特地向瞿鸿禨修书《致浙江学政禀》，为革除功名的士子求情，以图恢复功名。文章开头即点明主旨为"诒让等为革生悔悟情深，观光志切，仰求恩准开复，以励人才而申士论"。[5]孙诒让在其文中特意点明去年涉事罢考的士子如黄庆澄等

〔1〕《闹考案结》，载《益闻录》1886 年第 610 期。
〔2〕《闹考案结》，载《益闻录》1886 年第 610 期。
〔3〕《闹考案结》，载《益闻录》1886 年第 610 期。
〔4〕《闹考案结》，载《益闻录》1886 年第 610 期。
〔5〕（清）孙诒让：《籀庼遗文》上册，收录于《孙诒让全集》，中华书局 2013 年版，第 284 页。

"出自名门，夙端儒品，束身修学，素行无疵"，故此他认为这些士子"或以为可恕"。最后，孙诒让以较大篇幅强调了他和他所代表的士绅与这些革除功名士子的关系，既向学政求情开复功名，又向省府展现了温州地方精英们的影响力，其文载：

> 伏念宪台培植士林，有加无已。而该革生摈弃经年，深可矜惜。绅等与该革生等生同里闬，于其品学夙所稔悉。为此合词沥叩恩施格外，俯念该革生因案被累，向无劣迹，且悔悟自新，与怙悛者尚属有间，特予开复，俾遂其观光之志，则人材益励，士论亦申，实为大德。谨禀。[1]

5. 尾声

经吴承志再次挑起而不得不由学政瞿鸿禨代表省府处理的这一事件，最终得到了对于双方均不痛不痒的判决结果。一方面，涉事士子没人因此罢考事件获重刑，绝大部分士子安然无恙，功名保存，依旧可以参加科考，对于前途无碍。这体现了省府秉承嘉庆朝以来的朝廷态度，是对 18 世纪重刑设计的一种扬弃。另一方面，对告发事件的吴承志也只是记过处理，并没有将其革职，事后吴承志也可赴省"注销"其过。这反映出省府管控大局的平衡姿态。可以说，这样判决既没有遵循学政率先搬出的雍正帝谕旨精神，也没有贯彻嘉庆帝以来的"责官"原则，而是采取尽量不处理的原则，以达到缓解对立双方情绪的目的。

本案让我们再次明晰了 19 世纪士子罢考事件发生后的三大趋势：首先，在嘉庆以后，随着对罢考士子处罚力度减轻，地方官员往往希图息事宁人，求得任内政绩，尽快迁转。这就是当孙诒让出面调解时，温州府知府李士彬会在困局中找到台阶，继续收考士子的原因。其次，官府对地方士子群体和地方精英群体妥协。知府、知县在很大程度上秉承地方意愿，平息士子罢考案，反映出 19 世纪地方精英能动性和权势的扩张现实。尤其是在该案中，以杨氏家族为核心的"江南民团"精英圈作为整个案件的核心，无疑起到了和州县、知府以至省府谈判、斡旋的砝码作用。最后，我们通过温州府平阳县士子罢考事件的处理过程，可以明晰地方精英和学政等省级官员反复斡旋、

---

[1]（清）孙诒让：《籀庼遗文》上册，收录于《孙诒让全集》，中华书局 2013 年版，第 284—285 页。

互动与妥协后，最终依旧遵循学政的建议上报士子名单，并接受罚科扣考的处置结果。这证明了虽然地方精英强势介入罢考事件处理过程，但是也没有脱离中央和省级政府管控的事实。

五、结语

在18世纪、19世纪交替之际，清廷面临着一系列的挑战与危机，特别是因镇压白莲教起义所导致的财政困乏和地方权力真空，迫使朝廷不再如18世纪那样直接介入和参与地方公共事业的建设和维护，而是将统治触手回缩，更多依靠地方精英的参与。自嘉庆朝始，针对科场罢考的处理虽然在律法层面少有改动，但在雍乾两朝施以严刑数十年后，在嘉庆朝迎来了转变。嘉庆帝对士子罢考案件往往"软"处理，既不违反其祖、父之制，又给士子群体以"活"路，体现了嘉庆帝希望同士绅阶层紧密合作的姿态。这种处理方式印证了赖惠敏在研究清代犯奸案时提出的这一时期"立法从严，执法从宽"的主张。[1]与之同时，对于罢考事件的处罚原则由"责士"转向"责官"，对士子群体网开一面。相应地，地方精英能动性得以增强，继续发展于同光时期。

在这种背景下，19世纪下半叶的地方精英们获得了更多的自主权，对于罢考士子的支持也不再停留于文字发声，而是更为直接地介入罢考事件处理过程，与州县或省府直接斡旋。在本章中，广宁县和平阳县士子罢考案都可视为南方精英直接介入罢考事件处理过程的典型代表。前者展现出"官"与"非官"的"冲突—融合"模式，后者则表现出精英群体为保护罢考士子而介入判决过程，从而达成"官"与"非官"的妥协。两则案例体现出朝廷、地方官和士子群体的关系已经发生了微妙变化，当朝廷在19世纪对地方的管控力下降时，其自身对于罢考案件的处罚力度变弱。随着地方力量上升，州县官就真正从朝廷任命的"治民"之官变成"亲民"之官。19世纪的州县官作为"外来人"，在朝廷"责官"和任期缩短的大趋势下，失去了如18世纪雍乾时期中央赋予他们的绝对权力和支撑力量，故而倾向于选择迎合士绅群体的意愿，甚至成为地方利益的维护者。地方官和地方精英群体形成了一个利益相关的共同体，这也是19世纪以后朝廷与地方权力博弈的结果。

---

〔1〕　赖惠敏："法律与社会：论清代的犯奸案"，载邱澎生、陈熙远编：《明清法律运作中的权力与文化》，广西师范大学出版社2017年版，第232—280页。

第十三章

从邸抄到《申报》：清代传播媒介的流变

——以科场罢考案传播为例

　　科场罢考事件发生后，案件信息会通过邸抄在官方系统内进行传播，使得官员阶层知悉案件进展与判决结果，具有官方性和封闭性的特点，一般士民无法了解相关信息。此外，邸抄的官方性让报道罢考案件的口吻遵循雍正、乾隆朝以来朝廷严厉惩处士子的口径，强调按照雍正十二年（1734年）颁布的《禁止士子罢考上谕》，以光棍例和"激变良民"律对罢考士子给予谴责与惩处。然而，随着19世纪70年代近代中文报刊的兴起，《申报》等近代报刊成为士子科场罢考事件传播的又一重要载体，并在报道时效性、真实性等方面相较于邸抄更具有现代性的意涵，也为士人提供了一个发声和超越官方统一口径的舆论平台。

一、传统邸抄对于士子罢考案的传播

　　邸报又称邸抄，自明崇祯十一年（1638年）开始有活字版印行，是官方体系内发行的传统信息传播媒介。清代的邸抄以谕旨和奏折摘抄居多，其受众是各级官员和有一定功名的士人，一般大众和下层文人对于邸抄所传播的内容知之甚少。随着雍正、乾隆时期朝廷集权化统治加强，邸抄更成为清政府重要信息内部通报、人事任免传达与官方发声的载体与媒介。例如，雍正六年（1728年）李秉钟的奏折中就写道："奴才接阅邸抄，知西藏阿尔布巴等叛逆已就擒，从此西疆永靖共享安乐矣"。[1]又如，雍正十一年（1733

---

[1]　《宫中档雍正朝奏折》，《奴才接阅邸抄知西藏阿尔布巴等叛逆已就擒从此西疆永靖共享安乐矣事》，档案号：011196。

年），刚刚卸任的福州将军准泰奏称自己是在阅读邸抄后才知道雍正帝准许自己继续留任署理福州将军事，奏折称"本年正月二十五日奴才交卸福州将军印务，兹于四月初一日接读邸抄，钦奉恩旨仍着奴才署理福州将军印务，奴才惟有竭尽驽骀以报天恩"。[1]甚至同治元年（1862年）刚完成湖北乡试任务的颜宗仪在回京后，是通过接阅邸抄才得知被外放云南学政的，故其未及修整，即启程赴任。[2]

正因邸抄的官方属性，当士子罢考案发生后，邸抄实际上发挥着将事件信息在官方系统内扩散传播的作用。根据清代司法程序，当士子科场罢考案发生后，案件应由州县汇报至知府，知府上呈督抚和学政，若参与罢考的人数众多，地方督抚将派兵弹压。在士子被控制后，案情经督抚、学政以奏折的形式上报朝廷，以待进一步批示。经过朝廷商议并作出惩处决定后，案件的处理结果以奏折或廷寄下达，同时事件也以邸抄的形式经过通政使司、六科、提塘三个环节[3]向地方官员发布。在信息下达的这一过程中，除有州县至朝廷的纵向传播途径外，还兼有地域间士子罢考信息的横向传播，可以说在整个18世纪至19世纪70年代以前，邸抄发挥了"传示四方"的功能。

综上所述，邸抄对罢考事件的传播受众性和时效性并不如后来的近代报刊强，其更像是政府权力的延伸，采用垂直管理的传递模式，信息层层下达。邸抄的官方立场决定了它对罢考案的报道更多地站在朝廷的立场上，延续着自雍正、乾隆朝以来对于士子罢考的压制态度，而且在案件选择上，也以朝廷有关严厉处罚士子的上谕或事例居多。

雍正十二年（1734年）九月，雍正帝在驳斥了礼部尚书吴襄拟定的用较轻的刑罚惩处罢考士子的办法后，经礼部修订，明发上谕，要求严惩罢考士子，上谕全文被收录在《清世宗实录》"雍正十二年九月戊子"条内。在九月十六日的邸抄中同样收录了这则上谕，全文如下：

> 各省生童，往往因与地方有司争竞龃龉，相率罢考，或经教官劝谕，或

---

〔1〕《宫中档雍正朝奏折》，《奴才交卸福州将军印务兹于四月初一日接读邸抄钦奉恩旨仍着奴才署理福州将军印务奴才惟有竭尽驽骀以报天恩事》，档案号：004329。

〔2〕中国第一历史档案馆藏：《湖北正考官颜宗仪奏为回京始见简放云南政邸抄即起程赴任事》，同治元年（1862年）十月二十二日，档案号：03-4997-034。

〔3〕方汉奇主编：《中国新闻传播史》，中国人民大学出版社2004年版，第33页。

同城武弁排解，然后寝息其事，此风最为恶劣。士为四民之首，读书明理，尤当祗遵法度，恪守宪章，化气质之偏，祛嚣凌之习。况国家之设考试，原以优待士子，与以上进之阶。凡此生童，不知感戴国恩，鼓舞奋勉，而乃以私心之忿，借罢考为胁制官长之具，何市井无赖至于此乎！盖因庸懦之督抚学臣希图省事，草率完结，不加严惩，以致相习成风。士气一骄，士品日流于下，关系匪浅。嗣后如果该地方官有不公不法凌辱士子等情，生童等自应赴该地方上司衙门控告，秉公剖断。倘不行控告而邀约罢考者，即将罢考之人停其考试，若合邑、合学俱罢考，亦即全停考试。天下人才众多，何须此浮薄乖张之辈。是乃伊等自甘暴弃外于教育，生成即摒弃亦何足悯惜。如此定例庶，亦整饬士习之一端，着该部妥议通行。[1]

邸抄所收录的这则《禁止士子罢考上谕》在《清世宗实录》的基础上增加了四处内容：第一，邸抄强调了地方官员对于压制罢考的作用，增加了"或经教官劝谕，或同城武弁排解，然后寝息其事"，表明官方的管控态度。第二，邸抄保留了雍正帝的强硬口吻，认为罢考行为与市井无赖无异，甚至有过之而无不及，表达了雍正帝对于士子的轻视态度和不满情绪，增加了"借罢考为胁制官长之具，何市井无赖至于此乎！"第三，雍正帝提出士子罢考的行为会导致士气骄横，增加了"士品日流于下，关系匪浅"。第四，邸抄中的上谕强调了禁止罢考是整治士习的重要措施，并认为惩治罢考者不需怜惜，增加了"天下人才众多，何须此浮薄乖张之辈。是乃伊等自甘暴弃外于教育，生成即摒弃亦何足悯惜"。

邸抄所收录的这则上谕，完全体现了雍正帝对于士子科场罢考的强硬与严厉态度，是邸抄官方话语功能的最好体现。相对而言，《清世宗实录》中的措辞相对柔和，是乾隆朝经过精心加工后的话语，一些激烈言辞，如"何市井无赖至于此乎！""浮薄乖张之辈"等均已从《清世宗实录》中删去。由此可见，邸抄是进一步还原历史，探析雍正帝对士子科场罢考问题真实态度的重要媒介。

在朝廷邸抄刊行《禁止士子罢考上谕》作为警告和处罚士子依据之外，

---

[1] 雍正十二年（1734年）九月《邸抄·上谕十二道》，九月十六日上谕，清雍正年间太史连纸刊本，第5a—5b页。

邸抄还在具体的罢考事件中起着案例参照的作用。雍正二年（1724 年）十一月，贵州威宁总兵石礼哈奏报，该年九月考试时，毕节县有士子邵藩爽、张时焕等十数人以攻击士子邵汝钧冒籍为名大闹科场，以致考试无法继续进行，酿成罢考事件。石礼哈以河南封丘县罢考案为参照范例，言及"臣阅邸抄见河南封丘县劣生聚众阻考（罢考）一事，已奉钦差严审在案"，[1]并认为河南属于内地，尚且不可，何况贵州"为苗猓杂处，最易生事之处，诸生聚众成风，尤宜严惩究办"。[2]在这个案例中，石礼哈明确提及自己是因阅读了邸抄而得知河南封丘罢考案，以及朝廷对于士子王逊等"斩决首犯"的严厉判决结果。因此，石礼哈希望也以此案判决为参照，处理毕节县士子罢考事件。由此可见邸抄对罢考案在官方范围内的传播和在具体案件上的示范作用。

又如，道光九年（1829 年）十一月，湖南巡抚康绍镛在获得州县奏报后，向朝廷题奏长沙县知县"因案戒饬生员致生童等借端阻考滋闹一案"，即见于道光十年（1830 年）的邸抄之中。[3]在案件得到处理后，案件信息经由内阁、通政使司以邸抄发到各省、府和州县官员手中。在这一案件中，除传统邸抄传播罢考信息外，当案件处理结果返回地方后，官府又以告示的形式向士民进行二次传播。

按规制，案件回到地方且处理完毕后，各州县应将案件以告示的形式贴出，将涉事缘由及正法人犯姓名刻示城乡，晓谕百姓，一方面希图以此震慑士子，另一方面在客观上将案件进行传播。清代告示的制作与发布主要由地方官府承担，其受众为一般民众，因此告示既具有官方色彩，也推动了民间传播。告示往往张贴于城乡重要的交通节点或市集所在地。光绪十三年（1887 年），四川保宁府府考前，桂知府贴出禁止罢考告示，随后，南部县、府儒学及保宁府附属各县纷纷贴出告示。告示以发布告示人的职务为开端，并说明从属关系，[4]然后重复雍正十二年（1734 年）的《禁止士子罢考上谕》，最后回到四川此次府考上来，文载：

---

〔1〕《宫中档雍正朝奏折》，"石礼哈奏报毕节县生童聚众辱官阻考事"，档案号：402017591。

〔2〕《宫中档雍正朝奏折》，"石礼哈奏报毕节县生童聚众辱官阻考事"，档案号：402017591。

〔3〕（清）祝庆祺等编：《刑案汇览三编》，北京古籍出版社 2004 年版，第 409—410 页。

〔4〕四川省南充市档案馆藏：《保宁府府衙为光绪十三年严禁闹考罢考事饬南部县》，全宗号 Q1，目录号 09，案卷号 00865，件号 06，档案馆代号 451242。

四川总督转饬各府州县及各学，于接奉部文后，恭录谕旨出示晓谕，其考试日仍先期一体出示，俾众咸知，无得视为具文，以致酿成巨案。此札转饬各府州县及各学一体遵照，勿违。除经历列入例册外，此札仰该府转饬所属州县及各学教官一体钦遵。[1]

清代防范士子群体科场罢考的告示均由地方官府完成，不仅州县衙门要自己制作禁止罢考告示，也要张贴来自府、道、省布政司等上级衙门的文告。当四川保宁府禁止罢考的部文下发至南部县后，南部县李知县也以县衙正堂的名义向县学发出禁止罢考告示，要求县学文武生童士子等"知悉，勿违"。一般这种禁止士子罢考文告由省府发给地方官母本一份，再由地方官复制张贴，具有很强的时效性和地域性。在保宁府南部县张贴禁止罢考告示事例中，县衙在照墙、东南门、西北门、西门及其他共 120 处分别张贴禁止罢考令札，并向保宁府知府汇报，力求全县所有士子均可知晓朝廷、省、府禁止罢考的谕旨。

但无论是邸抄还是告示，这些传统的信息媒介都是具有"从上而下"的命令式口吻，而且在传播的时效性和客观性方面存在较为滞后和失之偏颇的问题。

二、近代报刊对于士子罢考案的传播概述——以《申报》为中心

随着时间的演进，除官方的邸抄传递士子罢考信息外，19 世纪下半叶近代报纸媒体的兴起直接推动了罢考事件传播范围的扩大和时效的提升，并对整个精英阶层产生了影响。例如，光绪二年（1876 年）贵州贵筑县生员在入场应试时与兵丁发生口角，几乎酿成科场罢考事件。此案本在邸抄刊登，但随即被《申报》转载，成天下共知的新闻。温州平阳县闹考一案，《申报》不仅作出报道，甚至不断跟进案情发展，已成连续新闻。这使得不同地方的士子更容易了解他处士子在面对"凌辱斯文"的不公对待时的做法。正如罗威廉（William T. Rowe）所言："晚清数十年间商业报刊的出现在多种渠道上间接影响着精英阶层，而至 20 世纪初则直接成为士人论战的平台。"[2]

近代报刊为士子罢考事件的报道提供了一个新的平台，超越了官方话语

---

[1] 四川省南充市档案馆藏：《保宁府府衙为光绪十三年严禁闹考罢考事饬南部县》，全宗号 Q1，目录号 09，案卷号 00865，件号 06，档案馆代号 451242。

[2] William T. Rowe, "The Problem of 'Civil Society' in Late Imperial China", *Modern China*, 1993, 19（2）：139–157.

和事发所在地域，以更加客观和具有时效性的传播特点，使科场罢考事件成为天下士民共知之事。例如，《益闻录》在 1883 年至 1898 年间记载了江南地区发生的多起士子罢考事件。按地域范围来看，《益闻录》更多以临近上海的事件为主，包括嘉定、湖州、温州、处州等地。如《益闻录》在 1883 年报道了嘉定县、湖州府士子科场罢考案，1886 年报道了温州府平阳县罢考案，1892 年报道了汉江和浙江处州松阳县罢考案，1898 年报道了安徽宿松士子罢考案等。类似地，清末《杭州白话报》等报刊也对士子罢考案予以报道。不过，在众多晚清报刊中，对士子罢考事件报道时间跨度最大、地域采编最广、影响范围最大的应属《申报》。

《申报》由英商安纳斯托·美查于 1872 年创办，在求实和包罗万象的方针下，士子群体的科场罢考案件也是其报道的对象之一。光绪元年（1875年）至光绪三十一年（1905 年），《申报》共刊载罢考相关报道 61 篇，其中有 18 篇标明为"宫门抄"，实为对邸抄的二次传播，其余 43 篇报道，标注"本报讯"字样，为独立采编报道。在光绪年间《申报》所报道的士子罢考案件中，以地域来看，除去总论罢考事件 5 次外，其余事件为河南 5 次、福建 4 次、湖北 5 次、广东 3 次、山东 2 次、浙江 9 次、江西 2 次、江苏 5 次、安徽 3 次、直隶 2 次、四川 3 次、湖南 7 次、贵州 1 次、东北三省共 5 次，南北比例为 3∶1。若以施坚雅的区域模式为研究模板，频次由高至低的区域依次是长江中游 17 次、长江下游 14 次、华北 14 次、东北 5 次、东南沿海 4 次、长江上游 3 次、岭南 3 次、云贵高原 1 次。因此，光绪朝士子罢考事件依旧呈现出长江中下游与华北区域案件集中的特点。

《申报》对于士子罢考案习惯追踪性连续报道，所以有的罢考案报道达三四次。例如，上文统计的湖北 5 次罢考事件报道中，针对湖北黄州府生员群体罢考案的报道就有 3 次。类似地，湖南芷江府生员罢考报道多达 4 次，浙江 9 次报道中也有 3 次叙述相关案件。实际上，《申报》对科场罢考报道次数最多的省份是浙江，达到 9 次之多，湖南、江苏、河南紧随其后，这与《申报》的主笔和社评人很多来自浙江和江苏有关，他们更多地关注江浙两省境内的新闻，形成对罢考事件的连续报道。

正是《申报》对士子罢考事件的持续关注，以及对于邸抄内容的二次甚至三次传播，使得罢考事件的社会反响和持续效应更强。针对报刊的持续性传播效果，王汎森就认为，新报刊与各种印刷物将思想带到原先所到不了的地方，形成了一个网络，而且深入原先不可能接触到这些思想资源的大众，形成了一个纵深。新刊物是定期出版的，所以形成了事件的持续感。[1]更应该看到的是，19 世纪 70 年代从木版印刷到铅版印刷技术的转变彻底改变了帝制晚期的信息传播形态。以《申报》为代表的大众纸媒报刊传播地域更广、受众层次更宽泛、时效性更强。可以说，现代印刷技术的创新对中国沿海及内陆地区纸媒的生产及知识的传播有着深远影响。[2]

《申报》对士子科场罢考事件的报道大多放在第二版的社评版面内，更容易引起读者兴趣，使士子群体罢考事件得到跨区域传播，成为天下皆知之事。[3]作为具有文化功底的士人群体，可以通过阅读报刊了解到他地发生的罢考事件，同时"《申报》关于地方社会活动模式与策略的讨论，时常被遥远的地方所学习和模仿"。[4]这为其他士子在将来面对不公平对待时，提供了一条可参照的抗争之路。正因如此，报刊在客观上是对于士子群体罢考的一种"推动"。

黄晋祥对《申报》历任主笔的研究认为，《申报》自创刊后总主笔和各版面主笔长期由浙江和江苏文士担任。[5]这些江南主笔士人大多具有生员以上的功名，而他们希望利用《申报》这一平台表达对于士子罢考行为的支持是可以想见的。在李礼看来，这些走出传统书斋的士人正在向"大众型精英"和"意见领袖"转变。[6]实际上，嘉庆四年（1799 年）江苏吴县发生士子罢

〔1〕 王汎森：《中国近代思想文化史研究的若干思考》，载《新史学》2003 年第 14 卷第 4 期。

〔2〕 Brokaw, Cynthia, "Commercial Woodblock Publishing in the Qing（1644 - 1911）and the Transition to Modern Print Technology", in Brokaw, Cynthia and Reed, Christopher eds., *From Woodblocks to the Internet*：*Chinese Publishing and Print Culture in Transition, Circa 1800 to 2008*, Brill, 2010, pp. 39-58.

〔3〕《申报》首版以广告、专电为主，政治性叙述性较强；第二、三版多为社评、时论，带有主笔人的评论和好恶色彩，从新闻角度而言，其可读性更高，也容易引发读者共鸣与思考。根据宋三平的研究，黄远生的文章均被刊登在《申报》最重要的版面——第二版或第三版，其言："黄远生发表在《申报》上的通信和新闻日记几乎都属于'要闻一'，刊登在第二版或第三版。"参见宋三平：《论黄远生〈申报〉时期的新闻实践及其特点：兼与〈时报〉时期比较》，载《南昌大学学报（人文社会科学版）》2011 年第 6 期。

〔4〕［美］罗威廉著，鲁西奇、罗杜芳译：《汉口：一个中国城市的冲突和社区（1796—1895）》，中国人民大学出版社 2008 年版，第 32 页。

〔5〕 黄晋祥：《晚清〈申报〉的主笔与社评》，载《光明日报》2007 年 6 月 15 日。可考者如浙江士人蒋芷湘（浙江仁和）、钱昕伯（浙江吴兴）、何桂笙（浙江绍兴）、沈定年（浙江山阴）等，江苏士人王韬（江苏长洲）、高太痴（江苏苏州）、韩子云（江苏娄县）、蔡尔康（江苏嘉定）、黄协埙（江苏南汇）等。

〔6〕 李礼：《转向大众：晚清报人的兴起与转变 1872—1912》，北京师范大学出版社 2017 年版，第 7—8 页。

考案后，士人开始对罢考士子予以支持。当地士人编写的杂剧《干如》在民间流传，以影射、讽刺当时酿成士子罢考案的学政平恕。该剧开场白是"忘八，丧心，下官干如是也"。"干"是"平"字去掉"八"，"如"是"恕"去掉"心"。[1]这出杂剧表达了当时吴县士人对学政的反感态度，而其最早版本就收录于《申报》主笔黄协埙所著的《锄经书舍零墨》中。[2]

《申报》作为 19 世纪后半叶新兴的话语平台，为江南士人提供了新的话语空间。他们将朝廷话语下的"天下公论"转移至士人掌控的报刊平台之下，"甚至悄然建构起了一个体制外的舆论势力"。[3]这种转化类似于周启荣在讨论明清之际出版文化时所强调的"图书出版业的扩张使得士绅获得了前所未有的自主权，挑战了朝廷在文化出版方面的治权。"[4]在士人利用报刊传播士子罢考案的同时，报刊作为今日我们走进历史的资料，也为我们厘清士子罢考所要表达的诉求和性质给予了有益的帮助。

三、《申报》对科场罢考报道的真实性与时效性述论——以湖北黄州府罢考案为例

据笔者研究，清代士子科场罢考几乎全部是为了获得群体利益或表达群体诉求，而少有其他原因。发生于光绪二十七年（1901 年）湖北黄州府的生员罢考事件同样是以对"斯文"的践踏为直接借口与导火索，但就案件性质有两种版本的记述，一种是传统的因"凌辱斯文"所致，而另一种则具有近代革命性质，与唐才常的自立军勤王事件有所关联。那么，哪一种版本更加贴近事件的真相呢？《申报》对该案件及时和连续报道，对于厘清该案性质起到了关键作用。

第一种版本是罗威廉所论述的革命版本。在他的笔下，这次科场罢考的领导者是麻城县生员屈开埏，而麻城县的地理环境与人文性格在罗威廉对于

---

〔1〕　吕叔湘：《语文常谈及其他》，上海教育出版社 1990 年版，第 87 页。

〔2〕　黄协埙：《锄经书舍零墨》卷 2，《笔记小说大观》第二十五册，江苏广陵古籍刻印社 1983 年版，第 375 页。

〔3〕　李礼：《转向大众：晚清报人的兴起与转变 1872—1912》，北京师范大学出版社 2017 年版，第 54 页。

〔4〕　Chow, Kai-Wing, *Publishing, Culture, and Power in Early, Modern China*, Stanford University Press, 2004, p. 242.

麻城 7 个世纪暴力史的描述中已经展现得淋漓尽致，此次事件似乎印证了他对于麻城"尚武"与"暴力"特征的描述。[1]事件的主人公屈开坼，字子厚，幼年随父避难四川叙州府，后随母回到麻城县屈氏族人的住处，也是麻城县的商业核心地带——宋埠。屈开坼于光绪己卯年（1879 年）以县试第一的成绩考中生员功名，后于壬午（1882 年）乡试中获得第三名，但不知何故"旋撤去"，[2]后入两湖书院读书。在黄州府罢考案发生前，屈开坼在两湖书院结识了唐才常，后者若干年后在东京创设自立会，并"遥推"屈开坼为"二十干事之一"。[3]正因如此，黄州府罢考案被罗威廉视为由屈开坼领导以配合唐才常活动的有力证明。[4]

罗威廉根据《辛亥革命资料选编》的记载，认为案件发生于光绪二十六年（1900 年）。黄州府岁考时，八属士子 3 万人齐集黄州府贡院，广济廪生饶汉莞在进场时拒绝兵丁搜检。后兵丁强行对其搜检，饶汉莞气愤不过，骂了一句，导致兵丁抽其一记耳光。拥有生员身份的饶汉莞自然不堪兵丁"凌辱"，高喊"狗！士可杀，不可辱！你敢打人吗?"[5]后湖北"提学使"蒋式芬呵斥"谁敢放肆，将他驱逐出场！"兵丁竟将饶汉莞赶出贡院并补上一脚，踢中命门致其死亡。[6]事发后，蒋式芬与属下试图掩盖此事，但终因消息泄露引发了八属士子的强烈不满，以屈开坼和程柳塘为首的士子带领发动科场罢考，并将学政蒋式芬及监考官等人反锁在贡院内。后蒋式芬发电报给巡抚于荫霖，后者派兵弹压才将事件平息。屈开坼受到追捕，在其逃亡后，屈家人放出其已死的消息，才使其逃过一劫。[7]罗威廉采纳了此种记载，认为屈开

---

〔1〕 William T. Rowe, *Crimson Rain*：*Seven Centuries of Violence in a Chinese County*, Stanford University Press, 2006.

〔2〕 《麻城县志续编》卷 11，1935 年版，第 10 页。

〔3〕 《麻城县志续编》卷 11，1935 年版，第 10 页。

〔4〕 William T. Rowe, *Crimson Rain*：*Seven Centuries of Violence in a Chinese County*, Stanford University Press, 2006, p. 243.

〔5〕 刘萍、李学通主编：《辛亥革命资料选编》（第一卷·反清革命下册），社会科学文献出版社 2012 年版，第 316 页。

〔6〕 刘萍、李学通主编：《辛亥革命资料选编》（第一卷·反清革命下册），社会科学文献出版社 2012 年版，第 316 页。

〔7〕 刘萍、李学通主编：《辛亥革命资料选编》（第一卷·反清革命下册），社会科学文献出版社 2012 年版，第 317 页。

埏在黄州府科考时于考生中开展唐才常自立军"勤王"的宣传和准备工作，[1]在事发后"不失时机"地召集了 3 万士子参与并领导了这次科场罢考事件，显然将此次科场罢考描述成近代资产阶级所进行改革的一部分。

以上证据符合罗威廉对麻城"尚武"特性的描述，无疑也有力地证明了此次罢考事件的"正当性"。1912 年出版的《革命党小传》，1935 年重修的《麻城县志前编》《麻城县志续编》以及 1992 年麻城地方志编纂委员会新刊的《麻城县志》虽然详细记述了屈开埏在辛亥革命时期的一系列贡献，但对于光绪二十六年（1900 年）带头罢考则完全没有谈及，甚至还有另外一番记述。在 1935 年《麻城县志续编》卷 11 中记录道："唐等归至汉口，潜谋大举，为于抚荫霖侦知，以次捕戮。搜唐行箧内有刘道仁致埏书一封，并令逮埏。"[2]按照这种记载，屈开埏被搜捕的起因与科场罢考事件完全不相干。除记录失实的可能性外，这种"革命性"版本的记录也有可能是在士子群体间有意制造的一种谣言，即将一件事附会在某人身上，并令其快速传播以达到目的。[3]换言之，这种"臆造"的传言更好地让士子群体"声气相通"与"感同身受"，有助于发动罢考。

第二种版本是同时期《申报》的连续性报道，展现了与上述"革命性"版本不同的性质，回到传统的"凌辱斯文"动因上。首先是时间上的不同。《申报》在光绪二十七年，即 1901 年 7 月 2 日，以"黄州罢考"为题作出报道。《申报》记者在汉口采访友人，得知 6 月 24 日湖北学政蒋式芬于黄州主持文生岁试时，"有某甲者，夹带小本时文被巡役搜出，禀曰宗师（蒋式芬）。宗师恶其违干犯功令，薄责手心。甲草草完卷出场，羞忿交加，服毒自尽。一时士林传遍，公愤难平，刊布传单，相约罢考。郡城各铺、户亦皆闭门停市"。[4]事后，士子更扬言赴都察院京控，场内官员电报湖广总督张之洞，后者紧急派恺字营赶赴黄州以防他变。

如果按此报道，罢考事件发生于光绪二十七年（1901 年），那么可以说

---

〔1〕［美］罗威廉著，李里峰等译：《红雨：一个中国县域七个世纪的暴力史》，中国人民大学出版社 2014 年版，第 242—243 页。

〔2〕《麻城县志续编》卷 11，1935 年版，第 10 页。

〔3〕学者田海就讨论了谣言传播的"污名化"问题。作者提及"定期于县试、省试及京城举行的科举考试也为一种别具强度的传播提供了良机"。参见［荷］田海著，赵凌云等译：《讲故事：中国历史上的巫术与替罪》，中西书局 2017 年版，第 287 页。

〔4〕《黄州罢考》，载《申报》1901 年 7 月 2 日，第 2 版。

明黄州的罢考案与唐才常的"勤王"活动无关。因为唐才常已于 1900 年 7 月被处决,所以科场罢考行为也就并非为"勤王"活动所做的宣传,更不是由屈开坼领导的。此外,根据《申报》报道,兵丁对于夹带的考生并未殴打、踢踹致其死亡,而是该考生自尽身亡。但《申报》的记者担心从一人处得知的消息不实,第二天又跟进报道以为补正。

7 月 3 日,《申报》再刊发《黄州罢考续闻》。记者于 7 月 2 日获得武昌另一访事人手函云:"湖北提督学政蒋艺圃宗师按试黄州,诸生忽然罢考……香帅飞饬武恺营统领吴协戎拨勇三营,星夜驰往弹压。至启衅之由,言人人殊,莫衷一是。有谓匪类乘机作乱,竟将试院围攻者。昨所言某生夹带时文被责自尽,恐尚非确实情形也"。[1] 根据此则报道,科场罢考确有发生,湖广总督张之洞也确实发兵前往黄州弹压,但其原因尚不能确定,或因匪徒作乱,或因士子夹带被查。为了彻底弄清事件真相,《申报》继续跟进案件,于三日后的 7 月 6 日发表《黄州闹考三志》。

在《黄州闹考三志》中,《申报》记者言及,在前两则报道中,对于罢考原因,人人莫衷一是,后经多方查访得知案件缘由如下:

> 实缘学宪考试生员经古时,有廪生李某怀挟甚多,当场被役搜出禀知蒋艺圃文宗。文宗即饬扣考,李咆哮渎辩,不肯出场,丞差等遂上前拖扭,任意殴之,李羞愧难堪,是晚即投护城河自尽。次晨居民瞥见飞报县宰,临场相验,果见身上有伤痕二处,应考生童闻之金谓为丞差殴击所致,相率赴学辕鸣冤。文宗斥驳不准,生童疑文宗有意袒庇,一唱百和,势甚汹汹,相约罢考。[2]

从报道中可以确知,罢考是因生员李某夹带引发。由于差役要将其拖出考场,双方有所扭打,但李某并非"凌辱致死",实乃自己投河而亡。无论致死原因到底为何,应考士子均言"为丞差殴击所致,相率赴学辕鸣冤"。蒋式芬斥驳了士子的说法,引发士子对蒋式芬有意袒庇的怀疑和不满,故"一唱百和,势甚汹汹,相约罢考"。在后续发展中,学政蒋式芬和监考官并未被反锁贡院,而是府、县各官一再开导士子但未能解散之后,学政才电请张之洞

---

[1] 《黄州罢考续闻》,载《申报》1901 年 7 月 3 日,第 2 版。
[2] 《黄州闹考三志》,载《申报》1901 年 7 月 6 日,第 2 版。

派兵弹压，以防止事态进一步扩大。后"经巨绅出而调停，允代禀商文宗，将动手之丞差查明交县归案讯办，各学教官复再三晓以利害，众遂瓦解冰泮，现已照常考试"。[1]至此，《申报》报道把事件归因于"凌辱斯文"，后经地方官反复调解，考试得以重新举行，这与笔者于第十章所述清朝因"凌辱斯文"引发的大多数罢考案件的性质类似。

对比两个版本，笔者认为《申报》的报道更加真实。首先，《申报》对该事件的报道更具时效性，且三篇报道步步跟进，至少在事件发生的时间上不会弄错。其次，在《申报》的报道中没有提及屈开埏的名字，这也与三种麻城地方志对其营头罢考一事并无记载相吻合。再其次，蒋式芬在光绪二十六年（1900年）尚跟随两宫"西狩"，直到八月之后才因"保驾之功"被加恩授予提督学政的职位，故不可能在光绪二十六年（1900年）出任当年六月的岁试考官。最后，就清代官职而言，1901年一省督学的最高官职还是学政，《辛亥革命资料选编》中提及蒋式芬官职为湖北提学使，而"提学使"这一官职在1905年以后才被设立。究其缘由，《辛亥革命资料选编》的记述源自蔡寄鸥所著《鄂州血史》，一方面，该书作者对罢考事件的记述应为多年后追忆或走访所得，不及《申报》即时报道的时效性和准确性；另一方面，考虑到作者的同盟会会员身份与革命立场，在记述事件时可能有意识输出革命倾向，而《申报》记者更多为客观报道，所以倾向性更少。基于以上所述，《申报》对于1901年黄州府因贡院严格搜检夹带以致"凌辱斯文"而引发的科场罢考事件的报道，可能更加贴近真实。

以上推论也可以被当时出版的另一份报纸印证。在1901年7月出版的《杭州白话报》第4期第2版第3页刊登了题为"黄州闹考"的新闻报道。这份报道记载的事件时间、地点、内容和《申报》的口径几乎完全一致。该报道载：

> 学台考试黄州，有个广济秀才不服搜检，恼了学台性子，学台大怒，立刻提到堂上，打他的手心四十板，驱逐出场。那个秀才是有廉耻的，受过这一番羞辱，没有脸面见人，气哄哄地挨到城河边，扑通一声，跳在水里，呜呼哀哉，死了！[2]

---

〔1〕《黄州闹考三志》，载《申报》1901年7月6日，第2版。
〔2〕《杭州白话报》1901年第4期，第2—3页，全文缩微胶卷编号J-3497，帧0055。

《杭州白话报》的报道印证了《申报》所载的士子乃投河自尽，并非被踢致死。只是两则报道在细节上稍有差异，《杭州白话报》称生员"不服搜检"，没有明确提出该生员夹带，但应该距离事实不远。若非夹带，何惧搜检？在士子们得知生员投河自尽的消息后，一时激愤，发动了罢考，并非为了宣扬革命的主张。《杭州白话报》的记载显示了士子科场罢考是临时起意，并非事前筹划。报道中也再次展现了士子群体的同质性以及一呼百应的特征，据载：

> 要是同考的人不齐心，末（没）有大家相爱的意思，他死他的，管我什么（事）。黄州的人恰不是这般，当即大动公愤，一呼十，十呼百，百呼千，千呼万，齐声嚷道："反了，世界上没有天日了，秀才的命不值钱，我们大家要和学台拼命呢！"便把考棚四儿围铁桶，用极大铁钉，钉住头门，不许有人送进伙食，说要把学台饿死抵命。[1]

1901年7月2日出版的《新闻报》也记载了黄州府罢考案件，所述同上两份报刊一致：案件起因于"临场搜检，某考生于承差互相龃龉"，[2]次日闻讯的众士子不服以致不考。

若再辅以新近出版的方志，以为佐证，则可以更加确定黄州府士子罢考案的性质。在《保定人物志》和《洞灵小志》中有对蒋式芬的记载，称其"平易近人，他教诲家人以和蔼乡里为德，以仗势欺人为耻"。《保定人物志》对罢考事件过程记述如下：

> 某考生因舞弊违章，被驱出考场，自愧跳江而亡，众考生不明真相，借故罢考，冲击考场，幸两湖总督张之洞以舰轮护救，式芬才得脱险，遂告归。[3]

上文的记载印证了科考时有考生因夹带被驱除出场，后投江自尽的事实，再次证明了科场罢考因"凌辱斯文"引发，并非为了革命。再有《洞灵小志》记载：

〔1〕《杭州白话报》1901年第4期，第2—3页，全文缩微胶卷编号J-3497，帧0055。
〔2〕《黄州闹考余志》，载《新闻报》1901年7月2日，第2版。
〔3〕《保定人物志》编辑委员会编：《保定人物志》，中央文献出版社2011年版，第248页。

> 蒋亦璞前辈式芬庚子春在京师……次春忽拜鄂学之命……按试黄州……既而岁试，某邑有饶生者挟夹带，不服搜检。蒋召之至前，晓以功令。饶负气出闱，投水死，诸生相率鸣金罢考，且封围试院。鄂督张文襄遣卒弹压始定。[1]

这条记载明确了蒋式芬是在庚子年的"次春"，即 1901 年春被授予湖北学政一职，且同年岁试之时有生员夹带被查，最终投水而死，导致士子科场罢考。两部方志的记载再次佐证了《申报》的报道，但由于方志编纂的地域性和受众范围，并不能为时人快速地提供事件的真相，而近代报刊则弥补了这些不足，形成了对案件持续、快速且真实的报道与传播。

这次科场罢考本是发生在湖北黄州的事件，却被上海和杭州两地的报刊报道，可见近代新型传播媒介相较于传统的邸抄在信息传播范围和受众方面更为广泛，也更加客观，削弱了对事件报道的官方批判色彩。与此同时，本次科场罢考事件经过《申报》及时且连续性的跟进报道，也再次证明了降及晚清时期，科场罢考的动因依旧是士子自身或群体利益受损，而少有政治性动因掺杂其间。

四、结语

新旧媒介都有助于我们还原科场罢考案原本的样貌，邸抄的信息传播相较于《清实录》和其他传统档案更加贴近真相，而近代报刊相较于传统的邸抄在报道客观性与时效性方面具有优势。相较而言，新兴的近代商业报刊相比传统邸抄不仅加快了信息传播速度，扩大了信息传播范围，也给士人更多的发声空间与自由度，更容易引发士人群体和其他读者的共鸣。

本章通过研究《申报》对晚清士子罢考案的传播，分析了清代传统和现代传播媒介各自的特性，展现出邸抄和《申报》的"官"与"非官"，"公"与"私"，"传统"与"现代"的不同属性。尤其是近代报刊的出现，突破了传统邸抄封闭性和官方唯一性的特点，给读者呈现了更具真实性、客观性和时效性的记述。

---

[1] 郭则沄：《洞灵小志 续志 补志》卷四，东方出版社 2010 年版，第 77—78 页。

附录 1

科举制度与中国传统社会的阶层流动

本部分所要讨论的是科举制度下的社会流动性议题。这里的"流动"指的是社会阶层内的纵向身份流动，而非横向的地域流动。总体而言，在科举制度创立和完善以前，地方社会中的布衣百姓阶层流动性相对较差，向上的个人发展空间有限。无论是上古三代的世卿世禄制，两汉的察举与征辟制，还是魏晋南北朝形成的九品中正制，均存在社会流动性弱和阶层板结问题。隋唐设立科举制度后，虽然阶层流动问题并没有立即得以扭转，但是经过长时间的发展和应试观念的普及，特别是当宋代新兴"士人阶层"登上历史舞台后，科举制度成为主流的官员选拔机制，而科甲及第也成了士人争相竞逐的终极目标。这一时期于科举制度完善与定型是一关键时期，而且士人晋升的社会流动性也大大加强。自宋代以降，科举制度在中国传统社会中一直发挥着重要功用，也见证着传统社会阶层流动的代际升降。

一、从荐举到科举：科举制的创立与士人阶层的崛起

（一）"上品无寒门，下品无势族"——阶层的板结

在科举制度创立之前，中国古代的官员主要来自世袭贵族、高门大族和一些被荐举入仕者。自西周施行封建制度以来，世袭贵族不仅拥有封地和百姓，即有"授民授疆土"的权力，而且他们在行政上的官职和权威也是世代承袭的。至战国时期，这种制度逐渐被官僚制度取代，君主开始以任免官员、发放俸禄的形式构建起官僚体系，"士"阶层也逐渐兴起，和知识、才能建立起更多的关联。但总体而言，这一时期的社会主流仍是世袭贵族，地方布衣跨越阶层的事例并不常见。

降及汉代，虽然国家政治运行有复兴封建之势，但官员选拔以察举制和

征辟制为主线。两汉的察举制以"贤良方正"和"孝廉"为主要内容。自汉初政权定鼎以来，历代帝王均下诏举"贤良方正、能直言极谏"之士，意图为政权网罗更多的人才。以"贤良方正"入仕的西汉士大夫如晁错、董仲舒、公孙弘等，皆可谓一时之选。相较于传统的世卿世禄制，察举制具有一定的开放性和流动性。其后，董仲舒还曾在汉武帝初年提出了举贤良"岁贡二人"的主张。

诏举"孝廉"相较于仕于庙堂的"贤良方正"而言，更多是选拔在地方上担任官职者，所以钱穆在评论举"孝廉"时就提出"盖孝廉出于乡官小吏，非有才学，恐不足以应天子之诏"[1]的观点。不过，举"孝廉"确为地方士人的入仕构架起一座桥梁。汉武帝时期，郡国举"孝廉"的制度逐步固定，也成了地方士人入仕的主要途径。至东汉年间，诏举"孝廉"定期举荐，设定中额，并佐以考试。这在一定程度上保证了官僚体系的正常运行，也对后来的科举考试有着借鉴意义。通过察举制，一些地方有能力和学养的士人得以入仕，为朝廷补充了新鲜血液。与察举制相并行的是征辟制，以士人名望作为选拔标准，既有二千石以上官员在地方自行征辟者，也有朝廷闻地方士人贤名而直接征召者。

虽然在科举制度正式成立前，汉代已经发展出察举制和征辟制，并成为地方士人主要的入仕途径，但围绕这些制度也日渐形成了举荐者和被举荐者以门生、故旧形成的关系网，考试多流于形式。在选拔士人入仕的同时，还出现了凭借对于儒学经典知识的把控，世代占据高位，累世公卿的大家族，如四世三公的弘农杨氏家族、四世五公的袁氏家族等，而这些家族的子弟反过来又在察举和征辟中占据优势，形成了"不良"的循环，遂造成东汉末年的门第产生，使得察举制和征辟制弊端丛生。换言之，两汉的察举制和征辟制人为主导色彩过浓，虽然相较于封闭的世袭官职有所开放，但是由于没有确定的考试选拔标准与相应措施，社会流动性并没有得以大幅度提升，甚至累世公卿有演变为旧日贵族之势，更成为后世门阀制度的渊薮。

至曹魏时期，政府推行"九品中正制"，先由各州郡推举大中正官，继而再选出小中正官，这些大小中正官按照上上、上中、上下、中上、中中、中下、下上、下中、下下九个等级评定，并附上评语。但是，本为选拔人才而

---

〔1〕　钱穆：《国史大纲》，商务印书馆 1996 年版，第 172 页。

创设的"九品中正制",却日渐沦为高品大族维系家门的工具。由于大小中正官员多被大族成员担任或掌控,被选为上品入仕者也大多来自这些大家族内部。魏晋时期官僚选拔制度的封闭性和排他性日渐增强,累世担任高级官员已成为一种常态,形成了"高门世族"的门阀政治。稍差一些的家族被视为次等的"士族",而位列最后的是未能凭品入仕的"庶族"。"高门世族"与"庶族"间的阶层界限在此时已经成为入仕的壁垒。可以说,九品中正制日渐脱离创立之初选拔人才、收乡里"清议"之权的初衷,已经沦为世家大族巩固家门势力的工具,逐步形成了"上品无寒门,下品无势族"的状况,这一情况的形成是自东汉以来察举制、征辟制和累世公卿大家族发展的流弊。

降及东晋时期,门阀政治发展至顶峰。晋元帝司马睿之所以能够以宗室疏属继承帝位,正是北方南渡的诸高门大族竭力拥戴的结果,以致出现了"王与马,共天下"的局面。东晋时期,以琅琊王氏、太原王氏、颍川庾氏、陈郡谢氏等为高门世族的典型代表,他们世世代代把控朝政,出现了"旧时王谢堂前燕"的封闭性庙堂体制。甚至北朝的鲜卑政权——北魏的君主也效仿南朝的门阀政治,建立起以皇族元氏加之穆氏、陆氏、贺氏、刘氏、楼氏、于氏、嵇氏、尉氏八氏的鲜卑门阀大族,与北方汉族的清河崔氏、范阳卢氏、太原王氏、博陵崔氏、荥阳郑氏、陇西李氏等相匹敌,成为当时北朝高门世族的标准。在东晋后期,这种门阀政治由于"寒人"日渐掌控官僚体系中的重要职位而稍有削弱,原属次等的"士族"甚至"庶族"士人开始占据朝堂重要职位,特别是担任一些军事要职,而原来的高门世族成员或体质羸弱,畏惧劳苦,或清高自持,以傅粉施朱为乐,逐渐成为政权体制内装点朝堂门面的"摆设",但士庶界限依旧难以逾越。

这种封闭性极强的官僚政治,不仅体现在出仕为官上,也表现在婚姻关系的建立上,门阀世族内部累世联姻。在南朝,曾有南齐御史中丞沈约弹劾东海王氏后人王源嫁女一事,责其"玷辱流辈,莫斯为甚"。之所以有弹劾之举,只因为沈约认为王源要和属于庶族的满璋之子联姻,是"衣冠之族,日失其序"的典型代表,甚至出现了一时"王满联姻实骇物听"的局面。[1]又如,归降南朝梁武帝的侯景意图与王、谢家族联姻以提高自己的声望和地位,故他请求梁武帝出面代为说辞。但根深蒂固的王谢风流和高门声望,使

---

〔1〕 钱穆:《国史大纲》,商务印书馆1996年版,第303页。

得梁武帝望而却步，只好说"王、谢非偶，可于朱、张以下访之"。[1]虽然如朱、张、顾、陆等也是南朝数百年来的名门望族，但相较于王、谢之家还是有些差距，更非侯景这样的叛将所能"高攀得起"的。由此可见，东晋以来所形成的门阀世族体制影响着南朝与北朝的庙堂政治，而且这种体制封闭性很强，极大地阻滞了社会流动，地方布衣百姓可以说成了朝政的绝缘体，而这种情况直到科举制创设并最终定型后才得到根本性扭转。

（二）科举制的设立与唐初贡举制下的荐举遗风

隋朝一统天下后，许多新制度得以创立，而设立于隋炀帝大业年间的科举制度就是影响后世1300余年的重要创新。所谓科举制度，就是由中央设立的以考试作为选拔途径，集科考与选官为一体的官员选拔制度。学界一般以隋炀帝大业元年（605年）作为科举制度的创设起始点，以清代光绪三十一年（1905年）作为终结点。科举制度的创立使得地方乡野士人入仕有了常规性和制度化的保障与途径，消除了两汉察举制与征辟制、魏晋南北朝时期九品中正制被大家族把控的弊端，在确立选官制度和加强中央集权方面有其进步意义。但是，隋代二世而亡，科举制度的发展和完善主要是在唐宋时期实现的。

唐代的科举分为常科和制科两种。常科每年定期举行，而制科为皇帝临时下诏求才的考试，无定期。唐代的科举制度为地方士人开辟了入仕的途径，可以通过开放性的自主报名方式，即"怀牒自列于州县"以应试，合格者可以入仕为官。经高宗、武后改革后，唐代的科举制度进一步发展与巩固，增加了殿试和武举考试，不仅使得天下士子尽出天子之门，实现了士人与天子的直接联系，而且改变了以往文武不分、共同选拔的现象。

在文试中，唐代初期，常科主要包含明经、明法、明算、秀才、进士等科目，发展至玄宗时期已经逐渐形成了以明经和进士二科为主要考试科目的科举体系。其中，明经科强调记诵，中式相对容易，而进士科要考试时务策、诗赋、杂文等，难度较大，固有"三十老明经，五十少进士"之说。士人尤以中进士科为荣耀且中率极低，仅有1%—2%。[2]如《新唐书》所言，"大

〔1〕　钱穆：《国史大纲》，商务印书馆1996年版，第303页。
〔2〕　周腊生：《唐代状元奇谈·唐代状元谱》，紫禁城出版社2002年版，第3页。

抵众科之目，进士尤为贵，其得人亦最为盛焉"。[1]正因如此，才会在唐代中后期诗人孟郊笔下，出现了应试落第后"两度长安陌，空将泪见花"[2]的悲叹和《登科后》中"昔日龌龊不足夸，今朝放荡思无涯。春风得意马蹄疾，一日看尽长安花"[3]的强烈反差。在周匡物笔下，也同样出现了科举及第后"遥望龙墀新得意，九天敕下多狂醉"[4]的狂喜之态。

然而，我们不应该想当然地认为科举制度创立后立即扭转了魏晋南北朝形成的荐举和门阀政治的态势。实际上，科举制度在唐初三代和此后相当长的一段时间内，虽然在一定程度上为天下士子打开了仕进之门，但进士及第者同样要经过为官者的保荐才可成功，而家世背景同样是被录取的重要考量因素。换言之，唐初三代的进士及第群体更多体现了唐初社会的"门阀"特性，与宋以后的"士人"特性不同。[5]笔者曾著文，以徐松所著《登科记考》为核心讨论唐初三代科举入仕者的背景，其中受到地方官员荐举是成功的重要因素。例如，张越石、张楚金二人是贞观元年（627年）被时任并州都督的李勣荐举才能最终及第的，[6]又如贞观八年（634年）李义府乃由剑南道巡察大使李大亮"以义府善属文，表荐之"，最终擢第。[7]

除荐举之外，高门依然是唐初科举入仕的一大特点。例如，武德五年（622年）中举的李义琛和李义琰兄弟二人为陇西李氏，北齐尚书考功郎中李茜之曾孙，唐县令李玄德之子，可谓高门大族。[8]又如，贞观二十二年（648年）中举的杨玄肃为弘农临高杨氏，曾祖杨华，北齐银青光禄大夫，开国公；祖杨仲舒，开府仪同三司、骠骑大将军；父杨盛德，幽州归义县令。[9]就是留下"人面桃花相映红"美好诗句和爱情故事的崔护，也是来自博陵崔氏这样

---

〔1〕 （宋）欧阳修、宋祁撰：《新唐书》卷四十四，中华书局1975年版，第1166页。

〔2〕 《全唐诗》卷374·孟郊三，上海古籍出版社1986年版，第931页。

〔3〕 《全唐诗》卷374·孟郊三，上海古籍出版社1986年版，第931页。

〔4〕 《全唐诗》卷490·周匡物，上海古籍出版社1986年版，第1238页。

〔5〕 王学深：《唐初三朝进士科及第群体初探——以〈登科记考〉为中心》，载《唐都学刊》2016年第1期。

〔6〕 （清）徐松：《登科记考》，上海书店1994年版，第293页。

〔7〕 （清）徐松：《登科记考》，上海书店1994年版，第296页。

〔8〕 王学深：《唐初三朝进士科及第群体初探——以〈登科记考〉为中心》，载《唐都学刊》2016年第1期。

〔9〕 王学深：《唐初三朝进士科及第群体初探——以〈登科记考〉为中心》，载《唐都学刊》2016年第1期。

的大家族。以上事例说明了在科举制度创设后，并没有立即放弃自汉代察举制、征辟制创立以来所形成的荐举之风，也没有立即扭转高门家族把控政治的态势，而是经过相当长的一段时间之后才改革这种现象。

唐中晚期开始了学界所言的"唐宋变革"，由唐前期的关陇、山东模式转向唐后期及宋代的江南模式，科举取士日渐稳定，凭借科举制度进入朝堂的地方士人日渐增多，特别是南方士人呈现出后来居上的态势。安史之乱前，南方进士已经达到29人，集中在江南、淮南两道。至唐后期，这一趋势更加明显。冻国栋所著的《唐代人口问题研究》一书对比了唐前后期进士变化形态，最为明显的是江南道进士由前期14人变为后期的177人，[1]北方五道合计进士245人，南方合计进士225人，南北进士人数趋近平衡，而此时南方经济也随之逐渐赶超北方，尤其是江南、淮南两道逐渐转变为全国经济和文化的中心。这一变化趋势在钱穆所著《国史大纲》中以"南北经济文化之转移"为题有深入的论述，在此笔者不再赘述。这一时期，庙堂中宰相等高级别官员更多是科举出身者，当世的士人也逐渐确立起科名干禄为士大夫正途的观念。[2]但即使如此，旧日大家族并没有立刻消逝，而是与新兴士人阶层进行着激烈的博弈，故史学大家陈寅恪就曾提出唐后期的"牛李党争"实际上反映出科举士人集团和旧贵族集团的对峙，[3]这种新旧集团更替随着唐中期的安史之乱和后期黄巢起义冲击而最终完成。

（三）"唐宋变革论"假说的提出

科举制度的创设为官僚体制内注入了新鲜的血液，打破了流品界限，破除了门第阻碍，有助于社会流动性的增加，使得地方布衣士人可以进入庙堂之内。但是正如上文所述，唐代在科举制度之外，还存留有较强的荐举风尚，新旧双方力量的此消彼长经过了长时间的动态变化，直到唐末宋初才完成了彼此的最终更替，即传统的贵族化大族退出历史舞台，取而代之的是凭借科举入仕的新兴士人阶层。那么，在唐宋之间发生了何种变化，新旧势力又如何更替的呢？我们不妨一起来了解学界所提出的"唐宋变革论"。

"唐宋变革论"是由日本学者内藤湖南及其弟子宫崎市定所提出并发展阐

---

〔1〕　冻国栋：《唐代人口问题研究》，武汉大学出版社1993年版，第316页。
〔2〕　金滢坤：《中国科举制度通史·隋唐五代卷》上册，上海人民出版社2017年版，第11页。
〔3〕　陈寅恪：《隋唐制度渊源略论稿 唐代政治史述论稿》，生活·读书·新知三联书店2001年版，第236—320页。

释的学术观点，已成为"京都学派"最为重要的学术观点之一。所谓"唐宋变革"，是指唐代向宋代发展过程中，社会在政治、经济、文化、思想等诸多方面发生了变化，产生了过渡期前后两种形态。其中与官僚选拔和流动性关联较强的就是科举制度在由唐转宋时已经成为"一家独大"的人才选拔机制，增强了社会的新陈代谢能力。"唐宋变革论"虽然有如胡如雷先生及"东京学派"学者的不同意见，但此观点发展至今已被视为研究唐史和中国史时代分期的重要论据之一。

作为改变中国社会发展形态的"唐宋变革"这一"过渡期"，其起始点已基本锁定在"安史之乱"或"两税法"施行前后，即公元755年至公元780年。相对于起点，学者对"唐宋变革"的终点则意见不一，跨越整个北宋，分为北宋初年论，以太宗朝为下限；北宋中叶论，以欧阳修古文运动及王安石变法为标志；北宋末年论，以北宋朝廷南迁，社会转向"内在"为依据。但无论哪一个时间节点作为下限，都指向了一个共同的重要变化，就是累世发展的大族们，在唐后期逐渐趋于消亡，取而代之的是北宋以来活跃于政治舞台上的"新士人阶层"。伊佩霞（Patricia Buckley Ebrey）所著《早期中华帝国的贵族家庭：博陵崔氏个案研究》[1]、姜士彬（David Johnson）所著《世族末日：唐末宋初的赵郡李氏》[2]以及孙国栋所著《唐宋之际社会门第之消融》[3]均将目光投向唐代社会"世族"的消亡，他们被"士人阶层"这一"新贵族"群体取代，而与之相关联的科举制度在其中起着至为重要的作用。包弼德和宇文所安（Owen, S.）则将研究着眼于"文"或"文风"的转变，这一转变代表着"唐宋变革"之际"士"的思想的变迁。这些变化中包含着科举制度的演进、政治主体的交替、经济所有制的变型，但其核心本质即中国自东汉起至唐宋之际终的古代"门阀"社会宣告终结，而社会流动性更强、社会参与度更广泛的"士人社会"最终确立。[4]

让我们来看两个大世族消亡的事例。博陵崔氏和赵郡李氏家族成员是隋

---

〔1〕 Patricia Buckley Ebrey, *The Aristocratic Families in Early Imperial China: A Case Study of the Po-Ling Ts'ui Family*, Cambridge University Press, 1978.

〔2〕 David Johnson, "The Last Years of A Great Clan: The Li Family of Chao Chün in Late T'ang and Early Sung", *Harvard Journal of Asiatic Studies*, 1977 (1): 5-12.

〔3〕 孙国栋：《唐宋之际社会门第之消融》，载《新亚学报》1959年第1期。

〔4〕 ［美］包弼德：《斯文：唐宋思想的转型》，刘宁译，江苏人民出版社2001年版。

唐时期典型的高门世族，子弟入仕无需考试，凭借郡望即可为官，这成了世族身份的一种特权和象征。不过随着世族对于"城市化"的日渐向往，他们逐步离开郡望所在地而集中到朝廷所在的京畿地区，并于身后安葬于洛阳、长安等地，这一转变打破了他们和故土的联系。尤其是当"城市化"倾向同河北等世族故土屡受契丹等北部少数民族入侵及六镇叛乱等各种战争影响相结合时，这种变化使得博陵崔氏和赵郡李氏等世族逐渐失去了世族赖以维系的"地方基础"（local base），他们无法再维持昔日独立于朝廷的生活方式，而更多地与朝廷盛衰休戚相关、无路可退，凭借朝廷对世族的照顾授官为生。隋唐两代的朝廷自身虽然力图打压世族势力，废除了九品中正制，但两代皇室亦看重和追求郡望的身份，以弘农杨氏和陇西李氏为傲，故世族在隋唐社会犹可维系。但安史之乱以后，世族的地方势力被极度削弱，如博陵崔氏和赵郡李氏的众多人口在战乱中丧生，地方田产也随着战乱流失。此外，"安史之乱"使得地方武将阶层兴起，这种状况持续到宋初。五代与宋朝当权者作为新兴贵族的继承者，他们出身不显，更无意恢复旧世族的身份，王朝不再需要旧世族对其政权的襄赞与认同，导致了以博陵崔氏和赵郡李氏为代表的世族走向消亡，故唐宋之际的战争并非简单的政权交替，而更像姜士彬所言的"阶级之战"。

谭凯（Nicolas Tackett）所著的《中古中国门阀大族的消亡》一书则以黄巢之乱作为分水岭，讨论了这场战乱对于世家大族的毁灭性打击，可以说彻底消灭了贵族生存的政治、经济、文化等基础，与朝廷休戚相关的贵族随着唐朝的灭亡而消失。[1]以博陵崔氏和赵郡李氏为代表的世族消亡为新兴贵族提供了前车之鉴，名望再高的世族家庭依旧可能随着社会的动荡与变迁而消亡，而自南宋至明清逐渐发展起来的宗族组织可视为对这种消亡可能的一种对抗。将视野放眼于地方的士人群体为了不重蹈世族覆辙，成为时代牺牲品，他们着力强化宗族组织，以弥补新贵族的宗族组织缺陷，应对时代变迁的危机。

（四）两宋科举制度的完善与士人阶层的崛起

经历了这场大冲击后，旧日世族无法再凭借郡望维护门庭地位，凭借科举成功才能进入朝堂。因此，以研习儒家经典和文学为要义的士人最终占据

---

〔1〕［美〕谭凯：《中古中国门阀大族的消亡》，胡耀飞、谢宇荣译，社会科学文献出版社2017年版。

了历史舞台。入宋以来，由于中央集权的加强，地方藩镇割据威胁得以解除，统治者更加利用科举制度作为选拔人才的手段，而这一策略加剧了贵族的消亡和士人群体地位的上升，实现了对士人群体晋升流动性的政策性和常规化保证。钱穆在《国史大纲》中就曾论及"唐代晚年，南方地位已高，但并不能跨驾中原之上。北宋则南人考进士，人数又多，北人考明经，人数又少，显分优劣"。[1]实际上，以上论述阐释了"唐宋变革"前后所发生的变化，不仅南北态势发生转换，科举更成为士人群体进入官僚体系的重要平台，以此作为重要媒介，新阶层与旧贵族逐渐完成了权势的转换。可以说，士人群体在两宋的舞台上扮演了重要的角色，而"重用士人""与士人共治天下""加强集权"也成为宋代不可变更的祖宗之法。同时士人更希望利用科举制度入仕朝廷，通过"得君行道"的方式将自己的理念灌输给君王，并以自己的理论施行改革。无论是庆历新政、王安石变法，还是南宋朱熹理学的兴起，士人对于当时社会现状的不满推动着他们施行改革。

正是在这种大转换的背景下，宋代科举制度得到稳定发展，形成了三年一考的科举体制。初级考试由地方州、转运司举行，称为解试，合格者被解送至礼部参加省试，由礼部主持考试，合格者向皇帝奏闻，参加由皇帝亲自主持的殿试。与唐代进士榜分甲乙二等不同，宋代科举进士分五甲，其中第一、二甲赐进士及第，第三、四甲赐进士出身，第五甲赐同进士出身。宋代科举录取人数较唐代大为增加，有学者统计宋代科举成功者是唐代的 7 倍左右，[2]进士总人数达 4.1 万余人。这极大扩充了士人阶层，增强了社会流动性，使得地方士人可以凭借科举这种常规化又相对公平的选拔考试进入官僚体系内。据统计，两宋宰相九成以上为科举出身者，由此可见科举在宋代的影响力。除考试本身制度政策的完善外，宋代还创设了许多科举考试管理制度，例如誊录、弥封、搜身、锁院、别试等，对今日的考试管理工作还有一定的影响和借鉴意义。

在北宋后期的王安石变法中，一度进行了以官学替代科举制度的尝试。经过王安石的改革，"三舍法"得以推行。"三舍法"规定上舍 100 人，内舍 300 人，外舍 2000 人，上舍优秀者直接入仕为官，这就将学校与入仕直接挂

---

〔1〕 钱穆：《国史大纲》，商务印书馆 1996 年版，第 724 页。
〔2〕 张帆：《中国古代简史》，北京大学出版社 2001 年版，第 204 页。

钩。更进一步的是蔡京将太学与地方州县学挂钩，即州县学优秀者升入太学，使得官学成为北宋后期完整的入仕选拔体系之一环，这也奠定了明清科举必由学校的基础。因此，在12世纪，官学发挥着同科举一样重要的作用，面向更为广大的阶层开放了教育的大门。随着北宋新政变法的失败，科举制度重新获得了原有的地位，也完成了唐宋时期在科举取士上的变革，一方面在行政制度上和士人观念中最终确立起科举制度的主流位置，另一方面也完成了士人阶层与传统贵族的更替。

二、中央与地方：科举、理学与士人地方主义的兴起

（一）南宋科举制度下社会流动性的提升

降至南宋时期，科举制度进一步完善，有学者提出南宋是科举"自由竞争时代"。柯睿格（Kracke，E.A.）以1148年与1256年的题名录作为研究依据，提出的核心观点是宋代科举所吸收的"新血"较多，具有较大的社会流动性。在1148年与1256年的两份题名录中，柯睿格分析了士子直系三代先祖中有无仕宦背景，并着力分析了"新人"（即无仕宦背景者）所属地域。1148年和1256年这两个时间节点上非官员家族进士的比例分别达到56.3%和57.9%。此外，在1148年的题名录中尚有70%的"新人"籍贯可以追溯至北方。他们或避女真入侵而南下，或移民而来。但是，到了1256年，"新人"中只有1人籍贯可追溯至北方。这无疑显示了南方士子在科场方面强于北方的事实，尤其是随着首都南迁至临安，朝廷更是着力提拔南方士人。柯睿格认为南宋政府不采取定额制的科举策略使得南方有才能的士子能够脱颖而出，同时降低了人口密度高地域的竞争强度，充分体现了宋代的社会流动性。[1]

与之同时，据柯睿格统计，在1148年考中进士的330人中，有家世（官宦）背景者122人，无背景者157人，而在1256年的601名进士中，有背景者241人，无背景者331人。柯睿格进一步统计后认为，虽然在第一级的进士中有背景者稍多（他认为是教育资源优越的原因导致），但总体上无背景的进士排名较高，即两份题名录中66%与65%的"新人"占据了二等、三等进

---

〔1〕 Kracke, E. A. "Family Vs. Merit in Chinese Civil Service Examinations Under the Empire", *Harvard Journal of Asiatic Studies*, 1947（2）: 103-123; Kracke, E. A., "Religion, Family, and Individual in the Chinese Examination System", in Fairbank, John K., ed., *Chinese Thought and Institutions*, University of Chicago Press, 1957, pp. 258-260.

士，有背景者大多占据四等、五等的排名。因此，柯睿格得出结论认为，在南宋的科举制度下，"新人"占据着更大的比例，并认为这是宋代科举流动性高的表现。虽然对于南宋是"自由流动"时代的观点尚有争论，但通过柯睿格的研究可知，南宋的科举制度已经成为士人晋升入仕的主要凭借。据学人魏希德分析，在南宋科举盛行的背景下，各种思想流派甚至将科举视为相互争夺的文化空间。[1]

需要注意的是，在两宋之际，北方并非为宋朝独有，而是先后与辽、金对峙而立，其后北方为金朝所有。虽然辽、金两朝均为少数民族政权，但都保留了科举制度作为延揽人才的手段。辽朝以南北面官制度"因俗而治"，以"汉法治汉人"，故其科举的主要应试对象是其疆域治下的汉人和渤海人。自辽圣宗后，参酌唐、宋科举制度，取士日渐常规化。甚至在辽朝晚期，科举制度的影响力和观念已经影响了契丹人，以致他们往往突破阻力应试科举，并最终推动辽朝将科举制度向契丹人开放。[2]步入金朝后，海陵王统治时期成为金代历史的分水岭，科举制度逐渐兴盛，这与这一时期统治者意图吸纳汉族士人进入官僚体系内以强化自身的正统地位有关。

海陵王之后的金世宗、金章宗更加注意吸收汉人文化，以及获得汉人的支持，科举因而成为汉人入仕的重要途径。总体上，金代科举大兴后，录取人数增多，开始转向宋型文化，在科举取士的方向上，也更多强调了文学的重要性，这与北宋后期的发展有着相似之处。金晚期，官方对科举大力支持，录取人数急剧增加，加之士人集体的自发维系，对金代文化复兴起到重要作用。二者互为表里，科举录取人数的增加为士人提供了更广阔的空间，使这些士人家庭成为国家的一部分，维护政权的稳定；同时这种士身份的认同，对于金代文化复兴极为有利，这也是包弼德所言及的金朝更具包容性的"文明化"（civilization）注脚。[3]国家对士人的资助表现在增加科举录取人数，中央设立国子监、太学，地方广建官学，通过一系列努力赢得汉族士人的支持，也对抗守旧的女真贵族，同时增加士人的数量，降低素质低下官吏的比例。

---

〔1〕 ［比利时］魏希德著，胡永光译：《义旨之争：南宋科举规范之折冲》，浙江大学出版社 2015年版。

〔2〕 武玉环等：《中国科举制度通史·辽金元卷》，上海人民出版社 2015 年版，第 13 页。

〔3〕 Bol, P. K., "Seeking Common Ground: Han Literati Under Jurchen Rule", *Harvard Journal of A-siatic Studies*, 1987（2）：534-535.

（二）科举与儒学的复兴

诚如上文所述，南宋是科举制度的大发展和最终定型期，社会流动性高，但也伴随着考试竞争激烈程度的陡增，致使诸多士人参加科举后铩羽而归。在供过于求的大环境下，大量地方士人无法出仕，不得不闲居乡间，寻求对地方的影响，并致力于哲学、历史、文学、教育等诸多方面的研学。这种情况一方面与南宋从北宋的开放性发展逐渐转向"内在"、社会趋于保守和禁锢的大背景相契合，另一方面也是以朱熹为代表的理学家所着力追求的结果。所谓理学，是在两宋之际所形成和发展的一种儒学思想体系，不仅包含了缜密的哲学思想理论，而且提出治、道分离的概念，将治统归于历朝执政的天子，而道统则由具有儒学修养和道德的士人掌控。理学的重要性，是由提倡个人道德和修养，进而帮助国家施政实现的。理学家还提倡理学的地方化，以转向"内在"的方式关注地方事务，增进认同，更加贴近生活。比如理学提倡乡约、社仓、祭祀、讲学、聚会、反省、读书等活动，通过这种地方活动和读书方式不断增强自身的道德修养，而不沉溺于文学创作，将"道"的获得与北宋所提倡的"文"或文学相分离。但是南宋时期的理学运动并不否定科举的重要性，而且希望通过科举所带来的入仕机会最终实现个人的理想抱负。诚如朱熹所言，"居今之世，使孔子复生，也不免应举"。[1]

正是由于以上因素，这一时期的科举成功者继续通过解试、省试、殿试入仕为官，成为官僚队伍中的一员，而一些科场失意者则或多或少地参与到地方的建设中来。其中一个重要的建设方面就是书院。朱熹及与他志同道合的理学家对于"内圣"的追求是希望最终转向"外王"的，其依靠"得君行道"对政治制度和秩序进行改革，以他们的理论为正统，建立起一个理学化的新天地。在陈雯怡所提出的"南宋书院复兴"运动中，[2]理学逐渐成为一种最为重要的思想意识，并以当时最重要的理学家朱熹为代表。朱熹希望将对"道德"的追求和理学理念通过书院网络传递给士人。因此，朱熹等理学家着力希望恢复以岳麓、白鹿洞和石鼓为代表的官助书院，转变教学模式，将自己的理念独立地传授给士人，赋予书院新的内涵，即官方资助与私学精神并

---

〔1〕（宋）黎靖德编：《朱子语类》第一册，卷十三，岳麓书社1997年版，第219页。

〔2〕陈雯怡：《由官学到书院——从制度与理念的互动看宋代教育的演变》，联经出版事业股份有限公司2004年版。

存，并以这些大型且知名的官方书院建立起新典范。比如，朱熹《石鼓书院记》和吕祖谦《白鹿洞书院记》中都表达了对单纯追求科举利禄之学的不满，而希望将书院变为研习道学、讲求义理的场所。

当然，即使是在官学化并不明显的南宋初年，以朱熹为代表的理学家们所建立的书院内依旧不能完全排除教授科举之学的内容，因为这些毕竟是当时社会最广为士子接受的知识体系和内容，也是社会上的主流风气，以致在《朱子语类·学七·力行》中，朱熹就有大量对于当世士人追逐科举考试的评论。包括朱熹和吕祖谦在内的士人承认科举存在的合理性，甚至还在科场考试内容上和以叶适为代表的"永嘉"学派有着一番争夺，[1]但是理学家强调不应将个人的精力完全投入科举利禄之学中而忽视兼顾道德修养，故而问题从对制度的批判转向"反求诸己"。如朱熹所言，"专一做举业功夫，不待不得后枉了气力，便使能竭力去做，又得状元时，亦自输却这边工夫了"。[2]虽然在书院讲授内容及对科举的态度上，理学家作出了某些让步，但讲学式书院依旧是"道学"的寄托和象征。不过随着理学的兴起，即使个别理学家放弃了科举应试，对于整个社会的科举应试风尚、科举制度和社会流动性也没有大的影响，甚至其讲求读书明理以提升道德的方式，鼓励了士人对于儒学经典的追求，于学风的转变和科举的成功反倒有一定的促进作用。

（三）地方网络的形成与科举的中断时期

南宋以后随着外界压力剧增，以及科举竞争日趋激烈，地方传统日渐兴起。北宋与南宋作为文化的高峰，培养了大批士人，但社会背景使得他们大多没有出仕为官的机会，因此士人地方化的倾向日益明显。入元后，在不兴科举的情况下，大多士人依旧选择从事文化学术活动，编纂、创作诗文。1982年，郝若贝（Hartwell, R. M.）在《哈佛亚洲学刊》上发表了《750—1550年间中国的人口、政治和社会变迁》一文，着重强调了在750—1550年间中国史上发生的经济重心南移、人口增长等经济变化以及由经济变化引发的南方科举相较北方更加兴盛的现象，更谈及了社会流动性问题，[3]宋代以后地方士人更

---

〔1〕［比利时］魏希德著，胡永光译：《义旨之争：南宋科举规范之折冲》，浙江大学出版社2015年版，第172—186页。

〔2〕（宋）黎靖德编：《朱子语类》第一册，卷十三，岳麓书社1997年版，第218页。

〔3〕Hartwell, Robert M., "Demographic, Political, and Social Transformations of China, 750-1550", *Harvard Journal of Asiatic Studies*, 1982（42）：365-442.

加强调地方而非中央的图景被勾勒出来。韩明士（Hymes，Robert P.）深化这种论述，他以江西抚州为重点印证了宋以后地方士人关注的重心已经由朝廷转向地方，提出了"精英地方化"的理论，并认为这一现象正肇始于两宋之交。更具体地说，北宋初年以中央和全国性视角建立自己仕途、婚姻网的士人们，至南宋时期目光开始投向地方，更加关注地方事务，并通过交友、婚姻等建构起地方网络，最终在南宋—元这一关键时期合流，完成了精英地方性的转型。[1]

　　但是，当南北归于元朝一统后，科举作为唐宋以来选拔官员的主要制度戛然而止。元代注重家世和根脚，不以科举为重，甚至在开国 50 年的时间里不行科举。学者姚大力认为，即使开科举之后，上层的翰林官也只是为了点缀升平，而无法入机要。[2]萧启庆大致认同姚氏观点，并认为元代较多的进士是出于仕宦背景的家庭，"新血"较少。尤其是对蒙古人和色目人而言，开科举实际上为他们开拓了另一条为官的途径，而他们科场成功后，也更易成为中上层官僚。[3]在蒙古人、色目人和大部分汉人子弟中，中式者多来自军户，而南人则与之形成鲜明对比，58.8% 的士人来自儒户家庭，其余则来自平民家庭。这也说明了汉人和南人完全出自无仕宦和无学术背景之家者甚少。综上所述，萧启庆认为在元代科举中真正无背景的"新血"比宋、明两代要少，汉人和南人在科举方面竞争更为激烈。[4]这种政治环境直接导致了士人对地方事务的关注度进一步加强，而地方士人的入仕更多又回到了个人社会网络和被荐举入仕的轨道上来。

　　那么，在不开科举和精英地方化的大背景下，士人以何种方式提升自身地位甚至入仕呢？韩明士在《非典型绅士：宋元儒医》一文中着重探讨了儒医这一特定角色在宋元时期的身份定位和士人对医的认同。[5]韩明士以抚州为例强调儒医角色在宋元之际的重要转变。他以宋代抚州的 8 个案例说明，

　　〔1〕　Hymes，Robert P.，*Statesmen and Gentlemen：The Elite of Fu-Chou，Chiang-hsi，in Northern and Southern Sung*，Cambridge University Press，1986.

　　〔2〕　姚大力：《元朝科举制度的行废及其社会背景》，载《元史及北方民族史研究集刊》1982 年第 6 期。

　　〔3〕　萧启庆：《内北国而外中国：蒙元史研究》上册，中华书局 2007 年版，第 185—215 页。

　　〔4〕　萧启庆：《内北国而外中国：蒙元史研究》上册，中华书局 2007 年版，第 185—215 页。

　　〔5〕　Hymes，R. P.，"Not Quite Gentlemen？Doctors in Sung and Yuan"，*Chinese Science*，1987，8：43-44.

在宋代，并无功名持有者或地方士绅参与到医的队伍中，而元代的 18 个案例则显示出与宋代的区别，一些医的身份与地方精英家庭挂钩，一些旧的士人家庭向医转变，元代一些地方士人以行医建立起了地方声望，而这是宋代未曾有过的事情，同时，一些有名望的医生被视为地方精英的成员。

元代抚州并未有大的动荡，因此并非传统认知中蒙古入侵所引发的混乱导致了士人身份的转变，而随着科举的恢复，地方儒士数量回升，也并非如之前研究者所言的大幅度下降。为此，韩明士要回答的问题就是什么使士人从医。他通过制度上的转变和士人自己的价值观转变回答此问题。在制度上，宋代就设立了官方专门的太医局，元代在地方上兴建了医学校，与官学平行。元代的医学学习机构遍布中央和地方，有如北宋末年官学的推广一样，地方医学校选拔优秀人才进入中央，对提升医者地位具有重要的作用。

在士人的认同上，宋代将医书视为重要的典籍之一，士人学医也被视为博学的表现，可以说医学是一个令人尊敬的学术领域，但对于以医为业则显得态度不明。朱熹认为医书可以学习，但不应将医视为一个单一的职业。当时的士人也反对将参加医学类科举视为入仕的正规途径。然而，元代中央将医官的品级较宋代提升三级。作为元代著名的理学家，吴澄与北方的许衡有"南吴北许"之称，他认为医与儒的地位是相等的，应该受到同样的尊敬，医也是"士人阶层"的成员，反对将"士"与"医"割裂对待。在他所作的《赠建昌医学吴学录序》中，明确了"儒"与"医"的关系。吴澄认为：

> 讥儒学子而易业于医？予谓医儒一道也！儒以仁济天下之民，医之伎独非济人之仁乎！彼以称号曰儒，而瘠人以肥己，害人以利己者不仁甚矣，恶得谓之儒。盖儒之为儒，非取其有日诵万言之博也，非取其文成七步之敏也，以其孝悌于家，敦睦于族，忠信于乡，所厚者人伦，所行者天理。尔今虽以医进，而能修孝悌，敦睦忠信之行，是乃医其名，儒其实也，而又何讥焉？！[1]

可以说，吴澄对于"儒"与"医"的论断更加关注道德标准，而非社会职业划分本身，这为提升医的地位和为士人"不为良相便为良医"的认同提

---

〔1〕 （元）吴澄：《吴文正集》卷 30，《景印文渊阁四库全书》第 1197 册，台北商务印书馆 1986 年版，第 324—325 页。

供了绝好的注脚。

韩明士认为士人身份最重要的三个关键词是收入、为官、人际网络。在元代停止科举及后来科举竞争无法满足士人出仕希望的前提下，医的职业成为一种满足他们愿望的可能，因为从医也满足以上三个关键词。首先，医可以有较为丰厚的收入；其次，通过地方医学、中央太医局和特殊的医学考试，医可以入仕为官，并通过医官迁转其他官阶；最后，在元代主要是推荐为官的背景下，人际网络成为入仕最为重要的因素，而医接触的人比士人广泛，更多来自高级官员阶层，这成为他们重要的人脉资源。韩明士的结论是，对于一些士人家庭，向医转变是儒业功名下降后的自然选择。元代在政策上减少了儒业入仕的途径，而教官的削减反而开启了医官的大门。这种转向是10世纪至14世纪士人们面对社会、政治、经济的转变所作出的选择，士人们也在元朝的统治下以各种形式扩大自己的影响，如义田、祠堂等。元代对于南方士人的宽松控制使得南宋的地方化倾向在元代得以保持，但科举的不兴使得士人与文化及社会地位相剥离，因此士人在地方上自发构建着认同。

虽然士人建构起自己的认同和人际网络，甚至另辟事业途径，但总体而言，元代在缺失科举制度的情况下，社会流动性是较低的。元仁宗时期虽有"延祐复科"之举，但科举制度在元代后期时断时续，因权相伯颜废止还曾一度中断。所以说，科举制度并非元代的主流选官形式。不过元代科举制度却延续南宋末期以来理学的官方话语地位，并以朱熹《四书章句集注》作为标准用书。实际上，元朝科举制的一大意义就是确立了理学在科场中的绝对地位，并以四书作为取士的首场考试内容，奠定了明清时期四书在科场中的地位和重首场的"惯习"。然而，虽然有恢复科举之举，但是士人仍主要凭借自己营造的网络被荐举入仕，可以说这一时期的社会流动性大为减弱，甚至较之隋唐，因为受到"四等人"的制度限制，元代大量汉族士人的阶层流动性进一步下降，而地方的书院成为元治下汉族文人的精神归宿、身份认同所在以及为生之本。

三、科举必由学校：明清科举制度的确立与运行

（一）明清时期三级科举体系的确立

明朝定鼎天下后，也一度将科举制度停止，直到洪武十七年（1384年）才重新开设。根据礼部颁布的定制，应试的天下士子必须先在地方州县参加

基层的科举考试，获得生员功名（秀才）进入县学、府学进一步学习和应试后，才能最终获得参加乡试、会试和殿试的资格。这一做法将科举制度和北宋末年的官学改革结合起来，形成了"科举必由学校"的状态。

明代的科举考试遵循了宋代的传统，每三年举行一次，分为乡试、会试和殿试三级考试，其主要考试内容为四书、五经、论、判、表、诏、时务等，并以南宋朱熹的注疏作为权威注解版本。值得一提的是，到明中期以后，四书文和经义文章的写作格式日渐固定，文章写作中包含四段对偶文字，即起股、中股、后股和束股，史称八股文。

明清两代改变了宋代五甲进士的划分，而以三甲取而代之，其中一甲三人，分别为状元、榜眼、探花，赐进士及第；二甲人数若干，赐进士出身；三甲人数若干，赐同进士出身。

洪武三十年（1397年），明代科举发生了一次重大的事件，称为"南北榜案"。这一年科举会试中式者全为南方人，引得朱元璋的猜忌，认为其中必定有舞弊情况，否则不能有如此巧合之事。结果朱元璋将主考官问斩，重新考试选才，却又全部选择了北方人。这催生了明代科举发展历史上的一个重要制度，即区域定额取士，称为南北卷。按照规定，北榜、中榜和南榜分别取士35%、10%和55%，以保证地区间取士的相对均衡性。其中北卷包括山东、山西、河南和陕西四省，北直隶的顺天、保定、真定、河间、顺德、大名、永平、广平八府和延庆州、保安州，以及辽东、大宁、万全三个都司。中卷范围是四川、广西、云南、贵州四省，以及南直隶的庐州、凤阳、安庆三府和徐州、滁州、和州。南卷包括浙江、江西、福建、湖广、广东五省，以及南直隶的应天、松江、苏州、常州、镇江、徽州、宁国、池州、太平、淮安、扬州十一府和广德州。[1]明成祖朱棣即位后，更将科举取士视为国策，其言："科举是国家取人才第一路"。[2]正是在明代这种国策下，天下各阶层之人无不对科举心向往之，以致形成了"夫以科目取士非古也，然上之用人以科目为重，下之进身以科目为荣"[3]的局面。

明代形成的科举体系基本上被清代继承，并有所发展。在传承方面，清

---

〔1〕 郭培贵：《中国科举制度通史·明代卷》，上海人民出版社2017年版，第382页。

〔2〕《明太宗实录》卷28，永乐二年（1404年）二月己酉。

〔3〕（明）何乔新：《椒邱文集》卷10，《景印文渊阁四库全书》第1249册，台北商务印书馆1986年版，第163页。

代科举制度沿袭了童生试、乡试、会试、殿试的考试体系，乡试、会试每三年举行一次，若恰逢皇帝或皇太后万寿、登基等喜事，则临时加开一科，称为恩科。清代武科考试也与明代相仿，具有传承意义。可以说，通过科举制度，明清两代朝廷选拔了大量士人进入官僚体系内，扩大了统治基础，实现了对官僚队伍的新陈代谢。在发展方面，清代不仅开设有博学鸿儒科和经济特科，还因民族特色开设有翻译科考试，并逐渐形成了满洲翻译科和蒙古翻译科，以满文译汉文为满洲翻译科，而以蒙古文译满文为蒙古翻译科。

更为重要的是，清代施行了分省定额制度，这是在明代区域定额取士基础上的一大进步。所谓分省定额，就是在会试环节，每个省份依据地方文风、人口比例等条件，分配给一定的录取额度。虽然各地录取人数不等，但是其总的用意是平衡各省、各地域间的政治、文化资源，保证各地均有进入朝廷供职的人才。清代分省取士制度极大地平衡了各地取士人数，保证了东西部及南北方的均衡发展，也体现了中国古代考试制度不断自我革新的趋势与发展脉络。特别是为了扶持边远省区人文教育，清代对云南、贵州的取士中额不断增加，以避免中式士子一地过多而另一地过少的情况出现。[1]分省定额制度的创立极大提升了阶层流动性，使得各地布衣士人均获得了应试为官的机会，增强了各地士子的向心力。

当然，任何制度在其优点之外，也有弊端存在，分省定额的一个负面效应就是冒籍问题陡增，这一点在第九章已有较为深入的论述。科举考试竞争激烈的大省，如江苏、浙江等地士子，会去云南、贵州、广西等地冒籍应试，挤占当地中额，造成"土客之争"的局面。正如夏卫东所说，分省取士制度将考生之间的自由竞争严格限制在本地区之内，造成各地考试的竞争程度不一。南方省份由于文风兴盛，竞争激烈，而北方省份名额虽然不多，但竞争相对容易，大量南方士子冒籍便造成了这一负面效应。[2]但总体而言，清代的分省定额制度是对科举制度的又一次重要发展，也是保证地域公平和增进社会流动性的必要手段。

（二）明清时期的社会流动与"贱民"群体无资格应试

明清科举体制下，士、农、工、商四民均有机会参加科举考试并出仕为

---

〔1〕　王学深：《清代乾隆朝科举冒籍问题概述》，载《中国考试》2016 年第 4 期。

〔2〕　夏卫东：《论清代分省取士制》，载《史林》2002 年第 3 期。

官，可以说这一时期在制度上是开放和包容的，大量原本为贫民者进入庙堂，我们可以称之为绝对的社会流动。然而，虽然在政策上允许士、农、工、商百姓参与科举考试，但实际上科举的成功并非在四民中公平分配，而是与经济情况和家庭背景等息息相关。试想，一个经济相对欠发达的农民家庭或手工业家庭，如何能够支持一个成年劳动力长年读书与应试，而放弃赖以为生的农业或小手工业经济呢？实际上，经过考察可知，科举中式者家庭完全无功名和官职背景的布衣比例，远没有想象的高。对于这一点，艾尔曼曾作出以下论述，其言：

> 手工业者或农民家庭一般都不能奢侈地花上几年时间，让自己的儿子接受文言教育，这种语言有点脱离白话语法和当地方言。偶然也有穷学生为了参加科举考试，白天骑牛在田间劳作，晚上在油灯下苦读到深夜，但正因为这样的人不多，才为人所称颂。尽管科举考试对所有人开放，但就考试内容所使用的语言而言，超过九成的中国人从第一步起就被排除在了这个"进身之阶"之外。[1]

讨论明清科举制度与阶层流动议题的经典著作莫过于何炳棣在 1962 年所出版的《明清社会史论》一书。[2] 作者运用上百种史料，分析了 4 万余个中式士人的案例，采用社会流动学的理论视角讨论了明清科举制度与阶层流动问题。何炳棣以士子三代直系亲属作为考察对象，得出明清时期三代内非官宦背景的布衣士子很多，达到四成以上，从而总结性地提出明清数百年间阶层流动性高的论断。然而，这一论断不断受到质疑与挑战，早在柯睿格发表论文论述南宋社会高度流动性的 1947 年，潘光旦和费孝通就发表了《科举与社会流动》一文，其利用 915 份朱卷考察清代贡举以上的功名持有者五代亲属的社会流动性，而其比例只有 13.3%。换言之，只有 13.3% 的上层士绅是绝对意义上的向上流动，这一结果也比何炳棣只考察三代亲属所得出的数字低[3]。近年，王志明在《清嘉庆以后科举与社会流动中的城乡差别——以

---

〔1〕 [美]艾尔曼：《晚期中华帝国的科举与选士》，刘倩译，中华书局（香港）2022 年版，第173 页。

〔2〕 Ho., P. T., *The Ladder of Success in Imperial China: Aspects of Social Mobility, 1368-1911*, Columbia University Press, 1962.

〔3〕 潘光旦、费孝通：《科举与社会流动》，载《社会科学》1947 年第 1 期。

1802—1903 年进士〈同年录〉所载进士居地为中心的分析》一文中通过对嘉庆朝以后 4250 位进士的分析得出了三代家族内无功名持有者的比例为 15.4%，[1]与潘光旦和费孝通的数字较为接近，也印证了艾尔曼所提出的地方精英凭借科举进行"政治、社会与文化再生产"[2]的观点。

这些考察再次提醒我们，科举的阶层流动性在实践中远没有想象的那样高。又如在科举和地方士绅兴起的研究中，郝若贝和韩明士就认为何炳棣仅仅将直系三代亲属作为代际流动比率的依据毫无意义，而是应将这一研究范围扩大，而且不仅要囊括父系亲属，也应包含母系亲属。[3]虽然有一些质疑，但是何炳棣对于明清科举制度下的社会流动性议题的讨论有着重要的开创性意义，而且何氏所言及的流动不仅有向上流动，还有向下流动，甚至横向流动，这相较于单纯的科举入仕研究更加全面和丰富。

在家境背景之外，明清时期应试人数的激增也加剧着竞争，使得社会流动的大门虽然敞开，但对个体而言是高低不一的。实际上，明清时期大量士子长期困于科场，如同坐着"文化监狱"，典型事例无过于明清时期三位文学家归有光、蒲松龄与吴敬梓。归有光曾先后 5 次乡试落第，8 次会试落榜，蹉跎科场 40 年。蒲松龄在获得生员功名后，同样困于科场 40 余年而不获举人功名，晚年曾发出"无似乃祖空白头，一经终老良足羞"的哀叹。写出《儒林外史》的吴敬梓也曾 3 次乡试折戟，而他笔下所描绘的"范进中举"事例，更体现出明清时期久困于科场士人的异常精神状态与可悲之状。在艾尔曼看来，科举"可视为一场激烈的争夺战"，何炳棣则认为"明代生员名额增加，但导致了科举下层上升途径的壅塞，而清朝控制住了生员名额，但由于人口的过快上涨，更突显了上升比例递减的事实"。[4]

无论如何，明清时代的四民阶层是可以正常应试和出仕为官的，无论在政策上还是在实际选拔中均不乏成功案例。虽然对于社会流动性比例尚存在

　〔1〕　王志明：《清嘉庆以后科举与社会流动中的城乡差别——以 1802—1903 年进士〈同年录〉所载进士居地为中心的分析》，载《安徽史学》2017 年第 4 期。
　〔2〕　Elman, Benjamin A., "Political, Social, and Cultural Reproduction Via Civil Service Examinations in Late Imperial China", *The Journal of Asian Studies*, 1991, 50 (1): 7-22.
　〔3〕　Hartwell, Robert M., "Demographic, Political, and Social Transformations of China, 750-1550", *Harvard Journal of Asiatic Studies*, 1982 (42): 365-442.
　〔4〕　Ho, Ping-Ti, *The Ladder of Success in Imperial China: Aspects of Social Mobility, 1368-1911*, Columbia University Press, 1962, pp. 179-183.

争议，但不可否认的是科举制度所带来的社会流动加速和常规化。这种制度化的保障和阶层变动之门的敞开可视为绝对意义上的社会流动。然而，明清时期也存在着阶层板结问题，即存在完全不流动的情况。实际上，在明清时期，有些特定人群被视为百姓阶层以下的"贱民群体"，如疍户、优伶、九姓渔户、乐户、长随、捕快等，按照律例他们没有参加科举考试的权利，更不要谈及出仕为官。甚至他们的婚姻也只能进行内部选择，而不可以同"良民"进行婚配，更谈不到在司法上的平等。

据《大清会典》规定，"出身不正，如门子、长随、番役、小马、皂隶、马快、步快、禁卒、仵作、弓兵之子孙、倡优、奴隶、乐户、丐户、疍户、吹手，凡不应应试混入，认保派保互结之五童互相觉察，容隐者五人连坐，廪保黜革治罪"。[1]清代的律例在制度层面将贱民拒绝于科举大门之外，世代无法改变其"低贱"的社会地位。虽然雍正年间废除匠籍、乐户等贱民身份，但是其后代需要很长时间才有考试的资格。

正是在这种社会流动性近乎为零的背景下，一些"贱民"为了改变自己的社会地位，采用冒籍的方式参加科举考试。从本书第九章所举"贱民群体"难获应试资格事例就可以窥见明清时期贱民冒籍科举应试现象的全貌。贱民在封建社会中是被人鄙视的一个群体，无论从业、婚丧嫁娶还是法律地位，与良民阶层都有着较大的区别，为了改变社会地位而冒籍科举也就不足为奇了。

（三）相对的社会流动：科举家族的形成

明清科举制之下存在大量科举家族。科举家族这一提法最早见于张杰所著《清代科举家族》一书中，他提出地方望族与科举连续成功的相关性，进而家族凭借科举"长期保持望族的家声"，[2]较著名者如江苏长洲彭氏。据昭梿《啸亭杂录》所载，彭氏自彭定求始可谓科甲兴盛，他于康熙十五年（1676年）状元及第，其孙彭启丰复中元魁，"祖孙状元，世所希见"。此后，长洲彭氏保持了科举成功的稳定性，史载"司马之子（彭启丰）绍观、绍升、绍咸，其孙希郑、希曾，其曾孙蕴辉，皆成进士，今司寇公希濂复登九列，科目之盛，为当代之冠"。[3]明清时期的福州府同样出现了"同榜四进士""五

---

〔1〕（清）崑冈等纂：《钦定大清会典》卷32，《续修四库全书》第794册，上海古籍出版社2002年版，第292页。

〔2〕张杰：《清代科举家族》，社会科学文献出版社2003年版，第19页。

〔3〕（清）昭梿：《啸亭续录》卷3，中华书局1980年版，第445页。

子登科""一门四代七进士,三世宦至尚书"的科举鼎盛局面。[1]据《旧典备征》所载,如此累世科甲兴盛的家族不下 52 个,又有四子进士家族 10 个,五子登科家族 23 个,六子登科家族 4 个,七子登科家族 2 个。此外,清代还有众多父子、祖孙、兄弟鼎甲的佳话。[2]笔者在第七章研究福州府科举家族时指出,清代福建科举家族共 12 个,其中福州府的科举家族数量为 11 个,泉州府 1 个,如螺洲陈氏家族、洪塘鄂里曾氏家族、文峰林氏家族等。除地理上的客观因素外,家族文化传统、联姻策略、家族交友圈,甚至科举家族间的相互影响等因素,都促成了科举家族的出现及长时间维系。在某种意义上,科举家族的成员更多地占据了科举资源,形成了政治、文化与经济资源的再生产,相应地抑制或降低了地方其他士子的中式率,故而可以视为对社会流动有一定的阻滞。

根据学者方芳的统计,清代全国共存在 166 个科举大家族,涵盖了进士 1400 余人,其中以江苏和浙江为最多,分别为 33 个和 25 个,占总科举家族数的 35%,紧随其后的有山东、安徽、河南三省,分别有 20 个、18 个和 14 个科举家族,这也与各省地理位置、经济状况、文风强弱和家族传统有着直接关联。[3]笔者曾经对清代福州府曾氏科举家族作过讨论,自明朝中叶曾氏家族开始读书应举,到清末 400 年时间,其中有中秀才者 77 人,中举人者 40 人,五贡生者 5 人,中进士者 9 人,入翰林院者 3 人,中解元者 1 人。对于曾氏科举之盛,曾克端的评论为"吾闽所称为世家者也"。[4]晋升为科举家族后,婚姻网络和交友网络对于科举成功会进一步起到助力作用。

虽然科举家族是凭借应试人通过正常的科举考试实现的,但家族内的诸多优势又是其他普通应试者所不具备的。比如功名持有者众多和文风等,会保证科举家族成员的文化水准,甚至许多子弟的授业师均是由家族成员构成的。又如,科举家族内多人为官的仕宦背景和因此形成的交友网络,为提升家族声望和科举成功提供了保障。科举家族相较于普通应试者有着更为雄厚的经济基

〔1〕 王学深:《清代福州府科举家族初探———以洪塘鄂里曾氏为中心》,载《福建师范大学学报(哲学社会科学版)》2016 年第 2 期。

〔2〕 (清)朱彭寿撰:《旧典备征·安乐康平室随笔》卷 4,中华书局 1982 年版,第 90—101 页。

〔3〕 方芳:《清代科举家族地理分布的特点及原因》,载《济南大学学报(社会科学版)》2009 年第 5 期。

〔4〕 曾克端纂:《曾氏家学续编》,1962 年自印版,第 1 页。

础，而在此之外的婚姻网络是对政治、经济和文化资源的再拓展。以清代为例，长洲彭氏、天门蒋氏、吴县潘氏、常熟翁氏、桐城张氏等家族，不仅在举业上不乏成功的子弟，在仕宦上也形成了代际的连续性。例如长洲彭氏家族不仅出现了祖孙状元彭定求和彭启丰，为"世所希见"，且家族数代内均有进士功名获得者，彭氏科目之盛被昭梿称为"当代之冠"。[1]相应地，科举家族虽然是明清科举制度下社会流动的产物，但反过来也在一定程度上限制了社会流动。科举家族所占据的政治、经济和文化资源保证了他们赢于起跑线上，也在很大程度实现了他们对于成功的再复制，故而在某种意义上说，科举家族是在明清时期科举绝对流动性背景下出现的"变相性"世族。[2]

（四）流动的变调：捐纳

除正常科举考试之外，明清还存在通过捐纳的方式改变社会身份，从而实现身份流动的情况。所谓捐纳，就是通过向国家和省府捐献一定的银两，获得荣誉头衔、功名或官职。换言之，捐纳是经济实力决定了政治地位，极大冲击了科举制度选官的相对公平性，也将士商阶层的界限完全打破。更需要注意的是，虽然一些有经济能力者捐纳入仕增加了社会流动性，却挤占了传统科举应试士人的机会与生存空间，对于这部分应试士人而言，社会流动性则处于下降状态，这一状况到了清后期尤为突出。

随着清后期军需的日渐增加，国库常额收入已渐渐难以支持，尤其历时九年的川陕白莲教起义，更是耗费两亿两白银，无疑雪上加霜，故自嘉庆四年（1799年）始，即规定各省封储制度，开展捐纳事宜。根据汤象龙的研究，在嘉庆五年（1800年）至道光二年（1822年）的22年中，捐纳共得银4400余万两，年均收入200余万两；[3]道光元年（1821年）至道光三十年

---

〔1〕（清）昭梿：《啸亭续录》卷3，中华书局1980年版，第444页。

〔2〕另外一种"变相性"世族的情况是，清代很多满洲旗人家族子弟或承袭爵位，或通过笔帖士或侍卫起家，他们不通过科举考选，却能凭借皇家恩典和世代恩荫为官，常有数代一品的贵族家庭出现。清初五大臣之一的额亦都家族就世代公爵不断，成为旗人勋贵家族的代表。再如章佳氏阿克敦—阿桂—阿必达—那彦宝、那彦成家族，富察氏米思翰—马齐、李荣保、马武—傅恒—福康安、福长安、福隆安、福灵安—德麟、丰绅济伦家族等。甚至在昭梿笔下还记载有父子、祖孙世代"宰相"的情况，如高斌—高晋—书麟、温达—温福—勒保、尹泰—尹继善—庆桂等，可谓不胜枚举。由于篇幅所限，对清代旗人勋贵家族，笔者不作详细考察，但这同样是社会流动性低的表现。参见（清）昭梿撰：《啸亭杂录》卷2，中华书局1980年版，第31页。

〔3〕汤象龙：《中国近代财政经济史论文选》，西南财经大学出版社1987年版，第187—241页。

（1850 年）间，捐纳得银 3300 余万两，年均 100 万两以上。[1]捐纳得银数所占银库比例从乾隆年间的 10%—20%，骤增至嘉道年间的 50%—60%，甚至在嘉庆七年（1802 年）和嘉庆九年（1804 年），捐纳得银占银库比例分别为82.77% 和 72.68%。[2]

通过捐纳入仕者在官僚队伍中所占比例在清代逐渐上升，从清中前期的二成，逐渐增加至后期的五成。根据艾尔曼的研究，捐纳比例从乾隆朝中叶的 22.4%，增长至同治年间的 51.2% 和光绪时期的 49.4%。

清代官员数量及科甲、荫补、捐纳所占比例变化[3]

年份	官员数量	科甲比例（%）	荫补比例（%）	捐纳比例（%）	其他比例（%）
1764 年	2071	72.5	1.1	22.4	4
1840 年	1949	65.7	1	29.3	4
1871 年	1790	43.8	0.8	51.2	4.2
1895 年	1975	47.9	1.2	49.4	1.5
		−24.6%		+27	

如此大规模捐官和捐衔致使捐纳官员在官僚阶层所占比例逐渐升高，以致官风大坏。正如学者伍跃所言："嘉庆年间以后，财政上捉襟见肘的清朝政府陆续开办可以捐纳任官资格的大捐，导致捐纳出身者有如过江之鲫，纷至沓来"。[4]尤其是一些目不识丁，不知律例又贪腐的捐纳者，成为地方州县亲民官，引发吏治腐败问题。例如，光绪二十五年（1899 年），河南新蔡县知县徐仁麟捐得知县实职，刚到任上便大肆敛财，令当地士子大为不满，引发抗议，终至徐仁麟被罢职。[5]同年，山东巡抚参劾莒州知州钱心润。钱心润本是安徽怀宁县捐纳的监生，后在 39 岁时以朝廷新海防捐名目，捐得山东平

---

〔1〕 汤象龙：《中国近代财政经济史论文选》，西南财经大学出版社 1987 年版，第 30—45 页。

〔2〕 罗玉东：《中国厘金史》，商务印书馆 2010 年版，第 9 页。

〔3〕 Elman, B. A., *Civil Examinations and Meritocracy in Late Imperial China*, Harvard University Press, 2013, p. 247.

〔4〕 伍跃：《中国的捐纳制度与社会》，江苏人民出版社 2013 年版，第 200 页。

〔5〕 驻马店市地方史志编纂委员会编：《驻马店地区志》下，中州古籍出版社 2001 年版，第1839 页。

原县知县，〔1〕并于光绪二十二年（1896 年）赴任。他"在平原任内，不洽舆情，道路以目。其在莒州任内，匿灾不报，罔恤民艰，催逼钱粮，民受追呼之苦，遂致州人不服"。〔2〕这些事例真实反映了在科举制度外一些有经济能力但文化程度低下之人通过捐纳的方式进入官僚体系内，实现了自我的社会流动，但致使吏治下滑严重，挤占了传统科举应试士人的空间，降低了他们的社会流动性，也加速了政权的瓦解。

四、结语

科举制度的创设对于中国历史的发展具有重要意义，这种意义不仅仅体现在选官方式的变化上，更体现在科举考试本身的影响力和对于后世的影响上。归纳起来，可以将其总结为三点：

第一，科举制度选贤与能，促进了教育的发展。正如晚清时期在华的传教士卫三畏（Williams, S. W.）所观察到的，"从科考的结果看，中国政府的不少高层官员都怀有让人极为敬佩的才能和知识……它有效地维持了这个庞大的国家机器的运转，也保持了一种不衰的崇文风气"。〔3〕

第二，科举制度是统治的稳定器与调节器。常规性的科举选拔不仅对社会阶层流动大有益处，而且乡试和会试使得士子无论远近，均将地方与中央联系起来，增强了向心力。正如钱穆在评论科举制度时所言：

> 必有大批应试举人，远从全国各地，一度集向中央，全国各地人才，都得有一次之大集合。不仅政府与社会常得声气相通，即全国各区域，东北至西南，皆得有一种相接触相融洽之机会，不仅于政治上增添其向心力，更于文化上增添其调协力。〔4〕

第三，文化辐射力。科举制度不仅对我国历史的发展有着深远的影响，在世界范围内也有影响和借鉴作用，不仅朝鲜、琉球、安南效法明清开科取

---

〔1〕 秦国经主编：《清代官员履历档案全编》第 28 辑，华东师范大学出版社 1997 年版，第 216 页。

〔2〕 中国第一历史档案馆编：《光绪朝朱批奏折》第十四辑，中华书局 1995 年版，第 581 页。

〔3〕 Williams, S. W., *The Middle Kingdom: A Survey of the Geography, Government, Education, Social Life, Arts, Religion, etc. of the Chinese Empire and Its Inhabitants*, Wiley and Putnam, 1848, p. 451.

〔4〕 钱穆：《国史新论》，生活·读书·新知三联书店 2001 年版，第 259 页。

士，近代欧美文官制度也在一定程度上借鉴了科举制度。正因如此，西方往往将中国的科举制度翻译成"civil service examination"，以西方近代文官选拔制度作为科举制度的直接指代。丁韪良在论及科举制对西方的影响时曾言："西国莫不慕之，近代渐设考试以取人才，而为学优则仕之举。今英、法、美均已见端，将来必至推广。"[1]

在以上深远意义之外，回到本章所关切的核心问题——社会流动，不妨在此再作一小结。科举制度创设后，改变了传统的荐举风尚，减少了人为的主导因素，以相对更加公平的考选平台和开放的政策，保证了地方各阶层百姓进取之门的敞开。因而从这一角度而言，科举制度的创设对于社会流动性的提升有着绝对意义，它为士人入仕提供了一个相对公平的"文化空间"，也扭转了士、农、工、商分隔的状态，四民和官绅之间的流动性增强。当然，在这一绝对流动意义之外，随着科举制的发展，也逐渐衍生出了相对流动和不流动问题，前者如科举家族的出现和捐纳的盛行，而后者则突出体现在"贱民"群体无法应试问题上。

自20世纪40年代柯睿格率先作讨论后，科举制下的社会流动一直是学界所关注的热点问题之一，海内外众多学人均有深入的研究和讨论，甚至梅斯克尔（Menzel，J. M.）在1963年还组织编辑了《科举：学而优则仕?》专题论文集，[2]囊括了柯睿格、何炳棣、张仲礼、费孝通、魏复古等众多学者的文章，大多围绕科举制下的社会流动性展开，并将科举作为士人摄取权力的核心媒介。近年来，这一问题依旧被学人关注。张天虹在《历史研究》上发表《"走出科举"：七至二十世纪初中国社会流动研究的再思考》，对于中国科举史研究中的"流动"与"不流动"讨论进行再整合与再思考，并提出走出科举来看社会流动性问题的观点。[3]徐泓近作《明代向上社会流动再探》一文也捍卫了何炳棣有关明代社会流动性高的学术观点。[4]以上讨论均是在社会史范畴内对科举制和传统社会流动性议题的有益检视，并持续引发人们对这一问题的关注与思考。

---

〔1〕　[美] 丁韪良：《西学考略》下卷，光绪九年（1883年）同文馆聚珍版，第53页。
〔2〕　Menzel, J. M. ed., *The Chinese Civil Service: Career Open to Talent?* D. C. Heath and Company, 1963.
〔3〕　张天虹：《"走出科举"：七至二十世纪初中国社会流动研究的再思考》，载《历史研究》2017年第3期。
〔4〕　徐泓：《明清社会史论集》，北京大学出版社2020年版，第325—362页。

附录 2

清代科举考试中的"特殊字号"

科举制度发展至清代已经日趋成熟，每三年举行一次的乡、会试，成为士子们翘首以盼的"人生大事"。相应地，清代科场考务管理工作也日渐完备。虽然随着人口数量和应试人数的增长，中式概率持续走低，但每场乡试还是录送尽可能多的士子参加考试，以保证他们在科场上奋力一搏的权利。

按照清朝科举定制，在乡试阶段要按照大省 1:80、中省 1:60、小省 1:50 的比例录送士子参加考试，而这也成为各省录取中式比例的标准，有如千军万马过独木桥。在科举竞争激烈的江南地区，中式比例更是低至 1:100。不过，在各科乡试常规录送定额与比例之外，清政府还特别从《千字文》中挑取字意较优的字眼（剔除不佳字样，并回避孟子等先哲名讳），专门设置了特殊的科场字号，拨予一定中额，以较高的比例录取该字号内的士子。至光绪初年，经过清朝中前期政策的不断完善，科场内的特殊字号录送比例和中额最终定型，这一政策大大提升了这部分士子中式的概率，也成为清朝官方保持科举公平性和努力实现地方政治资源平衡的手段。

根据光绪十三年（1887 年）的《钦定科场条例》记载，科场内特殊字号以顺天乡试为最多，其他各省也有类似的设置。具体而言，在顺天乡试中，包括了以下特殊字号：贝字号，代表直隶生员；满字号，代表满洲、蒙古生员、监生；合字号，代表汉军生监；夹字号，代表奉天生员；承字号，代表承德生员；旦字号，代表宣化生员；卤字号，代表长芦商籍生员；北皿字号，代表来自奉天、直隶、山东、山西、河南、陕西和甘肃的贡监生；南皿字号，代表来自江南、浙江、江西、湖南、湖北、福建的贡监生；中皿字号，代表来自云南、贵州、四川、广东和广西的贡监生。

除顺天乡试之外，在其他地方举行的乡试中，也有类似特别设定的字号。

例如，各省驻防旗人乡试要单列旗字号；各省商籍，编卤字号应试；山东为孔孟之乡，孔氏、颜氏、曾氏和孟氏的后人，单编耳字号应试；江南乡试，分编上下江字号；湖北省施南府，单编为方字号，郧阳府另编为员字号；湖南凤凰、乾州、永靖三厅和保靖一县内的苗疆士子，单编为边字号；陕西乡试，神木和榆林士子，每隔一科单编木字号；甘肃乡试，宁夏士子每隔一科另编丁字号，肃州、安西、乌鲁木齐等地士子，每隔一科另编聿右字号，镇西和迪化每科编为聿中字号；福建省台湾府乡试，闽籍士子编至字号，粤籍另编田字号；广东乡试，琼州府每隔一科编玉字号；广西乡试，泗城府另编泗字号，镇安府编为镇字号。

对于这些独立编成的字号，清朝统治者给予了特殊的照顾，相较于常规士子的中式比例为高。在顺天乡试中，满、合、旦、承、夹及南皿和北皿字号，各自不超过 80 名的录送额数，而中皿和福建省台湾府科举则无定额。其中，满、合字号中额为 41 名，包括满字号 27 名，合字号 12 名，《五经》遗额 2 名；夹字号中额初为 4 名，后增加至 8 名；旦字号中额 4 名；贝字号中额 102 名；卤字号中额 1 名；南皿、北皿中额共 76 名，其中南皿、北皿各 36 名，《五经》遗额 4 名；中皿无定额，每二十卷取中一名。

各省驻防旗人乡试，则按照 1∶10 的比例录取，若零数过半，加中 1 名。在乡试阶段，山东耳字号中额 3 名，福建至字号中额 3 名、田字号中额 1 名，陕西木字号中额 1 名，甘肃丁字号中额 2 名、聿右字号和良字号中额各 1 名、聿中字号每科另编取中，广东玉字号中额 2 名。其他特殊字号，大致按每录送 30 人，设中额 1 人，即录取比 1∶30，而不足 30 人，则不单独编设字号。

清朝对这些特殊字号的乡试中额的规定，相较于常规士子在科举大省动辄 1∶100 或 1∶80 的中式比例为高。这些特殊字号内的士子，只需要在与同字号考生竞争中胜出就可以中式，大大提升了应试者成功的可能性。至于会试阶段，自康熙五十一年（1712 年）以后，也采取了分省定额制度，虽然不再有特殊字号设置，但是依旧保留有满、蒙、汉军的录取定额。清代科场内特殊字号的设置，是清代统治者利用科举制度，保障地域取士公平性，扶持边疆和文风较弱地区的有效手段，更是有机平衡政治资源的统治策略。

虽然在公元 1905 年，科举制度走向终点，但是清代科举制度内的一些积极因素一直影响着后来的考试制度。清代科场内特殊字号的设置具有公平性、平衡性和扶持性的特点，在一定意义上与今日高考制度中的"特殊类型招生"，"少数民族预科班、民族班"等政策具有相似性和内在联系。更好地研究清代科举制度，有助于我们更充分地汲取中国古代科举文化中的养分，从而更好地服务于当今的考试制度。

附录 3

《另一种士人：金元时代的华北社会与科举制度》评介

　　《另一种士人：金元时代的华北社会与科举制度》（浙江大学出版社 2021 年版）是日本早稻田大学饭山知保教授的一部力作。该书分为两部分，汇集了作者十五篇探究金元科举制度与士人和社会形态互动的文章。该书不仅述及了科举制度在金元时期华北地区是如何运行的，士人们又作何应对的议题，而且运用翔实的史料和个案分析，展现出科举制度在金朝华北地区的渗透过程和金元易代后社会形态的断裂。该书弥补了学界对金朝初期科举制度和同一时期华北社会关注的不足，更是对金元时期是文化"黑暗时期"传统刻板印象的扭转。

　　该部著作集中讨论了以下三方面议题：第一，金朝科举制度在华北地区的渗透。金朝在占据北方后，并没有摒弃北宋逐渐发展起来的科举制度，反而延续了北宋政策，以靖康元年（1126 年）的解试为基础，重新施行科举制，以此笼络华北地方精英和士人阶层，树立起自己的王朝正统形象，也更高效地实现了经略华北的目的。相较于北宋时期山东与河南在北方科举上的成功，随着北宋与金朝的交替，河北、山西、燕云地区逐渐成为华北地区科举成功的新贵。作者以山西定襄县为例，率先考察了在北宋和金朝交替之际地方社会围绕科举制度所发生的转变。在北宋末年并未受到科举制渗透的定襄县，在金朝的国家支持下逐步扩大，不少士人在金朝科举及第，展现出北宋至金朝在科举制上的连续性。与之同时，官学在华北的振兴一方面可以看作是北宋末年推动官学发展的延续，另一方面则帮助华北缩小了文化差距，有助于科举制度在地方社会的渗透。可以说，科举制度真正在华北得到大发展，而且渗透到基层社会，成为士人层所崇尚的不二认同，正是在金朝时期发展所致。

第二，南北差异问题。以华北为研究视域的科举制度与地方社会的发展，呈现出北方和南方不同的形态。作者以"北方形成了一个与南方明显不同的社会结构"（第 511 页），以及"可以说华北曾存在一个异质的'中国社会'"（第 511 页）等话语，将这种差异性清楚地表达出来。一方面，在科举参与人数上，北方大致仅为南方的十分之一，而且从南宋开始延至元朝，南方应举人数大规模激增。例如，在女真统治时期，华北地区应举人数不到 4 万人，而元朝时期也不超过 2.3 万人，南宋统治下的应举人数则多达 40 万人。所以，虽然科举制度在金朝华北地区快速渗透开来，但始终没有达到南方的水平，并且在蒙元时期差距进一步扩大。另一方面，华北受到王朝的型塑，无论是金朝还是元朝都没有坐视士人阶层的不断扩大。金朝和元朝对华北士人阶层的管控更加严格，所以对于他们的特权施与是以王朝利益为目标的。例如，金朝试图实行一元化统治，而元朝既对户计、从军、吏员出仕的士人阶层给予特权的认可与支持，又通过施与权力嵌入地方社会，向下施加影响，在某种程度上与南宋地方精英阶层的独自扩展、发挥能动性形成差异，这也就促成了华北士人阶层发展出与南宋和元朝南方士人阶层不同的形态，也导致了崇尚理学的南北士人观念上的差异。

第三，金朝与元朝的异质。学界提及辽、金、元时期时，往往同质性地将其视为少数民族政权的统治时期，而在文化上则处于"黑暗时期"。很显然，这种判读是存在问题的。就科举制度及士人阶层而言，金朝和元朝存在较大的不同。其一，金朝在北宋之后，继承并大力发展了科举制度，使得科举制度在华北渗入地方社会。相反，元朝则不行科举数十年，直到元仁宗"延祐复科"才再行科举制度，但在录取规模和频率上不及金朝。其二，在金朝，科举进士及第是出仕为官重要的主流途径，受到王朝和社会的认同，而他途入仕，如吏员，则属于边缘化方式，其晋升途径十分狭窄。然而，在元朝，军功、荐举、个人关系、吏员等均成为主要入仕途径，一度被废弃的科举制度即便恢复后也仅是多元途径中的一途，这就大大降低了科举在国家制度构造中的重要性，展现出从金至元时代社会所发生的巨大变动。其三，金朝与元朝的"士人""儒士"定义有所不同。金朝"士人""儒士"强调的是具有知识之人，也包括具有科举功名的考试合格者，而少有特权意涵。换言之，儒学造诣的高低是"士人"和百姓庶民的区分标准。不同的是，元朝

"士人"或"儒士"则与户计联系，享有国家赋予的差役豁免和刑法上的优待，与南宋时期的士人有相似性，这也进一步导致了金朝与元朝在"士人阶层"形态上和南北地域上的差异。总之，金朝与元朝的交替被视为社会形态的分水岭，二者有着异质性的发展特点。

　　总之，《另一种士人：金元时代的华北社会与科举制度》一书，史料翔实，观点清晰独到，内容丰富，是一部探究金元时期华北地方社会与科举制度运行的重要论著，不仅为学界提供了全新的研究思路和视角，而且将科举史、社会史和地方史融合研究，对进一步辨析国家、科举、士人与社会的互动议题大有裨益。

后　记

　　本书重点考察了清代科举制度史研究的三个方面——科举制度与运行、进士群体与科举家族、科场案与信息传播，以多元化的视角探析了清代科举制度的发展。在论述中，本书涉及了对"科举流动性""精英地方化""科举再生产理论"等议题的讨论，并结合政治史、文化史、社会史和信息传播史作多视角考察，希望读者可以更加清晰地认知清代科举制度史的多元面貌和复杂性，进而推动中国古代教育史和清代科举制度史研究的深入发展，真正将科举研究上升至"科举学"的高度，践行跨学科的交叉研究理念。

　　自 2008 年研读硕士以来，我就开始进入清代科举史领域展开探研，时间一晃已历 16 年。虽然本书既非我硕士论文的修订本，又非我博士论文的修改版，却融合了这两部论文的核心观点和精华章节，可以视为我过去一段时间内求学、为学、治学的一点心得。我的硕士论文《清代乾隆朝科举冒籍问题研究》探讨了科场冒籍问题，详细论述了地域冒籍和身份冒籍两种形态，以及冒籍引发的社会问题和政府防治措施，这些观点在本书的第九章中已然得到较为全面的展现。我的博士论文《清代科场士子群体罢考问题研究》主要讨论了有清一代较为特殊的群体抗议方式——罢考，不仅考察了清代士子群体罢考的形式和主要特点，更以此为切入点研究了清政府如何应对士子罢考问题，从而折射出 18 世纪、19 世纪国家管控模式的变化。在这种权力关系转换过程中，清廷采用了更加灵活、弹性的统治策略，应对原则由"责士"转向"责官"，官方触手主动从地方回缩，释放出更多地方力量，达到官方依靠地方精英保持社会稳定的目的，从而实现国家治理上的"长治久安"。这些观点在本书第十章至第十二章有详细的论述。在此之外，其他章节关于清代科举制度史的研究则是在我硕士、博士学位论文之外的探索与尝试。

　　本书部分章节曾发表于以下期刊，但在本书写作过程中均已作不同程度的修订与扩充，谨此说明。具体包括：

——《清代宗室进士》，载《紫禁城》2011 年第 12 期。

——《"凌辱斯文"与清代生员群体的反抗——以罢考为中心》，载《清史研究》2016 年第 1 期。

——《清代福州府科举家族初探——以洪塘鄂里曾氏为中心》，载《福建师范大学学报（哲学社会科学版）》2016 年第 2 期。

——《清代乾隆朝科举冒籍问题概述》，载《中国考试》2016 年第 4 期。

——《清代殿试阅卷标识符号释义》，载《历史档案》2017 年第 2 期。

——《乾隆朝"中正榜"探研》，载《历史档案》2019 年第 4 期。

——《科举制度与中国传统社会的阶层流动》，载邓庆平主编：《中国社会史十讲》，光明日报出版社 2021 年版，第 32—59 页。

——《清前期基层管控视域下的科场罢考案与律法适用》，载《清史研究》2022 年第 2 期。

——《清代琼州府进士群体考论》，载《南海学刊》2022 年第 3 期。

——《清代科举"未殿试"成因再探析》，载《地域文化研究》2022 年第 4 期。

——《皇权与科举：清代钦赐殿试考论》，载《中国政法大学学报》2023 年第 5 期。

——"清代孔氏'科举家族'探研——以进士功名为中心"，载王学深主编：《明清法律、社会与文化研究》，光明日报出版社 2023 年版，第 172—200 页。

本书在写作和出版过程中得到了许多领导、师友、同仁和家人的大力支持与帮助，在此我要向他们表示感谢。首先，我应该感谢在我求学路上的两位恩师，董建中教授和许齐雄教授。他们不仅在学业方面给予我悉心的指导，而且在生活上给予了我无私的帮助，他们见证了我从硕士到博士，从博士到教师的蜕变。"师也者，犹行路之有导也"，希望在今后的道路上，我可以继续沿着老师们指引的方向，走出一条属于自己的学术之路。其次，我非常感谢中国政法大学人文学院这个"大家庭"和历史研究所这个"小家庭"的师友们给予我的帮助和鼓励，他们鼓舞着我不断前进，在此我对每位老师表达衷心的感谢。我还要感谢中国政法大学科研处的栗峰处长和各位同事在书籍出版方面给予的无私帮助。中国政法大学出版社的编辑老师们对本书出版给予了大力支持，他们在书籍出版过程中的专业建议与编校工作不仅令人钦佩，而且保证了该书顺畅而高效地出版。最后，我还要特别感谢我的父母、妻子和孩子们在学业、工作和生活中给予我的巨大支持，没有你们则没有一步步前进中的我。

王学深

2023 年 12 月于北京